마음사회학

마음사회학

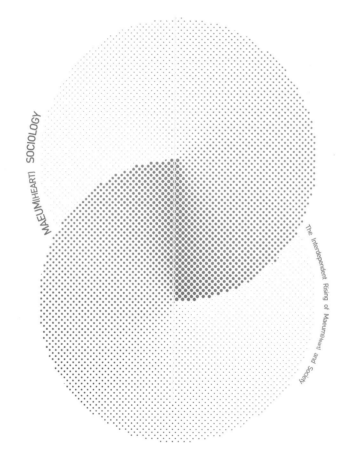

MAEUM(HEART) SOCIOLOGY

The Interdependent Rising of Maeum(Heart) and Society

마음과 사회의 동행

유승무·박수호·신종화 지음

한울
아카데미

차례

머리말

동행 길에 오르며

정치사회학, 경제사회학, … 의료사회학, 스포츠사회학, 여가사회학, 문화사
회학, 지식사회학 등은 보았지만 아직까지도 마음사회학을 본 경험은 없다.
마음은 늘 사회와 동행하고 있다. 이 책을 통해 밝혀지겠지만 유교문화권이
나 불교문화권에서 온축(蘊蓄)된 마음은 그 사회와 동행하면서 함께 역사를
써왔고, 장구한 세월 동안 켜켜이 쌓인 심서(心書)[1]가 눈 밝은 사회학자를 기
다리고 있다. 그럼에도 유교 및 불교 문화를 꽃피운 한국사회에서조차 마음
사회학은 없다.

　이와 유사한 책은 있다. 김홍중의 『마음의 사회학』이 그것이다. 마음을 사
회학적으로 탐구한 책이다. 그러나 마음사회학은, 지식사회학이 지식과 사회
의 관계를 연구하듯 마음과 사회의 관계(혹은 동행)을 탐구하고자 한다. 좀 더
자세하게 말하면 사회와 분리된 마음이 아니라 구체적인 사회현실과 동행하
는 마음, 마음과 분리된 사회가 아니라 구체적인 마음과 동행하는 사회, 그리

1_ 자세한 것은 21쪽 '심서(心書)에 대하여' 절 참고.

고 동행 그 자체의 역동성을 탐구하고자 한다. 한마디로 세 가지 '상관적 차이(pertinent difference)에 따른 일여성(一如性, Einheit)의 작동'(제2장 참고)을 탐구하고자 한다. 이를 위해 우리는 마음과 사회의 동행이 온축해 온 심서를 사회학적으로 분석하고 그 사회학적 의미를 도출할 것이다.

왜 마음과 사회인가?

이런저런 계기로 대학생활 동안 읽을 만한 책을 추천해 달라는 부탁을 받을 때마다, 휴즈의 『의식과 사회』(홍성사)가 가장 먼저 떠오르곤 했다. 그 책이 나의 대학생활에 미친 영향 때문일 것이다. 이 책은 서구 사회에서 당대의 의식이 사회구조 및 사회변동과 어떻게 연관되면서 서구사회사 및 서구 지성사를 이루어왔는가를 조리 있게 설명해 주었던 것으로 기억한다. 나는 이 책을 읽고 비로소 나의 전공인 사회학에 대한 흥미를 가질 수 있었고, 특히 지식사회학에 심취하기도 했다. 전체 사회의 부분체계를 연구대상으로 하는 정치학이나 경제학과 달리 사회학은 부분체계의 통합 혹은 그 결과로서 전체 사회의 작동에 대한 관심을 저버릴 수 없었고, 그래서 의식, 지식, 마음, 감정, 기억이나 상상력 등에 관심을 갖지 않을 수 없는 유일한 학문이기 때문이었을 것이다. 이런 이유로 그리고 대학생의 호기로, 사회학도로서 나도 언젠가는 이런 책을 한 번 써봐야겠다는 꿈을 꾸기도 했다.

그러나 정작 대학원에 진학하면서 나는 일종의 부분체계인 정치경제학에만 관심을 집중하였다. 1980·1990년대 한국사회의 분위기가 나의 관심을 그리로 이끌었을 것으로 생각된다. 박사과정과 그 이후의 오랜 세월까지 약 10여 년 이상을 이론적으로는 마르크스와 마르크스주의에 관한 공부에만 집중했고, 주로 노동문제와 연관되는 경험 연구들을 열심히 공부하였다. 나의 박사학위논문의 주제가 노동계급 문제로 정해졌던 것은 그 자연스러운 귀결이었다. 대학 시절의 순수한 꿈, 즉 『의식과 사회』와 같은 책을 써보려는 꿈은 점점 더 멀어졌고, 막연하지만 언젠가 도달해야 할 숙제로 고스란히 남아 있었다.

여기에다 또 하나의 사고(?)를 치고 말았다. 2010년 나는 『불교사회학』(박종철출판사)을 출판한 바 있는데,[2] 이 책을 저술하는 과정에서 모든 존재나 현상을 고정불변의 실체가 아닌 '연기체(緣起體)'로 인식할 필요가 있음을 절실히 깨달았다. 사회학적 인식관심의 대상인 의식과 사회는 물론 인간조차도 연기법으로부터 벗어나지 않음은 두말할 나위가 없다. 연기적 시각에 기초할 때 사회 단위들 사이의 상즉상입(相卽相入)의 사회학이 가능할 것이란 확신도 가졌다. 게다가 연기적 시각은 일체의 실체론적 전제들을 전복할 수 있는 방법론적 폭발성을 내장하고 있었다. 특히 니클라스 루만(N. Luhmann)이 말하는 구유럽적 사유의 세 가지 인식론적 장애(즉 인간으로 구성되는 사회, 지리적 구분, 그리고 주체 - 객체 이분법)를 극복할 뿐만 아니라 시간적 고정성(t = 0)마저도 극복할 수 있는 장점을 가지고 있었다.[3]

나아가 불교와 사회의 상즉상입은 인간과 사회의 상즉상입이나 경제와 정치의 상즉상입, 마음과 사회의 상즉상입 등으로 무한하게 확장하여 적용 가능하리라는 판단에 도달하였다. 의도한 것은 아니지만 이러한 발견은 나에게 또 하나의 엄청난 숙제를 남겼다. 메타 이론적 차원에서 연기적 시각을 받아들이면 이론적 차원에서 연기적 시각을 하나의 유력한 방법론으로 발전시키는 것이고, 경험적 차원에서 이 시각을 적용한 그 나름의 연구성과를 내놓아야 했기 때문이다.

이제 나의 연구과제가 '연기체로서의 의식'과 '연기체로서 사회' 사이의 관

---

2 현재 이 책은 중국인민대학 장문량 교수가 중국어로 번역하고 있다.

3 루만의 구유럽적 인식론 비판에 대해서는 『사회의 사회』(새물결, 2012), 40~42쪽을 참고할 수 있으며 이에 대한 인식론적 논의는 묄러(Moeller, 2012)를 참고하기 바란다.

계를 '연기적 시각'에서 연구하는 것으로 새롭게 설정된 것이다. 비록 『불교사회학』이 의식, 사회 그리고 그 관계 각각을 연기적 시각으로 볼 것을 확신시켜 주었다 하더라도, 의식이나 사회를 어떻게 연기체로 인식할 것인가의 문제는 남아 있었다. 언뜻 보기에 의식을 연기체로 보는 과제는 불교의 유식학(唯識學)을 활용하여 쉽게 해결할 수 있는 것처럼 보였고, 사회를 연기체로 규정하는 과제는 난관이 예상되었다. 그런데 사회를 연기체로 규정하는 일은 니클라스 루만의 '소통으로서 사회' 개념을 재구성함으로써 예상보다는 어렵지 않게 해결할 수 있었다. 정작 나의 바쁜 발목을 잡은 것은 전자, 즉 유식학을 활용하여 의식을 연기체로 재구성하는 과제였다.

불교의 유식학에 따르면 의식은 마음의 표피적 일부, 즉 제6식에 해당한다. 그리고 그것이 마음 구성에서 기능하는 역할은 심층의식이자 제1능변으로 일컬어지는 제8식에 결코 비할 바가 못 된다. 또한 외부의 대상에 대한 반응성과 관련해서는 눈, 귀, 코, 혀, 몸 등 이른바 전오식(前五識)에 비할 바가 되지 않는다. 게다가 유식학의 구조는 마음 그 자체를 연기성을 가진 '마음' 개념으로 전제하고 있지 않은가?

바로 그 순간 '왜 굳이 의식인가' 라는 회의가 물밀듯 밀려왔다. 그리고 의식을 대신하여 심리, 지식, 이성(합리성), 감정 등을 설정하는 것이 바람직해 보인다는 생각도 뇌리를 스쳤다. 사회심리학, 지식사회학이나 감정사회학 등이 익숙하기도 했고, 사회학의 대가 베버가 합리성을 자신의 가장 중요한 연구주제로 설정한 탓도 있었으리라. 그렇다면 '의식과 사회'를 대신해서, '마음과 사회', '심리와 사회', '지식과 사회', '감정과 사회', '이성(합리성)과 사회' 중에서 하나를 선택할 가능성도 열려 있는 것 아닌가? 나는 이 문제를 그냥 지나칠 수 없었고, 그 각각의 장단점을 비교해 보았다.

우선 '의식'과 '마음'을 비교해 보았다. 앞서 언급한 유식학적 근거 이외에도, '의식은 분명하게 주제화하는 자의식이나 도덕적·논리적 자각의 깨어 있는 상태'를 전제한 개념이기 때문에 사회와의 자연스러운 연기적 관계를 논의하는 데 한계가 있는 반면, '마음은 바깥으로 지향하는 탈자(脫自, 자기를 벗어남) 운동이기 때문에' 사회와의 연기적 관계를 논하는 데 훨씬 더 적합하다(김형효, 2007). 게다가 마음은 의식에 비해 훨씬 더 빈번하게 사용되는 일상어이기도 하거니와 심학(心學)이 한국 지성사의 주맥이란 점을 고려하면 불교와 유교에 뿌리를 둔 사상적 근거도 수없이 많다. 이렇게 볼 때, '의식과 사회'에 비해서는 '마음과 사회'를 선택하는 것이 더 바람직하다.

그렇다면 다른 개념들이 '마음'보다 더 적합한지 어떤지를 생각해 보자. '심리'는 개인의 내면에 갇혀 있는 폐쇄성을 가지고 있고 그런 점에서 마음의 일부분일 뿐이다. 그렇기 때문에 '심리' 개념도 '마음' 개념의 경쟁 상대가 아니다. '지식'은 어떤가? '지식은 기본적으로 인간이 세상을 지배하며 편리하게 살기 위한 도구'(김형효, 2007)이기 때문에 근대성이나 근대사회만을 논할 때에는 유용하지만 지식의 과다(寡多)보다는 삶의 지혜와 인품을 중시해 온 불교사회나 유교사회를 논의하는 데는 '마음' 개념에 비해 상대적으로 적합성이 떨어진다. 그리고 감정은 유가의 사단칠정론(四端七情論)이나 유식학의 전오식이 암시하는 것처럼 '마음'의 일부일 뿐이고 유가의 사단(四端)이나 유식학의 심층의식, 즉 제1능변을 내포하지 않은 표피적 차원이란 점에서 '마음'에 비할 바가 못 된다.

마지막으로 '이성(혹은 합리성)'은 어떤가? '마음'과 '이성(혹은 합리성)'의 비교에 관해서는 좀 더 자세한 설명이 필요하다.

한국의 대표적 베버 연구가인 전성우 교수님의 훌륭한 인격이 뿜어내는 깊숙한 감화력 속에서 어김없이 날카롭게 고개를 내미는 냉철한 이성과 비판성은 대학원 시절부터 지금까지 마음에 대한 나의 상식을 처음부터 차근차근 성찰할 것을 끊임없이 요구(아니 강제!)하였다. 또한 전성우 교수님을 통해 알게 된 베버의 부정적 동양사회론은 동양사회를 지배해 온 마음 개념 및 심학(心

學)과 이를 담지하고 있는 선비[士]나 종교의 대가(엘리트)인 출가자[僧]의 사회적 관심이나 사회의식에 대해 의심을 하도록 자극하기에 충분하였다. 그리고 그러한 관심이 오늘날 우리 사회에 대한 비판으로 이어져야 한다는 무언의 압력을 우회할 길이 없었다. 그렇다면 그 비판과 회의의 궁극적 원천은 무엇일까? 그것은 바로 합리성이었다. 실제로 사회학의 배후 가정(background assumption)도 이성 혹은 합리성과 근대사회의 관계에 놓여 있었다. 예컨대 하버마스는 『자본론』이래 100년 만의 저작으로 회자되기도 했던 자신의 저서 『의사소통행위이론』의 서론에서, "모든 사회학은 (…) 합리성의 문제를 (…) 메타 이론적이며 방법론적이고 경험적 차원에서 제기하고 있음을 말하려고 한다"(하버마스, 2006)라고 확신에 찬 말을 하고 있기도 하다. 이 지점에 이르면 사회학자에게 의식이나 마음은 이성(합리성)으로 치환되어야 한다. 게다가 언뜻 보기에, 합리성의 무화과를 따먹은 현대인은 그 합리적 기획의 단맛을 좀처럼 포기할 것 같지 않아 보인다.

그러나 마음을 이성으로 치환하는 것은 나에게는 문제의 해결이 아니라 또다른 문제를 야기하는 것일 뿐이었다. 왜냐하면 그 치환이 내포하는 자본주의 비판의 한계는 접어두고라도, 합리성 추구라는 사회학의 배후가정에 따를 경우 서구 근대의 성취를 측정하고 설명하는 데는 성공할지 모르지만, 기원전부터 지금까지 기나긴 세월 동안 합리성이 아닌 마음을 추구해 온 동양사회의 경우에는 '현격한 결여'를 설명해야 하는 것으로 귀결될 것이기 때문이었다.

또한 동양사회의 마음 개념, 즉 이성, 감성, 의지, 무의식이나 기억, 상상력 등의 총체로서 마음은 이성의 산물도 아니고 이성으로 환원되는 것도 아니다. 온 우주와 등치되는 불교의 우주적 마음 개념을 합리성으로 설명하는 것은 그 자체로 어불성설이다. 동양의 마음 개념을, 베버처럼, 주술로 전제하고 그 구원론(행복의 구원론)이 갖는 사회학적 해석[4]을 시도하는 것은, 최소한 (주술개념이 추호도 수반되지 않은) 필자의 마음 개념에 적합하지 않거니와, 부지상소(斧持上疏)의 사례처럼 자신의 목숨을 역사의 정의와 진실 회복에 기꺼이 던지기도 하고 모진 귀향살이도 의롭게 감내하였던 직유(直儒) 및 진유(眞儒)의 저항과 비판성은 물론 오늘날 한국인 일반의 저항성을 이해하는 데도 부적합하였다.

게다가 나는 『불교사회학』을 집필하면서 베버가 세친(Vasubandhu, 世親)의 유식학이나 용수(Nagarjuna, 龍樹)의 중관사상(中觀思想)은 물론 선불교마저도 신비주의로 해석할 뿐만 아니라 동양사회를 '주술의 정원'으로 평가할 수밖에 없었던 이유가, 서구 근대적 이성(혹은 합리성)을 그 측정 잣대로 활용하였기 때문임을 절감하였다. 이로 인해 나는 합리성을 대신할 수 있으면서 동시에 동양사회를 떠받쳐 온 마음 사상이나 한국지성사를 관통해 온 심학적 개념(혹은 요소)을 새롭게 발견하고 그것과 동양사회의 관계를 설명하는 데 적합한 새로운 잣대를 탐색해야 할 필요성이 절실할 수밖에 없었다.

이상과 같은 정밀한 검토를 거쳐 나는 '사회'와의 동행을 논의할 대상으로 '의식' 대신에 '마음'을 최종 선택하였다. 물론 이러한 선택에는 두 가지 무의식도 계기로 작용했으리라. 첫째는 나의 유년시절의 체험이 영향을 미쳤을 것으로 생각된다. 나는, 영남학파(혹은 퇴계학파) 예학(禮學)을 총집대성한 예학서로 알려진 『상변통고(常變通攷)』의 산실에서 태어나고 성장하여 초등학교를 마칠 때까지도 학교공부보다는 『동몽선습(童蒙先習)』, 『소학』과 『사서삼경』을 더 많이 공부했고, 붓글씨는 당연히 한문으로만 쓰는 줄 알고 자랐다. 그러한 체험이 무의식적으로 동양적 마음 개념을 상대적으로 강하게 각인시켰을 것으로 추정해 볼 수 있다. 둘째는 한국불교의 출가 승려만을 양성하는 국내 유일의 4년제 대학교인 중앙승가대학교에서 30년째 출가 승려들을 가르치는 교수로 재직하면서 불교의 마음 개념을 강하게 자각하게 되었기 때

4_ 선비 계층이 보여주는 현실적응적 태도에 대한 설명을 예로 들 수 있을 것이다.

문일 것으로 추측해 볼 수 있다.

아무튼 사회학도로서 나는 동양적 마음 개념이 우리 사회를 이해하는 키워드의 하나임에는 분명하다고 확신했다. 예컨대 한국사회의 경험에만 한정하더라도 일상적인 소통언어로서 마음개념이 매우 쉽게 발견된다. 오늘날의 일상생활에서 마음은, 개인적인 차원에서 보면 결심(決心)하다는 표현처럼 어떤 행위의 결정적인 요인일 뿐만 아니라 민심(民心), 애국심(愛國心)과 같은 집합적 현상과도 불가분의 관계를 가진다. 실제로 한자 자전(字典)을 보면 민심(民心)이나 심정(心情)처럼 '~심(心)' 혹은 '심(心)~'의 형태로 마음[心]이 단독으로 쓰이는 경우가 매우 많다. 그러나 심방부의 마음[忄]과 푸를 청(靑)이 결합하여 만들어진 정(情)처럼 심방부에 해당하는 단어는 그보다도 훨씬 더 많다. 이는 마음과 특정한 대상이 결합하여 만들어지거나 구성되는 일상어가 그만큼 많다는 것을 가리킬 뿐만 아니라 마음과 사회의 동행을 이해할 수 있는 열쇠를 은밀히 감추고 있음을 의미한다. 게다가 이는 우리의 일상적인 언어생활 속에서 마음 개념뿐만 아니라 마음의 결합 현상이 매우 풍부하게 살아 있음을 의미하기도 한다.

『고어사전(古語辭典)』(남광우 편)에는 'ᄆᆞᅀᆞᆷ'에서 파생된 단어가 거의 없고, '輕淸ᄋᆞᆫ 몸 가비얍고 ᄆᆞᅀᆞᆷ 물 골 씨라(蒙法 35)' 등에서 보는 바와 같이 여러 예문에도 몸과 마음을 뜻하는 '신심(身心)' 정도의 표현만이 보인다. 그리고 우리가 『조선왕조실록』에 나타난 마음[心] 관련 단어들을 표본조사해 본 결과 198개의 단어가 발견되었다(자세한 내용은 제7장을 보라). 그런데 한국사회에서 학자들이 가장 보편적으로 활용하고 있는 『한한대자전(漢韓大字典)』(민중서림)을 보면 심(心)이 단독으로 쓰이는 경우는 모두 204개 단어가 있는데, 마음[心]이 앞에 있는 복합어가 100개이고 마음[心]이 뒤에 붙는 복합어가 104개이다. 그러나 『우리말 큰사전』(삼성출판사)를 보면 마음[心]이 앞에 나오는 단어만 약 177개에 이른다. 이렇듯 사전의 종류가 다르기 때문에 일반화하기는 어렵지만, 시대의 변화에 따라 마음 관련 숫자도 지속적으로 증가하는 것으로 추론하기는 가능하다.

특히 『한한대자전(漢韓大字典)』을 보면 마음을 포함하는 글자, 즉 심방부의 글자는 324자인 데 비해 마음[心]이 단독으로 쓰이는 단어는 204자이다. 실제로 마음을 포함하는 글자(심방부 글자)의 용례는, 심방부가 좌측(앞쪽)에 놓이는 경우가 240자, 심방부가 아래쪽에 놓이는 경우가 95자, 심방부가 글자 중간에 있거나 뒤에 놓여 있는 경우가 5자(慶, 憂, 愛, 悶, 恥) 등이다. 이는 매우 흥미로운 현상으로서, 심방부[忄]와 푸를 청(靑)이 만나 정(情)이 되듯이 마음이 대상과 결합하여 이루어지는 단어가 상대적으로 많아지고 다양해짐을 암시한다. 또한 이는 사회의 변화 혹은 사회 분화에 따라 삶이 복잡해질수록 마음과 대상이 결합하여 탄생된 말, 즉 합심을 지시하는 단어가 증가한 것임을 의미한다.

마음은 불교사상이나 유교사상의 가장 핵심적인 개념일 뿐만 아니라 실천수행의 요체로 자리하고 있고, 2000년 이상 유교문화권 및 불교문화권 사회의 구성원들에게는 문화적 전통이나 무의식을 좌우하는 기억으로 작용해 왔기 때문에 한국인의 정서적 맥락의 근간을 형성하고 있기도 하다. 심학이 한국지성사를 관통하게 된 까닭도 이와 무관하지 않을 것이다. 따라서 사회학적으로 복원만 한다면 그것은 서구 근대의 이성을 대신할 수 있는 개념일 뿐만 아니라 불교 및 유교문화의 세례를 받은 한국사회 혹은 그 변동을 이해하는 핵심적인 키워드로 자리매김할 수 있을 것으로 생각된다.

문제는 이러한 마음 개념은, 비록 한국인들에게는 너무나 친숙하더라도, 이른바 '수입사회학'이 지배하는 한국사회학계에서는 아무도 관심을 갖지 않을지도 모를 정도로 서럽도록 생경한 연구 대상이라는 점이다. 그러나 심학의 복원을 꿈꾸고 있다면, 사회학이 기존의 상식에 도전하고자 한다면, 한국사회학이 한국사회의 경험을 바탕으로 독창적인 사회학 이론을 개발해야 한다는 태동기적 과제를 여전히 해결하지 못하고 있다면, 그리고 내가 우리에게 친숙할수록 수입사회학이 지배하는 한국사회학계에서는 생경한 연구 대상을 연구하기로 마음먹었다면, 마음(혹은 마음과 사회의 관계 혹은 동행)이야말로 그 모든 필요에 가장 부합하는 연구 대상이다.

이러한 탐색과정을 마친 다음 나는 '의식과 사회'에 대한 유년의 꿈을 '마음과 사회의 동행'에 대한 탐색으로 전환하였다. 아무 미련도 없이, 그리고 지체 없이 '연기체로서의 마음'과 '연기체로서의 사회'의 관계를 연기적 관점에서 중층의존적으로 이해하는 것으로 대체하였다. 그렇다면 '마음과 사회'가 아니라 왜 굳이 '마음과 사회의 관계', 즉 동행인가?

왜 굳이 동행인가?

한자경은 『한국철학의 맥』에서 '한 마음'을 한국철학사를 관통하는 기본 정신으로 설정하고 단군신화에서부터 박종홍의 철학까지를 검토하고 있다.

> 나는 한국철학의 기본 정신을 하나의 큰마음, 한마음, 일심(一心)으로 이해하며, 바로 이것이 한국철학의 기본 줄기를 형성한다고 생각한다. 한마음의 '한'은 '크다'는 뜻과 '하나'라는 뜻이 합한 '한'이고, 그것은 곧 '일(一)'과 '대(大)'를 합한 '천(天)'이다. 이 무한의 하나를 유한한 개별자들 바깥의 실재가 아닌 유한한 개별자 내면의 무한, 상대적 개체들 내면의 절대로 이해하는 것, 즉 절대의 무한을 개별 생명체의 핵인 마음으로 파악하는 것이 바로 한국철학의 기본 특징이라고 생각한다. (…) 무한과 절대를 유한하고 상대적인 개체 내면에서 구하므로, 일심사상은 곧 '내재적 초월주의'다. 상대적인 개체의 내면에서 초월적 하나, 초월적 보편을 발견하고, 그 하나를 통해 만물의 평등과 자유를 확인하는

것이다(한자경, 2008: 7).

전적으로 동의한다. 그러나 한자경의 주장에 등장하는 마음 개념은 스스로도 고백하고 있듯이, 사회적 맥락과 무관한 보편의 마음 개념이다. 그러한 보편적 마음 개념만으로는 한국의 마음 사상(혹은 마음 문화)이나 마음 개념이 어떻게 특정 시기 한국인의 행위, 사회관계, 그리고 사회구조 및 변동과 연관되어 있는가를 밝혀주지 못한다.[5] 사상에서 현실이 곧바로 도출되는 것은 아니기 때문이다. 게다가 마음은 사회 혹은 사회적 맥락 없이는 형성조차 어렵다.[6] 바로 이 지점에 이르면 마음과 사회의 동행에 대한 사회학적 연구의 필요성은 절실해진다. 이런 이유로 나는 사회와의 관계(혹은 동행)라는 전제하에서 마음을 새롭게 정의하고, 그러한 마음 개념이 어떻게 사회적 행위에 개입하고 사회적 삶에서 파생된 의미의 구조 속으로 미끄러져 들어가는지를 탐구해 보기로 마음먹었다. 그리고 '마음과 사회의 동행'을 탐구하는 학문을 지식사회학 등의 용례에 따라 '마음사회학'이라 명명하였다.

그러나 마음사회학을 지지하거나 뒷받침해 줄 사회학적 전통이 없었다. 오히려 기존의 사회학은 대부분 관습적으로 마음과 무관한 사회 혹은 마음을 배제한 사회현상만을 연구해 왔을 뿐이었다. 게다가 마음과 유사한 것에 관심을 가진 사회학자조차도 마음에 관심을 기울이기보다는 이성(혹은 합리성), 의식(혹은 정신), 그리고 마인드(mind)에만 관심을 기울여 왔다. 예컨대 마르크스와 마르크스주의자들은 즉자의식, 대자의식, 계급의식처럼 의식에 관심을 두었고, 베버나 베버주의자들은 이성(혹은 합리성)에 관심을 기울였다. 또한

5_ 퀜틴 스키너(Quentin Skinner)는 『역사를 읽는 방법』에서 고전 텍스트를 역사적 맥락 속에서 읽을 것을 주문하고 있다(스키너, 2012).

6_ 미드(Mead), 쿨리(Cooley), 루만(Luhmann) 등의 이론적 논의나 사회심리학적 실증 연구들은 이러한 사실을 잘 보여준다.

뒤르켐은 집합의식에 관심을 가졌지만 '사회적인 것'과 '정신적인 것'을 엄격하게 구분함으로써 '정신적인 것'에 속하는 것으로 간주되는 마음을 사회학에서 배제하는 데 한몫했다. 그 결과, 대부분의 사회학도는 정작 마음과 연관된 자기 자신의 사회적 삶과 그 의미의 역사에 대해서는 조고각하(照考脚下)하지 않았거나 못하게 되었다.

이는 사회변동에 대한 사회학적 논의의 한계로 이어진다. 실제로 대부분의 사회학자가 사회를 연구하는 목적은 사회 자체를 이해하는 데 있기도 하겠지만 궁극적으로는 자신이 속한 사회를 좀 더 나은 사회로 만들고 그래서 그 속에서 더불어 살아가는 사람들의 행복에 어떠한 식으로든 기여하는 데 있다. 그렇기 때문에 많은 사회학자는 비판적 시각을 가지고 마치 쓰레기통을 뒤지듯이 사회의 악취 나는 곳을 세밀하게 들여다보고, 혁명이나 개혁을 통해서 자신이 그리는 이상적인 사회를 건설해 보려고도 했으며, 계몽의 변증법이나 계몽의 계몽이든 이성적 담론 상황, 합리적 행위능력 등 이성의 역능에 기대를 걸기도 했다. 그러나 매우 불행하게도 이러한 사회학자들의 기대는 종종 실망으로 되돌아온다.

우리도 그런 경험을 갖고 있다. 1980년대 한국사회 속에서 사회학을 공부한 많은 사회학도들이 민주화나 전체 사회의 변혁을 통해 한국사회를 좀 더 나은 사회로 만들 수 있다는 기대를 가졌지만, 지금 돌이켜보면 크고 작은 실망만이 마치 추락한 비행기의 잔해처럼 어지럽게 흩어져 있다. 대표적으로, 우리는 사회주의 환상이 실패와 좌절로 되돌아왔음을 똑똑히 체험했다. 게다가 헤겔의 국가 개념, 그것을 대체한 마르크스의 생산양식 개념, 그리고 마르크스주의를 계승하기 위해 고안된 이른바 프랑크푸르트학파의 개념들, 즉 '계몽의 변증법'이나 '계몽의 계몽', '시민사회의 담론 합리성(혹은 소통 합리성)' 등이 모두 한여름 밤의 꿈처럼 가뭇없이 사라졌다. 특정한 제도를 하나 새롭게 도입하거나 고치더라도 얼마 지나지 않아 마치 가우스 함수처럼 원점으로 되돌아오는 경험을 우리는 수없이 겪은 바 있다.

그렇다면 그 이유는 무엇일까? 많은 이유가 있겠지만, 무엇보다도 사회는 행위자의 이성적(혹은 합리적) 행위능력에 의해서 바뀌는 것이 아니기 때문일 것이다. 실제로 특정한 사회의 사회구성원들은, 개혁을 할 마음을 갖고 있지 않거나, 마음은 갖고 있더라도 마음에 부합하는 실천을 하지 않을 수도 있다. 또한 비록 많은 사람들의 실천으로 일정 정도 개혁에 성공했다 하더라도, 그 개혁의 제도화에 구성원들의 마음이 내키지 않았거나 혹은 그 개혁의 내용에 부응할 수 있도록 스스로의 마음을 새롭게 일신하지 않았기 때문일 수도 있다. 게다가 정치적 보수주의자는 물론 진보주의적인 사람들조차도, 타심(他心)이나 이심(異心)이란 말이 시사하듯이, 상황에 따라 '딴 마음'을 품고 왼쪽으로 새끼 꼬기를 시도하는 경우가 여기저기서 보이기도 한다. 어쨌든 이러한 경우의 수가 모두 개연성을 가진다면, 의식개혁이든 제도개혁이든 혁명이든 그것은 단지 '똥덩어리 뒤집기'로 끝나버리기 십상이다.

그렇다면 즉각 그 반대의 가능성도 배제할 수 없다. 특정한 시대, 특정한 사회에서 그 구성원들의 마음이 낡은 구조에 안주하는 것이 아니라 사회적 관계들로 이루어진 전체 구조와 바로 그 관계들이 작동하는 과정을 정확하게 인식하는 지혜가 마음을 가득 채우고 그 마음에 부합하는 행위가 수반된다면, 낡은 사회가 스스로 사라지고 새로운 사회가 창발되기도 할 것이다. 길이 있어서 사람들이 지나가기도 하지만, 많은 사람들이 지나가니까 길이 새롭게 생기기도 하는 것과 같은 이치이다. 이른바 기축시대에 원초적인 근대가 시작된 것은 물론, 그렇게 시작된 인류 문명사가 지금까지 그 나름대로 진화를 거듭해 온 것은, 어쩌면 당대 구성원들의 마음이 사회변화라는 환경 변화에 따라 큰 변화를 일으키고 그 변화된 마음으로 행위를 한 결과일 것이다.

이러한 점에서 최근 김홍중이 자신의 논문 「마음의 사회학을 이론화하기」에서, "마음은 사회적 실천들을 발생시키며, 그 실천을 통해 작동(생산, 표현,

사용, 소통)하며, 그 실천의 효과들을 통해 항상적으로 재구성되는 행위능력(agency)의 원천이다"(김홍중, 2014: 184)라고 한 주장은 탁견이다. 그러나 매우 아쉽게도 그는 한국사회에 강하게 영향을 미쳐온 불교 및 유교의 마음 사상이나 마음 문화를 직접적으로 연구하지 않는다. 심지어 그는 자신의 저서『마음의 사회학』'프롤로그'에서 혜능의 저 유명한 '풍번문답(風幡問答)'에 등장하는 마음에는 관심을 갖지 않는다고 분명한 선을 긋고 있다. 실제로 그의 책에서는 불교의 마음 개념은 물론 유교의 마음 사상에 대한 논의도 없다. 그런 이유 때문인지는 몰라도, 그의 책에 등장하는 마음 개념은 왠지 우리가 알고 있는 마음 개념이 아닌 것 같기도 하고, 우리의 마음 이해 방식이나 틀을 벗어난 듯하며, 진정한 우리의 마음을 이야기하는 것도 아닌 듯하다.

우리의 거시적 인식관심은 이렇다. 한국지성사를 관통하는 마음의 내재적 초월의 요구가 어떻게 행위자의 사회적 소통과 후속 기대 및 후속 소통에 지속적으로 반영되었고, 그것이 어떻게 그들의 의미 세계를 구성하였으며, 나아가 그것이 삶의 구체적 현실과 어떠한 긴장관계를 가지면서 구체적인 사회의 구성과 변동을 만들어왔는지를 탐구하려 한다. 이를 위해 우리는, 베버의 이념형이 아니라 우리의 인식 틀로, 진정한 우리의 이야기를 논의해 보고자 한다. 한마디로 한국사회의 마음 개념이나 마음 문화를 그 당대 사회와의 연기적 관계(혹은 동행)라는 맥락 속에서 새롭게 이해해 보려고 한다. 이때 가장 적합한 연구 자료가 바로 심서(心書)이다.

심서(心書)에 대하여

안동지방의 무수한 정자들 중 단연 으뜸으로 꼽히는 '백운정(白雲亭)'[7]에는 '이요문(二樂門)'이라고 쓰인 현판이 있다. 그 현판에는 이황이 썼음을 입증하는

'도산심서(陶山心書)'란 일종의 낙관이 왼쪽 모서리에 또렷하게 남아 있다.

아마도 이황은, 자기 자신만이 아니라 그 문을 들어서는 누구라도 도도히 르는 반변천의 맑은 물과 그 가장자리에 끝없이 펼쳐진 모래사장을 보는 순간 물을 좋아하는 어진 자[仁者]의 마음을 갖지 않을 수 없고, 또한 광활한 백운정 의 노송 군락과 뒷산의 수려한 경치를 좋아하는 지자(智者)의 마음을 갖지 않을 수 없음을 간파하고, 세세생생 그곳을 드나드는 선비들의 마음에 그들 스스로의 사단(四端)을 다시금 되새기도록 일깨우고 싶어 '이요문'이라 이름했을 것이리라.

낙관을 대신해 하필 '심서'라 쓴 까닭도 동일한 이유 때문이 아니었을까? 사실상 한국을 대표하는 세계적인 학자이자 한국말을 가장 정밀하게 구사한 경학자인 이황이 '심서'라고 쓴 데는 반드시 그 까닭이 있을 것이다. 무엇보다 이황은 사람이 할 수 있는 가장 진정한 말은 교언영색(巧言令色)이 아니라 차마 글이나 말로 표현하지 못해서 마음으로밖에 표현할 수 없는 말임을 잘 알고 있었을 것이다. 그럼에도 어쩔 수 없이 언어적 표현을 빌리지 않을 수 없었기에 자신의 지극한 진심을 담았음을 표현할 수밖에 없었으리라. 물론 그러한 의미 이외에도, 그 문을 들어서는 모든 사람들의 마음에 인(仁)과 지(智)를 포함한 사단을 영원토록 새겨[銘心]두려는 의도도 적지 않았으리라. 게다가 이심전심의 경지에서 이루어진 합심을 기대하기도 했으리라. 우리는 '심서'란 두 글자를 이 모든 고려의 최종 산물로 읽는다.

이렇게 보면, 온갖 중생들에게 망심(妄心)을 여의고 정심(淨心)을 기를 것을 가르치는 불교 선지식이 행한 가르침이 모두 심서(心書)와 다름없다. 한국이

7_ 백운정은 귀봉(龜峯) 김수일(金守一, 1528~1583)이 지은 정자이다. 김수일은 본관이 의성(義城)으로, 청계(靑溪) 김진(金璡, 1500~1580)의 둘째 아들이다. 과거에 합격하였으나 벼슬길에 나가지 않고 고향에 남아 자연과 더불어 학문 연구와 후진 양성에 진력하였다.

낳은 세계적인 철학자 원효의 저술은 그 대표적인 예일 뿐이다. 왕(선조)에게 전한 이황의 〈심통성정도(心統性情圖)〉가 어찌 심서가 아닐 것이며, 미래사회의 동량(棟樑)을 위해 쓴 율곡 이이의 『격몽요결(擊蒙要訣)』이 어찌 심서가 아니랴! 왕과 함께 국사를 논의하거나 왕의 경연에 참가하여 자신의 심경을 토로한 글 역시 심서일 것이며, 심지어는 현대 한국사회에서 부모나 형제와 절연하면서 자신의 마음을 표현한 말이나 글 역시도 심서일 것이다.

그 기념비적인 저서가 바로 다산 정약용의 『목민심서(牧民心書)』이다. 그 책은 우리말 문장의 의미소를 가장 섬세하게 갈라칠 줄 알았던 대학자이자 실사구시의 학문을 주창한 정약용이 당시 사회에 대한 우환심(憂患心)의 발로에서 당대 목민관들의 마음에 자신의 '목민의 마음'을 새겨두기[心] 위해 저술한 것으로 알려져 있다. 실제로 정약용은 서문에서 "백성들을 보살펴주고 싶은 마음이야 간절하지만 유배 사는 죄인으로서 몸소 실천할 길이 막혔기에 '마음의 책[心書]'이라고 이름을 지은 것이다[有牧民之心 而不可以行於躬也 是以名之]"(정약용, 1985)라고 쓰고 있다. 이러한 정약용에게 가장 큰 지적 영향력을 끼친 성호 이익의 심학과 그에 터한 경세학 역시도 심서임은 두말할 나위가 없다.

이러한 심서의 용례를 보면, 마음 문화를 알고 있는 그 누구라도 사회를 우환하는 자신들의 지극한 마음을 사회 속에 실천하여 바람직한 사회가 되는 데 이바지하고 싶지 않았으랴. 바로 그 순간, 그들은 마음은 언제나 사회와 동행한다는 사실 혹은 마음에 따라 사회가 변할 수 있다는 것에 대한 확신이 있었을 것이다. 결국, 비록 눈에 보이거나 사실로 드러나지는 않았다 하더라도, 공자나 맹자, 붓다는 물론 한국의 원효, 이황, 이이, 이익, 정약용 그리고 그들의 세례를 받은 모든 사람들이 저마다의 그릇만큼 심서를 남겼다.

이 책에서 우리는 이렇듯 늘 사회와 동행하는 심서를 사회학적으로 탐구해보려고 한다. 그리고 우리는 우리 사회의 '심서' 개념이, 이황이나 정약용의 용례처럼, 중의법적으로 읽히기를 바란다. 다만 이 시점에서 마음과 사회의 동행을 탐구하는 이 책이 왕이나 선비 계층, 목민관만이 아니라 이 시대 불특정 다수의 사람들에게 읽혀서 그들이 우리 시대, 우리 사회를 더 바람직한 사회로 만들어가는 데 미력이나마 기여할 수 있기를 기원하는 마음 간절하다. 주제넘은 처사임을 잘 알기에 더욱 낯부끄럽지만, 천학비재로 엮은 이 책도 심서가 되기를 바라는 까닭이다.

이 책의 구성

우리는 이 책을 다음과 같이 구성하였다. 이 책은 서문을 제외하면 크게 이론적 논의(제1부)와 경험적 연구(제2부와 제3부)로 구성되어 있다.

우선 제1부 이론적 논의는 베버의 동양사회론의 비판을 통해 이론적 함의를 도출하고(제1장), 마음사회학의 이론적 정초를 마련하려는 이론적 논의를 한 다음(제2장), 그러한 이론적 논의를 근거로 하여 경험적 대상(혹은 사회현상)을 분석하기 위한 이론적 모델로서 연기적 마음사회변동이론을 시론적 차원에서 제시하고(제3장), 그 함의를 각각 논의하였다. 한편, 제2부와 제3부에서는 제1부의 논의에 기초하여 경험 연구를 수행한다.[8]

경험적 연구는 다시 세 부분으로 구분하였다. 제2부는 한국의 합심 문화 및 마음과 사회의 동행을 떠받쳐 온 사상적 뿌리를 탐색해 보고자 하였다. 이를 위해 사상적 차원에서 우선, 교학적 차원에서 한국불교를 대표하는 원효의 심학과 그 합심성, 그리고 한국 유학(성리학)을 대표하는 이황의 심학과 그 합심

8_ 이 책의 개별 경험연구에서는 제1부에서 논의한 내용들이 하나의 논의 속에서 중복 혹은 복합적으로 활용될 것이다.

성을 탐색해 보지 않을 수 없었다. 더불어 사상적 차원에서 볼 때 한국 역사의 거대한 체제전환기, 즉 조선 초 유교사회로의 전환기와 조선 말 근대사회로의 전환기를 각각 대표하는 불교사상가 득통과 유교사상가 이익의 심학과 그 합심성도 검토할 수밖에 없었다. 그리고 조선시대 500년간의 정치사회적 담론을 고스란히 담고 있는『조선왕조실록』에 나타난 합심성을 분석하는 것으로써 '합심성의 역사사회힉적 뿌리 찾기'를 마무리하였다.[9]

제3부에서는 몇몇 사례 연구를 통해 한국 합심 문화의 현주소를 실증해 보았다. 우선, 한국사회의 민주화를 민심의 동원이란 차원에서 논의하고 최근의 이른바 '촛불 혁명'을 통해 그것을 실증해 보았다. 이어서 무연사회 현상을 마음의 멀어짐과 관련시켜 고찰하였고, 북한사회의 마음 문화와 함심 현상을 실증한 뒤에, 마지막으로 세계화 시대를 맞이하여 세계사회의 '다른 사람'에 대한 마음의 배려라는 테제를 실증해 보았다.

끝으로 결론을 대신하는 맺음말에서 이 책 전체의 논의가 갖는 사회학적 의의를 제시하였고, 나아가 이 책과 연동되는 후속 연구 과제를 제시해 두었다.

소회(所懷)

우리는 한국 지성사를 관통해 온 심서를 사회학적 관점에서 재해석하고 그것이 오늘날 한국사회에서는 어떻게 현상하고 있는지를 실증해 나가기 시작했다. 그 대가는 혹독했다. 마치 외계인을 보는 듯한 기존 사회학계의 시선을 감당해야 했다. 그렇기 때문에 아무리 험난한 장애물들이 괴롭히더라도 스스로

9_ 이 책의 구성상 이유로 이번 기획에서 제외한 마음 사상가들(지눌, 이이, 유성룡, 정약용, 최한기, 경허, 성철 등)의 심학과 그 합심성에 대해서는 다른 기회를 통해서 본격적으로 논의할 예정이다.

창조적인 대안을 찾아서 무소의 뿔처럼 우직하게 걸어가야 했다. 연구 과정은 생각만큼 쉽지 않았다. 메타 이론적 차원, 이론적 차원, 실증적 차원에서 고려해야 할 모든 것을 처음부터 점검해야 하기 때문에 의욕만큼 성과가 신통하지 않을 때도 많았다. 최소한 한국사회로 한정하더라도 마음 개념의 기원에서부터 시작하여 한국사회의 역사적 고비(삼국시대/고려시대/조선시대/현대)와 그 교체기에 마음 개념이 어떻게 지속되어 왔고, 또 변용되어 왔는지를 추적하는 일은 매우 지난한 연구가 필요했다.

바로 그즈음에 김홍중의 『마음의 사회학』이 출판되어 회자되기 시작하였고, 후속 연구들이 속속 발표되고 있었다. 왠지 마음은 다급했지만 무리하게 어린 새싹을 뽑아 올릴 수는 없는 노릇이었다. 기본적인 개념, 철학적·사상적 근거, 역사적 배경, 다양한 경험적 연구 등을 착실하게 축적해 나가는 것 말고는 도리가 없었다.

하늘은 스스로 돕는 자를 돕는다고 했던가! 때마침 필자의 이런 기획을 알아차린 두 명의 동학이 나타났다. 그 동학이 바로 이 책의 공동저자인 박수호 선생님과 신종화 선생님이다. 우선 박수호 선생님은 신심 있는 불자일 뿐만 아니라 학문적으로도 진작부터 불교사회학적 성과를 지속적으로 발표해 온 중견학자이고, 신종화 선생님은 현대성(modernity) 이론에서 일가를 이루고 있을 뿐만 아니라 동서고금의 개념사에 큰 관심을 쏟고 있는 중견학자였다. 게다가 두 분은 모두 탄탄한 사회학 이론과 탁월한 방법론적 기량을 겸비하고 있을 뿐만 아니라 번뜩이는 아이디어로 나를 감복시켰다. 특히 두 사람은 동양사회사상학회의 동료로서 우리는 매우 강한 인간적 신뢰를 갖고 있기도 하였다. 말 그대로 호박이 덩굴째 굴러들어 온 격이었다.

공동저자들이 결합하면서 마음과 사회의 관계에 관한 연구는 급속하게 진행되었다. 반드시 성공이 보장된 것은 아니기에 다소 무모한 시도라고 생각되기도 했지만, 우리는 일단 한국인들의 마음 문화 중에서 특히 합심 문화에 초점을 맞추어 다양한 경험적 연구를 시도하였다. 그리고 이러한 경험적 연구들이 지속적으로 축적된다면 언젠가는 이론적 일반화를 시도해 볼 날이 올 것이라는 기대와 확신을 공유하였다. 그것이 마음사회의 연구를 지속하는 강력한 동기로 작용하면서, 지금까지 우리는 이와 관련된 20여 편 이상의 이론적 연구와 경험적 연구를 수행하였다. 그리고 우리의 성과는 마음에 관한 심리학적 연구나 종교학적·철학적 연구와는 상당한 차별성을 지닌 것으로 현상되고 있었다.

이 책에서 우리는 이러한 연구를 수행하는 과정에서 사고하고 상상했던 이런저런 아이디어, 습작, 그리고 20여 편의 경험연구의 성과들을 토대로 하여 마음과 사회의 동행에 관한 사회학적 연구의 중간결산을 시도하고자 한다. 더 구체적으로 말하면, 이 책에서 우리는 이론적 차원에서 마음과 사회의 동행을 연기적 시각에서 설명할 수 있음을 입증하고, 나아가 그 이론적 기초 위에서 한국사회의 마음 문화가 당대의 사회와 어떻게 동행해 왔는지를 다양한 경험적 사례와 연관시켜 보고자 했다. 그리고 이 과정에서 한국사회의 마음 개념이 사회의 지속 및 변동과 상호작용하면서 어떻게 지속 혹은 변용되어 지금에 이르렀는지가 희미하게나마 밝혀지기를 기대하기도 했다. 비록 마음과 사회의 관계(혹은 동행)에 관한 사회학적 연구가 끝을 알 수 없는 지난한 미궁의 연속이겠지만, 그럼에도 우리는 지금까지의 성과를 토대로 일단 중간결산을 시도하기로 합의한 것이다.

원고를 탈고하려는 이 순간 나에게는 몇 가지 소회가 교차한다. 하나는, 비록 두 명의 탁월한 동학의 도움으로 이루어진 것이긴 하지만, 오랜 숙제를 끝마쳤다는 성취감이다. 그렇기 때문에 이 지면을 통해서 일일이 거명할 수는 없지만 이러한 성취감을 맛보기까지 도움을 주셨던 무수한 분들께 심심한 감사의 말을 전하지 않을 수 없다. 특히 우리의 관심을 심화시키는 데 음양으로 도움을 준 동양사회사상학회의 역대 회장님(전남대학교 사회학과 교수를 지내시다 퇴직하신 최석만 교수님, 계명대학교 사회학과 이영찬 교수님, 전북대학교 정학섭 교수님, 충북대학교 이재룡 교수님) 이하 전 회원들의 따뜻한 우정과 따끔한 질정에 감사의 말을 전하고 싶다. 또한 이 책을 엮는 과정은 중앙승가대학교 단나학술기금의 지원을 받았다. 보시를 한 무수한 보살님들께도 머리 숙여 감사의 마음을 전하고 싶다.

다른 하나는 숙제를 제대로 했는지에 대한 두려움이다. 어쩌면 성취감보다 두려움에 더 마음이 간다. 숙제 검사는 전적으로 독자의 몫이기 때문이다. 그럼에도 우리가 흘린 땀방울이 한국판 『의식과 사회』, 즉 '마음과 사회의 동행'에 관한 사회학적 연구를 촉진시키는 밑거름이 되기를 기대하면서, 이 책을 세상 속으로 보낸다. 독자 제현의 질정을 바란다.

이 책의 각 장은 우리가 이 책을 기획하기 전에, 혹은 이 책을 집필하는 와중에 논문으로 출판되었던 글들이다. 각각의 글이 처음 실렸던 곳을 밝혀둔다. 끝으로 제6장과 제10장의 수록에 동의해 준 공저자 이민정 선생님께도 고마움을 전한다.

- 제1장: 유승무. 2013. 「동양사회 내재적 종교성과 베버의 동양사회론: 힌두교와 불교를 중심으로」, 『현대사회와 베버 패러다임』, 이재혁 외 10인, 나남, 91~118쪽.
- 제2장: 유승무·신종화·박수호. 2017. 「마음사회학의 이론적 정초: 마음과 사회의 중층의존성을 중심으로」, 《사회와 이론》 30, 79~126쪽, 한국이론사회학회.
- 제3장: 유승무·박수호. 2020. 「동양사회사상적 사회변동이론 시론」, 《한국학논집》 81, 131~163쪽, 계명대학교 한국학연구원.
- 제4장: 유승무·신종화·박수호. 2016. 「원효의 화쟁일심 사상과 한국 마음문화의 사상적 기원」, 《사회사상과 문화》 19(4), 1~28쪽, 동양사회사

상학회.

- 제5장: 유승무. 2018.「득통의 마음사회학적 이해: '현정론'을 중심으로」,《한국학논집》73, 43~69쪽, 계명대학교 한국학연구원.

- 제6장: 유승무·신종화·박수호. 2017.「퇴계의 심학(心學)과 한국사회의 마음 문화」,《사회사상과 문화》20(3), 29~57쪽, 동양사회사상학회.

- 제7장: 유승무. 2017.「성호 이익의 마음사회학적 조견: 성호사설을 중심으로」,《한국학논집》68, 61~93쪽, 계명대학교 한국학연구원.

- 제8장: 유승무·박수호·신종화. 2013.「마음'의 사회학적 재발견과 '합심(合心)'의 소통행위론적 이해: 조선왕조실록의 용례 분석에 근거하여」,《사회사상과 문화》28, 1~47쪽, 동양사회사상학회.

- 제9장: 유승무·신종화·박수호. 2017.「민심의 동원과 마음의 정치: 동양적 사회운동 이론과 도덕정치의 가능성」,《사회사상과 문화》20(1), 77~110쪽, 동양사회사상학회.

- 제10장: 유승무·박수호·신종화·이민정. 2015.「무연(無緣) 사회 현상의 사회학적 이해: 합심과 절연의 사이」,《사회와 이론》27, 353~385쪽, 한국이론사회학회.

- 제11장: 유승무·신종화·박수호. 2015.「북한사회의 합심(合心)주의 마음문화」,《아세아연구》58(1), 38~65쪽, 고려대학교 아세아문제연구소.

- 제12장: 유승무·신종화. 2016.「세계화시대 '다른 사람'의 의미 구성과 배려」,《한국학논집》63, 49~77쪽, 계명대학교 한국학연구원.

2021년 10월
사신구국(死身救國)의 마음이 깃든 충의원(忠義院) 기산루(岐山樓)에서
저자를 대표하여
유 승 무

제 **1**부

동행의
이론적 나들이

제1장

마음의 동행에 대한 사회학의 오해
베버의 사례

1. 머리말

이 책 머리말에서 하버마스를 언급하면서 암시했듯이, 근대학문의 총아로 평가받고 있는 사회학은 태동부터 인간의 합리적 행위능력이나 이성적인 담론 상황을 전제하고 그 전제에 근거하여 합리성의 잣대로 경험연구를 수행해 왔다. 실제로 고전사회학은 말할 것도 없고 현대사회학에 이르기까지 지대한 영향력을 행사하고 있는 베버사회학은 그 전형이다.

베버는 인간의 행위를 목적합리적 행위나 가치합리적 행위 등 합리적 행위로 유형화하고 있을 뿐만 아니라 합리적 행위가 근대사회와 조응하는 행위임을 강하게 암시하고 있다. 특히 베버는 자신의 저서 『개신교 윤리와 자본주의 정신(Die Protestantische Ethik und der Geist des Kapitalismus)』에서 서구사회가 왜 합리화에 성공했는가를 묻고 그 기원을 신교 윤리에서 찾음으로써 결과적으로 서구사회의 근대적 기원을 해명하는 데 성공하고 있다. 문명의 보편사적 기획이 갖는 사회적 결과에 관심이 있던 베버는 여기에서 멈추지 않는다.

실제로 그는 비서구사회는 왜 서구사회가 걸어갔던 역사발전의 궤적을 따라가지 못했는지를 묻고 그 해답을 문명의 합리화(혹은 합리적 문명)와는 거리가 먼 마음 문화(불교의 경우)나 현세 합리적 태도의 비(非)비판성(유교의 경우) 등에서 찾고 있다. 마음을 신비주의로(그래서 동양사회를 주술의 정원으로) 해석함으로써 사회질서 및 변동과 동행하는 마음을 배제하는 사회학의 오해는 여기에서 시작된다. 그리고 베버의 동양사회론은 그 이후의 사회학적 전통에 베버의 사회학적 명성만큼이나 심대한 영향을 미쳤다.

그렇기 때문에 마음과 사회의 관계(혹은 동행)를 일반 이론적 차원에서 논의하기 위해서는 반드시 베버의 동양사회론을 검토하지 않을 수 없다. 이에 왜 베버의 동양사회론을 문제시하는지를 더 자세하게 살펴보는 것을 시작으로 본격적인 논의에 들어가고자 한다.

2. 왜 베버의 동양사회론을 문제시하는가?

베버 사회학의 출발점이자 귀착점은 근대 서구의 합리화 과정의 산물인 근대 자본주의의 기원이라는 구체적인 역사적 문제를 해명하는 것이었다(전성우, 1996). 그런데 베버는 이를 해명하기 위해 단지 근대사회만을 고찰한 것이 아니라, 역사적으로는 고대사회와 중세 사회에도 폭넓은 관심을 가졌으며, 지리적으로는 전 세계의 모든 문명권으로 관심의 폭을 확대해 나가면서 철저한 비교연구를 수행하였다.[1] 베버는 보편사적 기획의 일부인 『유교와 도교』뿐만

1_ 이 점에 대해 전성우(1996)는 다음과 같이 묘사하고 있다. "베버는 그의 짧은 학문적 생애 동안 서양과 동양의 경제사 전반을 섭렵하면서, 근대 자본주의의 기원과 성격에 관한 자신의 문제의식을 지속적으로 확대하고 심화시켜 나갔다. 이 섭렵의 길은 그를 메소포타미아에서 이집트를 거쳐 이스라엘로, 헬레니즘에서 로마 황제 시대를

아니라 『힌두교와 불교』에서, '왜 동양사회는 서구사회가 보여준 그런 방식으로 합리적인 생활양식의 창출이라는 발전 방향을 취하지 못했는가?'라고 묻고,[2] 마르크스와 달리[3] 그 해답을 동양의 종교와 연관시켜 논의하였다(베버, 2008: 301~302). 그 결과, 베버는 서구 고전사회학자의 대열 중에서는 보기 드물게 포괄적이고 이론적 시각에서 동양사회를 분석한 사상가이며 그의 유교 - 도교 및 불교 - 힌두교에 관한 연구는 현대 중국학과 인도학의 발전에 지대한 공헌을 한 업적으로 간주된다(전성우, 1992: 17). 따라서 동양사회를 연구하는 데 '베버의 동양사회론'은 반드시 검토되어야 할 대상이다.

지금까지 '베버의 동양사회론'의 검토와 관련된 시도는 세 가지 유형이 있었다. 첫 번째 시도는 동양의 역사적 사실에 대한 베버의 오류를 지적하는 것이고, 두 번째 시도는 동양의 종교에서 개신교 윤리에 필적할 만한 등가물을 재발견(혹은 발명?)하는 것이며, 세 번째 시도는 유교문화에 내재한 이른바 아시아적 가치(Asian values)를 최근의 동양사회 발전과 연관시킴으로써 간접적으로 베버를 비판하는 것이다.

그러나 불행하게도 이러한 세 가지 시도의 설득력은 크지 않다. 우선 첫 번째 시도는, 『세계종교와 경제윤리』의 서론이나 『종교학논문집』 서언의 여러

거쳐 중세유럽으로, 중국을 거쳐 인도를 지나 다시 이스라엘로 인도한다."

2_ 『힌두교와 불교』는 다음과 같은 문제제기에서 시작된다: "여기에서 우리는 이제 인도적 종교성 ─ 분명히 다른 많은 요인들 사이의 한 계기로서 ─ 이 어떤 방식으로 (서양적 의미에서의) 자본주의의 발전을 정체시킬 수 있었던가를 연구해야 하겠다"(Weber, 1958: 14).

3_ 실제로 베버는 자신과 마르크스의 차이를 다음과 같이 분명하게 밝히고 있다: "마르크스는 '아시아 민중 특유의 정체성'이라는 현상이 나타나는 기초로서 인도 촌락 공인들의 독특한 상태 ─ 시장생산이 아니라 고정된 현물급여에 의존하고 있는 것 ─ 를 들고 있다. 이 판단은 정당한 것이라고 생각된다. (…) 그러나 오히려 발전 저지의 핵심은 모든 종교체제의 '정신'에 있었다"(Weber, 1958: 147~148).

곳에서, 베버 스스로가 자신의 이념형적 방법에서 불가피하게 발생할 수밖에 없는 한계라고 정당하게 자백하고 있다. 두 번째 시도의 전형은 벨라(Robert N. Bellah)의『도쿠가와 종교(Tokugawa Religion)』(1957)인데, 이 연구는 베버의 테제를 일본의 사례에 그대로 응용한 이른바 '등가물 찾기'이며, 일본 예외주의를 강조하는 것으로 귀결되어 동양사회 일반의 성격을 드러내지 못하는 자기한계를 내포한다.[4] 게다가 '등가물 찾기'의 성공조차도 궁극적으로는 동양사회를 '허수아비'로 가공하는 것에 지나지 않는다. 세 번째 방법에 대해 전성우(베버, 2008: 204)는 자본주의의 기원의 문제와 이후 발전의 문제는 다른 차원의 문제라는 점을 들어 최근 동아시아의 발전을 베버 비판의 근거로 활용하는 것은 오류라고 주장한다. 게다가 '아시아적 가치론'(혹은 '유교자본주의론')에서 제시된 가치들은 종교적 차원의 가치가 아니라 지극히 세속적 가치에 지나지 않기 때문에 '장외경기'로 빠질 위험성이 크다.[5]

이에 종교적 요인과 사회변동 사이의 관계에 대한 베버의 이론적 전제에 철저히 따르되,『힌두교와 불교』를 중심으로 베버의 동양사회론에 내포된 한계를 종교성 측정의 잣대와 연관시켜 논의함으로써 동양사회 이해를 위한 동양사회의 내재적 잣대가 필요함을 제기해 보고자 한다.

그렇다면 왜 하필『힌두교와 불교』인가? 그 이유는 크게 세 가지이다. 첫째는 베버도 인정하듯이 힌두교와 불교, 그중에서도 특히 불교가 '아시아 가치론'이 제시하는 유교적 가치에 비해 동양사회 내재적 종교성을 구성하기에 훨씬 더 적합한 종교라는 판단 때문이다.[6] 두 번째는 베버 연구사에서『힌두교

4_ 유승무(2010)는 벨라의『도쿠가와 종교』(1957)를 자세하게 분석하고 그 한계를 다양하게 제시한 바 있다.
5_ 유승무(2010)는 이러한 한계를 포함하여 아시아적 가치론(혹은 유교자본주의론)의 문제점을 자세하게 논의한 바 있다.
6_ "아시아에서는 대체로 중국이 근대 서구에서 프랑스가 했던 역할에 필적하는 역할을

와 불교』는 중요성이 큼에도 주목을 받지 못하고 있다는 판단 때문이다.[7] 세 번째는 유승무(2010)가 대승불교 부분에 한정하여 비판적으로 검토한 바 있는 베버의 불교사회론 비판을 이번 기회에 조금 더 확장하고 심화시키고자 하는 의도 때문이다.

3. 베버의 동양종교론: 불교론을 중심으로

불교에 대한 사회학적 저술이 거의 없는 학계의 현실을 고려할 때, 베버의 『힌두교와 불교』는 불교에 대한 기념비적인 사회학적 저술임에 틀림없다. 그럼에도 동시에 명백한 점은, 『힌두교와 불교』야말로 부재적 잣대(개신교 윤리의 종교성이란 잣대)로 재구성된 '허수아비' 불교론인 동시에 동양사회의 자본주의 불임(不姙)을 입증하는 동양사회론이라는 사실이다. 이에 여기에서는 우

하였다. 모든 보편적인 교양(품위)이 중국에서 흘러나와 티베트, 일본, 인도 변방지역으로 흘러들어 갔다. 이와 반대로, 인도는 고대 헬레니즘의 중요성에 필적할 만한 중요성이 있다. (⋯) 그리스도교의 역할과 유사한 역할을 아시아에서 수행했다고 할 수 있는 모든 정통파 및 비정통파 종교들은 인도적인 종교이다"(Weber, 1958: 329).

7_ 실제로 1991년 피터 해밀턴(Peter Hamilton)이 당시까지의 베버 관련 연구논문 중 그 자신이 유의미하다고 생각한 78편을 모아 편집한 *MAX WEBER: critical assessments*(Routledge) 속에는 『힌두교와 불교』에 관한 연구 성과가 포함되어 있지 않다. 물론 한국사회에서도 『힌두교와 불교』는 심도 있게 연구된 바 없다. 일찍이 권규식(1983)이 '막스 베버의 종교사회학'이란 부재를 붙인 자신의 저서 『종교와 사회변동』에서 한 장(章)을 인도의 사회와 종교에 할애하고 있지만, 불교 관련 내용은 두 페이지에도 못 미치는 등 인도의 종교에 대해서는 극히 소략할 뿐만 아니라 그것마저도 본격적인 연구논문이기보다는 몇몇 중요한 구절을 발췌 번역한 것에 지나지 않는다. 그리고 최근 박성환(1992)이 『힌두교와 불교』 중 약 1쪽 분량의 한국 관련 언급을 완역하고 그것을 가산관료제와 연관시켜 해석하고 있을 뿐, 『힌두교와 불교』를 동양사회에 대한 종교사회학적 시각이라는 차원에서 논의하고 있지는 않다.

선 그중 일부, 즉 베버의 불교론을 비판적으로 검토해 보고자 한다.

『힌두교와 불교』에서 베버는 약 1/3가량의 지면을 할애하여 불교 전반을 집중적으로 논의했다. 베버는 고대 불교로부터 논의를 시작하는데, 그는 고대 불교를 두 가지 차별성, 즉 정통파인 힌두교와의 차별성과 대승불교와의 차별성 속에서 논의했다. 무엇보다도 고대 불교란 표현이 대승불교와의 차별성을 전제한 표현이며, "고대 불교는 (…) 아트만이나 (…) '개체성'의 문제에 대해서도 거부하는 입장에 서 있었다"(Weber, 1958: 205)는 진술은 정통파인 힌두교와의 차별성을 전제한 표현이다. 그러나 베버는 구원론의 차원에서 보면 고대 불교의 구원론은 대승불교 및 힌두교의 구원론과도 공통점이 있음을 전제하고 있다.

> 이러한 구원의 상태(certitudo salutis), 즉 구원받은 자가 현세에서 누려야 할 평안의 향유야말로 인도의 종교가 추구하는 심리적 상태이다. 마치 지반무크티(jivanmukti: 현세 해탈)처럼, 인도의 성자들은 지금 여기에서조차(even here and now) '세상을 초탈한 삶의 축복(the bliss of the world-detached life)'을 향유하고자 할 것이다. (…) 고대 불교 특유의 최후의 목표달성도 바로 이것 그리고 바로 이 목표만을 추구하는 것으로 구성되어 있었다는 사실을 명심하는 것이야말로 고대 불교를 평가하는 데 매우 중요하다(Weber, 1958: 205~206).

문제는 이러한 구원론이 현세 거부의 윤리로 귀결된다는 것이다.

> 구원을 방해하는 모든 환상의 근본원인은 소멸되지 않은 불멸의 단위로서의 영혼에 대한 믿음이다. 바로 이러한 불교적 입장 때문에, 이승뿐만 아니라 저승의 삶에 대한 믿음과 관련된 바람, 희망 그리고 모든 혹은 그 어떤 좋아하는 것 등에 집착하는 것은 어리석은 행동일 뿐이다. 이러한 모든 것은 허망하기 짝이 없

는 무(無)에 집착하는 것이다. (…) 따라서 불교에서 추구된 것은 영원한 삶을 지향하는 구원이 아니라 영원히 지속되는 죽음의 평안함을 지향하는 구원이었다(Weber, 1958: 207).

베버에 따르면 이러한 불교의 구원론은 개신교의 구원론과는 근본적으로 다르다.

불교는 통상적인 구원 개념을 부정하였다. 의도성의 윤리에 기초한 죄의 개념은 그것이 힌두교에 부적절했던 것처럼 불교에서도 적절한 것이 결코 아니다. (…) 죄가 구원을 가로막는 전부는 아니었다. 궁극적으로 구원을 방해하는 힘은 죄에 있지 않았다. '악'이 아니라 무상한 삶 그 자체가 구원의 장애물이었다 (Weber, 1958: 208).

이러한 구원론으로 말미암아 불교에서 구원의 수단은 지혜일 수밖에 없다고 베버는 지적한다.

불교에서도 구원은 지혜를 통해서 확보된다. 이것이 세속이나 천국의 일 혹은 사물(things)에 대한 폭넓은 지식이란 의미가 아님은 물론이다. 오히려 그와 반대로 초기 불교는 바로 이 영역에 대한 지식욕에 대한 극도의 억제를 요구하고 있었다. (…) 오히려 구원을 가져다주는 '지혜'는 고(苦)의 본질(nature), 기원 (origin), 조건들(conditions), 그리고 그 파괴의 수단들(means of destroying suffering)이라는 네 가지 위대한 진리[四聖諦]를 실천함으로써 비로소 얻게 되는 깨달음이다(Weber, 1958: 209).

그리고 이러한 깨달음에 도달하기 위해서는 명상이 필요하다고 지적한다.

붓다는 아트만(atman)을 지적 구성물(intellectualistic constructions)로 보지 않고 주체의 자원론적 구성물(a voluntaristic construction)로 간주하였다. 거기에는 '에고(ego)'도 없고 '세계(world)'도 없으며, 오직 모든 종류의 감각, 의지적 노력, 그리고 표상 — 이들이 함께 모여 '실재(reality)'를 구성한다 — 등의 흐름만이 존재할 뿐이다. 경험되는 개개의 구성요소도 '하나의 통일체' 속으로 결합될 뿐이다. (…) '개인성(individuality)'도 마찬가지이다. (…) 따라서 개인성을 지탱하는 의지나 욕망은 무지와 동일시된다. (…) 그러나 깨달음은 신의 은총의 선물이 아니라 끊임없는 명상의 대가일 뿐이다(Weber, 1958: 210~211).

베버는 이러한 불교적 구원론을 '이웃의 복지가 아니라 자기 자신의 개인적 구원'으로 특징짓게 하며 거의 아무런 사회적 가치를 지니지 않는 것으로 평가한다.

사회적 책임의 감정은 불교적 구원의 교리와는 거리가 멀 수밖에 없다. 또한 독특한 유형의 불교적 이타주의인 자비조차도 단지 삶의 수레바퀴 속에서 살아가는 모든 인간의 생존투쟁을 허망하게 바라보고 있을 때 감성이 통과하는(스쳐지나가는) 단계들 중 하나일 뿐이고, 점진적인 지적 깨달음의 조짐이기는 하지만 그러나 적극적인 형제애(active brotherliness)의 표현은 아니다. (…) 합리적 행위의 세계와 아라한의 이상을 연결할 다리가 없다. 또한 거기에는 적극적인 의미의 '사회적' 행위로 이어질 통로도 없다. (…) 구원은 절대적으로 자력적인 개인의 개인적 수행이다. 아무도, 특히나 그 어떤 사회적 공동체도 그를 도와줄수 없다. 모든 신비주의의 반사회적 특성이 바로 여기에서 그 절정에 도달한다(Weber, 1958: 213).

게다가 베버는 이러한 구원론조차도 계층적 한계성이 있다고 주장한다.

구원의 전망을 세속으로부터 초탈한 사람(출가자: 승려)에게 국한시켰던 것은 인도의 전통과 일치한다. 그러나 불교의 경우 그 이유는 불교의 구원 교리의 독특한 본질에서 유래한 것이다. 영원히 윤회하는 개인성의 끝없는 투쟁에서 벗어나 구원을 얻어서 영원한 적정상태에 도달하기 위해서는 자기 자신을 불완전한 세계와 생존투쟁에 연결시키는 모든 '갈애(渴愛)'를 포기하는 길밖에 없었다. 따라서 매우 자연스럽게도 그러한 구원상태는 '머무를 곳 없는[無住]'의 신분집단, 즉 교리에 따르면 만행하는 제자들(후에 비구라 불렸던 사람들)에게만 허용되었다. 교리에 따르면 재가자집단은 은총의 상태를 열망하는 불제자들에게 보시를 지속할 목적으로만 존재하였다(Weber, 1958: 214).

이러한 계층적 한계성 때문에 평신도들은 주술에 의존할 수밖에 없었다. 이는 고대 불교가 평신도들의 종교적 욕구를 만족시키기 위한 대승불교로 전형을 이룬 후에도 지속되었다. 그 증거로 베버는 '대승불교의 설립자(Weber, 1958: 254)'라고 간주한 용수(Nagarjuna, 龍樹)와 '대승불교의 마지막 보살(Weber, 1958: 254)'이라고 칭한 세친(Vasubandhu, 世親)의 사례를 들었다. 베버는 용수가 수행과 지혜로 공(空)을 깨달은 자에게 주술적 힘이 있음을 인정했고 그 후 400년 뒤 세친도 삼매의 경지에 도달하면 신통력을 발휘할 수 있음을 인정했다는 점을 들어, 대승불교조차도 주술성을 극복하지 못했다고 주장한다.

4. 베버의 불교론 및 동양사회론 비판

1) 베버의 불교론 비판

베버는 고대 불교의 근본교리뿐만 아니라 대승불교의 교리적 토대를 마련한 용수의 공(空)사상과 세친의 유식사상마저도 매우 지엽적인 이유를 들어 신비주의로 해석함으로써 사실상 불교 전체를 신비주의로 간주하고 말았다. 그러나 동양사회의 내재적 종교성이라는 관점에서 보면 고대 불교의 근본교리는 물론이고 용수의 공사상과 세친의 유식사상이야말로 지금까지의 그 어느 사상보다도 더 합리적이고 논리적인 특성을 내포하는 것으로 판명되고 있다. 이에 이를 중심으로 베버의 불교론을 비판해 보고자 한다. 특히 용수의 공사상과 세친의 유식학은 동양사회의 합심주의 종교성의 이론적 토대를 제공한다는 점에서, 그 구체적인 내용이 결코 신비주의적인 색체를 띠고 있지 않음을 비교적 자세하게 제시해 보고자 한다.

베버는 불교를 초탈적 깨달음을 추구하는 종교로 이해하고 있을 뿐만 아니라 그 깨달음은 신비성과 주술성을 수반하기 때문에 세속사회를 합리적으로 변화시키지 못하는 것으로 해석하지만, 합심주의 종교성의 관점에서 보면 자신의 불성 및 존재의 연기적(緣起的) 본성과 합일하려는 노력은 초탈적 측면만을 갖는 것이 아니라 지극히 현세적인 측면도 동시에 지닌다.[8]

베버가 대승불교의 주술성을 언급하기 위한 대표적인 예로 들었던 용수의 중관사상에 따르면, 어떤 사람이 수행과 지혜로 공(空)의 경지에 도달하였다는 것은 그의 마음이 이기심, 탐욕과 갈애, 증오 등을 완전히 제거하고 모든 존재가 연기적으로 존재함을 깨달았음을 의미한다. 이는 합심주의적 관점에서 보면 이는 자신의 일상의 마음이 부처의 마음과 합일되었음을 의미할 뿐만 아니라 타인의 진심과도 일치할 수 있는 바탕을 마련하였음을 의미하기 때문에 그에게는 이제 적이나 적대세력이 더는 존재하지 않게 된다. 불교에서의 자비무적이란 표현은 바로 이러한 마음의 상태를 두고 하

8_ 베일리와 마벳(Bailey and Mabbett, 2003)은 불교 경전에 근거하여 이러한 두 가지 측면을 자세하게 논의하고 있다.

는 말이다.[9]

베버가 '마지막 보살'이라고 간주했던 세친은 마음의 구조를 표층에서 심층에 이르는 여덟 가지 단계[八識說][10]와 심층에서 표층으로 향하는 3단계[三能變]의 체계[11]로 구조화함으로써 마음의 구조와 체계 및 그 상호작용을 이론적으로 완성하였다. 그런데 구체적인 인간들의 마음속에서 일어나는 상호작용의 방식은 사람마다 각각 다를 수밖에 없기 때문에 현실 속에서 살아가는 인간의 마음은 매우 다양할 수밖에 없다. 이에 세친은 이를 크게 세 가지, 즉 대상과의 관계에 따라 인연대로 살아가는 '의타기성(依他起性)의 마음', 끊임없이 자기중심적 분별의식에 매몰되어 있는 '변계소집성(遍計所執性)의 마음', 연기의 실상을 깨달은 '원성실성(圓成實性)의 마음' 등으로 유형화함으로써, 사람들에게 끊임없는 수행을 통하여 자신의 마음을 '원성실성의 마음'으로 가꾸어나가기를 강제하는 실천적 명령의 의미를 부여하였다. 게다가 세친은 사리분별력과 관련되는 말라야식(末那耶識), 즉 제2능변뿐 아니라 마음의 바탕이라 할 수 있는 아뢰야식(阿賴耶識), 즉 제1능변을 발견함으로써 유식학을 완성했고, 거기에 그 실천적 - 종교적 의미도 부여하였다. 이렇듯 세친의 유식학은 마음에 대한 철저한 성찰을 통해, 즉 마음의 구조 및 역동성에 대한 이해와 그 이해에 기초한 실천적 명령을 통해, 정확하게 붓다의 가르침으로 귀착하고 있다. 이렇게 볼 때, 세친이 '원성성실의 마음'에 도달한 자에게 종교적 권능을 부여한 것은 당연한 결론임에도, 이를 세친이 '기적'을 수용한 것으로

9_ 물론 용수가 신비주의에 관심을 기울인 것은 사실이지만 그가 신비주의의 한계 때문에 불교신자가 되었다(아끼야마, 1992: 30)는 점을 고려하면, 베버의 주장은 사실과도 부합하지 않는다.

10_ 전 5식인 안이비설신(眼耳鼻舌身), 6식인 의(意), 7식인 말나야식, 8식인 아뢰야식을 말한다.

11_ 아뢰야식이 '제1능변'이고, 말나야식이 '제2능변'이며, 전 5식과 6식의 상호작용이 '제3능변'이다.

이해하여 주술성을 벗어나지 못한 것으로 해석하는 것은 명백한 베버의 오해이다.[12]

이렇게 볼 때, 마음과의 동행을 당연시하면서(마음의 습속) 살아가는 사람들은 자신의 내면에 처음부터 존재하는 비인격적 절대에 부합하는 마음(합심)에 이르는 것을 종교의 궁극적인 목표이자 삶의 최고의 경지에 이르는 것으로 간주하고 있으며, 거기에 이른 사람을 존경한다(합심주의).[13] 그렇기 때문에 모범적 예언을 따르는 합심주의 종교성도 소명적 예언을 따르는 종교성만큼이나 세계 종교적 특성을 지니게 되는 것이다. 바로 거기에서 각종 의례와 종교적 실천들이 파생되어 나왔음은 두말할 나위가 없다.

2) 베버의 동양사회론 비판

베버는 『힌두교와 불교』의 말미에서 '아시아적 종교의 일반적 성격'을 다양한 컬트, 학파, 종교는 물론 그 각각의 내부에도 여러 분파가 분화되어 있는 것으로 이해하고 있다.

한편으로는 그러한 분파들의 원천이 되는 계층이 사회적으로 분화되어 있었으며, 다른 한편으로는 각기 속해 있는 계층의 차이에 따라 그 분파의 추종자들에게 제공되는 구원 가능성의 형태(form of hope)도 분화되어 있었다. (…) 그 첫

12_ 이러한 유식학은 현상학과도 논리 구조가 거의 유사할 뿐만 아니라 융의 심층심리학과도 비슷하다는 주장(아끼야마, 1992)을 고려하면, 세친의 유식학을 주술성을 벗어나지 못한 것으로 치부해 버리는 것은 목욕물을 버리면서 아기까지 버리는 우를 범하는 것이나 마찬가지다.

13_ 이 책에서 우리는 이러한 마음의 습속을 합리주의와 배대(背對)하여 합심주의라 명명할 것이다. 이에 대해서는 이 책 전체를 통해 충분히 논의하게 될 것이다.

째 이유는 교양 있는 지식인계층과 문맹 대중 사이의 괴리이다. 둘째 이유는 아시아의 모든 철학과 구원론이 가진 공통적인 전제, 즉 문자에 대한 지식이든 초영지(超靈知)이든 현세와 내세에서 최고로 신성한 경지에 도달하는 단 하나의 절대적인 길은 바로 지혜이라는 전제이다(Weber, 1958: 330).

물론 베버는 지혜가 서구적 의미의 지식과 다름을 잘 인식하고 있었다.

여기에서 지식은 이 세속의 사물, 즉 일상적으로 나타나는 자연이나 사회생활 및 그 두 가지를 지배하는 법칙에 대한 지식이 아니다. 차라리 그것은 세계의 의미 및 삶의 의미에 대한 철학적 지식이다. 그리고 그러한 지혜는 서구의 경험과학적 수단에 의해 획득될 수가 없다. (…) 아시아 그리고 인도는 세계의 의미 및 삶의 의미를 둘러싼 지적 투쟁을 전개한 전형적인(유일무이한) 곳이다. (…) 이러한 환경에 따르면, 오직 지혜만이 자기 자신과 타인을 능가하는 윤리적(혹은 주술적) 힘을 제공해 준다. (…) 가르침을 완수함으로써 획득되는 이러한 지혜는 자기 자신과 세계를 능가하는 신비적이고 주술적인 지배의 수단, 즉 초영지이다. 그리고 초영지는 금욕주의나 혹은 엄격한 명상을 통한 몸과 정신의 집중적 수행에 의해 비로소 얻게 되는 것이다(Weber, 1958: 330~331).

문제는 이러한 아시아적 종교성이 낳은 사회적 결과이다. 베버는 다음과 같이 말한다.

그러한 지혜가 신비적인 특성을 떨쳐버리지 못한다는 사실은 두 가지 중요한 결과를 낳는다. 첫째, 신비적 초영지를 갖는 능력은 거의 모든 사람에게는 허용되지 않은 카리스마이기 때문에, 구원귀족주의로 귀결될 가능성이 있다. 둘째, 비사회적이고 비정치적인 특성을 수반할 수 있다(Weber, 1958: 331).

그 결과,

이렇듯 초세속화된 구원론은 세속적인 실천 활동과 분리되어 버렸고, (…) 그 빈 공간에 들어선 지극히 반합리적인 보편적 마술의 세계(most highly anti-rational world of universal magic)가 일상의 경제생활에 영향을 미쳤다. 그 세계로부터는 그 어떤 합리적인 세속 내적 생활방식을 도출할 방법이 없었다. (…) 문맹 대중뿐만 아니라 교양 있는 아시아인들조차도 그러한 (마술적) 수단들을 활용하여 일상생활을 지배하려고 하였다. 이러한 마술의 정원으로부터는 그 어떤 합리적인 실천윤리나 생활방법도 도출될 수 없었다(Weber, 1958: 333~336).

이렇듯 베버는, 아시아적 종교의 구원 유형적 특성에 근거하여, 동양사회에서 근대 서구적 의미의 자본주의를 탄생시킬 수 있는 생활양식이 창출될 수 없었다고 결론짓는다. 물론 베버가 관찰한 것처럼 실제로 전근대 동양사회에서는 서구 근대적 의미의 자본주의가 잉태되지 않았음은 명백한 사실이다. 그러나 그것은, 비록 종교사회학적 측면에 한정하더라도, 당시 동양사회에 청교도 윤리에 필적하는 경제윤리가 없었기 때문이기보다는 동양사회의 내재적 종교성과 관련된 결과일 것이다. 게다가 베버는 다른 이야기도 한다. 베버는 『힌두교와 불교』를 다음의 문장으로 마무리한다.

서구의 경우 그러한 것(합리적으로 형성된 계시적 예언이 평신도들에게 윤리를 제공한 것 — 필자 주)의 출현은 매우 특수한 역사적 결정체(highly particular historical constellations)들에 의해 조건 지어졌는데, 만약 그러한 결정체가 없었다면 서구에서의 발달도 아시아, 특히 인도의 전형적인 발전 코스를 답습할 수밖에 없었을 것이다(Weber, 1958: 343).

이는 서구가 극히 예외적으로 자본주의정신과 친화력을 가진 이념적 특징만이 아니라 자본주의 발흥에 유리한 조건을 갖추었음을 암시하는 동시에 인도나 중국은 두 가지 모두 결격사유에 해당하는 경우였음을 암시하기도 한다. 실제로 가산제적 통일국가로 특징지어진 베버의 중국사회론은 유교가 가진 종교성만이 아니라 그것이 실현될 수 있는 조건, 즉 교권주의적 구조를 가진 자율적 교회의 부재, 시민층이 중심이 된 자율적 산업도시의 부재, 그리고 신분구조에 바탕한 봉건제도의 부재에 기초하고 있다.[14]

5. 맺음말

베버의『세계종교와 경제윤리』「중간고찰」을 번역한 전성우는 역자의 글에서, 베버는 중국인의 적응능력이 모방의 귀재로 알려진 일본인보다 오히려 높다고 했음을 밝혔다. 다만 베버나 전성우도 왜 중국인이 그러한 적응능력을 갖추고 있었는지는 분명하게 밝히지 않고 있다.

비록 가설적 차원이지만, 이 글의 발견에 따르면 다음과 같은 조심스러운 해석도 가능할 것이다. 어쩌면 그러한 적응능력은 대상에 행위자 자신의 마음을 합하려는 이념적 요소, 즉 유교와 불교의 합심주의적 종교성에서 유래했을 가능성도 배제할 수 없다. 물론 합심주의적 종교성은 합리성만을 내포하고 있지는 않다는 점에서 자본주의적 적응에 불리한 측면을 갖기도 하겠지만, 상황 대응능력이나 마음 에너지의 측면에서 보면 자본주의적 적응뿐만 아니라 현대성에 유리한 측면도 내포하고 있다.

바로 이 점과 관련하여 우리는 볼탄스키와 키아펠로(Boltanski and Chiapello,

14_ 전성우(2003)는 이에 대해 매우 자세하게 논의하고 있다.

2005)에 주목한다. 볼탄스키와 키아펠로는, 베버가 자본주의 정신의 기원을 종교(신교)에만 국한했다고 비판하고 신자유주의적 포스트포드주의 축적체제에 조응하는 신자본주의 정신으로 자율성, 능동성, 유연성, 창의성, 자기 책임성 등 급변하는 상황에 효과적으로 대처할 수 있는 가치를 다양하게 제시하는바, 이러한 가치들은 합심성을 내장하고 있는 유교나 불교가 상황적응성과 친화력을 가진다고 보기 때문이다. 다만 우리는, 근대 프랑스적 지적 배경을 가진 볼탄스키와 키아펠로와 달리, 신을 전제하지 않고도 내재적 초월을 추구하는 종교(뒤르켐은 불교를 이렇게 보기도 한다)의 영향으로 절대적 가치의 추구를 종교적 심급에서 추동하게 하여 의도하지 않은 사회적 결과를 낳을 수 있는 가능성을 굳이 배제할 필요는 없다고 본다. 그러나 이에 대한 본격적인 연구는 합심주의 종교성과 동양사회의 변동 사이의 관계를 본격적으로 탐색해 보는 후속 과제를 완성한 다음에야 충분히 이루어질 것이다.

또한 이 글에서는 일관된 논의 전개를 위해서 베버의 불교론에 논의의 범위를 한정하였다. 그러나 베버의 동양사회론을 제대로 검토하기 위해서는 베버의 유교론이나 도교론에 대해서도 충분히 검토해야 한다. 그중에서도 베버의 유교론은 인간의 이성적 능력과 불가분의 관계를 갖는 이성 비판(혹은 저항성)의 측면을 내포하기 때문에, 이에 대한 설득력 있는 연구가 요구된다.[15]

매우 다행스럽게도 최근 유교의 비판성에 대한 주목할 만한 실증적 연구들이 제출되고 있다. 김상준(2011)과 최우영(2016)은 그 대표적인 예이다. 그리고 이 책의 제7장에서도 유교의 비판성 및 저항성을 실증하고 있다. 이에 여기에서는 필자들도, 최소한 베버의 유교론에 관한 한, 이러한 선행연구와 문제의식을 공유하고 있음을 밝혀두는 것으로 상술(詳述)을 대신하고자 한다.

15_ 베버의 도교론은 도교가 중국의 주류나 정통이 아닌 이단이며, 신비주의의 극치라는 해석으로 요약되기 때문에, 중국사회를 이해하기 위해서는 유교론에 더욱 큰 비중이 주어질 수밖에 없다.

제2장

마음과 사회의 동행에 대한 이론적 정초

1. 머리말

하버마스는 『의사소통행위이론(Teoria de la Accion Comunicativa)』의 서론에서 "모든 사회학은 (…) 합리성의 문제를 (…) 메타 이론적이며 방법론적이고 경험적 차원에서 제기하고 있음을 말하려고 한다"(하버마스, 2006: 22)라고 적었다. 이성을 강조하는 서구 계몽주의 철학에 깊이 뿌리내리고 있는 학문적 전통 속에서 합리성을 추구하는 사회학은 서구 근대사회의 성취를 측정하고 설명하는 데는 성공했지만, 수천 년 전부터 지금까지 기나긴 세월 동안 합리성을 넘어서는 마음을 추구해 온 동양사회는 서구사회에 비해 '무엇'인가를 현격하게 결여한 사회로 전락시키는 상황을 초래한다(유승무, 2013, 2015). 그렇기 때문에 이성(혹은 합리성)이라는 잣대를 대신할 수 있으면서 동시에 동양사회를 떠받쳐 온 마음 문화나 이와 연관된 핵심 요소를 발견하고, 그것과 동양사회의 관계를 설명하는 데 적합한 새로운 잣대를 마련하는 과제는 절실할 수밖에 없다.

이런 맥락에서 "나는 한국철학의 기본 정신을 하나의 큰마음, 한마음, 일심(一心)으로 이해하며, 바로 이것이 한국철학의 기본 줄기를 형성한다고 생각한다. 한마음의 '한'은 '크다'는 뜻과 '하나'라는 뜻이 합한 '한'이고, 그것은 곧 '일(一)'과 '대(大)'를 합한 '천(天)'이다. 이 무한의 하나를 유한한 개별자들 바깥의 실재가 아닌 유한한 개별자 내면의 무한, 상대적 개체들 내면의 절대로 이해하는 것, 즉 절대의 무한을 개별 생명체의 핵인 마음으로 파악하는 것이 바로 한국철학의 기본 특징이라고 생각한다"(한자경, 2008: 7)는 한자경의 주장에 눈길이 간다. 비록 한자경의 마음 개념이 사회적 맥락과 무관한 보편적 개념이기 때문에 사회학적 설명 도구로서 적합하지는 않지만, 마음 개념을 한국사회, 나아가 동양사회를 이해하는 키워드로 설정할 수 있는 근거를 제공하기 때문이다.

한편 김형효(2007: 194~195)에 따르면 '의식은 분명하게 주제화하는 자의식이나 도덕적·논리적 자각의 깨어 있는 상태'를 전제한 개념이기 때문에 사회와의 자연스러운 연기적 관계를 논의하는 데 한계가 있는 반면에, '마음은 바깥으로 지향하는 탈자(脫自: 자기를 벗어남) 운동이기 때문에' 사회와의 연기적 관계를 논하는 데 훨씬 더 적합하다. 이것은 마음이 사회적 맥락과 연동되어 있음을 의미하는 것으로 철학적 마음 개념을 사회과학적 논의의 장으로 한 걸음 더 다가서게 한다.

동양적 마음 개념이 사회를 이해하는 키워드의 하나임에는 분명하다. 예컨대 한국사회의 경험에만 한정하더라도 일상적인 소통언어로서 마음 개념이 매우 쉽게 발견된다.[1] 오늘날의 일상생활에서 마음은 개인적인 차원에서 보면 '결심(決心)하다'는 표현처럼 어떤 행위의 결정적인 요인일 뿐만 아니라 민

1_ 한국사회에서 마음 개념의 일상적 사용은 『조선왕조실록』에서도 쉽게 찾아볼 수 있다. 자세한 내용은 유승무·박수호·신종화(2013)를 참고하라.

심(民心), 애국심(愛國心)과 같은 집합적 현상과도 불가분의 관계를 가진다. 실제로 한자 자전(字典)을 보면 '~심(心)'이나 '심(心)~'의 형태로 '심(心)' 자가 단독으로 쓰이는 경우가 매우 많음을 알 수 있다. 그런데 '정(情)'이나 '충(忠)'처럼 마음이 다른 무엇과 결합하여 새로운 의미를 부여받는 한자는 그보다 훨씬 많다.[2] 마음과 특정한 대상이 결합하여 만들어지거나 구성되는 일상어가 그만큼 많다는 것은 우리의 일상적인 언어생활 속에서 마음 개념뿐만 아니라 마음의 결합 현상이 매우 풍부하게 나타나고 있음을 의미한다. 또한 마음은 불교사상이나 유교사상의 가장 핵심적인 개념일 뿐만 아니라 실천수행의 요체로 자리하고 있고, 수천 년 동안 유교문화권 및 불교문화권 사회의 구성원들에게 문화적 전통이나 무의식을 좌우하는 기억으로 작용함으로써 한국인의 정서적 맥락을 형성하고 있기도 하다(유승무·신종화, 2014; 유승무·박수호·신종화·이민정, 2014). 요컨대 마음이야말로 서구 근대의 이성을 대신할 수 있는 개념일 뿐만 아니라 불교 및 유교문화의 세례를 받은 한국사회와 그 변동을 이해하는 핵심적인 키워드이다.

김형효의 논의가 의미하는 것처럼 사회 혹은 사회적 맥락과 무관한 마음은 형성조차 어렵다. 따라서 사회와 분리된 마음이 아니라 구체적인 사회 현실과 동행하는 마음, 마음과 분리된 사회가 아니라 구체적인 마음과 동행하는 사회, 그리고 동행 그 자체의 역동성을 핵심 내용으로 하는 '마음과 사회의 관계(혹은 동행)'를 탐구하는 사회학적 연구가 필요하다.[3] 지식사회학이 지식과

2_ 민심(民心)이나 심정(心情) 같은 어휘들이 전자의 예이다. 후자의 경우는 '心' 혹은 '忄'을 부수(部首)로 하는 한자들이다.

3_ "마음은 사회적 실천들을 발생시키며, 그 실천을 통해 작동(생산, 표현, 사용, 소통)하며, 그 실천의 효과들을 통해 항상적으로 재구성되는 행위능력(agency)의 원천"(김홍중, 2014: 184)이라고 한 김홍중은 마음을 본격적인 사회학의 연구 대상으로 설정하고 있다. 『마음의 사회학』(김홍중, 2009)을 비롯한 김홍중의 연구들(김홍중, 2014; 2015a; 2015b; 2015c)은 마음에 대한 사회학적 탐구라는 점에서 의미 있는 성

사회의 관계를 연구하듯이 마음과 사회의 관계에 대한 연구를 '마음사회학'이라고 명명하고자 한다.

그런데 정치, 경제 같은 전통적인 영역은 물론 몸, 음식, 복식(服飾) 등 사회학의 영역은 점점 세분화되고 다양해지고 있지만, 아직까지 마음사회학은 거론되지 않고 있다. 당연히 마음사회학을 지지하거나 뒷받침해 줄 사회학적 전통도 없다. 오히려 기존의 사회학은 대부분 관습적으로 마음과 무관한 사회 혹은 마음을 배제한 사회현상만을 연구해 왔을 뿐이다.[4]

마음사회학은 마음과 사회의 관련성을 설득력 있게 해명함으로써 그 정당성을 확보할 수 있을 것이다. 이 논문은 마음과 사회의 관계를 이론적 차원에서 체계적으로 논의함으로써 마음사회학의 이론적 토대를 구축하는 데 목적이 있다.

2. 마음 개념의 연기적(緣起的) 이해

'마음과 사회의 동행'을 탐구하기 위해서는 마음과 사회에 대한 개념 정의, 마음과 사회의 관계 설정방식, 그리고 이들에 대한 관찰 및 이해의 방법 등의 문제를 우선적으로 해결해야 한다. 마음과 사회의 관계에 각각 내포된 연기적(緣起的) 특성을 밝혀내고, 그 관계를 사회학적으로 이해하고자 하는 이 논문의 시각에 대입하면, '연기적 관점에서 마음과 사회, 그리고 그 관계를 어떻게 정의하고, 이들의 연기적 특성을 이해하는 방법은 무엇인가?'라는 질문을 도

과를 거두고 있음에도, 마음의 연기적 속성을 고려하지 않음으로써 '마음'이 대상화되는 한계가 있다.

4_ 마르크스나 뒤르켐이 의식에, 베버가 이성에, 미드가 정신(mind)에 관심을 기울이면서 마음은 사회학에서 자연스럽게 배제되었다.

출하게 된다.

마음이란 무엇인가? 이 질문에 대한 대답만큼 쉬우면서도 어려운 것은 없다. 누구나 마음에 대해 자기 나름대로 언급할 수 있지만, 모두가 동의할 수 있는 대답을 하는 것은 거의 불가능하기 때문이다.[5] 이러한 난관이 있음에도 사회와 동행하는 마음을 연구하기 위해서는 최소한의 조작적 정의라도 규정해 둘 필요가 있다.

1) 어원적(語源的) 검토를 통해 도출한 마음의 의미

문석윤(2013: 41)은 『동양적 마음의 탄생』에서 "우리말의 마음은 고형이 ᄆᆞᅀᆞᆷ'이라는 점에서 '맞음', '맞이함', 즉 나가서 밖에 있는 것을 맞이하는 행위와 어떤 관련성이 있는 것은 아닐까?"라고 추론하고 있다.[6] 이러한 문석윤의 추론에 기본적으로는 동의하지만, '나가서 밖에 있는 것을 맞이하는 행위'인 '맞음'이 왜 마음과 관련될 수밖에 없는지를 진술하지 않은 한계를 지적하지 않을 수 없다. 그렇기 때문에 '맞음'의 의미론적 해석과 마음과의 관련성을 추론하는 것으로부터 마음의 의미를 규명하는 작업을 시작하고자 한다.[7]

5_ 이와 관련하여 "물질로 이루어진 신경세포가 회로를 형성하는데 어째서 거기에 마음이 깃들게 되었는가 하는 근본적인 질문에는 대답할 수 없다. (…) 마음이란 무엇인가를 알아보는 작업은 여기서 말하는 마음과 뇌의 문제를 풀지 못하는 한 진정한 의미에서 완결되었다고 할 수 없다"는 요시다 슈지의 말은 정직하게 들린다(요시다 슈지, 2009: 190).

6_ 실제로 『古語辭典』(남광우 편, 1971)에는 마음의 고어가 'ᄆᆞᅀᆞᆷ', '마ᅀᆞᆷ', '마ᅀᆞᆷ', 'ᄆᆞᅀᆞᆷ' 등으로 표현되어 있다.

7_ 이미 고조선 시대부터 한반도에는 언어공동체가 존재했다는 점(신용하, 2008), 한자 심(心)의 훈이 마음이란 점, 그리고 'ᄆᆞᅀᆞᆷ'이란 문자가 조선 초에 편찬된 『월인석보』나 『월인천강지곡』 등에 등장한다는 점을 고려하면, 마음이란 말은 문자, 즉 한자어 심(心)은 물론 최초의 문자인 'ᄆᆞᅀᆞᆷ'보다 훨씬 이전부터 사용된 말이었다고 여겨진

우선 '맞다'는 '맞이하다[迎]'라는 의미도 있지만 '야단을 맞다', '매를 맞다'의 경우처럼 '당하다'란 의미도 있다. '맞다'의 대상은 '맞다'의 당사자에게 좋은 것일 수도 있지만 나쁜 것(고통스러운 것)일 수도 있다. 그렇기 때문에 '맞다'의 당사자에게는 '맞기' 이전에 호(好)·불호(不好)의 감정과 그에 따른 선택 행위가 전제되기 마련이다. '맞다'가 타동사임을 고려하면, 호불호의 대상이 반드시 존재함은 당연하다. 그렇다면 일단 마음은 인간이 어떤 대상의 호불호를 선택하여 맞이하는 무엇이라고 추론해 볼 수 있을 것이다.

둘째, 마음의 'ᄆᆞᅀᆞᆷ'을 '맞다'의 고어인 '마자[迎]'와 '아ᅀᆞᆷ[親]'의 합성어로 추론해 볼 수도 있다. 우리말의 줄임말이나 연음현상과 같은 음운현상을 고려하면, '마자'의 발음이 '아ᅀᆞᆷ'의 발음과 결합할 경우 'ᄆᆞᅀᆞᆷ'으로 진화했을 가능성은 충분하다.[8] '아ᅀᆞᆷ'은 '친한 것'을 의미하는 말로 그것이 인간일 경우에는 '친척'이 될 것이고, 자연일 경우에는 '몸에 이로운 것'으로 선택된 것이며, 사태의 경우 자신의 과거 경험에 비추어 '친숙한 것'을 의미할 것이다. 그런데 그 대상이 무엇(자연, 타인, 사태)이든 간에 자신과 친밀함을 유지할 수 있는 대상과의 소통은 인간에게 생존의 필수 조건이다. 동시에 자신에게 해악을 초래하는 대상은 가려내어 맞이하지 않고, 모으지 않는 것 역시 생존을 위한 필수 과제가 된다. 이렇게 추론할 경우 마음은 친소(親疏)를 구별하여 맞이하는 그 무엇을 가리키게 된다.

셋째, '맞다'는 '알맞다'나 '궁상맞다'의 경우처럼 '부합(符合)하다'의 의미를

다. 따라서 마음의 고어를 검토하는 것에서 논의를 시작할 필요가 있다.

8 허균(1569~1618)이 집필한 최초의 한글 소설로 알려진 『홍길동전』에는 'ᄆᆞᅀᆞᆷ'으로 표기되고 있으며, 창작연대가 1858년(철종 9년)으로 알려진 「규방유정가」라는 규방가사(閨房歌辭)에서는 '져희 마음 엇더턴고'(권영철, 1985: 186)라는 표현처럼 이미 '마음'이란 단어가 사용되고 있다. 그 외에도 규방가사에서는 하나의 작품 내에서 'ᄆᆞ음'과 '마음'이 함께 쓰이기도 하였고, '마암'(권영철, 1985: 550)이란 표현도 보인다.

가지고 있기도 하다. '맞다'를 '부합하다'는 의미로 이해할 경우, 맞추고자 하는 대상, 즉 부합의 대상은 '슴'이 된다. 우리말 '슴'은 음운현상뿐만 아니라 의미로 볼 때, 우리말 '움'과 관련된 말일 것으로 추론할 수 있다. 우리말 '움'은 '새싹', '새순', '맹(萌)' 등 생명의 약동을 의미하기도 하지만, '가슴(혹은 심장)'을 의미하기도 한다.[9] 만약 그렇다면, '맞다'의 '맞' 자와 그 대상인 '움(심장)'이 결합한 '맞움'이 소리의 음운현상 때문에 '무 슴'으로 변화했을 것으로 추론해 볼 수 있다. 이러한 추론에 따르면 마음은 나의 움(심장)과 대상의 움(심장)이 결합하지 않을 수 없을 정도로 잘 부합할 때 발생하는 그 무엇이 될 것이다.

넷째, 세 번째 추론에 대한 방증으로서, 마음은 심장과 밀접하다는 점도 언급할 필요가 있다. 우리의 몸에서 생명과 직결되는 장기는 심장이다.[10] 그렇기 때문에 고대인들은 생명의 가장 중요한 요소인 마음도 심장에 내재해 있다고 상상했을 가능성도 있다. 인류 최고의 문헌으로 알려진 『리그 베다』에서는 심장(心臟)을 의미하는 'hrd'(영어 Heart와 유사한 계열의 소리)나 'hrdaya'가 동시에 마음[心]을 의미하는 것으로도 사용된다. 반면에 오늘날 영어 'mind'에 가까운 의미로 사용된 범어 'citta'나 팔리어 'vinnaana'는 눈 등의 외부 감각기관에 대한 내부 기관 및 그 작용이나 기능의 총체를 의미한다. 이것은 마음이 머리에서 추상화된 의식 이전에 가슴에서 약동하는 그 무엇임을 가리킨다.

이상과 같이 상호연관성을 가진 네 가지 추론[11]을 종합해 보면, 마음의 의

9_ 경상도 사투리인 '움이 단다(뜨거워진다/탄다)'는 '가슴이 탄다'라는 뜻을 갖는다.

10_ 뇌의 기능이 멈춘 것은 죽음이 아니라 뇌사라고 표현하는 반면, '심장이 멈추었다'는 표현이 죽음을 의미하는 것임을 상기해 보라.

11_ 언어철학자인 정대현은 진리, 생활양식, 사용, 검증 등 기존 언어이론의 근거를 비판적으로 검토한 후, 언어의 의미가 동양 전통의 내재적 가치(通, 道, 中)를 드러내는 '맞음'(정대현, 1997: 26)이란 원초적 개념에서 진화했을 것이라는 주장과 함께 '맞음'의 의미론을 다음과 같이 추론한다: "첫째, 모든 동물은 좋음과 싫음의 기재를 갖는

미를 구성하는 최소한의 조건은 '행위자와 맞이하는 대상 사이의 관계나 부합성', '그 관계를 결정짓기 위한 선택 활동', 그리고 '이성이나 추상적인 의미 이전의 정신적 활동' 등이다. 이로 미루어볼 때, 행위자의 외부에 존재하는 사회적 조건뿐만 아니라 행위자 자신의 이성, 정서나 감성, 의지, 상상력 등이 모두 마음의 의미소(意味素)로 작용함을 알 수 있다.[12] 이것은 마음이 내적 의미소들의 연기체(緣起體)[13]임을 의미한다. 루만의 개념을 빌리면, 자기준거적 재생산을 하면서도 행위자 외부의 사회적 조건과 동행할 수 있는 수행능력을 가짐으로써 외적 연계 요구를 수용할 수 있는 열린 체계로 이해할 수 있다. 또한 마음은 마음 내부의 의미소들 사이의 관계를 반영할 뿐만 아니라 그 관계 속에서 생성되는 정보를 대상에게 통보함으로써 대상에게도 모종의 영향을 미치기 때문에, 특히 마음 문화가 발달한 동양사회의 경우 마음(혹은 마음 상태)은 행위자들 사이의 사회적 소통을 넘어서서 전체 사회의 질서와 관련되는 핵심적인 개념이다. 따라서 동양사회의 사람들은 연기체로서의 마음 개념을

다. (…) 둘째, 모든 동물들은 초기 단계에서 재인능력이 없었을 것이다. (…) 초기의 재인 인식은 친숙이었을 것이고 친숙은 생존에 유익한 성질의 좋음이었을 것이다. (…) 셋째, 인간은 습득된 맞음의 인식장치에 따라서 맞음의 습관을 구성한다. (…) 습관은 편리할 뿐만 아니라 효율적이고, 경제적일 뿐만 아니라 기계적이기 때문이다. 넷째, 습관이 구성되었을 때 특정한 맞음 관계는 하나의 가치로 발생하는 것이다. 습관은 좋음과 싫음의 구조를 수반하고 이 구조를 유형화하기 때문이다. 다섯째, 맞음의 가치로부터 공동체가 이루어진다. (…) 여섯째, 이 공동체의 생활양식은 의사소통의 노력을 포함하고 의사소통의 수단인 언어는 공동체적으로 부여하는 의미를 획득한다"(정대현, 2015: 16~17). 이 추론은 이 논문의 주장과 상당 부분 중첩된다는 점에서 흥미로운 방증으로 삼을 만하다.

12_ 성리학 및 퇴계학 연구가로 알려진 미국 워싱턴대학교의 캘턴(Michael C. Kalton)은 마음(心)을 'mind-heart'로 표기하는바(Kalton, 1994), 이러한 시도도 마음의 의미소를 최대한 포괄하고자 하는 의도로 보인다.

13_ 연기체 개념에 대해서는 다음 절에서 더욱 상세히 논의할 것이다.

가지고 사회질서의 문제를 해결하려 했음을 짐작할 수 있다.

2) 기축시대 이후 마음 개념의 변화

어원론적 검토를 통해서 마음이란 말은 고조선을 형성한 일단의 무리들이 호/불호나 친소(親疎)의 대상을 선택하여 맞이하고, 그것이 소통을 통해 습관적으로 반복되면서 공동체적 생활양식으로 자리 잡으면서, 'ᄆᆞᅀᆞᆷ', '마ᅀᆞᆷ', 'ᄆᆞᅀᆞᆷ'을 거쳐 '마음' 등의 언어로 발전한 것으로 생각된다. 그리고 이러한 마음 개념이 중국에서는 심(心)으로, 인도에서는 '히르트(hrd)'로 사용되었고, 기축시대를 거치면서 붓다나 공자와 같은 성인들에 의해서 인류 문명의 키워드로 재탄생한 것으로 생각된다. 동양사회의 역사를 보면 마음 개념은 기축시대의 붓다나 공자 및 맹자를 거치면서 완전한 철학체계를 갖춘 것으로 판단된다. 그렇다면 기축시대 이후 마음 개념은 어떠한 변화를 겪었을까?

붓다의 깨달음은 바로 연기의 법칙이다. 이 연기의 법칙에 근거해 마음을 이해하면서 불교의 마음 문화는 선불교라는 극단적 마음 개념에 이르기까지 풍부한 발전을 거듭하였다. "한 마음의 근원까지 뚫었고 만법의 궁극적 이치를 갖추고 있다"(남회근, 2016: 3)는 평가를 받는 『능엄경(楞嚴經)』에는 불교의 마음 개념을 선명하게 살펴볼 수 있다. 『능엄경』 제1장에는 붓다와 아난 존자가 마음을 확정하는 문제로 주고받는 매우 정밀한 질의응답이 담겨 있다. 붓다가 단도직입적으로 '마음이 어디에 있느냐'라고 묻자, 아난존자는 '몸속에 있다, 몸 밖에 있다, 신경의 뿌리에 잠복해 있다, 밝고 어둠을 보는 작용에 있다, 사유하는 데 있다, 중간에 있다. 집착함이 없는 데 있다' 등 일곱 가지 대답을 내놓는다. 그러나 붓다는 그 모든 대답을 분석적으로 논박한다. 이른바 칠처징심(七處徵心)이다. 이어서 아난존자처럼 보통 사람들이 생각하는 마음은 객진(客塵)에 의한 망심(妄心)이라고 규정하고, 본래의 마음은 특정한 실체(實

體)로 규정되지 않는 그 무엇이라고 설명한다. 다시 말하면 마음은 실체로 규정할 수 없다는 것이 유일한 규정이라는 것이다. 확정할 수 없다는 확정, 루만 식으로 풀이하면 확정할 수 있음과 확정할 수 없음의 차이와 확정할 수 없음의 지시가 다시 확정 속에 재진입할 때 분명히 드러나는 비실체성이 바로 유일한 규정이다. 이는 마음을 연기의 산물로 관찰해야 함을 의미한다. 또한 『능엄경』 제2장에서 붓다는 인간의 지각분별 작용을 마음 이외의 외연(外緣)에 의한 의식적 반응으로 간주하는 주장을 팔환변견(八還辨見)으로 논변함으로써 마음은 외연 혹은 객진으로도 환원되지 않는 그 무엇임을 논증하고 있다. 이 논증 역시도 마음은 연기의 구성물이기 때문에 외부의 여덟 가지 요소 중의 특정한 요소로 환원할 수 없음을 의미하고 있다.

바로 이러한 불교의 마음 개념이 삼국시대 불교의 전래와 함께 한민족의 마음 문화에 결정적인 영향을 미쳤다(유승무·신종화·박수호, 2016). 그중에서도 특히 원효에 의해 정립된 일심사상 및 화쟁사상은 샤머니즘적 마음 개념을 대체하는 결과를 가져왔다.[14] 그리고 이러한 마음 개념은 불교를 국교로 삼았던 고려시대를 거치면서 선불교의 마음 개념으로 발전하여 오늘에 이르고 있다.[15]

공자와 맹자에 의해서 문명의 키워드로 등장한 유교의 마음 개념은 주희를 거쳐 최소한 19세기 말까지 한국을 비롯한 동양사회에서 그대로 유지되어 왔다. 공자가 『논어』에서 말하고 있는 도(道)는 형이상학적이고 초월적인 개념이 아니라 인(仁)을 이루는 충서(忠恕)의 길과 다름없는데, 여기에서 충서는 글자 그 자체가 암시하듯이 모두 마음의 범주에 속한다. 유교에서 마음 개념이 차지하는 위상은 아래 인용문을 통해 파악할 수 있다.

14_ 원효의 사상은 통불교로서 한국불교의 독특성을 형성하는 데에도 크게 기여하였다.
15_ 통일신라 말기부터 고려 전기까지 형성된 불교 종파들인 오교구산(五敎九山)과 보조국사 지눌의 정혜결사는 이 과정에서 결정적인 역할을 하였다.

『대학』에서 '마음이 여기에 있지 않으면 보아도 보이지 않고 들어도 들리지 않고 먹어도 맛을 알지 못한다[心不在焉, 視而不見, 聽而不聞, 食而不知其味]'고 하여, 인간의 주체로서 마음을 중시하여 '正心·誠意'를 강조하고 있으며, 맹자도 (…) '학문의 도리는 다른 것이 아니라 흩어지는 마음을 찾아들이는 것뿐이다[學問之道無他, 求其放心而已矣]'라고 하며, 盡心·知性하여 知天하고 存心·養性하여 事天하는 과정을 제시함으로써, 유학이 마음을 다스리는 공부임을 강조하고 있다. 주자는 性과 心을 太極과 太陽에 대응시켜 性을 궁극적 근거로 확인하면서, 태극과 음양이 서로 떠나지 않는 것처럼 心과 性이 떠나서 존재하지 않는 것을 밝혔다(금장태, 2002: 7~8).

위 인용문에서 알 수 있듯이 공자, 맹자, 주희의 유가사상에서 마음은 가장 중요한 개념이었다. 특히 위 인용문에서 언급된 『대학』 정심장(正心章)의 구절은 유가사상이 마음과 소통하는(혹은 소통되는) 대상만을 삶에서 유의미한 대상으로 설정하고 있음을 보여준다.

이러한 마음 개념은 한국 유학에도 그대로 계승되었다. 다시 금장태(2002)를 인용해 보자.

한국성리학의 최초 저술로 陽村 權近이 지은 『入學圖說』의 첫머리에는 「天人心性合一之圖」가 실려 있는데, 그것은 바로 인간의 마음 안에서 하늘과 인간이 어떻게 만나고 있는지를 보여주는 것이다. 16세기 秋巒 鄭之雲이 만들고 퇴계가 수정한 「天命圖」는 인간의 마음에 천명이 어떻게 나타나고 있는지를 보여주는 것이고, 이 圖를 둘러싸고 퇴계와 高峯 奇大升 사이에 四端七情 논쟁이 벌어졌던 것이다. 또한 퇴계가 사단칠정설을 집약하여 그린 「心統性情圖」(中圖·下圖)는 19세기 寒洲 李震相에 의해 재해석되면서 韓末 성리학의 주제로서 心說을 확고하게 정립하고 있다(금장태, 2002: v~vi).

이러한 심리학적 마음 개념은 조선 개국부터 구한말에 이르기까지 유학의 학문적 논쟁의 핵심이 되어왔다.

3) 마음 개념의 복원과 사회학적 의미

유구하게 이어져 온 '연기적 혹은 관계론적 마음 개념'은 서세동점 이후 서구 근대의 이성 개념의 영향으로 말미암아 단순한 심리현상으로 폄하되고, 심지어는 아예 학문적 관심에서 배제되고 말았다.[16] 마음을 몸 혹은 신체와 대립하는 것으로 생각하는 현대인들의 이분법적 인식은 마음을 인간 내면의 심리적 현상으로 규정하였고, 그 결과 마음의 연기적 구조나 그 인과연쇄의 과정은 사상(捨象)되었다. 특히 이성(혹은 합리성)의 우선성을 전제하는 현대문명의 경우, 지금 여기에서 마음의 움직임을 관찰하는 다양한 수행법을 경시할 뿐만 아니라 그러한 마음을 신비주의로 규정함으로써, 인류(특히 동양사회)의 풍부한 마음 문화를 폄훼하거나 왜곡시켰다. 사회학도 결코 예외는 아니다. 뒤르켐처럼 '정신적인 것'을 배제하고 오로지 '사회적인 것'만을 사회적 사실로 간주하는 실증주의 사회학은 말할 것도 없고 심지어 이해사회학을 주창한 베버조차도 마음 수행을 신비주의로 해석하고 있다. 나아가 마음을 사회학적

16_ 박이문에 따르면, "흔히 본능·감성·정염·영성·욕망·의지 등등으로 분류되는 정신적·심리적 속성과 구별되고 대립됨으로써 비로소 그 의미를 가질 수 있는 '이성'은 원래 서양적 개념으로 (…) 모든 서양적 담론과 사유의 밑바탕에 깔려 있다. (…) 그러나 현재 이성이라는 개념은 서양 언어권을 넘어 세계 모든 언어권에서, 그리고 철학적 담론의 경계를 넘어 모든 학문 분야에서뿐만 아니라 일상 담론에서도 빠지지 않고 보편적으로 사용되기에 이르렀다"(박이문, 2001: 105~112). 그 결과 서구 근대의 이성 개념에 대립되는 것으로서 동양의 마음 개념은 비이성적이고 비합리적인 '무엇'으로 폄하되었고, 급기야는 학계에서 철저히 배제되었다. 이리하여 마음에 대한 탐구를 이어온 한국의 심학 전통은 단절되었다.

연구 주제로 삼고 있는 학자들도 심리, 의식, 마인드(mind)에 주로 관심을 갖고 있을 뿐,[17] 정신적 활동의 총체적인 구조와 과정으로서의 마음에는 거의 관심을 갖지 않았다.

여기에서는 전술한 마음 개념의 기원과 역사적 전개에 대한 논의를 토대로 연기적 관점에서 동양사회의 전통적인 마음 개념(특히 불교의 마음 개념)을 온전히 복원하고자 한다.

그렇다면 '연기'란 무엇인가? 연기 개념은 붓다의 깨달음에서 시작된다. 붓다의 근본 질문은 생로병사의 고통과 대면하면서 시작되었고, 괴로움의 원인과 조건을 밝힘으로써 고통에서 벗어나고자 하였다. 이 과정에서 붓다는 서로가 발생과 소멸의 조건이 되는 상호연관된 일련의 요소들의 관계를 깨닫게 되는데, 이것이 바로 12연기[18]이다(메이시, 2004: 74~76).

12연기는 (괴로운) 마음이 열두 가지 요소들로 이루어진 구조이며, 각 요소들은 수많은 원인과 조건의 연쇄 과정을 거치면서 변화하고 있다는 점을 의미한다. 다시 말해 12연기는 구조와 과정의 동시적 사유를 통해 마음을 이해할 수 있게 해준다. 그뿐만 아니라 12연기 속에는 과거, 현재, 미래의 시간적 차원이 연관되어 있고, 내적 요인과 외적 요인이 모두 개입되어 있다. 12연기가 10단계의 조건들의 연쇄로 구성되어 있다는 점은 업(業), 즉 지혜와 자비행의 여부로 마음이 변할 수 있는 계기가 열 번 정도 주어져 있음을 가리킨다.[19] 이

17_ 동양사상의 마음 개념이 영어의 'heart'와 유사하다는 점에서 토크빌이나 벨라의 '마음의 습속(habits of the heart)' 논의에 눈길이 가지만, 여기에서도 'heart' 자체에 대한 개념적 논의를 시도하고 있지는 않다. 자세한 것은 유승무(2015)의 논의를 참고하라.

18_ 12연기는 '무명(無明) → 행(行) → 식(識) → 명색(名色) → 육입(六入) → 촉(觸) → 수(受) → 애(愛) → 취(取) → 유(有) → 생(生) → 노사(老死)'로 정리할 수 있다. 앞 요소가 조건이 되어 뒤 요소가 나타나기 때문에 앞 요소가 사라지면 뒤 요소도 나타나지 않게 된다.

는 12연기에 인산 자신의 의도적인 실천이 개입될 여지가 열려 있음을 의미하므로 마음 내부의 구조는 루만의 '체계복잡성'만큼이나 복잡한 중중무진(重重無盡)의 세계라고 할 수 있다.

물론 마음이 항상 12단계의 과정을 모두 거치는지의 여부를 알 수 없기 때문에 12연기를 모든 마음에 적용할 수 있는 일반화된 틀이라고 단정할 근거는 없다. 그럼에도 모든 마음에는 '이것이 있으면 저것이 있고 (…) 이것이 소멸하면 저것이 소멸한다'라는 연기 공식이 적용되어야 한다. 이 공식이 적용되는 한 마음에는 여러 요소로 구성되는 구조[공(空) 혹은 무아(無我)]와 그 요소들 사이의 원인과 조건의 연쇄 과정(무상)이 작용하며, 나아가 외적 조건뿐만 아니라 행위자의 의지도 개입될 여지가 열려 있게 된다.

마음도 이러한 연기의 법칙에서 예외일 수 없다. 그렇다면 연기적 관점에서 볼 때 마음은 무엇인가? 붓다는 다음과 같이 마음을 연기법적으로 설명하고 있다.

> 비구들이여, 어떤 조건[緣]에 의지하여 분별하는 마음[識]이 생기면 그것에 의하여 그것으로 명칭을 붙인다오. 시각활동[眼]과 형색[色]들에 의지하여 분별하는 마음[識]이 생기면 시각의식[眼識]이란 명칭을 붙이고, … 마음[意]과 법[法]들에 의지하여 분별하는 마음[識]이 생기면 의식(意識)이란 명칭을 붙인다오. 비유하면, 어떤 조건[緣]에 의지하여 불이 타면 그것에 의하여 그것으로 명칭을 붙이는 것과 같다오. 장작에 의지하여 불이 타면 장작불이란 명칭을 붙이고, … 왕겨에 의지하여 불이 타면 왕겨불이라는 명칭을 붙이고, (…) 이와 같이 어떤 조건[緣]에 의지하여 분별하는 마음이 생기면, 그 조건에 의하여 그것으로 명칭을 붙인

19_ 붓다가 깨달음을 얻은 수행 방법인 사념처(四念處) 수행 중에서 12연기의 일곱 번째 단계인 느낌[受]에 초점을 둔 수념처(受念處) 수행은 느낌을 알아차림으로써 집착[受]으로의 이행에 변화를 일으키는 마음 수련 방법이다(이종숙, 2012).

다오"(『맛찌마 니까야』 33, 갈망하는 마음의 소멸 큰 경).

이 인용문에서 알 수 있듯이 분별하는 마음, 즉 지각활동은 몸의 감각기관
과 대상이 만남이란 조건[緣]으로 생겨나지만[起], 이것은 임시적인 명칭일 뿐
이며 바로 그렇기 때문에 조건이 사라지면 그 마음이나 명칭도 사라진다. 이
렇게 볼 때 마음은 몸의 감각기관, 대상, 분별하는 마음 등 내부의 요인들의
연(緣)으로 생겨나는 연기체(緣起體)인 동시에 소멸하는 공(空)이다.[20] 그렇다
고 해서 이러한 마음이 아무런 기능을 하지 않는다는 것은 결코 아니다. 오히
려 이러한 마음은 무엇인가에 영향을 미치는 일종의 업(業)이다.

그렇다면 이렇듯 연기성을 내포하는 마음 개념은 어떠한 사회학적 함의를
지니는가?

첫째, 마음이 연기성을 내포한다는 것은 마음이 그 내외적 구성요소들의
연기적 산물이자 '작동하는 체계'임을 시사한다. 그렇기 때문에 마음은 파슨
스의 행위체계나 루만의 심리체계와 마찬가지로 다른 사회적 체계나 전체 사
회의 질서 및 변동과 모종의 관계를 갖는 사회학적 개념으로서의 지위를 갖는
다. 그러나 마음은 파슨스의 행위체계는 물론 루만의 심리체계와도 다른 개
념이다. 이렇게 볼 때, 마음을 연기적 시각에서 규정한다는 것은 마음 개념을
새로운 사회학적 개념으로 복원함을 의미한다.[21]

둘째, 이러한 마음 개념은 서구의 이분법적 마음 논의를 넘어설 수 있는 계
기를 제공한다. 마음과 관련된 서구의 논쟁은 플라톤, 데카르트, 촘스키 등으

20_ 이는 마음을 마음 내부의 연(緣)으로 구성되는 것으로 간주하는 마음 개념으로서, 마
　　음속에 불변하는 영혼이나 브라만이 존재하는 것으로 간주하는 영혼론이나 힌두교
　　사상, 즉 실체론적 마음 개념을 부정하는 혁명적 의의가 있다. 그리고 이러한 점에서
　　이 마음 개념은 이 글의 구성주의적 마음 개념을 지지하는 유일한 근거이기도 하다.
21_ 이와 관련한 자세한 논의는 유승무(2014a)를 참고하라.

로 이어지는 합리론 진영과 로크, 파블로프, 스키너로 이어지는 경험론 진영으로 크게 나누어져 있다. 전자의 경우 인간은 대상을 파악할 수 있는 선험적인 생득적 마음을 갖고 있다는 입장인 반면에, 후자는 인간의 생득적 마음을 '빈 기판(tabula rasa)'이나 '백짓장(white paper)'으로 간주하고 그것이 경험에 의해 채워짐으로써 사물을 인식하게 된다는 인식론적 입장이다. 이러한 논쟁과 비교할 때, 연기적 마음 개념은 인간이 아니라 원인과 조건의 연쇄에 의한 제3의 입장이며, 서구의 마음 관련 논쟁을 넘어설 수 있는 길을 새롭게 개척하는 실마리를 제공해 줄 것이다.

셋째, 연기적 마음 개념은 서구 근대 학문에 의해 좁혀진 마음 개념의 내포와 외연을 복원 혹은 확장함으로써 사회학적 맥락에서 마음과 사회의 관계를 경험적으로 논의할 수 있는 계기를 열어줄 것이다.[22] 서구 근대 학문에서 전제하는 심리나 의식과 달리 연기적 마음 개념은 이성, 감성, 정서, 기억, 상상력, 무의식 등과 같은 요소를 내포할 뿐만 아니라 외부 대상과의 관계도 포함할 정도로 외연이 확장되어 있기 때문이다. 게다가 이러한 요소들의 연기적 작동에 관심을 둔다는 것은 각 개별 요소들과 사회의 관계를 독립적인 인과 모델로 설명하는 기존 방법론의 맹점을 넘어선다. 연기적 마음 개념은 구조의 측면에서는 마음체계의 특성을 갖고 있음에도 과정의 측면에서는 그것이 스스로의 부정을 전제한다는 점에서 폐쇄 체계라기보다는 열린 체계이다. 이는 마음이 내부 구성요소의 연(緣)뿐만 아니라 외부 환경의 연(緣)에 의해서도 직접적인 영향을 받고 있음을 의미할 뿐만 아니라 사회와의 상호침투 가능성을 시사한다.[23] 이를 '대상을 판단하여 맞이함'이란 마음의 원초적 의미와 함

22_ 유승무(2014b), 유승무·박수호·신종화·이민정(2015), 유승무·신종화·박수호(2015; 2017) 등은 평화, 무연사회 현상, 북한사회, 박근혜 대통령 탄핵운동 등 한국사회의 현실을 마음사회학적 관점에서 경험적으로 검토하고 있다.
23_ 실제로 이는 정신분석학의 대상관계이론(object relation theory)으로도 입증되고 있

께 고려하면, 마음은 소통의 속행, 생산, 표현 등의 수행성을 지닌다는 점에서 사회적 행위를 가능하게 하는 역능의 원천이다.

넷째, 연기적 시각의 마음 개념은 불교의 불성(佛性)이나 유교의 천심(혹은 천성)과 같이 사적 이해를 초월한 마음, 즉 내재적 초월의 가능성을 내포하는 마음이기도 하다. 초월적 마음에 대한 인정과 합심 요구는 현실적으로 작동하는 세속적 마음과 언제 어디서나 매 순간 긴장관계를 형성할 수밖에 없다. 끊임없이 이어지는 '찰라의 긴장'은 그 빈도나 강도 면에서 내세에서 이루어질 구원에 대한 불안이 유발하는 긴장보다 결코 덜하지 않다. 유교의 경우, 이러한 요구는 종법제(宗法制)나 예법(禮法)으로 굳어져 '성왕의 피'에 대한 요구로 발전할 수도 있다(김상준, 2011). 그러한 의미에서 동양적 마음 개념은 인간의 사회관계는 물론 사회구조나 변동과도 결코 무관하지 않다.

이상과 같은 마음 개념의 연기성을 고려하여, 우리는 마음을 사회와의 관계 속에서(혹은 사회적 맥락 속에서) 논의해 나가려고 한다. 그러나 이를 위해서는 사회 개념을 연기적 관점에서 논의해 두지 않을 수 없다.

3. 사회 개념의 연기적 이해

앞에서 우리는 연기적 관점에서 마음 개념을 조작적으로 정의해 보았다. 그렇다면 사회 개념은 또 어떻게 연기적 시각에서 이해할 것인가? 이 질문에 대한 대답도 만만치 않다. "의심의 여지 없이 사회는 하나의 존재이자 인격이

다. 이 이론에 따르면 인간의 무의식은 자신을 향한 내사(introjection)와 대상을 향한 투사(projection)를 통해 형성되는데, 그렇게 형성된 무의식이 의사결정이나 행위에 절대적인 영향을 미친다(Clair, 2010). 이것은 마음 내부의 구조와 과정은 물론 외부의 조건도 행위 결정에 참여하고 있음을 의미한다.

다"라고 천명한 뒤르켐의 사회학적 정의에서부터 "사회라는 것은 없다. 남성과 여성의 개인들, 그리고 가족들이 있을 뿐이다"라고 외친 대처의 '사회 사실'에 이르기까지 사회에 대한 정의가 다양하기 때문이다(엘리엇·터너, 2015: 58).

이러한 다양성 때문에 사회를 연구하는 학문인 사회학조차 사회의 개념에 대한 명확한 정의를 내리지 못하고 있다. 오히려『사회론』의 저자들은 "정확히 말해서 사회란 무엇인가? 자신 있게 말할 수 있는 한 가지는 이 단어의 용법에 관한 합의된 정의가 놀라울 만큼 거의 없다는 것이다"(엘리엇·터너, 2015: 21)라고 쓰고 있다. 이러한 이유 때문인지 모르지만 사회를 연구하는 대부분의 사회학자도 합의된 사회 개념에서 출발하기보다는 저마다 자신의 사회 개념에 따라 연구를 수행하고 있다.

1) 연기체적 사회관의 사회학적 전사(pre-history)

이 논문에서는 연기적 관점에 입각해서 사회를 연기체로 규정함으로써 '각자도생의 길'을 개척하고자 한다.[24] 그러나 이 길이 전혀 생소한 것은 아니다. 사회를 상호작용이라는 관계적 관점에서 규정하는 일군의 사회학자들이 유사한 방향으로 걸음을 옮긴 적이 있다.

짐멜은 사회의 출발점을 '몇몇 개인의 상호작용'에서 찾고 있다. 여기서 '몇몇 개인' 대신에 '단위 내부의 연(緣)과 단위 외부의 연'을 대입하고, '상호작용'을 '중층인과관계[緣]'로 확장하면 짐멜의 길은 우리의 길과 만난다.

결합체사회학[25]이라는 독창적인 이론을 제시한 엘리아스는 연기체적 사회관의 정립 과정에서 시사한 바가 크다. 인간과 사회 사이의 상호의존적 결합

24_ 이에 대한 자세한 논의는 유승무(2010), 박수호(2009: 192~193) 및 다음 절을 참고하기 바란다.

25_ 이에 대한 자세한 논의는 엘리아스(1987)를 참고하기 바란다.

과정에 주목한 엘리아스의 이론은 구조와 행위의 대립이라는 전통적 이분법을 지양하고 양자의 상호의존성과 그 변화과정을 장기지속의 관점에서 해석할 것을 제안한다(Krieken, 1998). 엘리아스는 한편으로는 사회체계나 구조 개념의 물화(物化)를 피하면서 다른 한편으로는 인간과 인간 및 인간과 사회의 장기적 상호의존 과정을 표현하기 위해 결합체라는 고유한 개념을 사용한다. 여기에서 결합체란 인간과 사회의 상호의존 과정의 산물로 고정된 실체가 아니라 본질적으로 지속적으로 변화하는 그 무엇이라는 점에서 연기적 시각과 유사한 점이 없지 않다. 그러나 결합체사회학은 주로 행위자에 초점을 맞추어 양자 사이의 관계와 그 역동적 변화를 이론화하고 있기 때문에 제도와 제도의 관계는 물론 제도와 행위주체의 관계 등을 충분히 고려하지 못했다는 비판을 받고 있다(Krieken, 1998). 결합체 개념만으로는 세계체제, 국가의 정치경제제도, 특수한 종교문화, 개인의 행위 등 사회단위의 다차원적 요소들 사이에서 실제로 발생하는 상호변용이나 매우 이질적이고 모순적인 다양한 요소들 사이의 상호의존성과 그로부터 파생된 토착적 근대성을 충분히 이해할 수 없다.

행위자와 사회를 구분하는 이분법의 한계를 극복하려는 가장 치밀한 이론적 논의는 기든스의 구조화 이론에서 확인할 수 있다. 기든스의 구조화 이론은 행위자 대신에 담지자(agency)를 설정하고 담지자와 사회 구조 사이의 이중적 운동을 드러냄으로써 전통적 이분법을 어느 정도 해결하고 있다. 그러나 행위가자 담지자로 대체되었을 뿐 사회를 담지자와 이분법적으로 설정하고 있는 한계는 구조화 이론에서도 여전하다.

사회의 실체화를 부정하고 사회와 행위자 사이의 이분법을 가장 급진적으로 해체한 사회학자는 '사회학의 계몽'을 주창하고 나선 루만이다. 그런 점에서 그는 연기적 관점에서 사회를 규정하는 데 가장 근접한 사회학자이기도 하다. 루만은 사회는 인간으로 구성된다는 전제, 사회는 국민국가와 같은 지역적 경계로 설정된다는 전제, 그리고 고전적인 '주체 - 객체'의 전제[26] 등의 전제 위에 성립된 지금까지의 사회학이 심각한 인식론적 장애를 겪고 있다고 주장했다(루만, 2015).[27] 여기에서 전자의 두 가지는 사회를 실체화하는 요인으로 작용하며 마지막의 '주체 - 객체' 전제는 행위자의 의미, 즉 의도나 동기에 기초한 사회적 행위를 매우 중요시하는 이른바 '의식철학'(김형효, 2007)의 의미론적 전통인데, 루만은 이 모두를 사회학의 인식론적 장애물로 간주하고 있다. 이렇듯 루만은 기존의 모든 사회학적 전통을 한마디로 '구유럽적 사고'[28]로 간주하고 그 대안으로 사회적 체계 이론을 제시하고 있다.

루만의 사회적 체계 이론을 이해하기 위해서는 핵심 개념인 '체계들'을 전제해야 한다. 실제로 루만은 자신의 저서 『사회적 체계들(Social Systems)』의 제1장을 "다음의 고찰들은 '체계들이 있다'는 것을 전제한다"(Luhmann, 1995: 12)라는 문장으로 시작한다. 여기에서 각 체계는 '자기준거적' 체계이며, 환경이나 다른 체계들에 의한 기술(記述)의 조건을 포함한다. 따라서 체계와 환경은 일여(一如, Einheit)[29]로서, 체계는 체계 자신의 폐쇄성과 환경 개방성을 동

26_ 사회학자가 연구주체로서 연구대상인 사회를 연구한다는 전제를 의미한다.

27_ 무아(無我), 무상(無常), 공(空)이라는 연기적 관점에서 볼 때, 기존의 사회학은 특정 시점에 고정된 시간('$t=0$')을 전제하기 때문에 인식론적 장애를 겪을 수밖에 없다는 점도 추가할 수 있을 것이다.

28_ 앞서 언급한 인식론적 장애 때문에 기존의 이론은 최신의 자연과학적 발견의 성과를 전혀 반영할 수 없는 구식으로 전락했다는 의미를 담고 있다.

29_ 루만의 Einheit 개념의 번역어로 '통일성', '동일성', 차이의 동일성 등이 거론되고 있으나 아직도 한국학계에서는 충분한 합의가 이루어지지 않고 있다. 이와 관련하여 필자는 이 개념이 불교에서 이것과 저것의 연기적 관계를 지시하는 불이(不二)의 의미를 내장하고 있으며 그러한 점에서 '일여(一如)'의 의미와 정확하게 일치하는 개념으로 판단한다. 특히 루만이 이 개념을, 헤겔의 정신현상학에서 사용되는 통일성으로서의 의미보다는 스펜서 브라운의 unity 개념의 의미로 사용하고 있다는 점을 고려할 때, 불교의 일여 개념이 좀 더 적절한 역어로 생각된다.

시에 내포한다. 루만은 이를 '체계/환경 - 차이'[30]로 표현한다. 바로 이러한 '차이'에서 정보가 발생하고, 이 정보가 체계 속으로 통보될 때 체계는 자기준거적으로 그 정보를 이해한다. 이는 '통보 - 이해'의 작동과정이 사회적 체계를 구성함을 의미한다. 루만은 이러한 사회적 체계 개념으로 사회를 관찰하고 또 기술한다. 이렇듯 기존의 사회학자들과는 달리 루만은 사회를 실체로 규정하지 않고(Luhmann, 1995; 루만, 2014; 2015) 소통으로 개념함으로써 사회적 체계의 구성과정으로 이해한다. 이렇게 볼 때 루만에게 사회는 마치 노자의 저 유명한 구절인 '도를 도라고 하면 도가 아니다[道可道 非常道]'란 언명이 지시하는 대상, 즉 '명확하게 규정하거나 확정할 수 없는 그 무엇'이다. 불교로 말하면 공의 세계이자 연기의 세계이다.[31]

루만에게 사회는 있는 것도 아니지만 없는 것도 아니다. 그리고 우리가 그러한 대상을 이해할 수 없는 것도 아니다. 비록 소통이 사건(event)이지만 체계와 환경은 자기준거적으로 스스로 재생산되는 동시에 관찰과 기술도 가능하다. 이를 심리체계(우리의 개념으로는 '마음')와 사회적 체계의 관계로 말하면 심리체계는 사회적 체계를 관찰할 수 있고 사회적 체계 또한 심리체계를 관찰할 수 있다. 게다가 사건으로서 소통은 후속소통을 수반할 수밖에 없고, 이것이 반복적으로 침전되어서 형식화되면 의미가 구성된다.[32] 결국 심리체계(마음)와 사회적 체계의 공통산물로 간주되는 의미의 내부에는 상호 연관된 세 가지 차원, 즉 사실적 차원, 사회적 차원, 시간적 차원의 차이가 내장되어 있다. 따라서 이 의미의 형식을 세 가지 차원에서 분석해 봄으로써 개별 사회적

30_ 이 도식의 더 근원적인 형태인 '구별/지시 - 차이' 도식에서 복잡성, 선택 혹은 선택 압력, 우연성, 복잡성 축소, 자기준거 등 사회를 설명하는 데 필요한 개념적 도구들이 도출된다.

31_ 하겔슈탕에(2013)는 루만의 인식론이 선불교의 인식론과 유사하다고 주장한다.

32_ 이를 '의미의 사회학적 복원'이라 부르고자 한다.

체계의 작동, 사회적 체계와 다른 사회적 체계의 관계 및 사회적 체계와 심리적 체계(마음) 사이의 관계, 그리고 그 변화까지도 파악할 수 있다.

이러한 루만의 사회적 체계이론에 입각하여 사회를 이해하는 한, 사회분석에는 인간의 주관적 가치는 말할 것도 없고 일체의 도덕·규범적 전제가 배제된다. 실제로 루만은 사회를 실체로 간주하거나 혹은 행위자의 행위능력을 전제하는 기존의 사회이론뿐만 아니라 일체의 규범론적 접근이나 인본주의와도 결별하고, 자신의 독특한 구성주의 사회이론(작동적 구성주의)을 제시하고 있다.

2) 루만의 사회적 체계 이론과 연기적 사회 개념의 유사성

앞서 논의한 바와 같이 루만의 사회 개념은 사회를 연기적 관점에서 이해하려는 이 논문의 관점과 가장 근접한 사회학적 사회 개념이다.[33] 여기에서는 루만의 논의에 기대어 사회 개념을 연기적 관점에서 재구성해 보고자 한다.[34]

루만의 체계 개념은 '구별/지시 - 차이' 도식에서 출발한다. 이 도식에 따르면 구별 작동이 차이를 낳을 뿐만 아니라 그 구별과 동시에 발생하는 지시가 다시 구별된 것 내부로 재진입하면서 체계가 형성되고, 그 체계의 외부에 환경이 만들어진다. 그리고 이러한 '체계/환경 - 차이'는 서로가 서로의 존재조건이 되는 일여(Einheit)로 성립할 뿐만 아니라, 한편으로 체계의 자기준거[35]로 자기재생산(autopoiesis)[36]을 지속하면서, 다른 한편으로 서로의 외부에서

33_ 물론 마르크스의 사회 개념도 연기적 시각을 담고 있지만 여전히 이성주의적 한계를 벗어나지 못하고 있다는 점에서 루만의 사회 개념만큼 근접하고 있지는 않다. 마르크스와 불교의 비교에 대해서는 유승무(2010)를 참고하기 바란다.
34_ 루만과 불교의 비교에 대한 더 자세한 논의는 유승무(2021)를 참고하기 바란다.
35_ 이에 대한 자세한 논의는 송형석·스벤 쾨르너(2014)를 참고하기 바란다.

정보를 받아들여 소통 및 후속소통을 지속하게 한다. 결국 루만의 체계 개념은 '태초에 인간이나 신이 아니라 구별이 있었다'는 인식론적 결택[37]의 산물이며, 그러한 점에서 루만의 인식론은 신, 운명, 조상신 등을 부정하고 오직 연기법만을 인정한 붓다의 인식론과 거의 유사하다.

이러한 인식론적 유사성에 근거하여 체계를 연기로 치환하면, 환경으로부터 정보를 받아 소통하는 사회'는 연기적 시각에서는 '조건[緣]에 따라 일어나는 현상', 즉 '연기 현상(緣起現相)' 혹은 연기체(緣起體)에 해당한다. 루만의 이론적 틀 안에서 '작동하는 사회'가 '그 자신과 구별되는 환경'이란 조건에 의해서 비로소 나타나듯이, 기(起)는 연(緣)이라는 조건에서만 일어난다는 점에서 '연생(緣生)'(김형효, 2007)이기도 하다. 게다가 '기(起)/연(緣) - 차이'는 루만의 '체계/환경 - 차이'처럼 일여(Einheit)를 지닌다.[38] 루만의 환경 개념을 '연기'의 관점에서 보면 '체계 외부의 연(緣)'이며, '작동하는 사회'를 구성하는 기초적인 요소, 코드, 프로그램 등은 '체계 내부의 연(緣)'이다. 그리고 경제 체계, 정치 체계, 교육 체계와 같은 개별 사회적 체계는 한편으로는 외부의 연과 구

36_ 오토포이에시스 개념은 기원과 증식(origin and proliferation)에 관한 개념으로 이해할 수 있다. 루만은 사회적 체계들이 체계 외부에서 고안되어 삽입된 것이 아니라, 체계 내부의 커뮤니케이션 과정에서 생성되고 시간의 경과에 따라 이루어진 내적 발전의 결과물로 인식한다. 이 과정에서 체계들은 자신을 구성하는 요소들을 통해서 체계 자신의 구성 요소들을 생산/재생산한다. 이와 관련된 자세한 논의는 묄러(Moeller, 2006: 215)를 참고하기 바란다.

37_ 결택은 산스크리트어 'nirvedha'의 번역어로서 의심되는 것을 결단(決斷: 판단하여 끊음)하여 이치를 완전하게 선택하게 된 것을 뜻한다. 즉, 의심을 끊고 바른 진리를 선택(혹은 체득)하는 것을 가리킨다. 한편, 루만의 인식론에 대한 자세한 논의는 하겔슈탕에(2013)를 참고하기 바란다.

38_ 현대 포스트모더니즘 철학에서는 연기법의 존재방식을 '차연(differance)'이라 부르고 있다(김형효, 2007). 그러나 이 면과 저 면이 선택의 우연성에 의해 구별되지만 각자는 서로의 조건이 되기는 마찬가지라는 점에서 '일여' 개념과도 상당히 유사하다.

조적으로 연동되면서도, 다른 한편으로는 내부의 연에 의해 자기준거적으로 작동하는 개별적인 연기현상(緣起現相)이다. 그리고 루만의 '체계/환경 - 차이'에서 창발하는 의미는 사실적 차원, 사회적 차원, 시간적 차원을 내포하는데, 연기법적 시각에서 보면 그것은 공(空),[39] 무상(無常), 무아(無我)[40]에 대응된다. 이렇듯 루만의 사회적 체계이론과 연기체 이론은 인식론적(혹은 이론적·메타 이론적) 차원에서 실체론 및 의식철학을 대체할 수 있다는 점에서도 유사하지만, 이상에서 배대(配對)해본 것처럼 이론적 차원에서도 거의 유사하다.

이러한 유사성으로 인해서 루만의 사회적 체계 개념은 연기적 시각에서 마음의 환경(사회, 혹은 세계)이라는 연(緣)을 구체화하는 데 매우 요긴하다. 특히 루만은 연기법의 산물이자 불교의 근본교리인 삼법인의 각 차원, 즉 공, 무상, 무아를 사실적 차원, 시간적 차원, 사회적 차원으로 나누고 있을 뿐만 아니라 그 차원들 사이의 관계와 중요성의 차이를 기초로 특정 사회의 특징과 사회분화 및 진화를 설명하고 있는데(루만, 2012; 이철, 2015), 이는 연기적 시각을 사회학으로 확장하는 데 직접적인 도구로 활용할 수 있다. 코드, 매체와 형식, 프로그램 그리고 독특한 의미 개념 등 루만이 고안한 다양한 사회학적 도구와 이를 활용한 치밀한 논의도 사회의 작동을 연기적 관점에서 설명하는 데 직접 활용할 수 있는 유용성이 있다.[41]

이렇게 치환 가능성이 있음에도, 루만의 사회적 체계 이론은 이 논문의 관

39_ 공은 실체의 반대 개념이며, 아상을 초월한 상태라는 의미에서 열반적정이라 부르기도 한다.

40_ 무아는 나 및 나의 것이란 관념을 초월한 '아(Ego) - 타아(Alter-ego) - 타자(Alter)의 관계'를 의미한다. 이에 대해서는 다음 장에서 '징관의 비유담'을 설명하면서 더 자세하게 논의할 것이다

41_ 루만은 '지불/비지불' 코드, '합법/비합법' 코드, '진리/비진리' 코드 등의 개념들을 통해 현대사회의 하위 기능체계를 구체적으로 기술하고 있다. 이러한 논의 결과들은 연기적 관점으로 현대사회의 작동을 이해하는 데 기여할 수 있을 것이다.

점에서 분명한 한계를 드러낸다. 일단 루만은 의미를 공유하는 사회적 체계와 심리적 체계 사이의 관계를 구조적 연동(structural coupling)[42]이라는 다소 모호한 설명으로 얼버무리는데, 마음과 사회의 평면적인 관계가 아닌 '동행'을 논의하려는 이 논문의 목적에 비춰 볼 때 구조적 연동 개념은 설득력이 떨어진다. 기본적으로 루만은 각각의 체계들은 서로 분리되어 소통이 불가능하며, 소통은 체계 내부로 국한된다고 인식하고 있다.

그러나 연기적 관점에서 볼 때, 체계를 비롯한 모든 사회단위들은 서로 간의 소통을 근거로 존재한다. 구조적 연동 개념은 체계들 사이의 관계 맺음을 설명하고 있지만, 다양한 사회단위들 사이의 중층적 관계를 설명하기에는 부족한 점이 있다. 게다가 '심리적 체계'와 '마음', '체계'와 '연기'라는 개념들 사이에 결정적인 차이가 존재한다. 특히 '체계'와 '연기'의 개념적 차이는 마음과 사회 사이의 상호침투[43]가 일어나는 방식 및 정도의 차이와도 직결되어 있기에 이 논문의 논의는 루만의 길에서 벗어날 수밖에 없다.

42_ 묄러(H. Moeller)는 루만의 구조적 연동을 다음과 같이 설명하고 있다. "구조적 연동이란 개념은 자기 생산적 체계이면서 작동적으로 폐쇄된 체계들이 어떻게 서로서로 연결되어 있는가, 그리고 더 나아가 그 체계들이 '존재론적으로(existentially)' 어떻게 서로서로에게 의존하는가를 설명하려는 목적에 도움을 주기 위해 사용하는 개념이다. (…) 작동적으로 폐쇄된 서로 다른 체계들 사이의 상호의존성이 '구조적 연동'으로 불린다. 구조적 연동이란 개념은 두 체계들의 존재가 서로서로에게 의존하고 있다는 것을 의미할 뿐만 아니라 한 체계에서 발생한 것이 다른 체계에 큰 영향을 미치며, 그래서 이들 체계들은 공진화할 것이란 것을 의미한다. 예컨대 우리의 마음은 사회적 체계들과 구조적으로 연동되어 있다. 우리의 생각은 사회적 진화와 함께 발전하고 공진화한다. 또한 사회적 체계들 사이에는 수많은 구조적 연동이 존재한다"(Moeller, 2006: 225~226).

43_ 익명의 심사자에 따르면 루만이 "구조적으로 연동된 체계들 가운데 어느 것도 그러한 연동 없이는 존재할 수 없는 경우를 위해서 상호침투라는 파슨스의 표현을 차용했다"고 한다. 연기적 관점에서 볼 때, 상호침투는 '특별한' 경우에만 일어나는 현상이 아니라 존재의 보편적 조건이라는 점에서 루만의 논의와 구별된다.

4. 마음과 사회의 상호침투성

1) 마음의 수행적 역능

독일에서 정치학과 정치사상사를 공부한 강상중은 베버주의자로 알려져 있다. 그의 최근 저서 『마음의 힘』은 마음이 삶의 의미를 구성하며, 인간의 삶을 지탱하는 힘을 갖고 있다는 내용을 담고 있다(강상중, 2015).[44] 더욱이 이 책의 마지막은 "더더욱 진지하고 절실하게 젊은이들이 마음의 힘을 기르기를 바랍니다"라는 문장으로 끝맺는다(강상중, 2015: 187). 그런데 베버주의자 강상중은 왜 전혀 베버답지 않은 주제, 즉 합리성과는 무관한 듯 보이는 '마음'에 주목하였으며 심지어 베버가 근대성 발현의 장애물인 신비주의의 근원으로 간주하였던 '마음의 힘'을 젊은이들에게 권장까지 하게 되었을까? 책에는 그 이유를 설명하고 있지 않다. 마음에 대한 개념 정의도 없고, 마음의 힘을 기르는 방법과 효과에 대한 언급도 없다. 다만, 자식의 죽음을 포함한 강렬한 죽음의 체험을 통해 사자(死者)를 포함한 타자와의 마음의 공명이 삶의 의미를 구성함을 깨달았고, 그런 체험을 바탕으로 '마음의 힘'을 확신하게 되었을 것이라고 유추해 볼 수 있을 뿐이다.

그럼에도 강상중의 책은 한국과 일본에서 많은 공감을 얻고 있다. 강상중의 마음과 마음의 힘에 대한 주장은 학문적 개념 도구가 아닌 일상언어적 용법으로 이해하더라도 충분히 공감할 수 있다.[45] 그렇다면 강상중과 한국과

44_ 강상중은 2011년 동일본대지진 현장을 직접 취재하면서 경험했던 수많은 죽음을 바탕으로 죽음과 삶의 관계를 밀도 있게 다룬 『마음』(강상중, 2014)이라는 소설도 출간한 바 있다.

45_ 논리실증주의적 언어 분석을 비판하며 등장한 일상언어학파는 일상적으로 사용하는 언어 표현에 대한 분석을 통해 일상언어의 참된 의미를 밝히는 것을 핵심 과제로 삼

일본의 독자들을 잇는 공감의 근거는 무엇인가? 그들이 일상언어로서의 '마음' 개념 혹은 더 포괄적인 광의의 마음 문화를 공유하고 있기 때문이다. 그렇다면 '공유'의 본질이 사회적이라는 점에서 마음은 심리학적 차원뿐만 아니라 사회적 차원까지도 포함하는 그 무엇이다. 또한 마음은 현실을 사는 사회구성원들의 사회적 관계 속에서 작동하고, 그들이 속한 문화적 맥락 속에서 의미를 갖는다는 점에서 사상적 차원을 넘어 유물론적 차원까지도 포함하고 있다. 실제로 강상중은 마음을 사회적 구성론의 관점이나 유물론적 관점에서 이해하고 있다.

시대와 마음을 떼어내는 것은 불가능합니다. 사람의 마음은 시대와 함께 있고, 또 시대는 사람의 마음을 반영하기도 합니다. 시대는 우리의 마음을 행복하게 하고, 불행하게도 하고, 또 우리의 마음이 어떤가에 따라 시대의 분위기도 달라집니다(강상중, 2015: 184).

이 인용문에는 사람의 마음은 시대 환경과 같은 대상과 만나서 구성되기도 하지만, 마음이 시대의 분위기를 바꿀 수도 있다는 수행성에 대한 언급도 나타나 있다. 그러나 강상중은 이러한 테제를 소설 속 주인공의 삶을 통해 보여줌으로써 독자들의 공감을 얻는 데는 성공하고 있지만 진리 주장의 이론적/실천적 근거를 제공하는 학문적 논증으로 발전시키지는 않는다.

바로 이러한 인식관심, 즉 마음과 사회의 관계를 어떻게 이론화할 것인가에 대한 학문적 문제의식과 관련하여 「마음의 사회학을 이론화하기: 기초 개념들과 설명논리를 중심으로」라는 제목의 논문(김홍중, 2014)은 하나의 실마

고 있다. 이 논문에서는 일상언어학파의 입장을 수용하여 '마음'이라는 일상적 언어 포현에 대한 의미를 이해함으로써 마음과 사회의 동행에 접근하고자 한다.

리가 뇌기에 충분하다. 이 논문에서 김홍중은 마음, 마음가짐, 그리고 마음의 레짐 등 세 가지 주요 개념에 대한 조작적 정의를 내린다. 여기에서 핵심은 행위능력의 원천으로서의 마음 개념인데, 이러한 행위능력이 규칙과 규범의 총체로서의 마음가짐과 어떻게 연관되며 나아가 마음을 조건 짓는 사회적 실정성(이념들, 습관들, 장치들, 풍경들)의 특정한 배치를 의미하는 마음의 레짐에서 어떤 영향을 받는지를 논의함으로써 이론적 논의를 완수한다. 그리고 이를 토대로 마음의 행위능력들을 합리성, 합정성, 합의성으로 나누어 논의하는 한편, 내면화된 제도로서 실정성을 갖는 마음 및 마음가짐(마음의 외밀성과 수행성)과 마음을 구조화하는 실정성인 마음의 레짐으로 구분하여 마음의 실정성에 대해 논의하고 있다.

이 논문은 마음을 구성하는 세 가지 요소를 각각 행위능력으로 개념화함으로써 한편으로는 마음의 요소들이 사회의 구성에 어떻게 영향을 미치는지를 연구할 수 있는 이론적 기반을 제공하고, 다른 한편으로는 마음의 실정성이란 차원에서 마음의 작동이 사회적 맥락으로부터 어떻게 영향을 받는지를 연구할 수 있는 개념적·이론적 기초를 제공한다는 점에서, 마음의 사회이론화의 토대를 마련했다는 사회학적 의의를 갖는다.

그러나 이 논문은 마음의 수행성으로서 세 가지 행위능력과 사회적 규범 사이의 관계를 변증법적 관계라고만 언명하고 있을 뿐이며, 행위 공간과 구조로서의 레짐 공간 사이의 관계를 유기적 결합이라는 표현으로 대신할 뿐이다. 이로 인해 마음의 구성 요소와 구조, 그리고 구성 요소들의 결합과정이 규범적 공간, 레짐적 공간, 혹은 또 다른 사회적 단위 등을 포괄하는 사회적 조건, 사회적 요소들의 구조 및 그들의 작동 혹은 소통과 어떻게 연결되는지를 구체적으로 설명할 수 없고, 그러한 점에서 경험적 연구를 충분히 뒷받침할 수 없는 한계를 지닌다. 바로 이러한 한계 때문에 마음과 사회의 관계에 대한 본격적인 사회학적 논의를 위해서는 다시 루만으로 되돌아가 보지 않을 수 없다.

2) 마음과 사회의 상호침투

비록 루만이 '마음' 개념 대신에 심리적 체계란 개념을 사용하고 있지만, 마음과 사회의 상호침투를 이론화하기 위해서는 루만의 '심리체계와 사회체계 사이의 상호침투성'에 관한 세밀한 논의를 참고하지 않을 수 없다.[46] 아래에서는 상호침투성에 대한 루만의 논의를 간략하게 살펴본 다음, 이를 '중층적 상호의존성'이라는 연기적 개념으로 치환할 수 있는지 논의해 보고자 한다.

루만은 인간을 '사회 속의 인간' 대신에 '사회와 상호침투하는 환경'으로 간주한다. 여기에 '체계/환경 - 차이'의 일여성(一如性, Einheit) 개념을 적용하면, 인간은 체계를 위해 체계 그 자체만큼이나 중요한 구성적 계기 혹은 구성적 측면(constitutive feature)으로 작용한다. 다시 말하면 인간은 사회와 상호침투한다. 여기에서 "침투란 말은 어떤 체계가 자신의 복잡성(및 불확정성, 우연성, 선택강제)을 다른 체계의 구축을 위해 내어줄 때 사용하는 말"(Luhmann, 1995: 213)인 반면에, 상호침투는 수용체계가 침투체계의 구조형성에 역작용을 하기도 함을 의미한다.

> 심리적 체계들은 사회적 체계들에게 충분한 무질서(복잡성)를 공급하며 그 반대 또한 마찬가지라고 말할 수 있다. 그러니까 체계들의 고유한 선택과 자율성이 상호침투 때문에 의문시되지는 않는다는 것이다. (…) 모든 재생산과 구조형성은 질서와 무질서의 조합을 전제한다. (…) 사회적 체계들은 심리적 체계들이 소통을 시도할 때 만들어내는 소음(무질서, 복잡성)에 근거하여 생겨난다 (Luhmann, 1995: 214).

46_ 루만은 자신의 저서 『사회적 체계들(Social Systems)』(1995) 제6장에서 이 주제를 매우 체계적으로 논의하고 있다.

루만의 '체계/환경 – 차이' 도식(복잡성 및 자기준거 포함)에 따르면, 이러한 상호침투는 일방적 침투보다 행동을 더욱 강력하게 개별화하는 특성이 있다. 동시에 심리체계와 사회체계의 공동의 성취물인 "의미는 심리적 체계 구성체와 사회적 체계구성체(psychic and social system formations)가 각자의 자기재생산을 유지하면서 상호침투할 수 있도록 만들어준다"(Luhmann, 1995: 219).[47]

이상과 같은 논의에 기초하여 루만은 심리체계와 사회체계를 구조적 연동의 관계로 파악하고, 나아가 공진화(coevolution)하는 것으로 간주한다. 또한 이러한 상호침투 개념에 근거하여 심리체계와 사회체계는 각각 자기준거적으로 작동하며, 각 체계는 다른 체계의 내부 작동과정에 개입할 수 없다고 단정한다. 이를 루만은 다음과 같이 자세하게 기술하고 있다.

> 의식이 소통의 재생산을 위해 사용되는 동시에 소통이 의식의 재생산을 위해 사용되지만, 이 둘은 서로 섞이지 않는다(without fusing the two). 체계들이 분리된 상태로 유지되고 요소들이 그때그때 선택적으로 연결됨으로써 재생산 맥락들이 분리된 상태로 유지되는 것이 재생산의 전제조건 그 자체이다. 하나의 의식 활동은 소통의 자극을 받아 스스로를, 다른 의식 활동들과 관련 속에서, 확정한다. 이와 비슷하게 소통적 사건은 다른 소통적 사건에 관련됨으로써 스스로를 결정한다. 그렇기 때문에 여기에는 복수의 심리적 체계들의 의식이 편입될 뿐만 아니라 세계 속의 다양한 이슈의 자기선택적 변이들도 편입된다. 구조는 양쪽에서 비슷하게 발생하기 때문에 상호침투는 가능하지만 양측은 각각 그 구조를 가지고 각기 다른 방식으로 정보를 처리한다. 이 둘 사이의 결합을 가능하

47_ 이는 『화엄경(華嚴經)』의 비유담, 즉 마치 꿀벌이 꽃을 전혀 상하지 않게 하면서 꽃 속의 꿀도 채취하고 꽃의 화분에 결정적인 역할을 하는 사태와 유사하다.

게 하는 것은 이러한 재생산의 상호 교호적 전제뿐만 아니라 상호침투의 작동적 절합(the ongoing articulation)에 달려 있다. 이것이 바로 도식화할 수 있는 차이의 의미형식이다(Luhmann, 1995: 232~233).

이러한 루만의 상호침투 개념은 자기준거적 사회체계의 폐쇄성 및 환경 개방성과 동전의 양면을 이룬다. 반면에 연기적 시각에 따를 경우 마음은 마치 건초 더미에 내포된 불의 씨앗[火]이 불꽃으로 타오르듯이 사회의 작동과정에 직접적으로 개입한다. 사회만이 아니라 마음의 근원도 삼법인으로 이루어져 있다는 점에서 결코 폐쇄적 체계가 아니다. 게다가 연기법에 따르면 연(緣)은 반드시 그에 상응하는 결과를 초래한다. 그렇기 때문에 마음과 사회가 각각 발생하게 된 연에 따라서는 일여성으로서 구조적 연동의 관계를 갖는 경우도 있겠지만, 상호침투의 관계를 갖는 경우도 무수히 많다.[48] 나의 마음이 대상에게 스며들기도 하겠지만 대상이 나의 마음에 들어 미끄러져 들어오기도 한다. 마음은 타인의 마음이라는 연으로 조건이 만들어지느냐 혹은 동물이나 기계라는 연으로 조건이 만들어지느냐에 따라 내부적인 작동방식이 달라지고, 그 사이의 구조적 연동의 성격과 내용이 달라진다. 마음이 없으면(대상에 침투해 있지 않으면) 보아도 본 것이 아니지만, 마음이 거기에 가 있으면(대상에 침투해 있으면) 본 것은 비로소 본 것이 된다.

이러한 차이점 때문에 이 논문에서는 루만의 사회적 체계 개념과 상호침투 개념을 곧바로 활용하기보다는 마음과 사회의 관계를 연기적 시각에서 새롭게 개념화하고자 한다.

48_ 화엄(華嚴)의 개념으로 말하자면 구조적 연동은 상즉(相卽), 상호침투는 상입(相入)에 해당한다.

3) 마음과 사회의 중층의존성

저것이 있을 때 이것이 있고, 저것이 일어남으로써 이것이 일어난다.

저것이 없을 때 이것이 없게 되고, 저것이 없어짐으로써 이것이 없어진다.

위 구절은 통상 연기법(緣起法)으로 일컬어지는 의존적 발생의 원리를 가장 간명하게 설명하고 있다. 싯다르타는 이 원리를 깨닫고 비로소 깨달은 자, 즉 붓다가 되었다. 따라서 불교는 모든 사물이나 현상을 '의존적 발생의 원리'로 이해한다. 이 원리는 공간적 차원에서는 관계론적 시각을 견지하고(비실체 = 無我) 시간적 차원에서는 과정론적 관점을 채택함[無常]으로써[49] 사회, 인간, 심지어 인간의 마음은 물론 그들 상호 간의 관계마저도 철저히 '구성과정주의'[50]의 관점에서 이해한다.

이러한 연기사상 속에는 존재들 사이의 관계성, 그로 인한 쌍방의 상호인과성의 실상, 그리고 각각의 무상한 변화를 총체적으로 파악할 수 있는 개념적 장치가 잘 마련되어 있다. 특히 화엄사상(華嚴思想)의 상즉상입(相卽相入) 개념은 사물의 관계성을 의존적 발생의 원리에 입각하여 총체적으로 파악하는 데 유용한 개념적 도구이다. 여기에서는 우선 상즉과 상입의 의미를 각각 살펴보고, 상즉상입의 총체성을 밝힌 다음, 그 사회학적 재해석을 시도함으로써 개념의 실체화를 극복하고 나아가 기존 사회학의 이분법적 대립구조를 극

49_ 불교는 인간을 포함한 모든 사물을 오온(五蘊)의 합에 지나지 않는 것으로 간주하기 때문에 고정·불변의 실체란 존재하지 않으며[無我], 오로지 생성, 변화, 과정만 존재한다고 본다[無常].

50_ 이 글에서는 무아와 무상의 교리를 갖는 불교의 의존적 발생의 원리를 인간과 사회의 실체화에 기초한 사회학적 구성주의와 구분하기 위해 특별히 '구성과정주의'로 명명하고자 한다.

복할 수 있는 이론적 근거를 구축하고자 한다.

상즉은 본질(궁극적인 것, 절대적인 것)과 현상의 동일성[理事相卽] 혹은 상호 동일성(mutual identity)을 의미한다. 모든 존재를 원인과 조건에 의하여 생성되어가는 연기적 존재로 파악할 경우, 모든 현상적인 것은 궁극적으로는 자성(自性)이 없다. 자성이 없다는 것은 공(空)하다는 것이다. 색즉시공(色卽是空)이다. 한편 공이 궁극적인 것이라면 공, 즉 무자성(無自性)이야말로 모든 것을 연기적으로 성립시키는 근거이다.[51] 이 때문에 불교에서는 '공의 이치가 있음으로써 모든 것이 이루어진다'고 말한다(김종욱, 2001). 이른바 공즉시색(空卽是色)이다. 결국 '색즉시공 공즉시색'이라면 공과 색, 즉 현상적인 것과 궁극적인 것(본질적인 것)은 상호동일성을 지닌다.

상입은 모든 존재의 상호 투영성(mutual penetration) 혹은 상호 원인성(mutual inter-causality)을 의미한다. 이 개념은 하나의 사물이 서로 다른 계(界)에서는 서로 다른 실제들로 동시에 일어날 수 있음을 의미하는 동시돈기(同時頓起, simultaneous-mutual-arising), 그렇게 동시에 일어난 실제들이 서로서로 조금도 방해하거나 헤살 놓는 것 없이 서로 꿰뚫고 들어감을 의미하는 동시호입(同時互入, simultaneous-mutual-entering), 나아가 이러한 실제들이 서로서로를 포섭함을 의미하는 동시호섭(同時互攝, simultaneous-mutual-containment) 등과 같은 하위 개념을 통해 설명된다.[52] 쿡은 이를 다음과 같이 설명한다.

상호 투영성은 원인이 그 자체 안에 조건들을 포함하는 동시에 다른 원인의 결과 그 자체로서 그것의 특성이 다른 것에 흡수되는 그러한 상황에서 나온다. 추

51_ 이러한 공의 철학적 의미는 서구철학의 이원론적 세계관을 극복할 수 있다는 데 있으며, 그러한 점에서 근대성 극복의 대안적 철학으로 떠오르고 있다. 이에 대한 자세한 논의는 최종석(1999)을 참고하기 바란다.

52_ 이러한 개념에 대한 설명은 까르마 츠앙(1998: 219~224)을 참고하라.

상적으로 부분은 전체를 포함하며 전체는 부분을 포함한다. 마지막으로 그 하나의 부분에 포함되는 전체는 이미 그 부분을 포함하는 전체이다. 그래서 법과 법의 상호 투영성은 무한히 반복된다(쿡, 1994: 137~138).

이상에서 살펴본 상즉과 상입이 결합하여 상즉상입이 되면 화엄철학의 총체성은 여실히 드러난다. 법장(法藏)은 그의 저서 『화엄일승교의분제장(華嚴一乘敎義分齊章)』의 마지막 부분에서 건물과 건물의 부분들과의 유비를 통해서 상즉과 상입을 종합시킨다. 여섯 가지 특성들의 완전한 상호 투영성[六相圓融義]에 관한 설명이 그것이다.

육상원융의(六相圓融義)의 요체를 간략하게 살펴보면 다음과 같다.[53] 첫째, 보편성[總相]이란 하나가 많은 성질을 포함한다는 것으로서, 건물의 유비에서는 건물이 총상에 해당한다. 둘째, 특수성[別相]이란 많은 성질들이 동일하지 않다는 것으로서, 서까래와 같은 모든 조건을 가리킨다. 만약 그것들이 부분이 아니라면 그것들은 전체를 형성할 수 없다. 동시에 그러한 부분들은 전체를 통해서 부분이 된다. 셋째, 동일성[同相]이란 우주를 구성하는 많은 부분들은 하나의 보편자를 구성한다는 점에서 동일하기 때문에 각기 다르지 않다는 것으로서, 서까래와 같은 다양한 조건들이 모여서 건물을 만드는 것이다. 그것들은 조건으로서 차이가 없기 때문에 모두 건물의 조건이라 부른다. 넷째, 차이성[異相]이란 각 요소가 어떤 다른 요소의 표준에서 볼 때 다르다는 것을 의미하는 것으로서, 서까래와 같은 다양한 조건이 그것들 자신의 다양한 종차 때문에 서로 다르다는 것이다. 다섯째, 통합성[成相]이란 상호의존적 생성의 총체성이 이러한 요소들의 조합의 결과로 구성됨을 의미하는 것으로서, 건물

53_ 육상원융의에 대한 설명은 법장의 『화엄일승교의분제장』을 설명하는 쿡(1994)의 제6장을 압축적으로 요약한 것이다. 자세한 내용은 법장의 원문이나 쿡(1994)을 참고하기 바란다.

이 다양한 조건들의 결과로 형성되기 때문에 서까래와 같은 다른 부분들은 조건들이다. 여섯째, 해체성[塊相]은 각 요소가 그 자신의 특성을 가진 개별자로서 존재한 그대로 남아 있으면서 그 자신의 본성에서 혼란되지 않는 것을 의미한다. 때문에 서까래와 같은 각자의 다양한 조건들은 그 자신의 분리된 특성을 가지고 문자 그대로 건물을 형성하지 못한다.

이상의 육상원융의는 체, 상, 용의 차원으로 다시 축약할 수 있다.

보편성(총상) – 특수성(별상) = 본질(體)
동일성(동상) – 차이성(이상) = 현상(相)
통합성(성상) – 해체성(괴상) = 작용(用)

사물이나 사건들 사이의 상즉상입의 상태를 가장 극명하게 보여주는 것이 바로 사사무애법계(事事無碍法界)이다. 사사무애법계는 사법계와 이법계와 이사법계 다음에 오는 법계연기의 궁극적 단계이다. 여기에서 사법계(事法界)란 사건과 사물이 서로 다른 독립된 대상으로 드러나는 차이성의 세계이고, 이법계(理法界)란 사건과 사물 이면의 추상적인 보편원리[理]가 발견되는 동일성의 세계이며, 이사무애법계(理事無碍法界)란 '원리에 의해 사건이 이루어지고[依理成事]', '사건을 통해 원리가 드러나는[事能顯理]' 차이성과 동일성의 공존 세계를 말한다. 이에 비해 사사무애법계(事事無碍法界)란 사건과 사건이 완전 자재하고 융섭하는 총체성의 세계이다. 여기에서 차이가 차별로 되지 않고 각자의 고유성이 발휘되면서도 전체와의 조화를 이룬다. 이곳에서는 하나의 사물은 고립된 부분이 아니라 전 우주와 관계망 속에서 그 우주 전체를 반영한다(김종욱, 2001).[54]

54_ 一中一切 多中一.

그렇다면 존재의 의존적 발생과 그 상즉상입의 관계를 실제로 인간사회의 인간관계에 적용해 보자. 아래의 인용문은 징관(澄觀)이 사회관계의 당사자를 상호의존적 발생의 원리에 따라 설정하고, 그 관계를 마음을 매개로 한 상즉상입의 개념으로 설명하는 대표적 사례이다.

> 한 승려가 거울이 달려 있는 방에서 제자에게 설법하고 있었다. 거울과 승려와 제자들은 각각 진심과 부처와 인간을 상징한다. 거울은 서로 마주보고 있는 두 부류의 모습을 반사한다. 하나의 말하는 자이고, 다른 하나는 듣는 자이다. 이 현상에 참가하는 사람들의 상호관계를 서술하기 위해서, 우리는 제자의 거울 속에 있는 승려가 승려의 거울 속에 있는 제자에게 설법하고 있다고도 말할 수 있으며, 승려의 거울 속에 있는 제자가 제자의 거울 속에 있는 승려에 의해 설해진 법을 듣고 있다고도 말할 수 있다. 부처가 사람에게 설법할 때 그것은 두 가지 방식의 관계 ― 하나는 말하고 다른 하나는 듣는 ― 가 아니라, 네 가지 방식의 관계 ― 사람의 마음속에 있는 부처가 부처의 마음속에 있는 사람에게 설법하고, 부처의 마음속에 있는 사람이 사람의 마음속에 있는 그 부처의 설교를 듣는 ― 이다(까르마 츠앙, 1998: 226~227 재인용).

매우 공교롭게도 이 비유담에는 미드(J. H. Mead)의 'I' 정체성과 'Me' 정체성의 관계나 쿨리(C. H. Cooley)의 경면자아(鏡面自我, looking-glass self) 개념, 그리고 루만의 타아(Alter-ego)가 모두 포함되어 있다. 그중에서도 'I'와 'Me'의 관계를 변증법적으로 이해하는 미드나 'Ego'와 'Alter'의 관계를 '체계와 환경의 관계'로 전제하는 루만과 달리, 쿨리는 'I'의 의미 속에 이미 수없는 타자가 존재론적으로 내포되어 있다고 볼 뿐만 아니라 직접적으로 마음[55]과 무수한

55_ 쿨리의 마음 개념은 불교의 마음 개념과는 다르다. 그의 마음 개념은 유식사상에서

타자의 관계를 통해 사회적 자아(social self)를 규명하고 있다. 쿨리는 인식론적으로 볼 때 불교의 연기법과 동일선상에 있으면서도 마음과 사회 사이의 중층인과적 관계를 사회이론화하고 그것을 실증한 대표적인 사회이론가이다. 이러한 점에서 쿨리야말로 우리의 이론화에 가장 근접한 사회학자이다.[56] 아래에서는 쿨리의 주장을 구체적으로 검토한 다음, 이 논문의 주장과 비교할 것이다.

쿨리는 자신의 저서 『인간 본성과 사회질서(Human Nature and the Social Order)』(1922)에서 다음과 같은 시구(詩句)로 경면자아를 압축적으로 표현하고 있다.

Each to each a looking-glass

Reflects the other that doth pass.[57]

그리고 이어지는 설명에서 쿨리는 우리가 거울 속에서 얼굴이나 옷차림 등을 보듯이, 상상으로 다른 사람의 마음속에 비춰지는 우리의 외모, 태도, 목표, 행위, 성격, 친구 등을 지각한다고 말한다(Cooley, 1922: 184). 이처럼 징관의 비유와 유사한 설명을 근거로 하여 쿨리는 인간의 자아는 '사회적 자아

논하는 제6식에 해당한다고 판단된다. 유식사상에 대한 자세한 설명은 요코야마 고이츠(2013)를 참고하라.

56_ 황태연(2015)도 자신의 최근 저서에서 쿨리의 시각이 자신의 입장에 가장 유사하다고 밝힌 바 있다. 그러나 황태연은 교감 및 공감 개념을 주로 유교(특히 공자)와 연관 짓고 있는 반면에, 이 논문의 마음 개념 및 마음과 사회의 동행은 유교뿐만 아니라 불교의 심학을 모두 아우르고 있다는 점에서 차별성을 갖는다. 한편 루만은 연기적 관점에서 사회를 개념화하는 과정에서 유사성을 갖는 데 비해, 쿨리는 마음과 사회의 동행을 이론화하는 지점에서 접점을 찾을 수 있다.

57_ "각자는 서로에게 지나가는 타자를 반영하는 거울이다."

(social self)'이고 자아감정은 '사회적 측면(social aspect)'을 내포하고 있다고 주장한다. 이는 'I'의 의미 속에 이미 타자가 존재할 뿐만 아니라 'I'의 발전 단계에 따라 더 보편적인 수많은 타자가 지속적으로 침투해 들어옴을 의미한다. 심지어 쿨리는 자신의 또 다른 저서 『사회조직(Social Organization)』 (1909)에서는 "자아(self)와 사회(society)는 쌍둥이(twin-born)로 탄생했으며, 따라서 분리되고 독립적인 자아에 대한 관념은 하나의 망상이다"(Cooley, 1909: 5)라고 말한다. 이 글에서 사용한 우리의 문맥으로 표현하면 자아와 사회는 상즉하며, 따라서 자아감은 사회와 상입한다고 말할 수 있다.

또한 쿨리는 인간의 마음(mind)도 '협력하고 있는 개인성들(cooperating individualities)'로 구성된 하나의 유기적 총체(an organic whole)로 간주하고 있으며, 그렇기 때문에 그는 '사회적 마음(social mind)'이란 개념을 주저 없이 사용하고 있다(Cooley, 1909: 3~4). 이는 마음이 개인적 측면(individual aspect)뿐만 아니라 사회적 측면(social aspect)도 가지고 있음을 의미하며, 이는 마음을 내부의 연(緣)뿐만 아니라 외부의 연과 중층적 관계를 가지는 것으로 간주하는 이 글의 입장과 거의 유사하다. 바로 그렇기 때문에 인간은 공감(sympathy) 능력을 가질 수 있다. 쿨리는 다음과 같이 말한다.

> 상호작용을 통한 개인적 관념들의 성장은 (…) 공감의 능력, 즉 타인의 마음속으로 들어가서 그 마음을 공유하는 능력의 성장을 의미한다. 말, 표정, 또는 다른 상징들을 통해 그 타인과 대화하는 것은 그를 다소 이해하는 것이거나 그와 교감하는 것, 즉 그의 생각과 감정의 공통기반 위에서 그와 함께 하는 것을 뜻한다 (Cooley, 1922: 136).

물론 쿨리는 마음이 사회적 측면만을 갖고 있는 것으로 보지는 않는다. 그는 다음과 같이 말한다.

'I'가 마음의 모두가 아니라 마음의 잘 짜여진 일부이며, 그 나머지로부터 분리되어 있는 것이 아니라 그 나머지 속으로 점차적으로 침투해 들어가고 있는 것이며, 그렇기 때문에 아직까지는 실천적인 구별성을 가지고 있고, 그래서 일반적으로 사람들은 현재 자신의 'I'가 자신이 아직 전유하지 않은 생각들로부터 구별된다는 것을 말이나 행동으로 보여주고 있다(Cooley, 1922: 184).

실제로 쿨리는 마음이 두 가지 삶의 조건, 즉 '물질적인 것(the material)'과 '인간적인 것 혹은 사회적인 것(the human or social)'과 불가분의 관계를 갖고 있다고 말한다(Cooley, 1930: 289).[58]

이상에서 간략하게 살펴본 것처럼 쿨리의 사회이론은 마음 내부의 연과 사회 내부의 연, 그리고 그 둘 사이의 중층적 상호인과로 이루어진 이 글의 이론 틀과 매우 유사하다. 타자와의 공감을 잘 드러내고 있는 쿨리의 실증적 연구는 우리가 제시하는 합심의 한 유형인 타인과의 합심과 유사하다. 또한 쿨리는 마음이 물질적인 것과도 불가분의 관계를 가질 뿐만 아니라 그것이 마음 내부의 의미소와도 연관됨을 실증함으로써 마음과 사회의 동행을 강하게 암시하고 있다.

다만 징관의 비유담에 등장하는 사회적 관계는 진심, 즉 마음이라는 거울과 불가분의 관계를 맺고 있다. 이 비유담은 부처와 사람의 마음이 서로 상즉하고, 사람의 마음속의 부처와 부처의 마음속의 사람이 서로를 방해하지 않고 상입하는 상황을 설명함으로써 부처와 제자의 관계가 두 가지 방식이 아니라 네 가지 방식으로 이루어지고 있음을 시사한다.

나아가 네 가지 사회적 관계를 매개하는 부처의 마음, 즉 불성 개념이 매우

58_ 쿨리의 『사회학 이론 및 사회 연구(Sociological Theory And Social Research)』(1930)는 이러한 사회이론적 기반에서 수행된 다양한 실증적 연구의 성과물이다.

결정적인 사회적 의미를 갖고 있음을 암시하고 있다. 여기에서 결정적인 의미란 쿨리의 '물질적인 것'과 '인간적인 것 혹은 사회적인 것'의 이분법과는 달리 물질적인 것, 감정에 따라 행동하는 동물, 그리고 그 두 가지뿐만 아니라 마땅함[義]과 같은 윤리적 가치를 가진 인간 등 셋으로 나눔으로써 인간의 사회성을 강조하는 사회적·실천적 함의를 말한다. 바로 이런 점에서 불성을 전제하는 불교나 천심을 전제하는 유교의 마음 매개적 사회이론은 이론적 차원뿐만 아니라 실천적 차원에서 쿨리의 사회이론과 차별성을 갖는다.

5. 맺음말: 이론적 함의

지금까지 우리는 연기적 관점에서 마음 개념과 사회 개념을 각각 이해해 보고, 그 두 개념 사이의 관계를 중층의존적 관계로 설정할 수 있음을 논의하였다. 그렇다면 이 논의의 이론적 위상과 함의는 무엇인가?

지금까지의 논의를 하나의 이론 틀로 도식화한 **그림 2-1**을 통해 구체적으로 논의해 보자. **그림 2-1**에서 첫 번째 타원은 마음의 영역이고, 두 번째 타원은 사회제도의 영역이다. 그런데 앞의 논의에 기초하면 마음과 사회제도는 불가분의 관계를 맺고 있기 때문에 그 하부 영역은 다시 세 가지 영역으로 분리된다. 여기서는 이 세 가지 영역의 명명을 불교의 법계(法界) 분류법을 원용하여, 좌측 영역은 육근과 관련된 욕계, 중간 영역은 인식 및 지각의 세계와 직결된 무색계(소통 영역), 우측 영역은 육경으로 대표되는 구체적 대상, 즉 색계(사회제도)로 나누어 볼 수 있으며, 좀 더 보편적인 언어로 표현하면 그 각각은 심리적 체계의 영역, 마음과 사회의 상호침투 영역(공감영역, 합심영역, 소통영역), 그리고 사회적 체계 영역에 해당한다. 이는 마음은 심리체계와 상호침투 영역으로 구성되어 있으며, 사회제도는 사회적 체계와 상호침투 영역으로

그림 2-1 • 마음과 사회적 체계의 관계

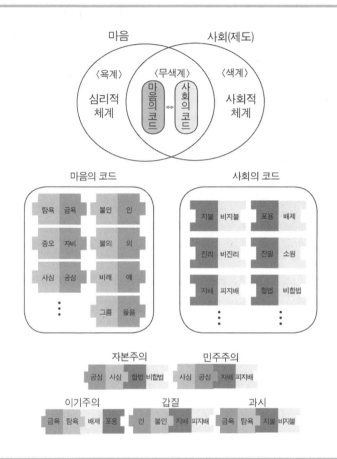

* 마음의 코드는 불교의 삼독 — 식(食), 진(瞋), 치(痴) — 개념을 응용한 '탐욕/금욕' 코드, '증오/자비' 코드, '사심/공심' 코드뿐만 아니라 유교의 사단(四端) 및 사덕(四德) 개념을 활용한 '인(仁)/불인' 코드, '의(義)/불의' 코드, '예(禮)/비례' 코드, '시/비' 코드 등을 의미한다.

  반면에 사회의 코드는 루만의 코드 개념을 원용한다. 즉 경제체계의 경우 '지불/비지불' 코드, 정치영역은 '지배/피지배' 코드, 법의 코드는 '합법/비합법' 코드, 학문은 '진리/비진리' 코드 등을 의미한다.

구성되어 있음을 의미한다.

이러한 분류에 따를 경우, 심리적 체계는 사회적 체계의 경계 밖에 위치하고 사회적 체계 역시도 심리적 체계 밖에 위치하며, 그러한 점에서 루만의 일반체계이론과 일치한다. 그러나 마음의 코드(code)와 사회의 코드(code)가 만나서 사건(event)으로 창발하는 상호침투 영역은 마음의 영역에도 속하지만 사회제도의 영역에도 속하며, 이 중간 영역을 매개로 마음과 사회제도의 관계는 일여(一如)의 관계를 가지게 되는바, 이는 루만의 상호침투 개념에는 포함되지 않은 이 글의 고유한 시각이다.

바로 그렇기 때문에 그림의 중간 영역에서 이루어지는 상호침투 현상에 대해서는 좀 더 구체적인 논증이 요구된다. 이를 위해 우선 마음의 코드를 불교의 삼독 — 식(貪), 진(瞋), 치(痴) — 개념을 응용하여 다시 '탐욕/금욕' 코드, '증오/자비' 코드, '사심/공심' 코드로 나누거나 유교의 사단(四端) 및 사덕(四德) 개념을 활용하여 '인(仁)/불인' 코드, '의(義)/불의' 코드, '예(禮)/비례' 코드, '시/비' 코드 등으로 나누고, 사회의 코드를 루만의 코드 개념을 원용하여 경제체계를 '지불/비지불' 코드, 정치영역을 '지배/피지배' 코드, 법의 코드를 '합법/비합법' 코드 등으로 나누어보자. 그러면 중간영역에서 창발하는 모든 사건은 사실상 이 두 가지 코드가 상호침투한 결과임을 쉽게 실증할 수 있을 것이다.

예컨대 인간의 마음속의 '탐욕/금욕' 코드는 '지불/비지불' 코드에 접속되는 순간 경제적 이해관심 및 경제적 행위나 활동으로 창발하지만, 그것은 다시 경제체계의 작동은 물론 자신의 양심이나 인격수양의 작동이란 환경의 제약을 받기도 한다. 마찬가지로 마음속의 '증오/자비' 코드나 '의/불의' 코드가 '지배/피지배' 코드와 접속되는 순간 정치적 이해관심이나 정치적 행위 및 활동으로 발전하지만, 그 관심은 정치체계 및 자신의 양심이라는 환경의 제약을 받게 된다. 또한 마음속의 '사심/공심' 코드가 법의 '합법/비합법' 코드와 만나서 순응이나 일탈의 태도를 선택하기도 한다. 물론 거기에는 가족이나 친구 등 친밀성체계, 법체계, 교육체계와 같은 환경뿐만 아니라 자신의 인격수양의 제약을 받으면서 작동해 나감은 두말할 나위가 없다.

그림 2-1에서 마음과 사회의 연기적 관계가 실제로 작동하는 영역은 중간영역(불교의 무색계)이다. 이 영역은 순수한 마음의 영역(욕계)도 아니고, 마음이 배제된 사회체계(색계)도 아닌 영역으로서 마음과 사회의 관계가 삼법인의 차원(혹은 루만의 세 가지 차원)에서 끊임없이 작동한다. 그러한 점에서 이 영역은 연기적 작동의 장(場)이기도 하지만 합심의 장이기도 하다. 쿨리의 공감의 장이기도 하다. 바로 이 영역(혹은 연기적 작동의 장)에서 일어나는 현상, 즉 마음과 사회가 관계를 맺으면서 발현되는 현실(동행)이 마음사회학의 주요 연구 대상이다.

그러나 이러한 인식관심이 사회체계나 순수한 마음의 차원을 모두 무시한다는 것은 결코 아니다. 오히려 그 두 가지, 즉 마음(욕계)와 사회체계(색계)는 중간영역(무색계)이 존재하기 위한 필연적인 존재조건이기도 하다. 오히려 이 두 가지가 각각 독자적으로 작동하고 있기 때문에 마음과 사회의 관계 혹은 연기의 장(場)도 작동을 할 수 있다. 이는 우리가 이 연기의 장에서 발생하는 현상을 반드시 이 두 가지 요인과 연관시키면서 논의해 나갈 수밖에 없음을 암시한다.

그렇다면 중간영역(무색계)를 주요 연구 영역으로 설정한 연구 관심이 갖는 이론적 위상은 무엇인가? 그 대답은 기존 사회학의 연구 대상이나 마음 연구의 경향과 비교함으로써 분명히 드러난다. 마음을 배제해 온 기존 사회학의 연구대상이 주로 색계에 한정되었던 것에 비해 우리의 인식관심은 새로운 사회학적 연구영역으로서의 독창성을 갖는다. 또한 그동안 마음에 대한 동양철학적 연구가 주로 사람 마음속의 마음에 초점을 맞추었다는 점을 고려하면 새로운 마음(사회와 동행하는 마음) 연구의 영역이라는 참신성도 내포한다.

이러한 연구 영역은 방법론적 독창성을 요구한다. 무엇보다도 인식론적 차원에서 일체의 실체적 관점을 배제하고, 관계의 이법(이치)을 가장 포괄적으로 밝혀주는 연기적 관점의 장점을 살리기에 가장 좋은 연구영역이기도 하다. 앞에서 우리는 마음과 사회가 각각 연기적 산물이기 때문에 중층성을 지니고 있으면서도 외부에 대해 개방성을 지니고 있음을 언급하였다. 이는 마음의 중층성과 사회의 중층성 사이에도 상호의존성이 있음을 의미한다. 바로 이러한 논리에 근거하여 한편으로는 '마음을 구성하는 요소들(이성, 감성, 의지, 무의식, 기억, 상상력) 및 그 요소들의 결합 구조/결합 과정'과 다른 한편으로는 '사회의 구성 요소 및 그 구성요소들의 결합 구조/결합 과정' 사이에 중층적 인과관계 혹은 중층적 상호의존 관계가 작동함을 이론화함으로써 '연기체로서의 마음'과 '연기체로서의 사회'가 상즉상입하는 과정을 매우 구체적으로 다차원화할 수 있다. 이를 방법론적 차원에서 하나하나 정리하면 다음과 같다.

첫째, 횡적인 분석 단위 차원에서 보면, 선택한 분석 단위 내부의 연과 외부의 연이 중층적 인과관계를 맺으면서(소통하면서) 마음과 사회에 각각 무엇인가를 일으키는 것[起]으로 해석할 수 있다. 이러한 해석은 독립변수와 종속변수를 선택하고 그 두 변수들 사이의 선형적 인과관계를 설정하는 방법보다 훨씬 구체적인 현실에 가깝게 다가설 수 있는 장점이 있다. 기존의 선형적 인과 모형에 입각한 사회분석은 종속변수의 다양성 및 변화를 설명하는 데 큰 장점이 있긴 하지만 독립변수의 변화 및 다양성을 설명하지 못할 뿐만 아니라 독립변수와 종속변수 각각이 서로의 영향으로 찰라적으로 변화하는 현실을 반영하지 못한다는 한계를 가진 반면, 연기적 시각은 이러한 한계를 모두 극복 가능한 이론 모형이기 때문이다. 예를 들어 국민국가를 기본 단위로 하는 기존의 사회학은 세계화를 계기로 국민국가의 경계를 넘어 형성되고 작동하는 새로운 사회를 설명하는 데 한계를 드러내지만, 연기적 시각은 그러한 한계가 애초에 설정되지 않는다.

둘째, 시간적 차원에서 보면, 선택된 분석 시점 이전(과거 연)과 분석 시점 이후의 연이 중층적 인과관계를 맺으면서 '대화'하는 과정에서 마음과 사회에 각각 무엇인가를 일으키는 것으로 해석할 수 있는 시각이 열린다. 이러한 시각은 순간순간 변화하는 마음과 사회의 현재를 이해하는 데에도 유효성을 지니지만, 그것을 넘어 수천 년의 역사를 가진 사회의 장기지속을 이해할 수 있는 시각을 열어준다. 따라서 서구 근대의 합리성을 배후가정으로 설정하고 있는 기존 사회학의 한계를 극복하고 매우 긴 역사를 자랑하는 동양사회를 이해하는 데 매우 요긴할 것이다. 예컨대 민족주의에 대한 사회학적 연구의 경우만 하더라도 기존의 사회학적 주류 패러다임은 국민국가의 탄생을 민족주의의 시작으로 보는 반면에, 동양사회의 경우 그보다 훨씬 이전에 원민족이나 전근대민족이 존재하였고 그것이 근대 이후 민족주의와 모종의 상호인과성을 형성해 가는 것으로 해석할 수도 있다(신용하, 2017). 기존의 현대 사회학이 주로 현대사회의 부분체계들 사이의 관계를 분석하는 데 치중하는 현실을 감안하면, 시간적 차원의 연기적 시각은 현대 사회학의 협소한 시간적 관점을 과거와 미래로 확장하는 데 크게 기여할 것으로 보인다.

셋째, 행위자의 차원에서 보면, 행위자 자신의 내부 연과 외부의 연(세계, 환경)이 중층적 인과관계를 맺으면서 한편으로는 행위자 자신의 마음(혹은 인성)을 형성하고, 다른 한편으로는 그가 속한 사회를 구성하는 것으로 해석할 수 있다. 여기에서 전자는 사회심리학적 시각을 확장하는 데 도움을 줄 것이고, 후자는 행위자의 능동적 소통이 사회의 구성에 영향을 미치는 구체적인 과정을 실증함으로써 루만의 구조적 연동 개념을 구체화하는 데 도움을 줄 것으로 기대된다. 특히 이러한 시각은 그동안 근대 사회철학을 주도해 온 주관과 객관의 이분법적 틀은 물론 간주관성 논의의 궁색함을 극복하는 데 크게 기여할 것으로 생각된다. 또한 기존의 상호작용론이 인간들 사이의 상호작용에 치중해 있다는 한세를 극복하는 데에도 기여할 수 있다는 이론적 장점을 지닌다.

넷째, 마음 그 자체 그리고 사회 그 자체의 차원마저도 내부의 연과 외부의 연이 중층적 인과관계를 맺으면서 공진화하는 과정을 이해하는 데 도움을 준다. 예컨대 마음의 경우 마음 내부의 연과 외부의 연이 중층적 인과관계를 맺는 마음의 구성 및 작동방식에 대한 이해는 마음에 대한 심리학적 시각을 확장하는 데 도움을 줄 것이다. 또한 사회적 체계의 경우 정치나 경제 등 부분체계들 사이의 관계를 이해하는 데 기여함으로써 행위의 소통에 관심을 갖는 파슨스주의자들은 물론, 하버마스의 소통행위론의 한계를 극복하는 데 도움을 줄 것으로 기대된다.

다섯째, 기존의 해석학적 전통이 사회적 행위를 대상으로 하고 있는 데 반하여 마음과 사회의 동행에 대한 해석학적 연구는 마음을 중시하는 동양사상과 사회의 관계와 더불어 동양사회의 마음 문화를 이해하고 해석할 수 있는 방법론적 타당성을 갖는다. 바로 이 점에 착안하여 황태연은 공자의 윤리학과 정치철학을 심층적으로 이해할 수 있는 기반이론으로 '서(恕)' 개념에 기초한 공감의 해석학을 제시했지만(황태연, 2015), 마음의 해석학은 공감의 해석학에 비해 상대적으로 더 보편성을 가질 것으로 생각된다.

이렇게 볼 때, 연기적 시각은 어떤 사회현상에도 적용할 수 있는 보편성을 내장하고 있는 동시에 특정한 사회의 특수성도 함께 드러낼 수 있는 장점을 지닌다.

연기적 마음사회변동이론

1. 머리말

하버마스와 더불어 사회이론의 언어학적 전회를 이끈 루만은 체계이론적 진화이론이라는 고유한 사회변동이론을 제시한 바 있다. 그는 '변화하는 환경'과 '작동하는 사회적 체계'의 관계를 변이, 선택, (재)안정화라는 진화론적 개념으로 설명하는 동시에 사회적 체계의 작동과 분화를 소통·매체의 변화와 연관시켜 설명하는 전략을 취하고 있다. 그리고 소통이론적 사회변동 모델을 적용하여 역사적 사회가 분절적 분화, 계층적 분화, 기능적 분화 등으로 변동해 왔음을 설득력 있게 기술한다. 그러나 루만은 분절적 분화, 계층적 분화, 그리고 기능적 분화 등의 사회변동 모델은 서구사회의 역사적 경험을 설명하는 데에만 제한적으로 적용될 수밖에 없다고 정직하게 고백한다. 실제로 루만은 중국, 인도, 메소포타미아, 이집트 등지에 존재했던 제국을 이해하는 데는 다양한 분화 유형의 결합이나 전혀 다른 유형의 사회분화 유형이 요구될지도 모르겠다고 말하고 있을 뿐 아니라, 아직도 분절적 사회를 설명하는 사회

제3장_ 연기적 마음사회변동이론 **95**

이론은 존재하지 않는다고 적고 있다.[1]

이러한 루만의 탈서구 보편이론적 문제의식은 최근의 탈식민주의 사회학의 흐름과 궤를 같이한다. 유승무는 이 흐름과 맥락을 다음과 같이 정리한 바 있다.

최근 세계 다양한 지역의 사회학자들이 기존 사회학의 서구중심주의를 지양하고 극복해 보려는 과감한 시도를 함으로써 사회학의 탈식민화 혹은 탈식민주의의 사회학화 경향을 뚜렷하게 드러내고 있다. 2007년 사회이론의 고전을 해체하려고 시도한 코넬(Connell), 2007년 근대성의 패러다임에 빠져 있는 기존 사회학을 지양하고 연결된 역사(connected histories)란 시각에서 역사사회학의 새로운 시각을 개척한 밤브라(Bhambra), 2013년 사회학과 제국주의의 관계를 파헤친 스타인메츠(Steinmetz), 2013년 사회학의 인식론적 전제들에 근본적인 의문을 제기하고 포스트식민주의 사회학의 가능성을 탐색한 줄리언 고(Go) 등은 그 대표적인 예이다. (…) 그 까닭은 무엇보다도 점점 더 많은 지구촌의 사회학자들이 서구의 근대적 지식이론으로 무장한 기존의 사회학이 배제하고 있거나 설명할 수 없는 삶의 영역이 존재함을 자각했을 뿐만 아니라 기존의 서구사회학만으로는 불평등, 차별과 배제, 환경 및 생태문제, 소외문제 등과 같은 사회문제를 결코 해결할 수 없다는 사실을 깨달았기 때문일 것이다(유승무, 2020: 2).

이러한 문제의식은 사회변동이론에도 여전히 유효하다. 한국사회학계도 그간의 근대 서구사회에 경도된 지적 편향과 식민지성을 지양하고 자신이 속한 사회의 사회변동도 함께 이해할 수 있는 사회변동이론, 즉 탈서구 보편이

1_ 루만의 사회변동이론에 대해서는 본론에서 루만의 글을 직접 인용하면서 더 자세하게 논의할 것이다.

론으로서의 사회변동이론을 탐구하는 것에 대한 강한 압력을 받고 있다. 그러나 아직까지도 한국사회(과)학계에서는 서구사회와는 발전 유형과 경로가 다른 한국사회를 설명하는 사회변동이론을 제시하지 못하고 있다.[2]

이러한 한국사회학계의 식민지성을 극복하기 위해서는 한국의 역사적 경험에 기초한 사회이론을 과감하게 모색하는 학문적 시도들을 축적해 나가는 수밖에 없다. 마치 서구의 지역학으로서 한국학이 아니라 한국의 역사적 경험에 기초한 한국학을 개척할 필요가 있는 것처럼 말이다. 이에 이 글에서는 한국사회를 마음사회로 규정할 수 있다는 인식[3]을 토대로 '인간적·사회적 마음 구성체(The human and social formation of heart)'의 변화를 이해할 수 있는 동양사회사상적 사회변동이론을 시론적 차원에서 제시해 보려고 한다.

2. 마음사회학적 이론 틀

1) 왜 하필 마음사회학인가?

마음사회학적 이론 틀을 활용하기 위해서는 먼저 '마음사회학적'이라는 제한에 관한 이론적 정당성을 밝혀두어야 한다. 왜 굳이 마음사회학적 접근을 시도하는가? 단도직입적으로 말하면, 기존 사회이론의 한계 때문이다. 기존의 사회이론들이 제시하는 마음과 사회의 관계 설정은 그들 사이의 상호의존

2_ 매우 부끄럽지만, 아직도 한국 사회학계는 라우어가 정리한 사회변동론 교과서를 재활용하는 수준에서 크게 벗어나지 못한 실정이다. '사회변동이론'이라는 키워드로 선행 연구를 검색해 보면 사회이론적 심급에서 이루어진 선행 연구가 거의 없을 뿐만 아니라, 한두 편의 업적조차도 라우어의 책을 모자이크하는 수준에 머물러 있다.
3_ 이에 대해서는 유승무(2010)를 비롯한 필자 등의 여러 선행 연구를 참고하라.

성과 상호침투성⁴을 충분히 담보하고 있지 못하다. 그래서 마음과 사회의 상호의존성과 상호침투성을 논의하고 있는 한국의 사상가 혹은 그러한 사상가들이 활동한 사회의 사회현상을 이해하는 데 적합하지 않다.

왜 그런가? 무엇보다도 기존의 주류 사회이론은 사회를 인간으로 구성된 그 무엇으로 가정함으로써 인간과 무관하게 작동하는 사회를 이해할 수 없을 뿐만 아니라 그들 사이의 상호의존성과 상호침투성을 설명할 수 없게 되는 인식론적 장애에 발목이 잡혀 있다. 특히 인간의 마음으로 확대 해석된 의식 혹은 정신(이성 혹은 생각)의 자기발전으로 사회현상을 이해하려는 현상학적 사회이론과 그에 뿌리를 둔 행위이론은 그 전형적인 예다. 비록 마르크스의 사회이론이 인간과 무관하게 작동하는 사회의 경제적 구성을 주장하고 있지만 그것은 경제결정론(혹은 유물론)이란 또 다른 한계를 내포하고 있기에 마음과 사회의 상호의존성과 상호침투성을 논의하는 데는 적합하지 않다.

기존의 사회이론 중에서 마음과 사회의 상호의존성과 상호침투성에 관한 논의에 가장 가까이 접근한 사회이론은 단언컨대 사회를 소통으로 해석하는 루만의 사회이론이다. 루만은 체계이론 및 사회적 체계이론에 기초하여 '체계/환경-차이'로 구성되는 보편적 사회이론을 제시하고 있다. 이러한 사회이론에 따라 그는 실제로 체계 개념의 자리에 구체적인 사회적 기능체계를 대입하고 구체적인 인간을 그 기능체계의 환경으로 처리함으로써 사회적 체계의 작동적 폐쇄성과 환경 개방성, 즉 양자 사이의 상호의존성을 설명하고 있다. 게다가 루만에 따르면 심리적 체계와 사회적 체계는 의식의 작동에 기초한다는 공통점을 갖고 있으며, 바로 그 의식이 양자 사이의 매체 역할을 수행한다.

---

4 유교의 경우 유성룡의 사례가 잘 보여주듯이, 동양사상에서는 양자관계를 상호의존성과 상호침투성으로 파악하는 경향이 매우 강하다. 불교의 화엄사상의 경우 이러한 양자관계를 상즉상입으로 표현하고 있는바, 이는 표현만 조금씩 다를 뿐 동양사상 일반으로도 확대 가능하다.

그로 인해 양자는 구조적으로 연동되어 있을 뿐만 아니라 공진화하면서 각각 자신의 의미를 생산한다. 이렇게 볼 때, 루만의 사회이론은 인간(혹은 심리적 체계＝마음)과 사회(사회적 소통체계＝소통)의 관계를 설정하고 그 관계성을 논의하는 사회이론인 셈이다. 그러나 루만의 사회이론에 따르면 환경(＝인간)은 체계(＝사회＝소통작동)에 침투할 수도 없고 조정할 수도 없기 때문에, 루만의 사회이론은 마음과 사회의 상호침투성을 설명하기에 적합하지 않다.[5] 결국 루만의 사회이론조차도 마음(의식)과 사회의 구조적 연동(상호의존성)을 내장하고 있기는 하지만 각각은 자기준거적으로 자기생산을 하는 독립성(자율성)을 내포한다는 점에서 상호의존성과 상호침투성을 동시에 설명하지 못하는 한계를 보인다.[6]

2) 마음사회학적 이론 틀의 구성

지금까지 우리는 마음사회학을 '인간과 사회의 관계를 그 둘을 감싸고 있으면서 동시에 매개하기도 하는 마음과 연관시켜 이해하는 학문'으로 조작적으

5_ 루만은 그의 대표적 저서인 『사회적 체계론』에서 명백히 밝힌 것처럼 자신의 체계이론이 사회이론을 넘어서는 보편이론이 될 수 있도록 과감한 이론적 시도를 하였다 (Luhmann, 1995). 그러나 환경은 체계의 작동에 관여할 수 없다는 체계의 작동적 폐쇄성 테제는 경험적으로 한계를 드러낸다. 예를 들어, 그 자체로 하나의 체계인 코로나19 바이러스는 또 다른 체계이자 환경인 인간의 신체에 침투하여 인간을 죽거나 앓게 만들고, 그 자신도 인간의 면역체계와 상호작용하는 과정에서 유전적 변이를 일으키기도 한다. 또한 이 과정에서 인간은 코로나19 바이러스에 대한 면역체계를 얻기도 한다. 이러한 생명 현상은 체계와 체계 사이의 상호의존성과 상호침투성을 모두 보여주지만, 루만의 체계이론은 이를 설명하는 데 적절하지 않다.

6_ 루만의 구조적 연동 개념에 내포된 '상호의존성/독립성 - 관계'는 논리적 모순을 내장한 듯이 보인다. 왜냐하면 상호의존적이면 독립성이 확보되지 못하고, 독립적이면 상호의존성이 보장되지 않을 가능성이 농후하기 때문이다.

그림 3-1 • 인간의 작업적 정의

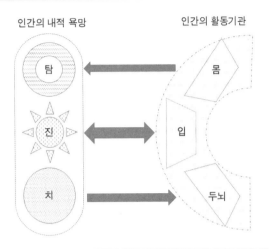

로 정의하고, 이를 토대로 꾸준히 마음사회학적 연구를 수행해 왔다. 여기에서는 이러한 개념 규정에 도달하게 되는 과정을 간략하게 소개하고, 그 결과로서 마음사회학적 이론 틀을 제시하고자 한다.

우선 가장 먼저 우리는 인간의 영역을 작업적 차원에서 **그림 3-1**과 같이 규정해 두었다. 이 그림에서 보는 바와 같이 우리는 인간의 영역을 크게 인간의 고유한 내적 욕망의 영역과 외부를 지향하여 타자(여기서는 사회)와 접촉하는 활동기관의 영역으로 나누었다. 그리고 불교의 교리를 수용해 인간의 내적 욕망은 탐욕, 분노, 그리고 무지(이기심)로,[7] 인간의 활동기관은 몸(신체적 활동), 입(언어 활동), 두뇌(사고 활동) 등으로 설정하였다. 마지막으로 두 영역 사이의 관계는 상호의존 관계와 상호침투 관계로 설정하였다.

7_ 물론 이 영역을 유교적 본성으로 설정할 수도 있고, 프로이드처럼 충동으로 설정할 수도 있다. 여기에서는 불교에 대한 호불호와 무관하게 편의상 불교적 용어로 표현했을 뿐이다.

그림 3-2 • 사회의 작업적 정의

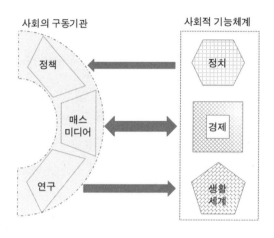

두 번째로 우리는 사회의 영역을 작업적 차원에서 **그림 3-2**와 같이 규정하였다. 이 그림에서 보는 바와 같이 우리는 사회의 영역도 둘로 구분하였다. 하나는 사회의 기능체계(societal systems) 영역이고, 다른 하나는 그 기능체계의 코드와 프로그램에 따라 그것을 환경 속으로 실현하는 사회의 구동기관 영역이다. 사회적 기능체계는 하버마스의 사회이론을 원용하여 정치, 경제 및 생활세계로 설정하였고,[8] 구동기관으로는 정책(사회운동 포함), 매스미디어, 그리고 연구(교육 포함) 등을 설정하였다. 그리고 인간의 영역과 마찬가지로 사회적 기능체계와 구동기관 사이의 관계는 상호의존 관계 및 상호침투 관계를 갖는 것으로 설정하였다.

세 번째 단계로 우리는 인간과 사회의 상호작용(상호의존성 및 상호침투성)을

8_ 이 역시도 루만에 따라 사회의 법, 사회의 정치, 사회의 경제, 사회의 교육 등 사회의 기능체계로 설정할 수도 있으며, 하버마스에 대한 호불호와 관계없이 사회의 독자적인 자율영역을 대표하고 있을 뿐이다.

그림 3-3 • 인간과 사회의 상호의존성 및 상호침투성

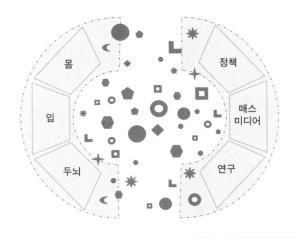

그림 3-3과 같이 설정하였다. 이 그림에서 동그라미, 네모, 별 모양 등 각종 도형은 인간의 세 가지 내적 욕망과 사회의 각종 기능체계를 상징하는 도형인데(**그림 3-1**과 **그림 3-2**의 도형을 참고하라), 우리는 그러한 도형들의 복잡한 얽힘과 변형을 통해 인간의 내적 욕망과 사회의 기능체계 사이의 상호의존성 및 상호침투성을 표현하였고, 그 상호의존성 및 상호침투성이 제3의 영역을 구성하는 것으로 설정하였다.

바로 이 지점에서 긴급히 요청되는 개념이 **그림 3-4**의 '마음' 개념[9]이다. 왜

9_ 육체와 정신의 이분법을 주창한 플라톤 이래 지금까지 서구철학은 마음이라는 개념보다 정신적인 것, 영혼, 의식, 심리, 이성(혹은 오성 또는 이해) 등을 선호하였지만, 동양에서는 '마음' 개념을 선호해 왔다. 여기에서 동양의 마음 개념은 퇴계의 심합이기(心合理氣) 및 심통성정(心統性情)이라는 개념이 시사하듯이 이(理)와 기(氣), 성(性)과 정(情), 만남의 객관적 관계성과 그 지각성(앎, 인지)을 동시에 포함하고 있는 총체적인 그 무엇을 의미한다. 이는 심즉리(心卽理)의 양명학적 심학을 비판하고 있는 성리학적 심학의 용법이자 이 책의 마음 규정이며, 우리가 **그림 3-4**에서 마음 개

그림 3-4 ● 마음의 총체적 영역과 그 발현

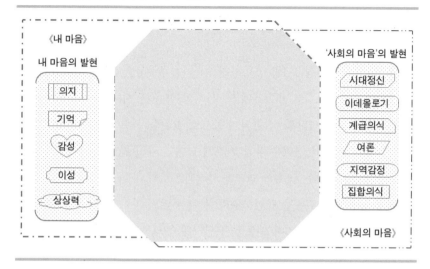

나하면 인간의 고유한 인식 능력을 반영하고 있는 '인간의 영역'과 '사회의 영역'은 상호의존하거나 상호침투하면서(공진화하면서) 의미(意味)를 생산하는 바, 바로 그 의미('뜻'의 '맛')를 인지하고 연결하는 매질(媒質, substrate)이 바로 마음이기 때문이다. 이는 마음이 인간 활동(신체활동, 언어활동, 사고활동)의 일(事) 혹은 업(業)의 '상징적으로 일반화된 매체(symbolically generalized media)'이자 사회 구동(연구 활동, 미디어 활동, 실천적 정책 및 운동)의 기능 혹은 역할의 상징적으로 일반화된 매체이기도 함을 의미한다. 그리고 마음이란 매질은 그 특정 요소들 사이의 반복적 상호작용과 그 구조화로 인하여 특정한 형식으로 구체화되어 발현될 때 비로소 '사회적인 것(the social)'을 구성할 수 있다. **그림 3-4**에서 '내 마음' 및 '사회의 마음'으로 발현한 것이 바로 그 형식, 즉 마음이

념(내 마음 및 사회의 마음)의 외연을 개인의 영역 및 사회의 영역 밖으로 확장하여 그린 까닭이다.

란 매질의 형식이다. 여기에서 매체와 형식의 차이는, 루만(N. Luhmann)의 개념을 원용하면, 요소들의 단단한 연동과 느슨한 연동의 차이로 구분할 수 있을 것이다.

더 구체적으로 **그림 3-4**를 설명하면, '내 마음'은 이성, 감성, 정서, 기억, 상상력, 의지 등의 요소로 발현하며,[10] '사회의 마음'은 시대정신, 이데올로기, 계급의식, 여론, 지역감정, 집합의식 등으로 발현한다. 그리고 '내 마음'의 영역과 '사회의 마음'의 영역은 각각 외부에 열려진 파선(擺線)으로 표시하였고, 그 두 영역이 겹쳐지는 교집합 영역을 설정함으로써 내 마음과 사회의 마음이 상호침투성을 갖고 있음을 표현하였다. 물론 루만도 의식을 매개로 심리적 체계와 사회적 체계의 구조적 연동을 정밀하게 논의하고 있다. 그러나 루만은 '의식'을 매개체로 설정함으로써 동양적 마음 개념을 포괄하고 있지 않으며, 이데올로기나 집합의식과 같은 사회적 상호작용으로 형성된 마음, 즉 사회의 마음을 중요한 요소로 간주하고 있지 않다. 또한, 심리적 체계와 사회적 체계 사이의 공진화의 산물로서 의미를 다루고 있지만 그들 사이의 교집합의 영역을 배제함으로써 상호침투성을 설명하지 못한다. 반면에 우리가 제시하는 마음의 총체적 영역 속에는 상호의존성은 물론 상호침투성도 내재해 있다.

뒤의 **그림 3-7**을 보면 알 수 있겠지만, 이 마음 영역 속에는 앞서 논의한 모든 단계의 작동들이 다 담겨 있다. 그렇기 때문에 이 마음 영역은 단순히 영혼, 생각, 의식, 심리 등 인간 내부의 정신적 활동만을 지칭하는 것이 아니라, 이른바 '외부가 부재한 총체로서의 세계'를 감싸고 있는 정신적 그 무엇을 지칭한다는 점에서 심외무물(心外無物)을 강조하는 선불교의 마음 개념이나 만물의 주재자(主宰者)로 자리매김되는 성리학의 마음 개념과도 유사하다.[11] 게

10_ 자세한 것은 제2장에서 논의한 마음 개념을 참고하라.

11_ 바로 이러한 점에서 서양의 주류 의식철학의 의식이나 루만의 심리적 체계는 동양적 마음 개념을 이해하는 데 적절하지 않다. 또한, 여기에서는 지면의 한계로 자세한 논

다가 **그림 3-7**의 교집합 영역뿐만 아니라 그 속에 **그림 3-3**이 존재한다는 사실은 인간의 영역과 사회의 영역과 마음의 영역이 상호의존성은 물론 상호침투성을 내장하고 있음을 의미하는바, 이는 마음사회학적(혹은 동양사상적) 사유방식이 생물학적 체계(혹은 생명체계), 심리학적 체계(혹은 의식), 사회적 체계(소통)가 톱니바퀴처럼 맞물려 돌아가는 구조적 연동의 관계, '즉 의존성/독립성 - 관계'를 주장하는 루만의 사유방식과는 근본적으로 다름을 의미하기도 한다.

이상의 논의에 근거하여 다섯 번째 단계부터 우리는 또 하나의 새로운 영역, 즉 마음의 영역을 추가하였다. **그림 3-5**는 내 마음(의지, 기억, 감성, 이성, 상상력 등)의 영역과 그 구성과정을 도식화한 것이다.

이 그림에서 보는 바와 같이 우리는 '내 마음'의 영역은 **그림 3-1**과 **그림 3-3**을 모두 포괄하고 있다. 그렇기 때문에 내 마음의 구성에는 인간의 내적 욕망과 활동기관의 작동(**그림 3-1**)은 물론 '사회적 영역'의 일부(**그림 3-3**)가 침투하여 일정한 자리를 차지하고 있다. 게다가 인간과 사회의 상호작용(**그림 3-3**)이 **그림 3-4**의 교집합 영역 속에서 일어나고 있다는 사실을 고려하면, 내 마음의 형성과정에는 '사회의 마음'(이데올로기나 집합의식 등)까지도 부분적으로 침투해 들어와 있음은 두말할 나위가 없다. 그리고 내 마음은 다시 내적 욕망과 활동기관에 피드백(되먹임)되거나 혹은 내적 욕망을 거쳐 인간의 활동기관으로 이어짐으로써 마음 영역 내부의 자기준거적 자기생산(autopoiesis)[12]을 지속한다. 그렇기 때문에, **그림 3-7**에서 보듯이 내 마음은 인간의 내적 욕망처럼 내부에 존재하기도 하지만 동시에 인간의 영역 외부에 속하기도 하고 인간의

___

의를 시도할 수는 없지만, 불교나 양명학의 심학은 성리학적 심학과는 확연히 다르며, 그러한 다름이 한국전통사회의 사상적 지형을 이루어왔다.

12_ 여기에서의 마음은 루만의 심리적 체계와 다르며, 마음의 오토포이에시스는 심리적 체계의 오토포이에시스와는 달리 체계 밖의 소통을 포함하고 있다.

그림 3-5 • 내 마음의 영역과 그 구성과정

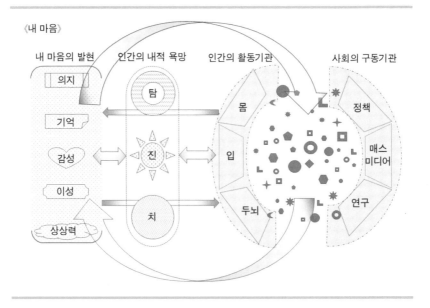

영역을 모두 관통하기도 한다.

　여섯 번째 단계로 우리는 '사회의 마음'(시대정신, 이데올로기, 계급의식, 여론, 집합의식, 지역감정 등)의 영역과 그 형성과정을 **그림 3-6**과 같이 도식화하였다.

　이 그림에서 보듯이 '사회의 마음' 영역은 **그림 3-2**와 **그림 3-3**의 영역을 모두 포괄한다. 사회의 마음이 형성되는 과정에는 사회의 각종 기능체계의 작동이나 사회의 구동기관의 활동뿐만 아니라 **그림 3-3**을 통하여 '인간의 영역' 일부가 침투하여 일정한 정도로 자리를 차지하고 있다. 게다가 '내 마음'의 영역과 마찬가지로 **그림 3-4**의 교집합 영역에 상호작용하는 인간의 영역도 부분적으로 침투해 들어와 있다. 또한, 사회의 마음은 다시 사회적 기능체계와 구동기관에 피드백(되먹임)되거나 혹은 그 기능체계를 거쳐 사회의 구동기관으로 이어짐으로써 사회 영역 내부의 자기준거적 자기생산(autopoiesis)을 지

그림 3-6 • '사회의 마음'의 영역과 그 형성과정

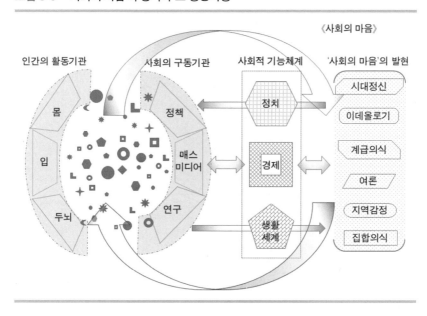

속한다. 결국 사회의 마음도 사회의 기능체계 내부에 존재하기도 하지만 그 외부에 존재하기도 하고 사회의 영역을 관통하기도 한다.

우리는 이상의 과정을 거쳐 만들어진 그림들을 종합하여 **그림 3-7**로 도식화한 마음사회학적 이론 틀을 완성하였다.

그림 3-7은 마음을 매개로 한 인간의 삶과 사회의 작동 사이의 관계를 총체적으로 표현한 마음사회학적 이론 틀이다. 여기에서 각 영역 사이의 화살표는 상호의존성을 표현하고 있으며, 각 영역을 실선이 아니라 점선으로 구분한 것은 각 영역들의 상호침투 가능성을 표현한 것이며, 짙은 부분은 교집합 영역이다. 그리고 그림 하단의 가로로 엇갈린 화살표는 시간의 변화나 상황에 따라 각 영역의 크기가 수축 혹은 이완될 수 있음을 표현하였다.

한편, **그림 3-7**에 나타난 인간의 삶과 사회의 작동 사이의 관계는 수평적

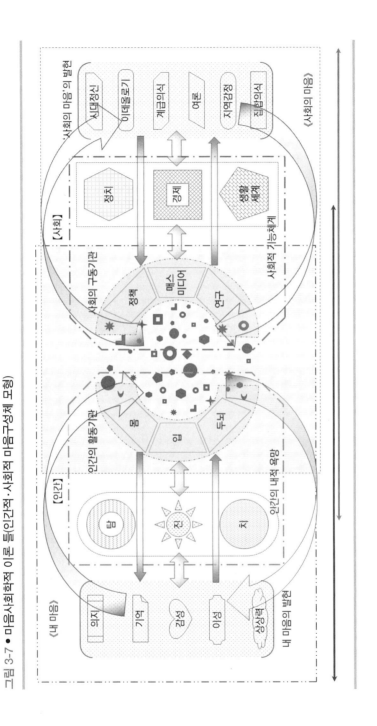

그림 3-7 • 마음사회학적 이론 틀(인간적·사회적 마음구성체 모형)

시각에서의 상호작용(상호의존 및 상호침투)를 표현하고 있다. 여기서 한 가지 더 염두에 두어야 하는 것은, 2차원적 도식의 한계로 **그림 3-7**에서 명확히 표현하지는 못했지만, 인간과 사회 사이의 관계는 수직적 관점에서도 포착할 수 있다는 것이다. 우리가 말하는 수직적 관점이란 인간의 영역을 아래(토대)로 설정할 경우의 인간 우선성(혹은 인간중심성)의 전제와 사회의 영역을 토대로 설정할 경우의 사회 우선성(사회중심성)의 전제를 동시에 인정할 뿐만 아니라 그 상호작용성도 전제하고 있음을 의미한다. 이러한 세 가지 우선성은 다시 다양한 하위 가정을 수반한다.

첫째, 인간의 우선성을 전제하는 경우는 프로이드나 니체처럼 인간의 내적 욕망이나 생의 의지에 우선성(선차성)을 두고자 하는 이론적 가정, 행위이론이나 언어이론처럼 인간의 활동기관에 우선성을 두고 있는 이론적 가정, 그리고 양명학이나 선불교 혹은 현상학처럼 내 마음에 우선성을 두는 이론적 가정 등으로 세분된다.

둘째, 사회의 우선성을 전제하는 경우는 마르크스의 사회구성체 이론이나 루만의 체계이론 혹은 하버마스의 소통이론처럼 사회적 기능체계에 우선성을 두는 이론적 가정, 미디어 이론이나 정책이론처럼 사회의 구동기관에 우선성을 두는 이론적 가정, 그리고 이데올로기론이나 집합의식과 같은 사회의 마음에서 출발하는 이론적 가정으로 세분된다.

마지막으로 불일불이(不一不二)의 연기성을 강조하는 불교사상이나 이기성(理氣性)과 마음의 관계성을 강조하는 퇴계학처럼 교집합 영역이나 상호작용 영역에 우선성을 두는 이론적 가정도 가능할 것이다. 이 이론적 가정에 따를 경우, 인간은 사회라는 조건 속에서 살아가는 존재이며 사회는 인간이란 조건 속에서 작동한다는 점에서 인간과 사회 사이의 소통을 사회적인 것의 생산지로 간주할 수 있다. 이는 소통을 사회적 체계 내부로 제한하는 루만의 체계이론적 소통이론과 결정적인 차이를 갖는다.

압축적 함의를 위해 알튀세르의 이론 유형으로 요약한다면, **그림 3-7**은 상즉상입의 '상호의존적 발생의 법칙'에서 도출되었다는 점에서 그 자체로 '일반성 II'에 해당한다. 또한 **그림 3-7**은 개시(皆是)와 개비(皆非)[13]를 동시에 논의할 수 있게 해준다는 점에서 '일반성 III'와 '일반성 I'의 의의를 갖는다. 더 구체적으로 말하면, 개시의 차원에서는, 비록 부분적 인정에 한정되어 있겠지만두 가지 결정론(인간결정론 및 사회결정론)에 따른 여섯 가지 사회이론의 이론적 가치를 모두 인정하고 있을 뿐만 아니라 인간과 사회의 소통(상호작용) 우선성 이론까지도 긍정하게 된다. 이를 통해 최소한 마음사회학적 경험연구의 경우라면 경험적 사례의 다양한 측면들을 놓치지 않고 관찰할 수 있도록 유도해주는 방법론의 역할('일반성 III')을 수행할 수 있다. 그러나 개시는 개비와 '동일성 혹은 한 단위성(Einheit)'을 갖기 때문에 개시가 현재화(顯在化, actualized)하는 순간 개비는 잠재화된 상태로 자신을 은밀히 드러내지 않을 수 없다. 그러나 그 잠재화가 곧 부재를 의미하는 것은 결코 아니므로 개비의 차원에서 말한다면, 앞서 언급한 모든 이론적 가정이 부분적인 오류나 한계를 내포하는것으로 관찰된다. 이는 관련 선행이론들을 비판적으로 검토할 수 있게 하는방법론적 역할('일반성 I')을 수행한다.

3. 마음 구성체의 연기법적 관찰

사회를 시간적 차원에서 관찰할 때 발견되는 현상인 사회변동은 사회질서의

13_ 개시개비는 『열반경』에 보이는 '장님 코끼리 만지기'의 비유에서 찾아볼 수 있는 가르침이다. 장님이 만진 코끼리의 일부가 코끼리인 것은 맞지만, 각자가 말하는 것이코끼리의 전부는 아니므로 모두 옳지만, 동시에 모두 그릇된 것이기도 하다. 이에 대한 자세한 논의는 제4장을 참고하라.

문제만큼이나 사회를 이해하는 데에 필수적인 핵심 연구대상이다. 그러나 사회변동을 이해하는 것은 결코 쉬운 일이 아니다. 시간은 한순간도 멈추지 않고 흐른다는 불변의 진리 때문에 사회변동은 최소한의 고정성도 거부하는 자기부정의 속성을 내포하기 때문이다.

이러한 이유로 사회변동을 이해하는 데 설득력이 높은 하나의 방법은 시간의 자연사적 흐름을 인위적으로 구분하여 특정한 단위로 고정함으로써 그 전후의 인과적 차이를 비교하는 방법일 것이다. 이 비교의 방법은 절대적인 '무엇'을 궁극적 원인으로 전제하고 다양한 변이를 그것에서 파생된 것으로 해석하는 방법과 현상의 다양성을 개개의 원인에 의한 차이로 설명하는 방법으로 나누어진다.

전자의 가장 전형적인 사례는 창조론이다. 창조론은 창조주를 설정하고 모든 사회현상을 궁극적으로는 창조주에서 파생된 현상으로 관찰할 것을 요구한다. 따라서 창조론은 신학적 차원에서는 매우 강력한 설득력을 발휘할 수 있다. 그러나 사회과학적 차원에서 보면 역사적 사회의 다양성을 충분히 설명하지 못하는 한계를 보일 수밖에 없다. 이로 인해 진화론이 등장한 이후 창조론은 과학적으로 큰 도전에 직면하게 되었다.[14]

후자의 전형적인 사례로는 사회변동을 인간의 퍼스낼리티(personality)의 차이로 설명하는 사회변동이론을 들 수 있다. 맥클러랜드(D. McClelland)는

14_ 다윈의 진화론을 열렬하게 지지하던 헉슬리와 당시 영국 성공회 주교였던 윌버포스 사이에서 오고 간 가시 돋은 설전은 이를 상징적으로 보여주는 사건이다. 이는 다윈주의에 관한 가장 놀라운 사건으로서 1860년 옥스퍼드대학교에서 있었던 영국과학진흥협회(British Association for the Advancement of Science)의 모임에서 일어났다. 이 자리에서 윌버포스 주교가 헉슬리에게 할아버지와 할머니 중 어느 쪽의 조상이 원숭이인지 묻자, 헉슬리는 거짓말하는 인간보다는 정직한 원숭이가 자신의 할아버지이기를 바란다고 답한 것으로 알려져 있다. 이 발언은 통상 신학으로부터 과학의 독립선언으로 간주되고 있다.

"성취에 대한, 즉 좋은 일을 하고자 하는 강한 욕망에 의해 일을 추진하며, (…) 높은 성취 욕구를 가진 사회는 더욱 정력적인 기업가들을 산출할 것이며, 이들이 다시 더욱 급속한 경제발전을 산출한다"(라우어, 1992: 133)라고 주장함으로써 성취지향적 퍼스낼리티(동기)를 사회변동의 추진 동력으로 간주한다. 하겐(E. E. Hagen)의 주장도 유사하다. 그는 '사회변동은 퍼스낼리티의 변동 없이는 발생하지 않는다'라고 하면서 퍼스낼리티의 구성요소를 욕구, 가치, 세계관의 인지적 요소, 지능, 에너지 수준 등으로 기술하고, 전통사회나 전체주의 사회의 권위적 위계질서에 부응하는 권위주의적 퍼스낼리티보다는 혁신적인 퍼스낼리티가 창조적 행동을 촉진함으로써 사회변동을 유발한다고 주장한다(라우어, 1992: 127~129). 그런데 이러한 사회심리학적 이론들은 심리 혹은 '내 마음'이 사회적 현상의 차이를 결정짓는 것으로 간주함으로써 사회적 맥락에 따른 차이를 사상하거나 사전에 배제한다는 한계를 보인다.

그림 3-7의 모형에 비추어볼 경우, 이러한 비교의 방법은 개인의 심리나 '내 마음'뿐만 아니라 개인의 사고기관이나 행동기관에도 관심을 가지지만 언어학적 관심이 없어서 사회적 관계의 소통 차원을 경시하게 된다. 또한, 사회의 구동기관들(정책이나 사회운동, 매스미디어, 연구활동이나 학문) 등의 요인을 변동이론에 포함하지 못하는 한계를 분명히 드러낸다.

이상의 방법들은 마치 푸르크루스테스의 침대처럼 다양한 사회현상을 특정한 원인으로 환원하여 설명함으로써 역사적 사회의 다양성을 동일한 기준으로 산뜻하게 설명할 수 있는 장점이 있지만, 동시에 역사적 해석의 다른 가능성을 선결정 방식으로 재단해 버리는 단점을 내포한다.

이러한 한계 때문에 인위적 시간 구분보다는 자연사적 시간의 흐름을 전제하고 특정한 실체의 변화를 그들의 환경 변화와 연동하여 설명하는 진화론적 시각에 따라 사회변동을 관찰하는 사회변동이론들에 주목하지 않을 수 없다.[15] 예컨대 마르크스는 사회변동의 과학적 설명에 성공한 것으로 평가받는 자신의 기념비적 저서인 자본론을 찰스 다윈에게 헌정할 정도로 진화론적 시각을 적극적으로 수용했고, 루만은 사회적 체계의 변동과 그 과정을 환경과의 연동 속에서 진화론적 개념 도구를 사용해 설명하고 있다. 진화론적 사회변동이론은 사회적 환경, 사회적 맥락, 사회적 조건 등을 사회변동의 주요 요소로 간주한다는 점에서 앞서 언급한 변동이론들을 극복할 수 있는 시각을 제공한다. 이러한 판단을 토대로 사회이론적 심급에서 볼 때 가장 큰 설득력을 내장한 사회변동이론, 즉 마르크스의 변증법적 유물론과 루만의 체계이론적 진화론을 관찰방법의 차원에서 비판적으로 검토하고자 한다.

마르크스는 헤겔의 관념론을 유물론으로 대체하는 동시에 독일 관념론과 결별하고 변증법적 유물론을 제시한다. 하지만 이 과정에서 운동의 관찰형식인 변증법은 헤겔의 지적 유산으로 그대로 계승된다. 역사(혹은 사회의 운동)를 관찰하는 마르크스의 관찰형식이 이른바 유물변증법으로 귀결된 까닭도 바로 여기에 있다.

다음은 마르크스가 유물변증법적 관찰형식으로 사회적인 것을 설명하는 전형(典型)에 해당하는 『정치경제학 비판 요강』 '서문'의 일부이다.

내가 도달한 일반적인 결론, 그리고 일단 얻어진 뒤에는 내 연구의 지침이 된 결론은 다음과 같이 간단하게 정식으로 만들 수 있다. 생존수단의 사회적 생산에서 인간은 자신들의 의지에서 독립되어 있는 특정한 필연적 관계, 즉 자신들의 물질적 생산력의 특정한 발전단계에 조응하는 생산관계에 들어선다. 이 생산관

15_ 이븐 할둔이나 소로킨 등이 제시하는 순환론적 사회변동이론도 자연사적 시간을 전제하고, 생로병사나 성주괴공처럼 사회변동을 내적 에너지의 흐름에 따라 나타나는 자연스러운 생존의 궤적으로 설명하고 있다. 그러나 이 이론들은 사회변동의 단계들이 언제, 어떤 요인들에 의해, 어떻게 변화하는지에 대한 과학적 근거를 제시할 수 없다는 결정적인 한계를 내포하고 있어 여기에서는 논의에서 배제하였다.

계의 총화가 사회의 경제적 구조, 즉 진정한 토대를 이루게 된다. 법률적·정치적 상부구조가 그 위에서 발생하며 특정한 형태의 사회의식이 그에 조응한다. 물질적 생존수단의 생산양식이 사회적·정치적·지적 삶의 과정 전체를 규정하는 조건이 된다. 인간의 의식이 존재를 규정하는 것이 아니라, 거꾸로 인간의 사회적 존재가 의식을 규정한다. 사회의 물질적 생산력은, 일정한 발전단계에 이르면, 기존의 생산관계 또는 그 관계의 법률적 표현뿐만 아니라 소유관계와 모순에 빠지는데, 생산력은 그동안 바로 그 관계 속에서 운동해 왔던 것이다. 생산력 발달의 틀이 되었던 바로 그 관계가 거꾸로 생산력을 옥죄는 족쇄로 바뀐다. 그러면 혁명의 시대가 열린다. 경제적 토대의 변화와 함께 거대한 상부구조 전체가 조만간 변형을 겪는다. (…) **따라서 인류는 스스로 해결할 수 있는 문제만을 제기하는 셈이다.** (…) 커다란 윤곽만 보자면, 사회의 경제적 구성체는 아시아적 생산양식에서 고대적, 봉건적, 근대 부르주아적으로 발전해 온 것을 볼 수 있다. 부르주아적 생산관계는 사회적 생산과정의 마지막 적대적 형태인데, 여기에서 적대적이라 함은 개인적인 적대가 아니라 개인들의 사회적 삶의 조건들에서 빚어져 나오는 적대를 뜻한다. (…) 따라서 이 부르주아적 사회체계와 더불어 인간사회의 전사(前史)도 막을 내리게 된다(Fromm, 1961: 17~18. 강조는 필자).

위의 정식(定式)은 마르크스가 자신의 변증법적 유물론을 사회구성체에 적용한 것으로서 인간사회의 운동은 근원적으로 생산력과 생산관계의 모순과 대립에 의해서 비롯됨을 분명하게 밝히고 있다. 이를 다시 사회적인 것(구체적으로는 계급관계)의 차원에서 조명하면 자연발생적인 생산력의 발전을 억제하는 기존의 계급관계를 고수하려는 자본가계급과 이러한 생산관계를 지양하고 변화하는 생산력 수준에 조응하는 새로운 생산관계를 수립하고자 열망하는 노동자 계급 사이의 적대적인 사회적 관계로 현상한다. 게다가 마르크스는 이러한 생산관계와 생산력의 체계뿐만 아니라 토대와 상부구조(토대로부터 규정되는 모든 것) 사이의 모순을 존재 조건과 의식의 모순 관계로 설명한다. 그리고 여기서 한 걸음 더 나아가 시간의 흐름에 따른 모순(혹은 역설)의 역사적 탈역설화로 시간적 사건으로서의 역사, 즉 사회적인 구성체의 변혁 가능성과 노동자 계급의 혁명적 실천[16]을 정당화하고 있다.

문제는 모순의 역설적 결합과 그 필연적 탈역설화, 즉 구조와 과정이 필연적인 역사법칙으로 환원됨에 따라 마르크스의 관찰형식이 그 자체로 이념적으로 교조화된다는 데 있다. 물론 마르크스의 사회구성체 개념 속에는 이미 토대와 상부구조 사이의 상호 길항관계가 내포되어 있고, 그 속에는 사회적인 것을 물질적인 것과 의식적인 것 사이의 관계로 설명할 수 있는 이론적 기반도 없지 않다.[17] 하지만 근원적이고 궁극적인 차원에서 볼 때, 마르크스의 사회구성체 논의에서 모든 사회적인 것은 물질적인 것의 운동으로 설명될 수밖에 없게 된다. 이 점이 마르크스의 변증법적 유물론이 경제결정론으로 비판받게 되는 근거이기도 하다.

그러나 마르크스의 유물변증법이 비판에 직면할 수밖에 없게 된 근원적인 이유는 다른 곳에 있다. 그것은 요소적 층위의 물질적인 것 혹은 유물론적 요소 때문이 아니라 이상적인 목적(telos)을 지향하는 관찰형식, 즉 변증법의 실체론적 단위 규정과 그 목적론적(규범적) 지향성이 지니는 특성 때문이다. 마르크스는 추상 수준에서 인간의 유적(類的) 본성을 실체화하고 구체 수준에서

16_ 프롬(2007)과 이진경(2014)의 논의를 참고할 수 있다.

17_『루이 보나파르트의 브뤼메르 18일』의 서두에서 마르크스는 다음과 같이 쓴다. "인간은 자기 자신의 역사를 만든다. 하지만 자기 생각대로 만드는 것은 아니다. 자신이 선택한 환경하에서가 아니라, 바로 눈앞에 있는, 주어진, 과거로부터 물려받은 환경 하에서 만드는 것이다." 이 인용문은 고쿠분 고이치로의 책『중동태의 세계: 의지와 책임의 고고학』(동아시아, 2019)에서 재인용한 것인데, 그는 이를 중동태로 해석한다.

생산양식에 의한 인간의 소외를 비판하는 형식을 취하고 있다. 이처럼 추상과 구체의 변증법을 채택함으로써 궁극적으로는 생산양식의 전복을 통한 인간해방을 추구하는 목적론으로 나아간다. 바로 이러한 특성 때문에 들뢰즈는 헤겔의 관념철학을 비롯해 그 이후의 변증법도 보수반동적인 철학으로 평가한다. 들뢰즈 자신의 차이 이론에 비춰볼 때 변증법은 궁극적으로는 동일성(Einheit)으로 종합·귀결되기 때문이다(들뢰즈, 2004). 들뢰즈는 "변증법은 둘 이상의 대상 - 항을 하나의 모순 형식 속에서 뒤섞고, 그 대립물 안에 내재한다고 혹은 그들을 초월하여 존재한다고 간주하는 보편자로 통일하는 과정인 바, 이렇듯 하나의 형식으로서 변증법은 결국은 다양성을 부정하게 되기 때문이다. 단도직입적으로 말하면 변증법적 모순이란 다양체 공간에서는 성립하지 않는다"(조성훈, 2020: 50~55에서 재구성)라고 말한다. 나아가 그는 "차이와 다양성을 긍정하고 즐기는 것이야말로 변증법의 무거운 사고와 부정의 노동을 대체하는 새롭고 공격적이며 고양된 삶의 방식"(박찬국, 2012: 49)이라고 주장한다.

　루만도 다르지 않다. 그는 정체성과 차이의 차이를 목표로 삼지 않고 정체성과 차이의 정체성(혹은 동일성)을 목표로 삼을 때 변증법에 이른다고 주장한다(Luhmann, 1995). 결국 루만에 따르면 변증법은 작동하고 있는 것이라기보다는 그럴 것으로 추정된 정체성을 추구하기 때문에 결과적으로는 유토피아로 흐를 수 있는 위험을 내포하는 셈이다. 하버마스의 소통이론이 현실적으로는 존재 불가능한 규범적 목적의 지향, 즉 합의된 담론이나 숙의민주주의를 선험적으로 전제한다는 루만의 비판이 바로 이 대목과 연결되는 것이다.

　그러면 루만의 사회변동이론은 무엇이고, 또 어떤 특성이 있는가? 루만은 자신의 저서 『사회이론 입문』의 제3장에서 진화를 논의하면서 자신이 진화론을 선택하는 동시에 창조론과 역사의 단계분할구도(마르크스주의를 시사함)를 자신의 논의에서 배제할 것임을 분명하게 밝힌다. 또한, 역사이론 즉 사회변동이론은 사회유형들의 규정 작업으로 볼 수 있으며, 그것은 체계이론적 수단으로 작업되어야 한다고 전제한다. 이처럼 루만은 자신의 사회변동이론이 체계이론적 진화이론이며, 창조론이나 단계적 역사발전론과는 차별적인 것임을 분명하게 천명하고 있다.[18]

루만이 진화이론을 채택하여 사회변동을 설명한다는 것은 곧 진화이론의 주요 개념을 설명 도구로 활용함을 의미한다.

> 우리는 첫째, 변이 즉 어떤 것이 달라짐과 둘째, 선택 즉 변이된 사태들을 긍정적으로 붙잡거나 부정적으로 붙잡음이 있음, 그리고 셋째, 오늘날 덧붙일 수 있는 것처럼 안정화, 즉 선택이 성공적으로 보전될 것인지 혹은 그렇지 않을 것인지의 여부가 그 후속의 계속 나타남들 사이의 원칙적인 구별로 가능해진다는 덕 등을 다윈에게 빚지고 있습니다(루만, 2015: 265).

그런데 루만은 변이, 선택, (재)안정화 등의 차이는 원인을 알 수 없는 우발적인 어떤 것으로 간주함으로써 목적론적 진화나 인과론적 진화의 논리를 배제하고 있다. 오히려 루만은 '계획되지 않은 구조변동'을 설명하는 것이야말로 이러한 진화이론적 개념을 사용하는 이유라고 말한다.

계획되지 않은 구조변동을 설명하고자 하는 진화이론은 진화의 방향을 전제하고 있는 일체의 진보 모델을 배격하고 그 대신에 파국 개념을 사용할 수밖에 없다는 것이 루만의 주장이다. 실제로 루만은 사회변동을 분절적 분화, 계층적 분화, 기능적 분화라는 분화유형의 교체로 설명하는데, 바로 이때 파국이라는 말을 사용해야 할 것이라고 주장한다. "(…) 이때는 다른 분화 유형

18_ 루만은 "나는 우리가 체계이론과 같은 추상성을 가진 일반적인 진화이론에서 출발할 것을 제안합니다"라고 적고 있다(루만, 2015: 264).

이 수립되기에 이릅니다. 이 경우에는 체계이론적 용어로는 파국이라는 말을 해야 할 것입니다. 왜냐하면 파국은 안정화 체계를 다른 체계로 바꾸는 것이나, 안정화 토대를 다른 안정화 토대로 바꾸는 것을 뜻하기 때문입니다"(루만, 2015: 360). 더 구체적으로 루만은 "파국 혹은 돌발성은 점증적인 증대 효과들, 즉 자원들, 성취들, 혁신들을 갖고 작업하지 않고, 그러나 변혁을 가능케 하는 비약들, 불연속성들, 불균형 상태 등이 있다고 전제하는 이론이 필요하다"(루만, 2015: 360~361)고 말한다. 결국 루만에 따르면 사회변동은 요소적 차원의 변이로 구조적 차원, 즉 환경과 체계 사이의 구조적 연동에서의 불균형, 비약, 불연속 상태가 생겨나면서 체계적 차원에서의 파국과 대체가 일어나는 것으로 설명된다. 이 때문에 루만의 체계이론적 사회변동이론에는 요소적 차원, 구조적 차원, 체계적 차원들 사이의 상호관계에 대한 설명이 개입될 여지가 없다. 이는 루만의 체계이론적 진화이론은 환경으로서 인간적 요인이나 환경과 사회적 체계의 사이, 즉 인간과 사회의 사이에 존재한 교집합 영역에 대한 관심을 배제하고, 궁극적으로는 체계만의 파국적 변화만을 설명하는 것으로 귀결된다. 게다가 체계는 오로지 자기준거적 자기생산을 통해 작동한다는 루만의 주장까지 더하면 그의 사회변동이론은 결국 체계의 내적 작동과 체계 자체의 대체를 종합한 체계론적 진화이론이라고 요약할 수 있다.

이 지점에서 종합적인 논의를 시도해 보자. 우선 사회적인 것에 대한 마르크스의 관찰형식은 생산력 혹은 토대와 그 외부, 즉 생산관계나 의식을 포함한 상부구조 사이의 관계에 방점이 있는 반면에, 루만의 관찰형식은 환경과 체계의 관계를 이중의 우연성 개념으로 설정하고 변이, 선택, 재안정화 과정을 체계 내부의 소통(혹은 작동적 구성)으로 수렴하여 처리하는바, 자기준거적 자기재생산(autopoieses) 개념은 이를 담는 그릇이다. 바로 여기가 연기법의 가능성과 강점이 드러나는 부분인데, 붓다의 관찰형식인 연기법은 중중무진의 요소들 사이의 중(重)인과적 연기를 지금 여기에서 발생하는 일종의 '사건'

으로 관찰할 것을 주장하기 때문이다. 다시 말해 연기법은 체계 내부와 외부의 것을 모두 연기적인 것으로 관찰하고, 체계들 사이의 관계도 연기로 관찰할 것으로 요구한다. 이러한 관찰형식의 강점은 그 어떤 것도 배제하지 않고 모두 포괄하여 설명하는 동시에 결정론을 넘어 변화와 운동 자체를 실재에 부합하도록 포착하게 해준다는 점이다. 적어도 설명의 대상과 범위 면에서 붓다의 관찰형식인 연기법은 마르크스와 루만의 그것들을 모두 포함한다고 볼 수 있다. 따라서 이러한 연기적 관찰은 그 발생 현상을 경계 내부의 자기준거적 작동과 외적 조건의 작동도 함께 고려할 수 있을 뿐만 아니라 일종의 사건(event)으로서 제사(際事)[19]까지도 포착할 수 있는 시야를 확보할 수 있다.

4. 마음구성체의 경험적 이해와 그 확장 가능성

1) 'K-방역'의 마음구성체적 이해

'K-방역'은 팬데믹이라 부르는 지구 차원의 재난인 COVID-19의 확산을 저지하는 데 놀라운 효과를 드러냄으로써 한류만큼이나 전지구촌에 회자되고 있다. 그러나 한류에 대한 설득력 있는 학문적 논의가 아직도 부재한 것과 마찬가지로, 아직까지도 'K-방역'을 특징짓는 구성요소는 무엇이고, 그것들이 어떻게 COVID-19의 전염을 억제하는 작용을 하였는지에 대한 설득력 있는 해석이 부재하다. 이에 우리는 앞의 **그림 3-7**에서 제시한 인간적·사회적 마음구성체 모형으로 'K-방역'을 특징짓는 구성 요소와 그러한 구성 요소들이

19_ (이것과 저것) 사이에서 발생한 사건이라는 의미이다. 일찍이 하이데거는 이러한 제사들이 실체론적 관점이나 이분법적 틀에서는 배제되어 왔음을 간파하고 그것을 복원할 것을 주장한 바 있다. 이에 대한 자세한 논의는 김동규(2009)를 참고하라.

어떻게 전염병 확산을 저지하는 데 작용하였는지를 밝혀봄으로써 우리의 이론 틀을 특정한 사회의 사회적 관계의 흐름을 밝혀줄 경험연구에 어떻게 적용할 수 있는지를 구체적으로 드러내 보고자 한다.

우선 'K-방역'의 구성 요소를 **그림** 3-7에 따라 서술해 보자. 체제 차원에서 볼 때, 'K-방역'은 이른바 '한국형 사회적 거리두기'를 채택함으로써 중국이나 북한 등의 사례에서 드러난 사회주의 체제의 재난지역 봉쇄형과는 다른 방역체계를 가동시켰다. 오히려 정치경제학적 차원에서 볼 때는 미국 등의 서구형 방역체계와 유사한 자유방임형 방역체계를 가동시켰지만, 생활세계의 차원에서는 대단히 권위주의적인 하향식 통제방식을 채택함으로써 서구형과도 다르게 작동했다.[20] 이는 '한국형 사회적 거리두기'를 채택한 'K-방역'이 인구의 자유로운 활동을 보장하면서도 전염병 확산을 저지할 수 있는 방역체계임을 입증한 것으로서 체제 차원에서의 한국사회적 조건, 즉 한국사회에 작동하는 사회체제의 특징을 잘 반영하고 있음을 의미한다.

여기에서 결정적인 것은 '한국형 사회적 거리두기'가 정치 및 경제 차원에서 인구의 자유로운 활동을 보장하면서도 전염병 확산을 저지하는 효과를 지속하는 일종의 사회적 면역체계로서 정착했다는 사실이다. 바로 이 지점에서 우리는 이를 가능하게 한 조건, 즉 한국 고유의 마음 문화[21]에 주목하지 않을

20_ 독일 베를린이나 이탈리아 로마의 시위 소식에서 알 수 있듯이 최근 유럽에서는 정부가 마스크 착용을 의무화한 것을 두고 개인의 자유를 침해한 독재라고 비판하는 항의 시위가 일어났다. 반면에 한국인들은 마스크 착용을 자발적으로 잘 준수할 뿐만 아니라 문재인 정부의 이른바 'K-방역'에 대한 높은 신뢰를 보내고 있다. 쿠키뉴스가 데이터리서치에 의뢰하여 전국 18세 이상 남녀 1,000명을 대상으로 정부의 코로나19 대응의 신뢰도를 물은 결과, 응답자의 67.7%(조금 신뢰한다 22.6%＋매우 신뢰한다 45.1%)가 신뢰한다고 응답한 것으로 나타났다(쿠키뉴스 여론조사, 2020.08. 26). 이는 한국인의 생활세계에 작동하는 권위주의 문화가 아직도 유효하게 작동하고 있음을 나타내는 증거로 보인다.

수 없다. 무엇보다도 문재인 정부는 정책적 차원에서 사회적 거리두기의 실천전략을 잘 갖추어 시행하였고, 매스미디어는 각종 인포데믹을 통제하고 오직 사회적 거리두기와 그 효과에 집중하도록 소통 체제를 가동시켰으며, 방역당국에 종사하는 의료 전문가와 감염 및 전염병 전문 민간 의료인들의 연구활동 및 주장, 즉 비말전파 주장 등이 적절하게 개입하기도 했다. 그리고 이는 국민들의 행동, 소통, 사고 등으로 효과적으로 전달되었다. 실제로 한국인들 개개인은 정부의 정책 등 각종 사회적 매체로부터 전달되는 정보를 믿고 신뢰하여 대부분 각종 활동을 자제하고 마스크를 잘 착용하였다.

물론 'K-방역'의 경우에도 수많은 개인들이 본능적인 욕망에 패배하여 사회적 거리두기를 실천하지 않았을 수도 있고, 일부는 집단감염의 매개가 된 몇몇 교회처럼 자신의 이해관계를 고집하여 사회적 거리두기라는 사회적 면역체계를 교란시키기도 하였다. 실제로 사회적 거리두기가 다소 느슨해진 2020년 8월 15일 광화문 집회를 계기로 COVID-19가 재확산되는 조짐이 나타나기도 하였다. 그러나 결과적으로는 개인의 욕망이나 개체의 이해관계가 'K-방역' 체제의 통제 범위 속에서 작동하였다는 것이 'K-방역'에 대한 대체적인 평가이다. 다만 'K-방역'은 COVID-19 확진자 발생이 계속됨에 따라 지속적으로 억압되어 온 개인의 욕망의 문제를 어떻게 해소하고, 나아가 개체의 이해관계를 어떻게 처리할 것인가의 과제를 안고 있다. 또한 'K-방역'의 경우에도 아직까지 확진자, 자가격리자, 사망자와 그 가족 등의 정신적 트라우마나 불안 같은 정신적 후유증에 대한 적극적인 대책은 전개하지 못하고 있다는 점은 근본적인 한계로 지적할 수 있다.

21_ 그림 3-7에서는 '내 마음'과 '우리 마음'의 교집합 영역에 존재하는 매개 요인들과 그 요인들의 역동(작동)에 해당한다.

2) 마음구성체의 거대한 전환과 실천의 확장

지금까지의 논의를 통해 분명히 밝혀졌듯이 마음구성체는 인간은 물론 사회의 영역까지를 포함한다. 그런데 마음구성체를 이렇게 사고하는 것은 새삼스러운 것이 아니라 최소한 근대 이전까지 한국사회의 통상적인 사고 관행이었다. 예컨대 근대 이전까지 한국사회에서는 성학(性學)으로서 심학(心學)을 추구하였고, 구체적인 실천학으로서 예학(禮學)이 매우 발달하였다.[22]

실제로 한국 유학계에서는 인간의 몸과 행위를 조절하는 예학을 통해 심학의 가르침을 체득하는 것이야말로 삶의 최고의 목적이었다. 예학 연구자로 알려진 유권종은 이황의 심법(혹은 심학)과 예의 관계를 논의하면서 "혈기의 다스림과 기력의 강화가 예에 의해 이루어진다는 것은 문화가 몸을 규제함으로써 마음의 작용에 일정한 방향과 지속성을 갖도록 해주는 역할을 함을 의미한다. 이것이 문화로서의 예가 심법에 관여하는 하나의 방식임에 틀림없다"(유권종, 2009: 68)고 결론짓는다. 이는 근대 이전까지 한국사회에서 작동한 마음구성체가 인간, 대상, 그 매개로서 몸, 그리고 그 총체적 결과이자 주재자로서 마음 등으로 구성되어 작동하고 있었음을 의미한다. 그렇기 때문에 근대 이전까지 한국사회의 마음구성체에서 사회의 작동과 사회의 각종 매개기관에 대한 관심은 상대적으로 낮을 수밖에 없었다.

이러한 마음구성체는 근대 서구 문명의 영향이 한국사회 속에서 전일화되어 감에 따라 크게 변화되기 시작했다. 무엇보다도 대상으로서 사회가 분화를 거치면서 매우 복잡하고 비대해지기 시작하였고, 더불어 그러한 사회 영역의 작동을 개인의 삶에 전달하는 매개기관도 매우 고도로 발달하기 시작하였다. 이제 마음구성체의 변화는 사회의 변화에서 시작하는 것이 당연한 것처

22_ 이에 대한 자세한 논의는 유권종(2009)을 참고하기 바란다.

럼 보인다. 이때 가장 설득력 있는 사회변동 모형이 바로 실천을 강조하는 마르크스주의이다. 만약 마르크스의 사회과학방법론에 내재한 추상과 구체의 불일치와 그에 수반되는 실천론의 관점에서 마르크스의 사회변동이론을 관찰한다면, 마르크스의 사회변동론은 닫힌 이론이 아니라 열린 가능성으로 다가온다. 예컨대 『경제학·철학 수고』에 나타난 인간노동, 의식, 그리고 사회성의 관계에 대한 마르크스의 논의를 보자.

① 인간은 자신의 생명활동 자체를 자신의 의지와 의식의 대상으로 삼는다. 그는 의식적인 생명활동을 가진다. (…) 인간이 의식적인 존재, 다시 말해 그의 삶이 자신에게 대상으로 존재하는 것은 그가 유적 존재(a species-being)이기 때문이다. 바로 이 때문에 인간의 활동은 자유로운 활동이다. (…) 그러므로 인간은 대상적 세계에서의 자기노동을 통해 자신이 유적 존재임을 증명한다. 이 생산은 인간의 능동적인 유적 삶이다. 이 생산을 통해 자연은 인간에게 자신의 작품으로서, 자신의 실현성으로 다가온다. (…) ② 소외된 노동은 이 관계를 전도시킨다. (…) 자기 생산의 대상물을 인간에게서 떼어버림으로써 소외된 노동은 인간이 유적 삶, 유적 존재로서 그의 진정한 대상성을 박탈하고, 그의 비유기적인 신체인 자연을 자신에게서 떨어져 나가게 함으로써 동물보다 우월한 존재를 동물보다 못한 존재로 바꿔버린다. 또한 소외된 노동은 자발적이고 자유로운 활동을 수단으로 전락시킴으로써 인간의 유적 삶을 자기 몸뚱어리의 보존을 위한 수단으로 전락시킨다. (…) 소외된 노동은 (…) 인간의 유적 존재를 자신에게 낯선 존재로, 자신의 개인적 생존 수단으로 바꿔버린다. (…) 인간이 자신의 노동생산물, 삶의 활동, 유적 존재로부터 소외되어 있다는 사실의 직접적인 결과로 빚어지는 것이 인간에 의한 인간의 소외이다(Marx, 1978: 74~77).

위의 인용문에서 ①은 마르크스가 추상 수준에서 인간의 유적 본성을 전제한 것이고, ②는 구체 수준에서 소외된 노동이 강제하는 인간소외의 네 가지 실상을 구체적으로 제시하는 내용이다. 결국 ①과 ②의 내용을 종합해 보면 추상 수준의 이상(理想)과 구체 수준의 실상(實相)의 불일치를 드러내는데, 이는 자본주의적 생산 관계에서 파생된 것이다. 따라서 이상을 실현하기 위해서는 임노동을 강제하는 생산양식을 지양해야 한다는 것이 지극히 자명해진다. 결국, 자본주의적 생산양식에 대한 비판은 자연스러운 결과일 수밖에 없다. 이러한 노동소외를 극복하기 위해서는 생산 관계와 생산력 등 물질적 조건의 변화가 요구되고, 마르크스는 그 실천을 프롤레타리아의 역사적 임무로 제시하고 있다.[23]

이렇듯 인간의 실천으로 연결되는 마르크스의 사회변동이론은 생산양식이라는 원인[因], 노동이라는 조건[緣], 인간의 실천이라는 결과[果]로 드러나며, 이는 그림 3-7에서 볼 수 있듯이 마음구성체의 일부를 잘 드러내 주고 있다. 마르크스의 사회변동이론은 비록 이 그림의 총체성에 비춰 볼 때 매우 단순한 인과관계로 구성되어 있다는 한계성을 내포하지만, 사회변동을 인간의 의식 및 심리적 요소와 사회의 정치경제적 요소, 그리고 그것을 매개하는 노동이라는 활동기관을 요소로 설정하고 있다는 점에서 마음구성체의 구성과 매우 유사한 것으로 판단된다. 이러한 특성을 포착해 아이의 인지발달에 적용한 것이 비고츠키이다. 비고츠키는 발달심리학의 창시자이자 마르크스주의 심리학자로 알려져 있는데, 그는 개인과 사회는 분리할 수 없는 하나의 단위이며, 인간 행동은 사회적 맥락을 벗어나서 이해할 수 없고, 아이의 인지발달은 문화적 맥락 속에서 축적되는 역사적 과정이라고 주장한다(김태련·조혜자·이선자 외, 2004: 157~161). 이처럼 개인의 인지발달을 사회문화적 맥락과의 상호작

23_ 실제로 마르크스는 "모든 자기 활동을 완전히 박탈당한 오늘날의 프롤레타리아들은 완전하고도 더는 구속받지 않는 자기 활동, 즉 노동을 실현시킬 수 있다"라고 말한다 (Marx and Engels, 1978: 200).

용 속에서 설명하고자 하는 비고츠키의 사회구성주의적 접근은 마르크스주의적 사회변동이론을 교육학이나 심리학적 차원으로 확장하는 것에 성공한 것으로 평가된다. 그러나 비고츠키의 논의는 마음 바탕을 변화시킬 정도로 강력한 변동의 내용을 갖고 있지 못하며, 사회구성체의 규정력으로부터도 자유롭지 않다.[24]

한편, 마음구성체의 근대적 전환은 인간적 실천과 관련해서도 큰 변화를 가져왔다. 무엇보다도 마음구성체의 근대적 전환은 마음구성체의 물화를 의미하는 동시에 마음의 축소를 의미한다. 문제는 이러한 마음구성체의 전환으로 말미암아 마침내 인간은 몸과 동일시되기 시작했고, 갈 곳을 잃은 마음은 인간 혹은 몸 안에 감추어진 그 무엇으로 취급되었다. 심지어 최근 심리상담 열풍이 시사하듯이 마음은 인간의 행복과 몸의 이완을 위한 통제의 대상으로 전락하고 있다. 그러나 이러한 현상은 한국의 전통적 마음구성체에 비춰 볼 때, 전도몽상과 다를 바 없다. 이는 근대적 마음구성체의 이상이 한국사회의 마음 문화의 실제 작동 현실과 괴리를 가질 수밖에 없음을 의미한다. 따라서 오늘날 한국사회에서는 이러한 괴리를 해소하기 위한 개인적 차원의 마음 수행 실천이 보강될 수밖에 없다. 최근의 명상 열풍은 그 조짐으로 이해할 수 있다.

그런데 근대적 마음구성체의 전환이 가져온 문제점을 극복하기 위해서는 간화선(看話禪) 수행법에도 관심을 가질 필요가 있다. 선불교는 마르크스가 충분히 설명하지 못했거나 다소 경시한 인간의 마음 혹은 마음가짐의 작동(기의 흐름)을 근원적으로 변화시킬 수 있는 실천을 매우 강조하기 때문이다. 구체적으로 논의해 보자. 선불교는 인간의 본래 마음자리인 불성을 깨닫는 것,

---

24_ 이에 관한 자세한 논의는 칼 래트너·다니엘레 누네스 엔히크 실바 외(2020)를 참고하기 바란다.

즉 견성을 향하여 오매불망 정진하는 실천으로 일관해야만 하는 실천의 불교이다. 특히 인간의 자연스러운 생물학적 욕망이 솟아나서 실천을 방해할 때마다 그것의 먹잇감이 되지 않기 위해 오로지 화두에만 집중해야 하는 실참을 끈질기게 지속해야 한다. 바로 이 지점에서 추상 수준에서 이상적인 인간의 본성인 불성이 모든 인간에게 존재한다는 전제와 현실이 불일치함을 읽을 수 있을 뿐만 아니라 법과 의존적 발생 사이의 긴장을 읽을 수 있다. 선불교의 경우 이 불일치를 해소할 수 있는 실천적 장치로 팔정도(八正道)를 요구한다. 다시 말해서 선불교의 수행이란 팔정도를 실천함으로써 이른바 세속과의 관문이라 할 수 있는 활동기관, 언어기관, 사유기관을 바르게(중도적으로) 조절하는 실천이라고 할 수 있다. 바로 이를 철두철미하게 실천해 나갈 때 자연스럽게 온갖 세속적인 모든 '경계 긋기'를 초탈할 수 있게 되고, 그때 비로소 서서히 찾아오는 무념(마음의 안정상태)을 경험하게 된다. 이때의 상태를 견성의 마음가짐이라 할 수 있으며 인간의 마음 구조와 그 씀씀이가 완전히 달라졌음을 의미한다. 그리고 이러한 마음의 변화에 기초할 때 그의 사회관계는 선한 것으로 실천될 수 있다는 것이 선불교에 내포된 사회성이다.

이러한 선불교는 인간 마음을 본성적으로 선한 것 혹은 불성이 내재한 것으로 전제하고, 그러한 선한 마음에 영향을 미치는 관문을 잘 통제함으로써 원래의 마음을 더럽히는 각종 해악(독)을 제거하여 내 마음의 평화 및 행복을 추구한다. 또한, 여기서 한 걸음 더 나아가 선한 사회관계를 형성할 것을 윤리적으로 강제할 수 있는 장점이 있지만, 사회의 작동과 그로 인한 사회적 영향력을 설명할 수 없는 결정적 한계를 갖는다.

바로 이 지점에 이르면 마르크스의 실천지향적 사회변동이론과 선불교의 실천지향적 인간변동이론을 종합할 수 있는 새로운 사회변동이론의 모형을 요청할 수밖에 없다. **그림 3-7**의 마음구성체의 변동을 통한 사회변동이론 모형은 이러한 요구에 부합된다. 나아가 이 사회변동이론 모형은 조건[緣]의 조절 및 매개의 역학을 매우 강조하고 있을 뿐만 아니라 그것에 의해 실제로 사회의 커다란 변동이 발생한다는 점을 강조하는데, 이를 연기법에 기초한 사회변동이론(혹은 동양사상적 사회변동이론)이라고 결론짓고자 한다.

5. 맺음말

얼마 전 한평생 간화선 수행에만 매진한 대선사와 밤이 이슥도록 선문답 아닌 선문답을 하였다. 문답 중에 대선사는 마치 나의 대답을 예견한 듯한 표정을 지으면서 대뜸 다음과 같이 물었다. "한평생 무엇을 하며 살았소?" 교수인지 알면서도 굳이 이러한 질문을 던지는 까닭에 착안하여 솔직한 마음으로 다음과 같이 대답했다. "한평생 남의 돈만 세면서 지금까지 살았습니다." 그러자 선사는 또 대답을 정해둔 것처럼 말하였다. "그러면 이제부터 자신의 보물을 찾아야지. 간화선을 실참하면 마음의 변화를 당장 체득할 수 있어."

그렇다. 마르크스처럼 계급적 실천을 통해서도 마음 구성체에 영향을 미칠 수도 있지만 간화선을 통해서도 마음구성체를 바꿀 수 있다. 그렇기 때문에 전통사회의 경우 한국의 수많은 간화선 수행자는 물론 이황을 비롯한 수많은 예학자들이 몸과 행동과 생각을 바르게 하는 것만으로도 사회의 변화에 결정적인 영향을 미칠 수 있었다. 그러나 현대사회의 경우에는 그것 이외에도 루카치, 그람시, 알튀세르 등 마르크스의 후계자들이 관심을 기울인 사회의 각종 매개기관을 여하히 조절하느냐의 문제도 매우 중요한 사회적 실천의 과제일 수밖에 없다. 게다가 루만의 사회변동이론이 잘 보여주듯이 사회의 변화는 소통 수단의 변화에 의해서도 일어난다. 또한 현대사회의 경우 각종 매개체의 작동, 즉 변동의 원인을 조절하고 매개하는 조건[緣]과 연관된 실천적 과제들도 제기된다.

문제는 마음 구성체와 마음 구성체의 변동 모형에서 암시된 실천들을 어떻게 모두 실천할 것인가이다. 언뜻 보면 불가능한 듯하다. 그러나 그것이 오늘을 살아가는 우리의 삶과 사회적 작동의 조건인 한, 우리는 그 불가능에 도전하지 않을 수 없다. 베버의 말로 마무리한다. 불가능에 도전하지 않으면 가능한 것마저도 성취할 수 없다!

제2부

동행의 사상적 근거

합심성의 역사사회학적 뿌리 찾기

제4장

원효의 화쟁일심 사상과
불교적 합심성

1. 머리말

고조선 시대부터 한반도에 이미 고유한 언어공동체가 존재했다는 신용하 (2008)의 연구는 많은 점을 시사한다. 중국에서 전래된 문자인 한자 심(心)으로 표현된 '마음'이라는 개념이 이미 고조선 시대부터 일상어로 쓰였을 가능성이 있기 때문이다. 따라서 이 논문에서 주목하는 한국사회의 마음 개념을 논하기 위해서는 마땅히 고조선의 제천의식이나 샤머니즘에 나타난 마음 개념을 관찰하고 해석할 필요가 있다. 그러나 이러한 고대 한국사회의 마음 개념은 형이상학적 체계를 갖추지 못하여 상대적으로 단순했을 것으로 보인다. 오히려 삼국시대에 이른바 세계종교체계를 갖춘 불교가 전래된 이후부터 한국사회의 마음 개념이 비로소 보편적인 사상적 틀을 갖추었을 것으로 생각된다. 이러한 인식에 근거해 이 장에서는 한국사회의 마음 개념의 기원을 한국불교의 마음 개념에서부터 추적해 보고자 한다.

한국불교의 마음 개념을 논의하는 데 가장 먼저 주목해야 할 사상가는 단연 원효이다.[1] 원효는 마음 사상가인 동시에 세계적으로 인정받는 한국불교의 대표적 사상가이기 때문이다.[2]

원효는 인도나 중국으로부터 받아들인 유식(唯識)사상이나 중관(中觀)사상을 기반으로 자신만의 독창적인 화쟁일심(和諍一心) 사상을 완성한 마음 사상가이다. 당시 신라에는 중국으로부터 유식사상, 중관사상, 화엄사상, 선(禪)사상 등 다양한 불교사상과 신앙운동이 유입되어 중국처럼 다수의 종파불교가 전개될 조짐이 나타나고 있었다. 게다가 당시 신라사회는 지방 호족 세력이 여전히 강력하게 형성되어 있었다. 원효의 화쟁일심 사상은 그러한 사상적 혼란을 붓다의 가르침에 근거하여 통일시킬 수 있는 논리적 기반을 제공하였고, 호족세력의 분권화를 방지하고 통일국가의 질서를 완성하는 데에도 일정 정도 기여함으로써 결과적으로 신라사회의 사상적·정치적 혼란을 예방하는 효과를 거둘 수 있었다.

무애가(無碍歌)를 부르며 저자거리를 떠돌면서 민중과 함께 동고동락했던 원효는 신라시대의 편협한 종파주의를 넘어선 사상가였을 뿐만 아니라 승속의 경계나 신분의 경계에서도 자유로운 자유인이었다. 이러한 원효의 삶은 민중의 구체적인 삶 속에서 자신의 철학체계를 형성한 인물이라는 평가의 근거가 된다(박성배, 2009). 또한 원효의 마음 개념이 관념적 범주에만 매몰된 것이 아니라 사회적 실천과도 불가분의 관계를 가지고 있음을 암시한다.

원효의 영향은 그 이후 한국사회의 마음 개념에 깊은 영향을 미쳤다. 더 직

1_ 원효는 2009년 대한불교조계종에서 발간한 한국전통사상총서의 제1권에 수록되어 있다. 이는 한국불교에서 원효를 가장 먼저 주목해야 할 사상가로 선정했음을 의미한다.

2_ 김형효(2006)는 원효를 한·중·일 세 나라 모두에서 높이 숭앙받는 고승대덕, 한국의 지성사에서 가장 우뚝 솟은 철학자, 정토신앙을 설파하며 많은 신이(神異)한 행적을 보여 당시 불쌍한 민중의 종교적 의지처가 되었던 종교인, 전쟁으로 긴장된 나라의 사부 등으로 평가하였다.

접적으로 보면 원효의 마음 개념과 화쟁 사상은 고려시대의 불교문화와 마음 사상에 큰 영향을 미친 것으로 보인다. 실제로 12세기 고려 숙종은 원효대사를 기리는 화쟁국사비(和諍國師碑)를 세우도록 왕명을 내렸고(김형효, 2007), 오늘날에도 원효는 꾸준히 학문적으로 재조명될 뿐 아니라 심지어는 춤이나 노래, 연극이나 드라마 등의 주제로 계속 등장하고 있다.[3]

게다가 원효의 일심(一心) 개념은 진여문(眞如門)[공(空)과 관련됨]과 생멸문(生滅門)[세속적인 사회적 관계 및 시간적 변화와 관련됨] 사이의 일여성(一如性, Einheit)으로 이해할 수 있는데, 바로 이 점 때문에 마음과 사회의 관계를 탐구하는 데 가장 적합한 개념이라고 할 수 있다.[4]

이상과 같은 사실을 근거로 하여 이 글에서는 한국불교의 마음 사상을 대표하는 사상가로 원효를 선택하였다. 다만, 원효가 한국불교에서 차지하는 위상의 중요성 때문에 그동안 양적·질적으로 누적되고 심화된 많은 선행연구들과 어떻게 차별화된 논의를 전개할 것인지에 대해 고유한 방법론적 전략을 모색해야 했다. 이 글에서는 원효를 연기사상에 철저한 마음 사상가로 이해한다는 기본 관점을 세우고, 원효의 화쟁일심 사상에서 드러나는 합심성을 확인하고, 그 의미를 검토하고자 한다.

이를 위해 이 장에서는 세 가지 과제를 수행하고자 한다. 첫 번째 과제는 원효의 생애사에서 마음 개념이 갖는 위상을 밝힘으로써 그가 삶의 문제를 마음과 연관시켜 이해한 명실상부한 마음 사상가였음을 부각시키는 것이다. 두 번째 과제는 원효 사상의 핵심으로 평가되는 화쟁사상을 살펴보고, 원효의 일심 개념을 중심으로 다양한 쟁론들의 화쟁을 가능하게 하는 근원으로서 마음

3_ 심지어 전라남도의 향토연구가인 김대호는 2011년 3월 26일부터 《무안신문》에 연재한 총 4회의 글을 통해 일명 '각설이타령'으로 알려진 품바가 원효에서 기원했다고 주장하기도 한다.

4_ 이에 대한 자세한 논의는 4절에서 본격적으로 다룰 것이다.

의 역할을 논의함으로써 화쟁일심 사상이 합심적 특성을 지님을 드러내는 것이다. 세 번째 과제는 원효의 마음 사상을 루만의 사회적 체계 이론과 비교함으로써 원효의 화쟁일심 사상이 갖는 사회학적 가치를 포착하는 것이다.

2. 원효의 생애사와 마음 개념의 위상

원효(617~686)는 한반도에서 삼국 간의 전쟁과 통일이 이루어진 격변의 7세기를 살았다. 신라 26대 진평왕 39년(617년) 현재 경북 경산군 자인면에서 담말내말(談捺乃末)의 아들로 태어난 원효는 대략 15세를 전후해 출가하였고, 출가 후 일정하게 정해진 스승을 두지 않고 당대의 여러 스승에게 불교사상을 배운 것으로 알려져 있다(남동신, 1995). 원효는 불교 공부에 남다른 열정이 있던 것으로 보인다. 젊은 시절에는 당시의 고승 낭지(朗智)에게 『법화경(法華經)』을 배웠고, 여러 경전의 소(疏)[5]를 지으면서는 혜공(惠空)에게 의심나는 것을 묻기도 하고, 국경을 넘어 백제로 가서 보덕(普德)에게 『열반경(涅槃經)』과 『유마경(維摩經)』을 배우기도 했다. 심지어 당나라의 현장(玄奘)을 흠모하여 당나라로 유학을 가려고도 했다(대한불교조계종 한국전통사상서 간행위원회, 2009). 특히 당나라 현장에게 사사하려는 학문적 열정은 원효가 마음에 주목하게 되고, 오도(悟道)의 계기를 제공했다는 점에서 그의 생애에서 가장 결정적인 전환점을 만들어주었다. 불교신자가 아니더라도 익히 알고 있는 '해골물' 이야기가 바로 그것이다.

이야기의 구체적인 내용은 이렇다.

5_ 경전이나 논서(論書)의 구절을 해설한 글을 가리킨다.

원효는 (…) 45세에 두 번째로 역시 의상과 함께 입당(入唐)하기 위해 백제 땅의 항구로 가는 도중 비오는 밤길에 어느 땅막[土龕]에서 자게 되었다. 아침에 깨어 그곳이 땅막이 아닌 오래된 무덤임을 알았지만 부득이 하룻밤을 더 지내다가 귀신의 동티를 만나 심법(心法)을 크게 깨치게 되었다. '곧 마음이 일어나므로 갖가지 현상이 일어나고 마음이 멸하니 땅막과 무덤이 둘이 아님을 알았다'(『宋高僧傳』, 「義湘傳」, '則知心生故種種法生, 心滅故龕墳不二'). 이에 원효는 입당(入唐) 유학의 필요성을 더는 느끼지 않아, 당으로 향하던 발걸음을 홀로 되돌려 곧바로 되돌아와서는 저술과 대중교화에 몰두하였다(은정희, 2008: 17).

원효의 오도송(悟道頌)으로 알려진 이 일화는 결국 "세상은 마음의 차원에 달렸고, 그 마음의 차원에 의거해서 세상이 달라진다는 것을 읊은 것이다"(김형효, 2006: 157).

이러한 학문적 열정과 오도의 계기가 그를 마음의 대사상가로 성장시켰을 것임은 두말할 나위가 없다. 실제로 원효는 엄청난 양의 저술을 남긴 것으로 전해진다. 최근까지 확인된 것만 80여 부, 200여 권이며, 현재 전해지는 것은 22종이다(대한불교조계종 한국전통사상서 간행위원회, 2009). 이러한 저술들을 언제 쓴 것인지를 정확하게 알 수는 없으나, 현존하는 저술 중에서 가장 빠른 것은 『기신론별기(起信論別記)』로 알려져 있으며 곧이어 『기신론소(起信論疏)』도 쓴 것으로 보인다. 이를 통해 원효가 마명(馬鳴)의 『대승기신론(大乘起信論)』에 매우 큰 관심이 있었음을 짐작할 수 있다. 김형효에 따르면 원효는 『대승기신론』을 불법의 삼장(三藏)을 두루 꿰뚫은 유일한 저술이라고 평가했다고 한다(김형효, 2006). 이것은 원효가 불교의 마음 개념을 불교 사상의 요체로 인식하고 있었음을 의미한다.

원효가 『대승기신론』에서 가장 중요시한 것은 그 논서의 통합적이고 화쟁적인 성격이었고, 『대승기신론』의 일심이문(一心二門) 사상은 원효 사상의 근본이 된다.[6] 그렇다고 하여 원효가 마명의 아류라는 것은 결코 아니다. 오히려 원효는 토감(土龕)의 깨달음과 『대승기신론』의 탐구를 기반으로 하여 자신의 독창적인 마음 사상을 새롭게 발전시켰다. 원효의 또 다른 기념비적 저술인 『금강삼매경론(金剛三昧經論)』이 그 증거이다. 한국의 대표적인 원효 연구가인 최유진은 "원효의 사상은 그 근본을 일심(一心)에 두고 있다. 그는 일심의 근거에서 모든 것을 파악하였고 궁극적인 목적도 일심의 원천으로 돌아가는 것으로 삼았다"(최유진, 1998: 8)고 하였다. 이렇게 볼 때, 원효의 저술에서도 마음 개념은 키워드 중의 키워드임을 잘 알 수 있다.

한편 원효의 생애에서 또 하나 빼놓을 수 없는 것이 바로 요석공주와 결혼함으로써 스스로 파계를 한 사건이다. 원효는 이 계기로 설총을 낳았을 뿐만 아니라 스스로를 소성거사(小性居士)라 칭하고 대중교화에 본격적으로 뛰어들었다. 저자거리를 떠돌며 무애박[瓠]을 두드리고, '일체무애인(一切無碍人) 일도출생사(一道出生死)'라는 「무애가」를 부르며, 무애춤을 추면서 민중에게 불교를 전했다는 것이다(대한불교조계종 한국전통사상서 간행위원회, 2009).

그렇다면 원효의 이러한 파격적인 삶은 마음과 어떠한 관계가 있는가? 이에 관한 문헌적 근거를 찾기란 거의 불가능하다. 오늘날 '각설이 타령'의 사설이 원효에서 유래되었다는 일설이 있기는 하다. 그러나 사설의 내용이 시대에 따라 지속적으로 변화해 왔기 때문에 각설이 타령의 사설에서 원효의 민중적 삶에서 마음이 갖는 위상을 유추하는 것은 아전인수에 지나지 않는다. 오히려 계율과 같은 외적 형식보다는 '속마음'을 중시한 결과와 무관하지 않을 것이라는 추측이 더 타당해 보인다.[7] 만약 그렇다면, 그는 마음의 자유가 외

6_ 이와 관련된 자세한 논의는 최유진(2013)을 참고하기 바란다.

7_ 이러한 추측의 근거는 원효가 자신의 저서 『발심수행장(發心修行章)』에서 사문이나 출가를 정의한 부분에서 확인할 수 있는데, 구체적인 내용은 이 글 4절[화쟁(일심)사상의 합심적 특성을 참고하기 바란다.

적인 형식적 구속보다 더 근본적이라고 생각했을 것으로 여겨진다.

이렇듯 자유분방한 마음처럼 걸림 없이 자유롭게 살았던 원효는 686년 3월 혈사(穴寺)에서 70세를 일기로 입적하였다. 입적 후 100여 년이 지난 애장왕(800~808)대에 원효의 손자 설중업과 각간(角干) 김언승이 중심이 되어 '고선사서당화상비(高仙寺誓幢和尙碑)'가 세워졌으며, 1101년 8월 고려의 숙종은 화쟁국사(和諍國師)라는 시호를 추증하였다(대한불교조계종 한국전통사상서 간행위원회, 2009).

이상의 논의를 통해서 원효의 생애에서 가장 중요한 개념 하나를 선택한다면 단연 마음 개념이다. 마음은 원효의 오도의 계기이자 내용일 뿐만 아니라 그 후 저술 작업의 키워드 중의 키워드이다. 원효의 사상 속에서 마음이 갖는 이러한 위상은 이후 한국사상사에서 마음 개념을 결코 경시할 수 없도록 만든 시원적 계기로 작용했을 것이며, 나아가 한국 마음 문화의 사상적 초석이 되었을 것으로 생각된다.

3. 원효의 화쟁사상과 일심(한마음)

화쟁국사라는 시호에서 알 수 있듯이 원효의 전체 사상을 대표하는 개념은 '화쟁'이다. 화쟁은 쟁론들을 하나로 회통시킨다는 의미로서, 원효는 자신의 저술인 『십문화쟁론(十門和諍論)』에서 삼승(三乘)과 일승(一乘), 공(空)과 유(有), 인(人)과 법(法), 진(眞)과 속(俗) 등의 이집(異執)과 이장(二障), 열반(涅槃), 불신(佛身), 불성(佛性)을 둘러싼 이의(異義)를 회통시키고 있다. 실제로 원효는 자신의 모든 저술에서 화쟁의 논리를 도입하였다.

특히 각 결론의 대의를 밝히는 부분에서부터 원효 스님의 화쟁사상을 접할 수 있다. 예를 들면『열반종요(涅槃宗要)』에서『열반경』의 핵심 내용인 열반을 드러내는 방편 역시 화쟁을 통해서임을 볼 수 있다. (…)『대승기신론별기』에서는『대승기신론』의 대의를 밝히는 부분에서『중관론(中觀論)』,『십이문론(十二門論)』 등은 파할 줄만 알고『유가론(瑜伽論)』,『섭대승론(攝大乘論)』 등은 세울 줄만 아는 데 반하여,『대승기신론』은 세우고 파함이 자재하여 모든 논서의 조종(祖宗)이고 다양한 논쟁의 평주(評主)가 된다고 한다.『금강삼매경론』에서 천명하는 원효의 실천수행관 역시 화쟁의 논리로 전개되고 있다(대한불교조계종 한국전통사상서 간행위원회, 2009: 35).

이렇게 볼 때, 원효 사상의 요체는 화쟁사상이다.

그러면 화쟁을 가능하게 하는 근거는 무엇인가? 원효에 따르면 일심(一心) 개념이 바로 그것이다. 원효의 마음 사상의 핵심 개념은 '일심' 혹은 '일심의 원천[一心之源]'이다. 그렇다면 일심 개념은 무엇인가? 일심은 글자 그대로 '하나의 큰마음'이다. 여기에는 선악, 진망(眞妄), 진속(眞俗), 동이(同異)가 다 포함되어 있다.『금강삼매경론』에서 원효는 "이와 같이 일심(一心)은 통틀어 일체(一切)의 염정제법(染淨諸法)이 의지(依止)하는 바 되기 때문에 곧 제법(諸法)의 근본인 것이다"[8]라고 말한 바 있다. 일심의 원천 개념도 마찬가지 뜻을 담고 있다. 원효는『금강삼매경론』의 서문에서 '일심의 원천'에 대해 "무릇 일심의 원천은 유(有)와 무(無)를 떠나 홀로 맑다"[9]고 분명하게 규정하였다. 이렇게 볼 때, 일심이나 일심의 원천은 불성(佛性)[혹은 여래장]을 지칭하는 것으로 보인다.

그런데 불성으로서 일심 혹은 일심의 근원으로 돌아가서 관찰하면, 원효가

8_ "如是一心通爲一切染淨諸法之所依止故 即是諸法根本"[『금강삼매경론(金剛三昧經論)』].
9_ "夫一心之源離有無而獨淨"(『금강삼매경론』).

장님 코끼리 만지기의 비유를 통해 잘 드러냈듯이, 모든 시비는 다 틀릴 수도 있지만 동시에 부분적으로는 다 맞을 수도 있다. 저 유명한 개비개시론(皆是 皆非論)이 바로 그것이다. 따라서 일심은 마치 코끼리의 전모를 관찰하는 사람처럼 모든 쟁론을 회통시킬 수 있는 근원이 되는 것이다. 이렇게 볼 때 원효 사상의 요체는 화쟁사상이고, 화쟁사상의 요체는 마음 혹은 일심이다.

그렇다면 이러한 일심은 어떠한 기능을 하는가? 원효에 따르면 일심의 근원은 독정(獨淨), 즉 유와 무에 물들어져 있지 않고 홀로 깨끗하기 때문에 유와 무를 초월해 있지만, 동시에 유와 무에 영향을 두루 미칠 수 있기도 하다. 그리고 유와 무에 두루 영향을 미치기 때문에 일심이 성립되거나 존재하게 되지만, 동시에 그 일심은 제법(諸法), 즉 선악, 진망, 진속, 동이의 근원으로 작용한다. 이렇게 볼 때 일심 혹은 일심의 근원[一心之源]은 유/무를 초월한 보편적 원리(연기의 이치)이자 세상사의 진/속에 두루 영향을 미치기도 한다. 이것은 일심 혹은 불성이 합심의 근거임을 암시한다.

바로 이 지점에서 우리는 일심 개념의 연(일심의 조건으로서 불성), 일심의 연기(緣起) 현상, 세상사의 연(緣)[일심의 또 다른 조건] 등 연기의 기본 요소들뿐만 아니라 그들 사이의 관계 형식을 발견할 수 있다. 실제로『금강삼매경론』의 서문은 전체 문장 및 글의 구조가 이러한 요소들과 그 요소들 사이의 관계로 구성되어 있다.『금강삼매경론』의 서문을 구체적으로 확인해 보자.

무릇 일심의 원천은 유(有)와 무(無)를 떠나 홀로 맑으며, 삼공(三空: 我空, 法空, 眞空)의 바다는 진(眞)과 속(俗)을 융화하여 고요하다. 고요하므로 둘을 융화하였으나 하나가 아니고, 홀로 맑으므로 양극을 떠났으나 중간도 아니다. 중간도 아니나 극단도 떠났으므로 유가 아닌 법(法)이 마냥 없는 것도 아니며, 무가 아닌 상(相)이 마냥 있는 것만도 아니다. 하나가 아니나 둘을 융화하였으므로 진(眞)이 아닌 세상사가 새삼 세속[俗]이 된 것도 아니며, 세속이 아닌 이치가 새삼 진(眞)이 되는 것도 아니다. 둘을 융화하였으나 하나도 아니므로 진실이냐 세속이냐 하는 본성(本性)이 존립하지 않는 바 없으며 더럽고 깨끗한 모습이 갖추어지지 않은 바가 없다. 극단을 떠나되 중간이 아니므로 유무(有無)의 법이 마련되지 않는 바가 없으며 시비(是非)의 뜻이 미치지 않는 바 없다. 그러므로 파(破)함이 없으되 파하지 않음이 없고, 세움이 없으되 세우지 않은 바가 없다. 가히 이치 없음의 지극한 이치요 그렇지 않음의 지극한 그러함이다[10](최유진, 2013: 322~323에서 재인용).

위 인용문을 보면, 첫 문장의 구절은 일심의 근원을 규정하고 있고, 이어지는 구절은 세상사의 이치를 공(空)으로 규정함으로써 일심의 이치와 세상사의 이치가 일여성(一如性, Einheit)의 형식으로 동거하고 있다. 두 번째 문장의 첫 구절은 세상 이치 법계(法界)의 연기성을 언급하며, 이어지는 구절은 '일심의 근원'의 연기성을 말함으로써 연기성이라는 공통분모를 공유함을 보여준다. 세 번째 문장은 유/무의 '일심의 근원'과 진/속의 '세상사' 사이가 결코 무관하지 않음을 표현하며, 네 번째 문장은 부정을 통한 긍정과 긍정을 통한 부정, 그리고 그 반대의 형식 논리가 일여성의 형태로 동거하고 있다. 그리고 마지막 문장은 역설의 긍정(혹은 수용), 즉 '이치 없음의 지극한 이치'와 '그렇지 않음의 지극한 그러함'으로 마무리된다.

이러한 형식은 같음과 다름이 한 쌍으로 동거하면서 차이로서 서로 상관적 연관성을 짓는 그런 관계에 기초하는데, 김형효(2006)는 이를 '상관적 차이

10_ "夫一心之源離有無而獨淨 三空之海融眞俗而湛然. 湛然融二而不一 獨淨離邊而非中. 非中而離邊 故不有之法不卽住無 不無之相不卽住有. 不一而融二 故非眞之事未始爲俗 非俗之理未始爲眞也. 融二而不一 故眞俗之性而無所不立 染淨之相莫不備焉. 離邊而非中 故有無之法無所不作 是非之義莫不周焉. 爾乃無破而無不破 無立而無不立. 可謂無理之至理 不然之大然矣"(『금강삼매경론』).

(pertinent difference)'라고 개념화하면서 하이데거나 데리다 등 현대 해체주의 철학자들의 동이론(同異論)과 너무나 흡사하다고 주장한다. 이러한 주장의 가장 적절한 예가 원효의 동이론이다.

평등일미하여 성인은 다를 수가 없고, 유통유별하여 성인은 같을 수가 없다. 같을 수 없다는 것은 같음[同]이 다름[異]과 가까이한다는 것이요, 다를 수 없다는 것은 다름이 같음과 가까이한다는 것이다. 같음은 다름에서 같음을 변별한 것이고, 다름은 같음에서 다름을 해명한 것이다. 같음에서 다름을 해명한즉 같음이 나누어져 다름이 되는 것이 아니고, 다름에서 같음을 변별한즉 다름을 녹여서 같음이 되는 것이 아니다. 진실로 같음은 다름을 녹인 것이 아니므로 이것이 같다고만 할 수 없고, 다름은 같음이 나누어진 것이므로 이것이 다르다고만 할 수 없다. 다만 다르다고만 말할 수 없으므로 이것이 같다고 말할 수 있고, 같다고만 말할 수 없으므로 다르다고 말할 수 있다. 따라서 말함과 말하지 못함이 둘이 아니고 별개의 것도 아니다.[11]

이렇게 볼 때 원효의 마음 개념은 루만식으로 표현하면 하나의 체계이고, 우리의 용어로 말하면 연(緣)에 의한 연기 현상, 즉 중중무진(重重無盡)의 복잡성을 내포한 연기체(緣起體)[혹은 연기적 구성물]이다. 그리고 이러한 연기체의 공통 기반이 일심[혹은 불성]이다. 이를 합심적 특성이라는 차원에서 보면, 서로 다른 마음이 상즉상입하면서 함께 동거하지만 일심을 기초로 할 때 합심을 이루기도 하는 것으로 풀이할 수 있다. 다시 말하면 마음 혹은 마음 내부에 온

11_ "平等一味故 聖人所不能異也 有通有別故 聖人所不能同也 不能同者卽同而異也 不能異者卽異而同也 同者辨同於異 異者明異於同 明異於同者 非分同爲異也 辨同於異者 非鎖異爲同也 良由非鎖異故 不可說是同 異非分同故 不可說是異 但以不可說故 可得說是同 不可說同苦 可得說是異耳 說與不說 無二無別矣"(『금강삼매경론』).

갖 현상이 연(緣)으로 상즉상입하는데, 원효는 이러한 마음의 전체 혹은 그 원초적 토대를 일심이라고 규정하고 있다. 따라서 원효의 화쟁사상 속에는 일심의 개념이 전제되어 있다고 할 수 있다. 이것은 한편으로는 원효가 자신의 사상을 체계화하는 데 마음의 결정적인 역할을 전제했음을 의미하지만, 다른 한편으로는 화쟁사상이 합심적 특성을 내포한다는 것을 의미하기도 한다.

4. 화쟁(일심)사상의 합심적 특성

1) 원효와 루만의 인식론적 유사성

연기적 관점은 루만의 체계적 시각과 매우 유사하다. 우리는 이를 원효의 저술을 통해서 구체적으로 입증할 수 있다. 원효의 저술로 알려진 『진역화엄경소서(晉譯華嚴經疏序)』에서 천명한 법계의 원리를 보자.

그 첫 문장은 이렇다. "무릇 막힘없고 걸림 없는 법계의 법문은 법이 없으나 법 아님도 없고, 문이 아니나 문 아님도 없다."[12] 이 문장에서 법계는 마음의 대상이 되는(혹은 대승보살이 관심을 갖는) 사물이나 사상(事象) 그 자체, 그리고 그 구성요소나 영역을 의미한다. 그렇기 때문에 우리의 인식관심의 대상인 '사회'는 법계의 일부 혹은 한 유형이다. 그런데 그 법계의 문, 즉 법문(法門)은 법의 차원에서는 '법이 없으나 법 아님도 없는 것'으로 설명되고 있으며, 문의 차원에서도 '문이 아니나 문 아님도 아닌 것'으로 설명되고 있다. 여기에서 법이 연기법의 준말이라는 점을 고려하면, '법'과 '법 아님', 그리고 '문'과

12_ "原夫無障無碍法界法門者, 無法而無不法, 非門而無不門也"[『진역화엄경소서(晉譯華嚴經疏序)』].

'문 아님'의 역설이 일여성에 해당하고, 법은 중중무진의 작동 과정 자체를 가리킨다는 사실이 분명히 드러난다. 이는 루만의 '체계/환경 - 차이'로서의 일여성(一如性, Einheit)과 그 체계 내부의 '구별/지시 - 재진입' 작동과 거의 흡사하다. 아마도 이러한 유사성은 불교의 연기적 관점과 루만의 시각이 인식론적 차원에서는 동일하게 일체의 실체를 부정하는 구성주의적 관점에 서 있기 때문에 발생하는 것으로 보인다.

두 번째 문장은 이렇다. "이에 크지도 않고 작지도 않으며, 빠르지도 않고 느리지도 않으며, 움직이지도 않고 고요하지도 않으며, 하나도 아니고 많음도 아니다."[13] 이 문장에는 『화엄경소(華嚴經疏)』의 대의(大意)가 잘 드러나 있는데, 첫 구절은 삼법인(三法印)의 무아(無我)에, 두 번째 구절은 무상(無常)에, 세 번째 구절은 공(空)의 차원과 각각 배대(背對)되며, 이는 루만이 말하는 의미의 세 가지 차원, 즉 사회적 차원, 시간적 차원, 사실적 차원과 유사하다.

결국 '하나'와 '많음'은 역설인 동시에 동일한 단위성에 속한다. 실제로 이어지는 단락에서 원효는 다음과 같이 말한다. "하나도 아니고 많음도 아니기 때문에 한 법이 모든 법이고 모든 법이 한 법이다."[14] 이렇게 볼 때, 원효가 마음의 대상으로 보는 법계는 마음 외부에서 작동하는 연기의 작동 단위(즉, 연기체)이고, 그러한 점에서 그것은 루만의 사회적 체계와 유사하다.

2) 원효와 루만의 마음이론적 차이

루만이 마음에 배대(背對)되는 개념으로 사용하는 심리체계라는 개념은 인간의 내부에 존재하는 심리적 체계를 의미한다. 그런데 원효에 따르면 마음

13_ "爾乃非大非小, 非促非奢, 不動不靜, 不一不多"(『진역화엄경소서』).
14_ "不一不多故, 一法是一切法, 一切法是一法"(『진역화엄경소서』).

그 자체도 또 하나의 법계 유형으로 간주되어야 하므로, 원효의 사상은 루만의 심리적 체계 개념과 다르다.

이러한 차이는 대상과의 관계 설정 방식의 차이로 이어진다. 루만은 심리체계와 사회적 체계 사이의 관계를 상호침투성(구조적 연동, 공진화) 개념으로 설명함으로써 각 체계를 타자 혹은 환경과 무관하게 자기준거적(자기관계적) 자기재생산을 지속하는 폐쇄적 체계로 규정한다. 반면에 원효는 마음을 적극적인 수행성(performativity)을 가진 것으로 전제할 뿐만 아니라 화쟁의 근원적인 조건으로 간주한다. 그 근거는 원효의 또 다른 저서 『본업경소서(本業經疏序)』의 대의에서 확인할 수 있다.

『본업경소서』의 첫 번째 문장은 이렇다.

> 무릇 이제중도(二諦中道)는 이에 도라고 할 만한 나루가 없고 거듭 현묘한 법문은 더욱 문이라 할 만한 이치가 없다. 도라고 할 수 없기 때문에 마음으로 닦을 수 없고, 문이라 할 수 없기 때문에 행으로 들어갈 수 없다. 그러나 대해에는 나루가 없으나 배를 띄워 노를 저어 건널 수 있고, 허공에는 사다리가 없으나 날개를 펴서 높이 날 수 있다.[15]

이 인용문에서 이제(二諦)는 팔불(八不), 즉 '하나가 아니면서 둘도 아니며, 항상함이 아니면서 단멸함도 아니며, 오는 것도 아니고 가는 것도 아니며, 생겨나는 것도 아니고 또한 없어지는 것도 아니다'를 의미하며, 따라서 중도는 고정된 나루도 없고 그 연기법의 문틀이 따로 없다. 그렇기 때문에 마음으로 닦을 수 있거나 행위로 행할 수 있는 대상이 따로 없다. 그러나 그러한 중도의

15_ "原夫二諦中道, 乃無可道之津, 重玄法門, 逾無可門之理, 無可道故, 不可以有心行, 無可門故, 不可以有行入, 然以大海無津, 汎舟楫而能渡, 虛空無梯, 翻羽翼而高翔"[『본업경소서(本業經疏序)』].

세계에 도달할 수 없는 것은 아니다. 마치 싯다르타가 실제로 깨달음에 도달했듯이, 배를 띄워 노를 저어갈 수도 있고 날개를 펴서 날아갈 수도 있다.

이어지는 문장을 보자.

> (…) 이에 복과 지혜의 두 노를 갖추어 불법이 대해를 건너고, 지(止)와 관(觀)의 두 날개를 함께 움직여 법성의 허공에 높이 나니, 이것이 본업의 대의이다.[16]

이 인용문을 보면, 인간의 본업은 결국 마음 수행으로 마음을 쉬게 하여 한곳에 집중하게 하고, 지혜로 관조하여 진여(眞如)에 계합할 때 만들어지는 것이다. 여기에는 원효의 실천적 차원이 잘 드러나 있다. 즉 수행으로 인간의 마음이 조정될 수 있고, 궁극적인 목적인 니르바나에 이르게 할 수 있다는 것을 암시한다.

원효에 따르면 이러한 불성 상태, 즉 일심에 도달하면 행위자는 모든 것을 섭수하는 데 걸림이 없고, 걸림이 없기 때문에 그 어떤 대상에게도 자유자재로 침투할 수 있을 뿐만 아니라 그 대상의 상태를 변화시킬 수 있다. 한마디로 수행성을 갖는다. 이렇듯 마음이 수행성을 가지기 때문에 마음은 합심 가능성의 최종 기반이기도 하다. 그러나 루만에 따르면 심리체계는 결코 사회적 체계 내부로 들어갈 수 없다. 각각은 폐쇄체계로서 심리체계에게는 사회적 체계가 암흑상자(black box)인 반면, 그 반대도 마찬가지다. 바로 이 지점에서 원효와 루만은 결정적으로 갈라진다. 루만은 루만이고, 원효는 원효인 것이다.

16_ "於是備架福智雨檝, 能渡乎佛法大海, 雙運止觀二翼, 高翔乎法性虛空, 斯爲本業之大意也"(『본업경소서』).

3) 마음의 체(합심성)와 용(수행성)

원효의 '해골물' 일화와 그의 오도송(悟道頌)이 암시하듯이, 원효는 모든 것은 마음에 달려 있는 것으로 간주한다. 그 구체적인 예는 수행자의 실천과 관련된 원효의 저서인 『발심수행장(發心修行章)』에서 쉽게 확인할 수 있다. 『발심수행장』의 첫 구절은 이렇다.

무릇 모든 부처님들께서 적멸궁을 장엄하신 것은 많은 겁해 동안 탐욕을 버리고 고행하심 때문이며, 중생들이 화택문에 윤회하는 것은 한량없는 세월 동안 탐욕을 버리지 않기 때문이다. 막지 않은 천당에 이르는 자가 적은 것은 삼독 번뇌로 자기 집의 재물을 삼음 때문이며, 유혹하지 않은 악도에 드는 자가 많은 것은 사사(四蛇)와 오욕으로 망령되이 마음에 보배를 삼기 때문이다.[17]

이 인용문의 첫 구절은 탐욕을 버리고 불성을 얻으면 부처가 되기도 하고 그렇지 못하면 중생이 되기도 함, 즉 합심의 두 가지 다른 양태를 분명하게 밝히고 있다. 그리고 두 번째 구절에서는 중생이 고해의 바다로부터 벗어나지 못하는 것은 사사, 즉 물질을 구성하는 네 가지 요소와 다섯 가지 욕심(재, 색, 식, 명, 수)을 마음의 보배로 삼기 때문이라고 못 박고 있다. 이것은 삶의 행/불행이 모두 마음에 있음을 다시 한번 강조하는 셈이다. 심지어 원효는 "마음 가운데 애욕을 여윔을 사문이라 이름하고, 세속을 그리워하지 않음을 출가라 한다"[18]고 말함으로써 출가 혹은 사문(沙門) 여부도 삭발염의와 같은 형식이

17_ "夫諸佛諸佛, 莊嚴寂滅宮, 於多劫海, 捨欲苦行, 衆生衆生, 輪回火宅門, 於無量世, 貪欲不捨, 無防天堂, 少往至者, 三毒煩惱, 爲自家財, 無誘惡道, 多往入者, 四蛇五欲, 爲忘心寶" [『발심수행장(發心修行章)』].

18_ "離心中愛, 是名沙門, 不戀世俗, 是名出家"(『발심수행장』).

아니라 마음의 문제임을 분명히 한다.

이렇게 볼 때 원효는 마음의 수행성을 추호도 의심하지 않음이 분명하게 드러난다. 『발심수행장』에서 원효는 이를 다음과 같이 극적으로 표현하고 있다. "지혜가 있는 사람이 행하는 바는 쌀을 쪄서 밥을 짓는 것이며, 지혜가 없는 사람이 행하는 바는 모래를 쪄서 밥을 짓는 것이다."[19]

이렇듯 마음이 수행성을 가지고 있기 때문에 대상과 만나서 스스로를 변화시키기도 하고, 대상을 변화시키기도 한다. 그렇기 때문에 원효에 따르면 일심으로 돌아가서 불성(혹은 여래장)과 만나는 것이야말로 가장 이상적인 합심 현상이다. 원효에게는 이러한 일심의 근원으로 돌아가는 것이 깨달음이고, 불교의 궁극적 목적이기도 하다. 또한 동시에 원효에게 있어서 이러한 일심의 근원은 화쟁을 가능하게 하는 근거이자 요익중생의 기반이기도 하였다. 원효는 이러한 일심 사상에 기초하여 7세기경 한국불교의 두 가지 대표적인 교리였던 유식학파와 중관학파의 불교적 쟁론을 화쟁시켜 회통하였다.[20]

원효의 일심 개념은 이러한 사상적 의의만을 갖는 것이 아니라 실천적 차원에서 요익중생의 근거로도 작용한다. 일심에 기초하여 무애박을 들고 무애춤을 추면서 대중들을 교화했던 원효의 삶은 요익중생을 실천에 옮겼던 대표적인 사례라고 할 수 있다. 은정희는 이를 원효가 자신이 찬술한 경·론·소에서 언제나 강조하는 부주열반설(不住涅槃說)의 구현이라고 주장하는데, 여기

19_ "有智人所行, 蒸米作飯, 無智人所行, 蒸沙作飯"(『발심수행장』).

20_ 일부 논자들은 이러한 원효의 일심·회통 사상이 통일신라의 사상적 통일을 이룩하는 사상적(교리적) 원천이 되었고, 그것이 오늘날 남북통일에 대해서도 큰 시사점을 준다고 확대 해석하기도 한다(김강녕, 2012; 고영섭, 2014; 이상호, 2015). 그러나 이러한 해석에는 논리적 비약이 따른다. 이러한 주장을 정당화하기 위해서는 또 다른 차원, 즉 일심과 실천적 차원의 관계에 대한 치밀한 논의가 뒷받침되어야 할 것이다. 이 글에서 우리가 마음과 사회의 관계를 사회학적으로 논의하는 까닭도 이러한 쟁점을 해결하기 위한 것임은 두말할 나위가 없다.

에서 '부주열반'이란 깨달음을 이룬 불·보살이나 아직 깨달음을 얻지 못한 중생이나 모두 그 본래의 마음 바탕은 청정하다는 일심 사상, 즉 염정무이(染淨無二)·진속일여(眞俗一如)의 정신을 근거로 하여 불·보살이 깨달음에 머물지 않고 아직 미혹한 중생들을 깨닫도록 이끄는 것을 말한다(은정희, 2008).

원효에게 마음 혹은 일심은 결국 사회적 실천을 추동하는 힘이다. 원효는 『대승기신론소』에서 다음과 같이 말한다.

> 비록 육도의 물결을 일으키지만 일심의 바다를 벗어나지 아니하니, 진실로 일심
> 이 움직여 육도를 일으키기 때문에 널리 구제하는 서원을 발하게 되는 것이요,
> 육도가 일심을 벗어나지 않기 때문에 동체대비를 일으킬 수 있는 것이다.[21]

이것은 원효의 일심 개념 속에는 마음 내부의 다른 마음과의 상즉상입이나 불성과의 합심도 포함되어 있지만, 마음과 사회 현실(사회의 사상적 통일이나 대중 교화 및 이익)과의 합심도 내포되어 있음을 의미한다. 특히 후자의 경우는 원효의 『금강삼매경론』에서 마음의 차원과 우주의 자연이 서로 대응되는 교감의 진리, 즉 심물합일(心物合一)의 법으로 뒷받침되고 있다.

요컨대, 원효의 마음 개념에는 크게 두 가지 합심적 특성이 내재되어 있다. 하나는 마음과 사회가 상즉상입하면서 합심할 수 있다는 특성이다. 다른 하나는 마음 내부에서 서로 다른 마음이 상호의존하면서 일여성 혹은 상관적 차이를 형성하고 있다는 것이다. 또한 마음은 수행성을 가지기 때문에 스스로를 변화시킬 수도 있고 대상의 변화에도 영향을 미칠 수 있다. 달리 말하면 마음과 상즉상입하는 대상으로서 사회는 마음의 외부적 연(緣)이고 내부의 연은

21_ "雖起六道之浪, 不出一心之海, 良由一心動作六道, 故得發弘濟之願, 六道不出一心, 故能起同體大悲"[『대승기신론소(大乘起信論疏)』].

마음 내부에서 상관적 차이를 형성하면서 일여성을 띠고 작동한다. 마찬가지로 사회의 차원에서도 이와 동일한 문법을 적용할 수 있을 것이다.

5. 원효 그 후

지금까지 우리는 원효를 구체적으로 논의하였다. 그러나 한국불교의 마음 사상 논의가 원효에서 끝나는 것은 결코 아니다. 여기에서는 원효 이후 한국불교의 마음 사상의 전개 과정을 고려, 조선, 현대를 대표하는 주요 사상가를 중심으로 개관함으로써 원효의 마음 사상이 시간의 흐름 속에서 어떻게 계승·발전되고 있는지를 약술하고자 한다. 이를 위해 각 시기별로 핵심 사상가를 한 명씩 선정하고, 이들의 마음 사상에 초점을 맞추어 그 핵심 주장만을 살펴보았다.

원효 이후의 마음 사상가를 선택하는 과정은 다음과 같다. 서울대학교 철학사상연구소에서 발간한 『마음과 철학: 불교편』에서 제시하는 다섯 명의 마음 사상가(지눌, 득통[기화],[22] 경허, 만해, 성철)와 중앙승가대학교 승가학연구소에서 발간하는 『승가학자료집 법어편』에 선정된 열 명의 선사(의상, 도의, 의천, 지눌, 혜심, 보우, 혜근, 득통, 휴정, 선수) 중에서 공통적으로 나타나는 지눌과 득통을 우선적으로 선택하였다. 이들은 각각 고려와 조선 시대의 마음 사상가를 대표하기도 한다. 그리고 현대의 마음 사상가로 성철을 선택하였다. 지눌은 정혜결사를 통해 한국의 선불교를 부흥시켰다는 점, 득통은 조선 초 유불 논쟁을 통하여 불교의 마음 사상을 적극적으로 변론하는 데 성공하였다

22_ 법명인 '기화'보다 법호인 '득통' 혹은 당호인 '함허당'으로 더 자주 호명된다. 이에 이 책에서는 법호인 '득통'으로 기술할 것이다. 다만 특정 책이나 논문에서 인용한 경우에 한해 '기화'로 표기한다.

는 점, 그리고 성철은 지눌의 선사상의 핵심인 돈오점수(頓悟漸修)를 비판함으로써 이른바 '돈점 논쟁'의 불을 지폈다는 점도 고려하였다.[23]

우선 지눌의 마음 사상을 보자. 지눌 연구가로 알려진 길희성은 다음과 같이 단도직입적으로 말한다.

> 보조국사 지눌의 심성론을 한마디로 말하면 공적영지론(空寂靈知論)이다. 지눌
> 은 공과 지 혹은 적과 지라는 두 글자로 마음의 본성을 밝히고 있다. 이 두 글자
> 는 중국인들이 인도에서 온 낯선 종교를 이해하고자 500여 년의 노력 끝에 도달
> 한 결정체와 같다(길희성, 2013: 337).

지눌은 적공영지를 망심과 구별되는 진심(眞心), 즉 불성으로 간주하고 있다. 여기에서 진심은 적공, 즉 본래 텅 비고 고요한 마음의 차원과 영묘한 앎이란 작동적 차원을 모두 내포하고 있다. 이는 전통적인 불교 용어로는 정(定)과 혜(慧)에 각각 해당되기도 하지만, 적공은 앞서 살펴본 원효의 일심 혹은 '일심의 근원'과 같은 의미이고, 영지는 대상을 맞이하여 알게 하는 그 무엇이라는 점에서 예부터 내려온 한국의 마음 개념과 유사하다. 그렇기 때문에 지눌의 마음 개념 속에는 불성과의 합심성이나 단위동일성을 갖는 체계의 차원[혹은 체(體)의 차원]과 대상과 만나서 스스로를 변화시키기도 하고 대상을 변화시키기도 하는 수행성이나 작동적 차원[혹은 용(用)의 차원]이 모두 포함되어 있다. 이것은 지눌의 수행론이 정혜쌍수나 돈오점수로 귀결될 수밖에 없는 사상적 근거로 보인다.

다음으로 득통의 마음 사상을 살펴보자. 박해당은 득통의 사상을 다음과

23_ 지눌, 득통, 성철의 마음 사상을 개관하는 것만으로도 한국불교의 마음 사상사의 중
요한 맥을 이해하는 데 큰 무리가 없다고 여겨진다.

같이 요약한다.

기화의 사상은 선불교, 교학전통, 정토신앙, 호불론, 유불관계론 등 매우 다양한 분야에 걸쳐 있지만, 그 바탕에 놓여 있는 것은 궁극의 일원(一元)으로서 반야(般若)이다. 이 반야는 돈오점수의 수행체계를 비롯한 불교 안의 여러 가지 전통 뿐만 아니라 불교 밖의 유교 전통까지도 회통시키는 근본원리로 작용한다. 그리고 이 반야는 기화가 제시하는 마음의 본질이다(박해당, 2013: 367).

이상의 인용문에 따르면, 득통의 반야 개념은 불성(혹은 여래장)은 물론 원효의 일심이나 지눌의 공적영지 개념과 같은 의미와 역할을 갖는 것으로 보인다. 실제로 득통은 다음과 같이 말한다.

한 물건[一物=般若]이 여기에 있으니 이름과 모양이 끊어지고, 과거와 현재를 관통하며, 하나의 티끌에 들어가고 온 우주를 둘러싼다. 안으로 온갖 묘함을 품고 밖으로 온갖 사태에 응한다. (…) 천지보다 앞서 그 시작이 없고, 천지보다 뒤에 있어 그 끝이 없다(박해당, 2013: 367~368에서 재인용).

이 인용문에서 첫 문장은 반야를 공, 무상, 무아의 삼법인의 차원에서 설명하고 있다. 박해당은 이를 영원성, 무규정성, 무한한 작용성 등으로 개념화하는데(박해당, 2013: 368), 이것은 반야가 체(體), 상(相), 용(用)의 차원을 내포하고 있음을 의미한다. 두 번째 문장은 반야의 사회적 역할, 즉 연기성(합십성)과 수행성을 언급함으로써 득통의 마음 개념이 사회이론적 함의를 내포하고 있음을 의미한다. 마지막 문장은 반야가 불성(혹은 여래장)과 같은 차원임을 시사함으로써 이 개념이 불성, 원효의 일심, 지눌의 적공영지 개념을 계승하고 있음을 보여준다. 게다가 득통은 반야를 신해(信解), 즉 아는 능력을 가진 것으로 간주한다(박해당, 2013: 370~371). 여기에는 한국 고대의 마음 개념 및 지눌의 영지 개념이 계승되고 있음이 잘 나타난다.

마지막으로 현대 한국불교를 대표하는 선사로 알려진 성철의 마음 사상을 보자. 마음 밖에 따로 구할 것이 없다는 선불교는 모든 것을 마음의 문제로 환원하는 독특한 전통을 가졌고, 따라서 선사들이 추구하는 깨달음도 결국은 본래부터 내재하는 부처의 마음을 깨치는 것일 따름이다. 이를 선불교에서는 견성(見性)이라고 하는데, 견성에서 성(性)은 자성청정심(自性淸淨心), 즉 부처의 마음으로서 진여, 여래장, 일심, 법성, 불성 등과 같은 개념이다(윤원철, 2013: 441~442). 그렇기 때문에 '자성청정심을 어떻게 깨칠 것인가?'의 문제는 선사들에게는 세수하면서 코 만지기보다 쉽다고 하지만, 현실적으로는 자신의 생을 모두 바쳐야 할 일대사로 간주되기도 한다. 바로 이와 관련하여 성철은 '돈오돈수(頓悟頓修)'라는 수증법(修證法: 불성의 견성, 즉 증득을 위한 수행법)을 다시 복원할 것을 강력하게 주장하였다.

문제는, 복원이란 표현이 시사하는 것처럼, 그동안 한국불교의 수증법이 지눌의 돈오점수를 수행 전통으로 간주해 왔다는 사실이다. 그렇기 때문에 성철의 돈오돈수는 보조국사 지눌의 수행법을 정면으로 부정하는 것으로 나타났다.[24] 성철의 주장은 단박에(혹은 문득) 깨달으면 차후에 점차적인 수행이 필요하지 않다는 것이다. 바로 여기에는 자성청정성을 깨달은 마음의 완전무결성이 전제되어 있다. 그렇기 때문에 그러한 완전무결한 마음을 확철대오(廓撤大悟)하기 위해서는 그만큼 치열하고 지속적인 수행, 즉 정진이 필요하다(윤원철, 2013: 460~462).

바로 이러한 특성을 내포하는 성철의 선사상 및 마음 사상은 불교계에서

24_ 그 여파는 성철이 소속된 해인사와 지눌의 주석처였던 송광사 사이의 다툼을 넘어 한국불교 전체를 깨달음 논쟁으로 몰아갔다. 물론 이 논쟁은 지금까지도 완전히 종결되지 않고 있다.

보살행이라 부르는 사회적 실천을 등한시하는 의도하지 않은 결과를 초래하는 경향을 낳았고, 그것이 대승불교를 지향하는 한국불교계에서 새로운 논쟁의 불씨가 되기도 하였다.[25] 그러나 이렇듯 사회적 차원에 대한 무관심은 비단 선불교만이 아니라 마음을 압도적으로 강조하는 불교 일반의 특성에서 유래하는 바가 없지 않다. 따라서 불교의 마음 개념은 사회와의 관련성을 회복할 때 더욱 확장되고 심화될 것이다.

6. 맺음말

지금까지 원효의 화쟁일심 사상을 마음 사상의 차원에서 고찰함으로써 다음과 같은 몇 가지 결론에 도달할 수 있었다. 첫째, 원효 사상의 핵심은 마음에 있으며, 마음을 삶의 문제와 연관시키고 있다는 점에서 원효는 명실상부한 마음 사상가였다고 평가할 수 있다. 둘째, 일심 개념을 중심으로 전개되는 원효의 화쟁사상을 통해서 마음이 합심성을 가지고 있으며, 셋째, 루만과의 비교를 통해서 마음의 수행성도 확인할 수 있었다. 이를 통해 한국 마음 문화의 사상적 기원이 원효의 화쟁일심 사상에서 출발하고 있음을 알 수 있었다.

합리주의적 관점에서 보면, 원효의 주장은 초월적인 일심에 근거한다는 점에서 종교적 신비주의로 보일 수도 있겠지만, 붓다의 깨달음 체험을 인정하는 불자의 상황에서는 수긍이 되는 부분도 많을 것이다. 종교적 상황은 접어두더라도 원효의 화쟁일심 사상이 한국불교의 마음 개념 및 한국사회의 마음 문화의 초석으로 작용하면서 지속적인 영향력을 행사해 왔음은 분명하다. 원효

25_ 현응(2015)이 이러한 고민을 공개적으로 피력함에 따라 최근 한국불교계에서는 잠시나마 깨달음 논쟁이 다시 촉발되기도 하였다.

이후 지눌, 득통, 성철로 이어지는 한국불교의 마음 사상사는 그것을 웅변하고 있다. 이것은 한국사회의 마음 문화가 매우 발달했다는 것을 의미한다. 물론 한국사회의 마음 문화의 발전에는 조선 사회를 지배해 온 유교의 마음 개념이 끼친 영향도 부인할 수 없다.[26]

김형효는 동서고금의 철학 학설이 매우 간이(簡易)한 사유구조를 보인다고 주장한다. "동양의 불교와 노장사상과 유학의 양명학으로 대변되는 해체적 사유와 서양의 휴머니즘과 신학사상 그리고 동양의 주자학적 유학사상이 뭉뚱그려 표현하는 구성적 사유의 두 가지 종류가 범주적으로 성립한다"(김형효, 2006: 16). 이러한 김형효의 주장을 받아들인다면, 삼국시대와 고려시대를 지배해 온 불교사상과 조선시대의 주자학적 유학사상 사이에는 분명한 차이가 있을 것이다. 그러나 마음 사상이나 합심 문화의 문화문법을 고려하면, 반드시 단절의 측면만 있는 것은 아니다. 물론 김형효가 주장하는 사상적 차이 때문에 조선 초 유불 논쟁이 전개된 것은 사실이고, 불교의 '비움의 마음', 즉 일심의 바탕으로서 공의 마음과 이기 혹은 성정의 합으로서 유교의 마음 개념 사이에는 단절성이 있는 것도 명백한 사실이다. 그러나 마음을 합심의 관점에서 보는 형식적 틀의 관점에서 보면 연속성도 존재한다.

이와 같은 단절과 연속 가운데에서도 면면히 이어지고 있는 한국사회의 마음 문화를 온전히 포착하고 이해함으로써 한국사회의 당면 과제들을 극복하는 데 의미 있는 단서를 제공할 수 있을 것이다. 이 글이 그러한 기획을 위한 주춧돌이 되기를 기대한다.

26_ 조선시대의 마음 문화에 대한 논의는 유승무·박수호·신종화(2013), 유승무·박수호·신종화·이민정(2014) 등을 참고하기 바란다.

제 5 장

득통의 심학과 타심(他心)과의 합심성

1. 머리말

고도의 형이상학적 사상체계를 내장한 불교가 한반도에 전래되어 지배적인 사상체계를 형성한 이래 한국사상사의 물줄기를 가장 크게 요동치게 한 사건은 단연 조선의 개국과 함께 전면에 등장한 유교의 지배이데올로기화였다. 실제로 유교는 고려 후기부터 세력을 형성하기 시작한 사대부들에게 조선의 통치이데올로기 혹은 국가종교로 공인되면서 고려시대 불교의 위상과 역할을 대체해 나가기 시작했다. 이른바 숭유억불 정책은 그 추동력이었다. 굳이 베버의 '전철수(轉轍手)' 비유를 언급하지 않더라도, 이러한 유교의 지배이데올로기화 과정은 이후 한국사상사는 물론 당시 조선사회 전체의 흐름을 바꾸는 데 결정적인 역할을 하였다. 그리고 유교의 지배이데올로기화라는 거대한 사상적 지각 변동은 또 다른 사상사적 자산인 불교 유산의 위축 혹은 상실을 수반하였다. 이렇듯 유교가 지배적인 이데올로기로 바뀌어가면서 불교가 위

축을 거듭할 때, 오랜 세월 농축된 지적 자산인 불교사상을 계승하고 있던 당대의 대표적인 사상가라면 마치 모천회귀의 운명을 짊어지고 역류하는 연어처럼 시대의 조류를 거스를 수밖에 없는 운명에 처하기 십상이다.

여말선초를 살았던 함허당 득통(1376~1433)은 그 전형적 사례다. 실제로 득통은 나옹(혜근) - 자초(무학) - 득통(기화)으로 이어지는 조선 초 선문법통의 핵심적 인물[1]일 뿐 아니라(서정문, 1992), 한국불교의 대표 선승으로 평가받는 인물이다.[2] 또한 득통은 『금강반야바라밀경오가해설의(金剛般若波羅蜜經五家解說誼)』, 『금강반야바라밀경윤관(金剛般若波羅蜜經綸貫)』, 『대방광원각수다라료의경설의(大方廣圓覺修多羅了義經說誼)』, 『선종영가집과주설의(禪宗永嘉集科註說誼)』, 『현정론(顯正論)』 등과 같은 주옥같은 마음 사상적 문헌을 남긴 조선 초를 대표하는 불교학자(혹은 사상가)였다.[3] 특히 득통은 당시 성리학자들의 불교비판에 맞서서 일종의 대론 형식으로 호불론을 펼쳤는데, 그 구체적인 내용을 담고 있는 득통의 저술이 바로 『현정론』이다.[4] 당시의 숭유억불 정세를 감안할 때 호불론의 성격을 내포하는 『현정론』은 이론적 차원의 사회비판서로 읽히지만, 사회의 기능체계로서 종교, 특히 불교에 대한 사회적 기대(즉, 구성원들의 심성을 선하게 만들어줌으로써 사회통제 효과 및 사회질서 유지의 기능을

1_ 득통이 자초의 상수 제자인지 여부는 학자들 사이에 이견이 존재한다(황인규, 2001).

2_ 중앙승가대학교 승가학연구원에서 발행하고 있는 '승가학자료집 법어편' 시리즈에는 신라 이후 조선 말까지 한국불교를 대표하는 선승 9인의 법어집이 수록되어 있는데 득통의 법어집도 그중 하나다. 이는 득통이 조선 초는 물론 한국불교를 대표하는 선승임을 상징적으로 보여준다.

3_ 이 글의 3절에서 밝히고 있듯이 "1421년 세종의 청에 따라 개성 대자사(大慈寺)에 머물면서 왕의 어머니를 위해 명복을 빌고, 왕과 신하들을 위해 설법하였다"라는 기록은 이를 잘 증거한다.

4_ 일부 학자들은 『유석질의론』을 득통의 유불대론의 또 하나의 대표적 업적으로 간주하기도 한다. 그러나 그것이 득통의 저술인지의 여부가 불교학계의 논란이 되고 있어(박해당, 1996), 여기에서는 일단 제외하였음을 밝혀둔다.

수행할 수 있다는 내용)를 담았다는 점에서는 종교사회학적 저술 내지 마음사
회학적 저술로도 읽힌다. 이렇게 볼 때 득통과 그의 『현정론』은 불교학자는
물론 사회과학자의 시선을 끌기에도 충분하다.[5]

그럼에도 지금까지 득통에 대한 학문적 관심은, 특히 원효나 지눌과 비교
하면 현저히 낮다. 그 결과 그에 대한 학문적 성과도, 일단 양적인 차원에서
만 보더라도 절대적으로 적다. 비록 실증적인 통계조사를 한 것은 아니지만
실감적 차원에서 보더라도, 일반인은 물론 학자들 사이에서조차 득통에 대
한 인지도는 원효나 지눌은 물론 당대의 유학자인 정도전 등에 비해서도 현
격히 낮다. 또한 득통에 대한 학문적 연구의 폭과 깊이도, 특히 당대의 사상
적 지각변동과 그에 역류했던 그의 삶을 고려할 때 매우 부족하다는 감을 지
울 수 없다.

득통에 대한 연구는 주로 호불론과 관련된 소논문을 중심으로 이루어져 왔
다(박해당, 1996). 유일하게 박해당(1996)과 그의 일련의 후속 연구가 예외적인
데, 필자가 검토한 바에 따르면 그의 연구가 지금까지의 득통 연구사에서 가
장 방대하고 체계적인 연구 성과로 생각된다. 특히 박해당(1996)은 제1부에서
득통의 불교관을 심성론적 측면, 수행론적 측면, 교학적인 측면으로 나누어
고찰하고 제2부에서는 호불론과 유불관계론을 논의함으로써 득통의 사상을
가장 포괄적으로 다루었다.[6] 그러나 이 연구에서조차도 제1부의 내용과 제2
부의 내용이 서로 어떻게 연관되어 있는지 — 바로 이 점이 마음사회학적 이해를

5_ 득통의 마음 사상에 대한 정치(精緻)한 철학적 논의에는 오히려 그의 저서 중 "說誼"
로 표현된 저서들이 더 적합하지만, 이러한 저술들은 『현정론』에 비해 상대적으로
사회학적 함의가 부족하다. 따라서 이러한 자료는 득통의 마음 개념을 파악하기 위
한 용도로만 활용하고자 한다.
6_ 이후에도 박해당은 득통의 저술들을 번역하는 등 후속 연구를 발표한 바 있다. 박해
당(1996; 2001; 2013) 등을 보라.

요하는 측면이다 — 에 대한 이론적 논거나 실증적 근거를 제시하지 않음으로써 당대의 정치사회적 변동 및 사상적 지형변화와 득통의 불교관(혹은 득통의 사상과 실천) 사이의 관계를 이해하는 데 직접적인 도움이 되지 못한다. 특히 득통이 마음의 결정적인 위상을 전제하는 선사이면서도 동시에 정치사회적 실천의 흔적을 남긴 사상가란 점을 고려하면, 득통의 마음 개념과 그의 정치사회적 실천 사이의 관계를 탐구하는 것은 그 누군가는 반드시 탐구해야 할 매우 중요한 연구과제라고 할 수 있다.

이상과 같은 이유 때문에 한국의 대표적인 사회사상가를 발굴하여 그 사회학적 의미를 도출하고자 하는 이 글에서는 이에 부합하는 조선 초의 대표적인 사상가로 득통을 선택하였다. 물론 이 외에도 득통을 연구대상으로 설정한 직접적인 이유는 또 있다. 무엇보다도 그가 한국의 마음 사상적 특성을 가장 잘 반영하는 사상가였기 때문이다. 실제로 득통은 나옹과 자초를 이어 조선의 법통을 이은 선사였음에도, 원효나 지눌 못지않게 교학도 중시하였고 나아가 당시 지배이데올로기로 부상하고 있던 유교에도 정통하여 유·불·선 삼교의 회통을 주장하였다. 또한 득통은 성균관 유생 출신의 정통 유자에서 불교로 개종했을 뿐만 아니라 호불론의 내용을 담고 있는 『현정론』을 지어 숭유억불의 기조에 대항하는 등 레짐체인지에 역류한 것으로 유명하다.[7] 이렇게 볼 때 득통이야말로 한국사상을 대표하는 불교와 유교의 핵심사상(특히 마음사상)과 정치사회적 쟁론 사이의 관계를 입증하기에 가장 적합한 사상가일 것으로 생각된다.

7_ 득통의 생애와 사상에 대한 더 자세한 논의는 성암도(1990)를 참고하기 바란다.

2. 왜 '마음사회학적 이해'인가?

이 글의 목적은 득통이란 사상가를 마음사회학적으로 이해하는 데 있다. 그렇다면 왜 하필 '마음사회학적 이해'인가?

한국의 (사회)사상가를 이해하기 위에서는 천 년 이상 마음문화를 온축하고 있는 마음 사상을 어떻게 개념화하고 있는지에 대한 이해가 필수적일 것이다. 특히 연구대상이 불교사상가라면, 그의 마음 사상에 대한 이해는 결정적인 요소이다.[8]

절대자인 신(神)에 대한 맹신을 전제하는 아브라함의 종교나 힌두교와는 달리, 불교는 행위자 스스로가 지금 여기에서 발생하는 사태를 바로 보고 바로 이해하여 깨닫는 것을 가장 중요시한다. 그런데 붓다에 따르면 '지금 여기에서 발생하는 사태'는, 그 사태에 관계되는 요소들의 상호의존적 관계로 발생하는 일종의 사건(event), 즉 연기의 산물이다. 『열반경』이나 '칼라마 사람들에 대한 가르침' 등에서 명시적으로 증거하듯이 붓다는 제자들에게 모든 것이 연기의 산물이라는 것, 즉 법을 유일한 의지처이자 진리의 기준으로 삼을 것을 가르쳤다. 그렇기 때문에 불교에서는 붓다의 가르침은 말할 것도 없고 붓다조차도 도그마나 맹신의 대상이 아니라 오히려 '뗏목'이거나 '한 움큼의 나뭇잎'일 수밖에 없다. 바로 이 지점에서 '지금 여기에서 발생하는 사태에 작동하는 연(緣)과 기(起)를 관찰(바로 보고 바로 이해)하는 한 물건[一物] 혹은 반야, 즉 『금강경』의 응무소주이생기심(應無所住而生其心)과 같은 공적영지(空寂靈知)의 마음이 필수불가결한 요소로 등장한다. 실제로 불교의 궁극적 지향점인 니르바나에 이르기 위해서는, 붓다가 증거하고 있듯이, 이러한 상태의 마

8_ 조선 초 숭유억불 정책의 사상적 기초를 제공한 것으로 알려진 정도전의 『불씨잡변』이 불교비판의 사상적 근거를 유교의 이기론에 기초한 불교의 마음 개념 비판에서 시작한다는 사실은 이를 방증하기에 충분하다.

음에 이르기 위한 수행이 필수적이다. 사성제(四聖諦), 팔정도(八正道)와 같은 기본교리가 모두 마음의 근본적인 개심(改心)과 관련되어 있는 것도, 그리고 대승불교, 그중에서도 특히 선불교가 마음의 본래성을 추구하는 것도 그 이유 때문이다. 요컨대 연기와 마음은 불교의 알파요 오메가다.

그러나 문제는 '뗏목'이나 '한 움큼의 나뭇잎' 비유가 암시하듯이 연기와 마음이 붓다의 가르침이기 때문에 진리의 기준이 되는 것은 아니라는 사실이다. 그 까닭은 보편성의 내장에서 찾을 수밖에 없다. 그렇다면 연기와 마음 혹은 그 관계는 어떤 점에서 보편성을 내장하고 있는 것일까? 이와 관련하여 필자들은 삶의 여정에서 부딪히는 모든 만남, 즉 '맞[迎, 待]9 + 남[生]'을 이해하는 것이야말로 인류의 삶의 보편적 요구였기 때문이었을 것으로 추론한다. 바로 이 지점에서 '맞[迎, 待對]' 혹은 '만남'을 아는 놈[者], 즉 '맞[迎, 待對] + 앎[知]'의 체(體)가 무엇인가를 밝혀야 하는 요구가 발생한다. 그렇다면 그 놈[者] 혹은 그 체(體)는 무엇일까? 이와 관련하여 마음의 고어 'ᄆ合'에 주목한다. 만약 그 고어가 '맞아서 알다'는 의미에서 유래하였다면10 '마음'이란 말이 이미 연기 혹은 연생의 요소들의 만남 혹은 연기(혹은 연생) 그 자체를 그 만남과 동시에 즉시 아는 자(者)11였음을 지시하는 셈이다. 그렇기 때문에, 차이와 그 반복을 통해 만나는 대상들과의 관계성을 알게 된 마음에는 호불호와 같은 일종의 '마음의 습속(the habit of the heart)' ― 불교에서는 이를 망상 또는 집착이라 부르고, 루만은 반복에 의한 형식으로 명명한다 ― 이 생겨나게 될 뿐만 아니라 동시에

9_ 일본어 '待(ま)つ'도 '맞이하다'란 뜻을 가지고 있으며, 일본의 고유한 제천의식 '마쓰리'나 한국 부여의 영고(迎鼓)도 모두 '맞이하다'와 연관된다.

10_ 이에 대한 자세한 논의는 유승무·박수호·신종화(2017)를 참고하기 바란다.

11_ 사회학자인 니클라스 루만은 이를 '지각(wahrnehmung)'으로 해석하고 그것에 의존하는 상호작용을 사회적 체계와 구분하여 논의한다(Luhmann, 1984). 이는 이론적 차원에서 보면, 연기와 마음의 관계라는 구도와 유사한 이론틀로 보인다.

바로 그 마음의 작동을 관찰하여 전변시키는 것이야말로 자신의 삶을 일신시킬 수 있는 유일한 가능성(혹은 잠재성)일 수밖에 없다. 굳이 일체유심조(一切唯心造)를 언급하지 않더라도 불교가 마음을 만물의 주재자(主宰者)로 간주한 까닭이 여기에 있다.

이렇게 볼 때 연기를 통찰하고 그에 기초하여 자신의 망상의 마음을 개심하는 것이야말로 생의 보편타당한 요구일 수밖에 없다. 마찬가지 이유에서, 붓다가 발견한 연기와 그가 깨달음으로 실증한 사제(四諦)와 그것을 관통하는 마음 수행이 보편성의 위상을 흔들림 없이 유지하고 있고, 붓다 역시도 시공간의 한계를 넘어 누구나 보편적으로 인정하는 인류의 위대한 스승, 즉 성인(聖人)으로 여전히 남아 있다. 이렇듯 연기와 마음의 연관을 보편성의 차원에서 이해하는 순간 화엄사상가인 원효의 '일심' 개념, 선불교를 지향한 지눌의 '공적영지' 개념, 나아가 나옹 - 자초 - 득통으로 이어지는 간화선(看話禪)의 마음 개념조차 연기와 마음이란 공통분모, 즉 보편성의 공유 위에 터하고 있음을 쉽게 알 수 있다.[12] 그러나 인류의 보편적 가르침으로서 불교적 유전자를 공유하고 있는 연기 및 마음 개념들조차도 당대 사상가가 처한 사회적 조건이나 시대정신을 반영할 수밖에 없는 것 또한 사실이다. 바로 이러한 사실은 마음과 사회의 관계에 대한 논의, 즉 마음사회학적 이해가 요구됨을 의미한다.

이론적 차원에서 볼 때, 마음사회학을 논의하기 위해서는 최소한 세 가지 범주의 개념, 즉 사회, 마음, 그리고 그 관계 사이의 개념적 구별과 그 연관성을 논의해야 한다. 그러나 여기에서는 이를 정치하게 논의하기보다는, 인간의 의지와 무관하게 연기의 이치에 따라 구성되는 것을 사회 혹은 '사회적인

12_ 선불교 혹은 선사상사에 대한 자세한 논의는 오가와 다카시(2018)를 참고하기 바란다.

것'으로 전제하고 — 사회학주의의 위험이 없는 것은 아니지만 — 나아가 마음 개념은 앞서 논의한 것으로 대신하려 한다. 그 대신 여기에서는 그 관계 설정문제를 이론적 차원에서 논의해 둠으로써, 득통에 대한 마음사회학적 이해의 프레임으로 삼고자 한다.

군이 마르크스나 만하임의 존재구속성을 언급하지 않더라도, 의식과 사회의 관계에 대한 논의는 사회과학의 매우 고전적 주제이다. 그런 점에서, 매우 유감스럽게도 마음과 사회의 관계에 대한 연구가 거의 진행되고 있지는 못하지만, 마음과 사회의 관계를 어떻게 설정할 것인가라는 과제 역시도 마음사회학의 과제이자 사회과학 일반의 과제이기도 하다. 바로 이 문제와 관련하여 이론적 징검다리로 삼을 수 있는 사회학자가 바로 니클라스 루만(N. Luhmann)이다. 루만은 소통으로서의 사회와 심리체계의 관계를 체계와 환경의 관계로 설정하고 그것을 불이성 혹은 일여성(Einheit)으로 관찰할 것을 주장함으로써, 한편으로는 마음과 사회의 상호의존성을 드러낼 수 있는 이론적 기반을 제공해 주지만 다른 한편으로는 체계 내부로의 상호침투 불가능성을 전제함으로써 마음과 사회의 상입 가능성을 부정하고 있다. 그런데 앞서 언급한 불교의 마음 개념은 이 부정성을 반증하기에 가장 보편타당한 근거를 제공해 준다.[13]

이에 루만의 전자의 측면을 수용하되 후자의 측면 즉 상호침투의 부정을 비판함으로써 이 글의 이론적 입지를 마련하고자 하였다. 단도직입적으로 말하면 우리는 마음과 사회의 상호작용 관계를 상호의존성과 상호침투성의 관계(혹은 상즉상입의 관계)로 설정하려고 한다. 구성원의 마음에 대한 사회적 기

13_ 불교의 일체유심조(一切唯心造)는 그 대표적 경구이다. 최근 들뢰즈의 『차이와 반복』 및 '행위자 연결망 이론(ANT)'으로 유명한 라투르로 인해 새롭게 주목받는 사회학자 타르드(Gabriel Tarde, 1843~1904)도 심일원론을 주장함으로써 이와 유사한 주장을 한다. 이에 대한 자세한 논의는 타르드(2015)를 참고하기 바란다.

대와 마음의 사회적 기능 사이의 함수관계와 같은 '마음과 사회의 상호침투'
를 이해하는 것이야말로 한국의 사상가와 그의 사회적 실천 사이의 역동적 관
계를 이해하는 데 필수적이기 때문이다. 그러나 이러한 프레임에 따를 때 사
회에게는 마음이, 마음에게는 사회가 구조로서 제한성을 가지지만 그러한 구
조적 제약 속에서도 각각은 자신의 자율성을 갖는 것으로 전제된다. 바로 이
지점에 이를 때 중중무진의 구조와 행위자의 자율적 선택 사이의 길항관계가
비로소 설명 가능하다고 생각한다.[14] 이 글에서 우리가 득통을 사례로 설정
하여 마음과 사회의 상호작용 관계를 마음사회학적 시각에서 이해하려는 까
닭이 여기에 있다.

이 글에서는 우선 득통의 역류의 생애사를 당대의 사회적 맥락과 연관성
속에서 이해해 볼 것이다. 다음으로는 득통의 마음 개념, 즉 반야로서의 마음
개념을 득통 자신의 저술에 기초하여 실증해 본 다음 그것이 갖는 불이성
(Einheit)을 밝혀보고자 한다. 그런 다음 이러한 논의에 기초하여 득통의 마음
개념이 그의 인정투쟁 과정에 어떻게 연결되어 있는지를 밝혀봄으로써 득통
의 사상, 특히 사회사상을 마음사회학적 시각에서 총체적으로 드러내 보고자
한다.

14_ 물론 이러한 점을 최초로 탐구한 사회학자는 가브리엘 타르드이다. 그는 독자적 고
    유성을 간주 있는 무한소, 즉 모나드들의 결합을 사회 혹은 사회적인 것으로 간주하
    면서 '모든 사물이 사회이며 모든 현상이 사회적 사실'(타르드, 2015: 58)이라고 주장
    한다. 이는 모든 현상을 연기법으로 관찰하기를, 그래서 모든 사물을 무아와 무상으
    로 인식할 것을 가르치는 불교의 사회관과 유사하다.

3. 레짐체인지, 역류의 생애 그리고 선사 득통의 견실심(堅實心)

통상의 인물사관에 따르면 고려 멸망과 조선 건국의 사이에는 결정적인 인물, 즉 조선의 태조인 이성계가 등장한다. 실제로 이성계는 위화도 회군을 감행하여 고려의 공민왕 정권을 무너뜨린 것으로 알려져 있다. 그러나 환경의 변화에 따른 사회체계의 분화와 진화(안정화 - 변이 - 선택 - 재안정화)로 역사의 변동을 설명하는 루만(Luhmann)의 주장을 원용하면, 고려의 멸망과 조선의 성립이라는 변이는 새롭게 등장하는 환경 변화와 그에 따른 사회적 체계들의 분화 압력이 있음에도 특정한 기능체계가 과잉 기능화하였고, 그로 인해 전체 사회를 구성하는 기능체계들 사이의 수행 성과에 극심하게 균형이 깨진 상태, 즉 소통으로서 사회적 체계의 실패라고 설명해 볼 수도 있을 것이다. 이때 관찰자의 시선은 과잉기능체계에 놓이게 되는데, 고려 멸망에서는 불교가 대표적인 과잉기능체계의 하나로 지목되어 온 것도 사실이다.

실제로 고려 말부터 이미 불교는 최승로는 물론 이색이나 정몽주와 같은 성리학자들에게 많은 비판의 표적이 되었고 조선의 개국과 함께 성리학적 신진사대부들이 만든 숭유억불 정책의 흐름이 관철되기 시작했다는 사실은 이를 방증한다. 여기에는 정도전을 비롯한 조선의 개국 공신들이 유교 이념에 투철한 사대부(士大夫)였기 때문이란 사실 이외에도 당시 불교계의 반동(Anti-movement) 역량 혹은 저항 잠재성의 상실도 함께 고려해 볼 수 있을 것이다. 그렇다면 당시 불교계는 왜 저항하거나 반동의 흐름을 만들어내지 못했는가? 붓다의 가르침과는 멀어진 고려불교의 정치적 커넥션, 장원처럼 운영된 사원경제, 그에 따른 불교계의 풍요 및 승려들의 타락과 부패 등이 그 원인으로 지목되곤 한다(성암도, 1990).[15] 그리고 이 점에 대해서는 득통 역시도

15_ 손홍철(2013)은 이에 대해 『고려사(高麗史)』의 근거를 구체적으로 제시하고 있다.

동의하고 있다.

문제는 숭유억불과 함께 정도전의『불씨잡변』의 내용처럼 불교의 교리, 즉 붓다의 가르침 자체를 비난하거나 부인하는 이른바 척불론(斥佛論)의 분위기나 여론이 형성되기 시작했다는 사실이다(송창한, 1978; 이봉춘, 1990). 불교에 대한 비판이 여기에까지 이르는 순간 비판자 역시도 비판에 직면할 가능성이 크다. 왜냐하면 고려 말 불교계의 문제점은 붓다의 가르침이나 교리의 문제라기보다는 당시 불교 체계의 작동방식의 문제에서 발생한 것이었기 때문이다. 이런 이유 때문에 득통은 자신의 저서『현정론』을 통해 당시 유학자들이 주도한 불교 교리 비판에 대해 날카로운 반비판을 수행하였다.[16] 득통의 반비판으로서 호불론(護佛論)을 본격적으로 살펴보기 전에, 왜 하필 득통이 역류의 선구자가 되었는지에 대한 궁금증을 그의 생애사적 맥락을 통해 풀어두고자 한다.

한국의 대표적인 득통 연구자로 알려진 박해당은 득통의 생애사를 다음과 같이 간략하게 요약하고 있다.

전체적으로 보아「행장」에 보이는 기화의 생애에 관한 정보는 기화의 행적에 관한 것들이 대부분이다. 그렇기 때문에 기화가 어떠한 사상적 변화의 과정을 겪으면서 그의 사상체계를 형성해 갔는가 하는 것을 알기에는 자료가 충분하지 않다. 분명한 것은 기화가 성리학을 공부하는 유생이었으며, 인(仁)의 실천에 관한 고민을 계기로 불교를 새롭게 발견하게 되었고, 마침내 친구의 사망이라는 계기를 통하여 출가하게 되었다는 것과 출가한 이후 회암사에서 무학 자초의 제자로서 수행하였으며, 그곳에서 어떤 선적 체험(禪的 體驗)을 하였다. 또한 그가 어떤 경로를 통하여 교학을 익혔는가 하는 것은 분명하지 않지만, 경전에 대

16_ 이에 대해서는 다음 4절에서 자세하게 논의할 것이다.

한 강설을 하고 이에 대한 저술을 남기고, (…) 자신의 깨달음을 불법의 홍포를 통해 중생 구제를 위하여 노력하는 삶을 살았을 것으로 미루어 짐작할 수 있다 (박해당, 1996: 15).

위의 인용문을 보면, 분명한 것은 '분명한 것은'으로 시작되는 세 번째 문장의 내용뿐이다. 실제로 선행연구에서도 대부분 득통의 생애에서 가장 중요한 일종의 개종사건을 성균관 시절 친구의 죽음을 겪으면서 느낀 인생무상 때문인 것으로 기술하고 있으며(『한국민족문화대백과사전』), 박해당은 여기에 인(仁)의 실천에 관한 고민을 새롭게 추가하고 있다. 그러나 이러한 기술은 모두 득통의 사후 제자들이나 문인들이 쓴 「행장」에 근거한 기록일 뿐이다. 그렇기 때문에 인용문의 두 번째 문장에서 박해당이 주장하는 것처럼 그의 개심 과정이나 개종 이후의 사상적 착근 과정에 대한 자료는 충분하지 않은 것으로 보이며, 따라서 지금 현재로서는 이에 대한 설득력 있는 추론에 의존할 수밖에 없다.

이 지점에서 우리는 득통의 마음 사상에 주목한다. 이는 두 가지 이유 때문이다. 첫 번째 이유는 득통의 개심 계기로 이미 언급된 두 가지인 친구의 죽음이 암시하는 생로병사와 같은 생의 근원적인 문제나 인(仁)의 실천에 대한 유교적 설명의 불충분성 등은 모두 유교의 한계이자 불교의 강점과 관련된다는 점에서 설득력을 갖지만 그것은 동시에, 사성제와 같은 불교교리를 염두에 둔다면, 결국 마음의 문제로 회귀되는 것이기도 하다는 점이다. 그러나 이러한 이유만으로는 숭유억불의 추세를 너무나 잘 알고 있던 득통이 왜 역류의 삶을 변함없이 지속할 수 있었는지를 설명하기에 역부족이다. 이러한 판단은 우리를 두 번째 추론으로 이끈다.

이에 대한 우리의 가설은 이렇다: 불교의 마음 사상에 대한 득통의 체험이 워낙 강했고 이것이 선불교를 통해 지속적으로 강화되었기 때문에 그 어떤 유혹에도 흔들리지 않을 수 있었다는 것이다. 이 가설을 인정하는 순간, 득통에게 직접적으로 영향을 미친 여말선초 간화선의 마음 사상이야말로 득통의 생애에 결정적인 영향을 미친 요인이었다고 주장할 수 있는 근거가 확보된다. 이는 득통의 출가 이후 생애사를 통해서도 잘 방증된다.

1396년(태조 5) 관산 의상암(義湘庵)으로 출가하였으며, 1397년에 회암사(檜巖寺)로 가서 무학왕사(無學王師)에게 법요(法要)를 들은 뒤 여러 곳을 다니다가, 1404년(태종 4) 다시 회암사에 가서 수도에 정진하였다. 1406년 공덕산(功德山) 대승사(大乘寺)에서 4년 동안 『반야경』을 설했고, 1410년 개성의 천마산 관음굴(觀音窟)에서 선을 크게 진작하였다. (…) 1414년 황해도 평산(平山)의 자모산(慈母山) 연봉사(烟峯寺)의 작은 방을 함허당(涵虛堂)이라 명명하고, 『금강경오가해설의(金剛經五家解說誼)』를 강의하였다. 1420년(세종 2) 오대산에 들어가 오대의 여러 성인들에게 공양하고, 영감암(靈鑑庵)에 있는 나옹(懶翁)의 진영(眞影)에 제사한 뒤 잘 때, 꿈에 어떤 신승(神僧)이 나타나 이름은 기화, 호는 득통으로 지어주어 이후 그것을 사용하였다. 1421년 세종의 청에 따라 개성 대자사(大慈寺)에 머물면서 왕의 어머니를 위해 명복을 빌고, 왕과 신하들을 위해 설법하였다. 1424년 길상산(吉祥山)·공덕산(功德山)·운악산(雲岳山) 등을 편력하면서 일승(一乘)의 진리를 설파하였다. 1431년 문경의 희양산(曦陽山) 봉암사(鳳巖寺)를 중수하고 그곳에서 머물다가, 1433년 입적하였다(『한국민족문화대백과사전』; 성암도, 1990).

위의 인용문을 보면, 득통은 출가 이후 줄곧 선사의 삶을 살았다. 여기에서 선(禪)이라 함은 원나라 지공의 선이 보우, 나옹, 자초 그리고 득통을 거치면서 여말선초에 크게 유행하여 지금까지 한국불교의 선맥을 형성하는 간화선을 말하며, 위 인용문에는 그러한 선맥의 흔적이 뚜렷하게 드러나 있다. 그런데

'교외별전(敎外別傳) 불립문자(不立文字) 직지인심(直指人心) 견성성불(見性成佛)'이라는 간화선의 실천적 특징이 암시하듯이, 간화선에 따르면 자신의 불성이나 마음자리를 깨닫는 것이 곧 법을 깨닫는 것과 같다. '심즉불'을 강조한 보우선이나 마음의 이해에 기초를 둔 나옹선이 모두 간화선의 실참을 위한 화두에만 오매불망 집중하도록 가르치는 까닭도 그 마음 사상의 위상 때문인 것이다. 득통의 마음 사상도 이러한 간화선의 흐름과 동일선상에 놓여 있다. 이렇듯 간화선이 실천성과 일상성을 그 특징으로 한다는 점을 고려할 때, 불교를 '허무적멸지도(虛無寂滅之道)'로 비판한 유자들은 이미 득통의 반비판에서 자유로울 수 없었다. 그리고 그런 이유로 득통이 역류의 삶을 실천하게 된 것이다.

요컨대 득통의 생애사를 관통하는 것은 선사로서의 삶이었고, 바로 그렇기 때문에 득통의 불교사상의 요체는 선불교적 마음 사상이었을 것이다. 그리고 이러한 선불교적 마음 사상이 그가 레짐체인지와 같은 시대적 상황 속에서도 역류의 삶을 살았던 힘의 원천이었을 것이다. 특히 선불교가 추구하는 본래의 마음자리는, 득통 자신이 견실심(堅實心)이라 명명한 바 있듯이, 외부의 그 누구로부터의 침투, 간섭, 정복에서도 자유로운 자기준거적 존재이다. 이는 동시에 득통의 마음 사상이 '대(對)유교 인정투쟁'의 궁극적 원천이었음을 의미하기도 한다.

4. 득통의 마음 사상과 대(對)유교 인정투쟁

1) 득통의 마음 사상

불교는 신이나 그 어떤 외적인 절대 권력에 의한 은총 혹은 은총의 대리자가 아니라 오로지 진리(法: 다르마)에 대한 행위자 스스로의 깨달음을 통하여 둑카(dukkha), 즉 고(苦)로부터의 자유를 추구한다는 점에서 존재 근거의 정당성을 확보하고 있고(Walpola Rahula, 1994: 2), 모든 불교는 외적 다양성이 있지만 그것이 불교인 한 바로 이 점을 공통분모로 공유한다. 선불교도 '행위자 자신의 본래의 마음자리를 깨닫는 것'을 깨달음으로 간주하기 때문에 욕망에 집착하는 마음의 습속을 떠나 자신의 본래 마음자리를 깨닫기 위한 마음 수행을 강조하고 있다. 고려시대 이후 오매불망 화두에만 집중할 것을 강조해 온 한국불교의 간화선 수행은 그 전형적 사례이다. 이렇듯 본래의 마음자리를 관찰할 것을 강조하는 간화선의 특징을 고려하면 자신의 마음을 깨닫는 것은 간화선의 전부라 할 수도 있다. 바로 그렇기 때문에 간화선의 경우 심지어 자신의 마음의 경계 밖에 그 어떤 것도 별도의 존재로 설정하지 않는다. 또한 그렇기 때문에 간화선은 부처님이나 조사의 가르침뿐만 아니라 깨닫고자 하는 마음조차도 그것이 수행자의 마음을 미혹하게 한다면 그것을 버릴 것을 강조한다. 바로 이 지점에 이른바 살불살조(殺佛殺祖)의 급진성이 내포되어 있다.[17]

한국 간화선의 법맥을 이어온 대표적 선승으로서 득통은 바로 이러한 선불교적 마음 사상을 가지고 있었다. 득통은 부처의 깨달음을 반야라고 명명하는바, 여기에서 반야란 실체가 아닌 일종의 작동(혹은 작용)의 법칙이다.

반야영원(般若靈源)은 툭 튀어나와 모양이 없고 횡하니 머무는 바가 없다. 공(空)하여 있지 않고 맑아서 앎이 없다. 지금 이 경(『금강경』)은 이로써 종(宗)을

17_ 물론 불교의 이러한 급진성은 『열반경』의 '자등명 법등명'의 가르침이나 『앙굿따라 니까야 깔라마경』의 '깔라마인들에 대한 가르침'의 그것과 동일선상에 놓여 있기 때문에 간화선 유일의 독특한 선풍에서 기인하는 것은 결코 아니다. 오히려 간화선이 불교 본래의 급진성을 공유하고 있다는 편이 훨씬 더 정직한 것처럼 보인다.

삼고 체(體)를 삼으니 앎이 없으면서 알지 못함이 없고 있지 않으면서도 있지 않음이 없으며, 머묾이 없으면서도 머물지 않는 바가 없으며, 모양이 없으면서도 여러 모양에 장애가 되지 않는다. 이것이 묘유(妙有)이자 용(用)인 까닭이다. 여러 부처가 증득한 바는 이것을 증득한 것이며, 여러 조사가 전하는 것도 이것을 전하는 것이다. 그들이 사람에게 열어 보이는 것 또한 이것으로 한다.

이 인용문을 보면 반야라는 영원한 근원은 상호모순적인 두 가지 특성이 상호의존적으로 작동하면서 서로서로를 성립시키는 묘유이며 공이다.[18] 바로 그렇기 때문에 반야, 즉 득통이 억지로 일물(一物)이라고 부른 것[般若一物之强稱]은 동시에 선사뿐만 아니라 심지어 모든 중생의 마음자리다. 또한 그것은 득통 자신이 체험을 통해 확신하였던 마음자리, 즉 견실심의 자리임에 틀림없다.

그러나 고려시대 왕사에 비견될 정도로 당대의 최고 지식인이었던 득통의 마음 사상은 그것으로 그칠 만큼 그렇게 단순하지 않았을 것이다. 무엇보다도 '교외별전'을 추구했음직한 선사였으며 당대의 교학에도 두루 정통하였던 것으로 알려진 득통은 불교의 다양한 교학에서 발전된 마음 개념을 충분히 소화하고 있었을 것이다. 또한 '만나서 발생하는 현상을 아는 자(者)', 즉 마음에는 득통의 용어를 굳이 대입해 본다면 견실심만이 아니라 육단심도 포함되어 있기 때문에 득통의 마음 역시도 당대의 수많은 다른 마음을 만났고 따라서 알고 있었을 것이다. 실제로 한때 촉망받는 성균관 유생이었던 득통은 그 누구보다도 당대의 레짐체인지에 따른 유교이데올로기화와도 만났고 또 이기심성론으로 특징지어지는 성리학적 마음 개념도 잘 알고 있었을 것이다. 『현정론』의 결론을 삼교회통(三敎會通)으로 마무리하였다는 사실을 고려하면, 노

18_ 4절에서 자세하게 논의하겠지만 이는 루만의 불이성(Einheit) 개념과도 유사하다.

장사상에도 어느 정도 식견이 있던 것으로 보인다.

이렇게 볼 때 득통의 마음은 자신의 본래의 마음자리를 뛰쳐나와 다른 대상에 침투해 들어갔음이 분명하다. 그러나 침투함의 과정은 동시에 침투당함의 과정이다. 게다가 2절에서 제시한 이론 틀에 따르면, '마음의 침투함'과 '사회로부터 마음의 침투당함'의 관계는 상호의존적 관계를 갖는다. 이는 득통의 마음 개념이 하나가 아니라 여럿임을 의미하며 동시에 득통의 마음 사상이 본래의 마음자리에 대한 유일한 집중 이외에도 당대의 다양한 마음 사상에도 열려 있었음을 의미한다. 『현정론』에서 분명하게 드러난 득통의 삼교회통 테제는 이러한 마음 사상의 산물로 보인다. 그리고 이러한 득통의 마음 사상은 당시 유자들의 배타주의적인 유교이데올로기화에 대한 효과적인 비판의 무기가 될 수 있었을 것이다.[19]

바로 이 지점에서 우리는 다음과 같은 의문을 가질 법하다: 그렇다면 득통의 마음 사상이 이렇듯 열린 마음 사상으로 발전할 수 있었던 까닭은 무엇인가? 숭유배불 정책과 같은 마음 사상 외적 측면을 제외하고 마음 내적 논의에 한정한다면, 그것은 득통이 마음을 반야 혹은 공의 관점에서 사유했기 때문으로 보인다. 실제로 득통은 자신의 저서 『금강반야바라나밀경오가해설의』에서 마음을 다음과 같이 규정하고 있다.

영원(靈源)은 맑고 고요하여 본래 생겨남이 없지만 한 생각의 물결이 일어나매 여러 망념(妄念)들이 다투어 일어난다. 물결은 물의 성질이 아니며 망념은 참된 것이 아니니 이것은 허망한 뜬 마음이라 할 수 있다. 또 과거의 한 생각, 현재의

19_ 물론 그 비판만으로는 충분치 않다. 정도전의 『불씨잡변』의 내용과 그 파급효과를 고려하면 선불교의 입장에서 성리학의 본질적 한계를 드러내는 것도 가능하다고 생각한다. 필자는 바로 이 점이 득통의 한계이자 『현정론』의 한계라고 생각하는바, 이에 대해서는 '대유교 인정투쟁'에 관한 부분에서 좀 더 자세하게 논의하고자 한다.

생각, 미래의 생각이 순간순간 한량없는 선한 일을 생각하고 한량이 없는 악한 일을 생각하여 순간순간 흘러 일어나고 사그라짐이 그침이 없다. 이것을 여러 마음이라고 한다. 그러나 이 여러 마음은 찰나적이어서 생겨나는 모습이 없으며 찰나적이어서 사라지는 모습도 없다. 다시 멸(滅)할 생멸(生滅)이 없으니 이를 마음이 아니라고 한다. 이미 멸할 생멸이 없으니 오직 하나의 오묘하고 원만한 참된 마음이 상주(常住)하여 멸하지 않나니 이를 마음이라 한다.[20]

위 인용문에서 잘 알 수 있듯이 득통은 마음을 생(生)과 멸(滅)의 이분법적 대립구도가 아니라 '불생(不生)과 불멸(不滅)의 불이성(Einheit)'를 통하여 중도연기의 관점에서 오묘한 공의 세계로 드러내고 있다. 나아가 득통은 자신의 또 다른 저서『선종영가집과주설의』에서 불교의 진리성 즉 깨달음을 그러한 중도공관적 시각의 마음상태로 규정하기도 한다.

범부는 색(色)을 보고 색 그대로 공(空)임을 알지 못하며, 공을 보고 공 그대로 색임을 알지 못한다. 깨달은 사람은 색 그대로 공임을 보고 상견(常見)을 내지 않고, 공 그대로 색임을 보고 단견(斷見)을 일으키지 않는다. 색 그대로 공임을 보고 있으므로 색을 보고도 집착이 없으며, 공 그대로 색임을 보고 있으므로 공을 깨닫고서 [공에] 막힘이 없다. 이러한 색과 공이 한 몸인 경지에 이르러 주관과 객관을 둘 다 잊어버린다(한불전 7: 191 중; 이병욱, 2001: 192에서 재인용).

이렇듯 선사로서 득통은 마음을 깨달음의 경지로까지 승화시켜 이해하고

20_ 靈源湛寂 本自無生 一念波興 諸妄競作 波非水性 妄非眞源 是可名爲虛妄浮心 (又)前念今念後念 念念思無量善事 思無量惡事 念念遷流 起滅不停 如是等心 是名諸心 而此諸心 刹那無有生相 刹那無有滅相 更無生滅可滅 是名非心 旣無生滅可滅 唯一妙圓眞心 常住不滅 是名爲心(한불전 7: 82 중; 박해당. 1996: 34에서 재인용).

있음에도 (혹은 바로 그렇게 이해하고 있기 때문에 오히려) 전략적으로는 마음의 다양한 층차를 인정하고 그것을 열반으로 이끌고자 하는 실천지향적 태도를 취할 수밖에 없음을 스스로 인정(혹은 고백)하고 있다.

> 스스로 증득한 경계에는 미혹함과 깨달음도 그 자취가 없고, 범부와 성인[이라는 구분]도 모두 사라진다. 다만 중생이 본래의 밝음을 어기고 [윤회의 세계에] 헤매는 것이 끝없음을 보고서, 이와 같은 중생을 건져주어서 열반의 언덕에 오르도록 하고자 한다. 그래서 큰 자비를 일으켜서 여러 몸을 나타낸다. 혹 큰 모습과 작은 모습을 나타내기도 하고, 혹 원교와 점교를 말하여 대승과 소승이라는 고정됨이 없고, 돈교와 점교에 구애됨이 없다. 이와 같이 나타남에 일정한 법칙이 없다(한불전 7: 172 중; 이병욱 2001: 193에서 재인용).

이러한 관점에서 볼 때, 득통이 『현정론』에서 다분히 전략적 차원에서 인간의 마음을 육단심(肉團心)과 견실심(堅實心)으로 나누고, 견실심을 불성이나 여래장처럼 육체의 소멸과 관계없이 사후에도 존재하는 것으로 설정함으로써 그것이 유교가 설정하는 본성으로서 마음 개념은 물론 각종 육단심보다 우위를 점한다는 위상학적 근거로 활용한 것으로 보인다. 역시 전략적으로 득통은 당대의 교학에서 제시하는 위상학, 즉 삼승(三乘)이나 오승(五乘) 개념을 수용하여 불교의 수월성을 방증하는 데 활용하기도 하였다. 심지어 득통은 당대의 대표적인 선사였음에도 대표적인 타력신앙인 정토신앙의 긍정적인 사회적 기능을 적극적으로 부각시킴으로써 당대의 사회질서 유지에 이해관심을 가진 지배층은 물론 궁극적 의지처를 요구하는 피지배층의 민심에도 부합하려는 방법도 구사하였다. 그렇다면 득통의 이러한 마음 개념이 대(對)유교 인정투쟁에서 어떻게 작용하고 있는지를 더 구체적으로 실증해 보자.

2) 득통의 대(對)유교 인정투쟁

앞에서도 언급했듯이 득통은 성균관 유생 출신이면서도 숭유억불의 분위기가 팽배하던 시기에 불교로 개종하여 선사의 삶을 살았다. 역류의 삶을 산 것이다. 그리고 그러한 역류의 삶을 가능케 한 에너지의 원천은 무엇보다도 불교가 자신을 포함한 모든 사람을 부처로 만들어줄 수 있다는 확신을 가졌기 때문일 것이다. 이렇듯 불교적 사유체계의 작동을 확신한 득통이 볼 때, 당시 유교를 신봉하던 사대부들의 불교 비판과 탄압은 불교에 대한 몰이해 혹은 오해에서 비롯된 것으로 보였음에 틀림없다. 이것이 득통이 대(對)유교 인정투쟁에 나선 동기를 제공한 것이었으리라.

실제로 득통의 『현정론』은 유자들의 비판에 대한 반비판이나 유자들의 오해를 교정하는 내용으로 구성되어 있다. 더 구체적으로 말하면 『현정론』의 내용은 다음과 같다. ① 불교는 악의 근원인 미정(迷情)을 다스려 진성(眞性)이 나타나게 하는 종교이며, 수선(修善)으로써 사회에 봉사한다. ② 불교는 효도할 줄 모르는 종교라고 비판하는 유자(儒者)들에 대하여 부처님은 효를 위배하기는커녕 오히려 대효(大孝)를 하였다고 주장한다. ③ 불교에도 군왕(君王)에게 계(戒)를 갖게 하여 맑고 깨끗한 심신으로 정사를 다스리게 하는 일이 있고, 출가자는 아침저녁으로 군왕과 국가를 위하여 기원하며, 또 선악과보(善惡果報)를 가르쳐 국가에 선을 행하는 경사를 가져오게 하므로 불교는 불충(不忠)이 아니다. ④ 불살생과 단육(斷肉)은 진정한 인의 실천이다. ⑤ 술은 정신을 산란하게 하고 덕을 손상시키는 근원이며 도를 해치므로 불교에서는 계율로써 금한다. ⑥ 불교에서 보시(布施)를 권장하는 것은 승려의 이익 때문이 아니고, 보시 또한 물질만을 말하는 것이 아니며, 보시하는 마음으로 영원의 복을 부르려는 것이다. ⑦ 천당과 지옥설은 악을 그치고 선을 닦게 하여 백성을 교화하는 데 이익이 크거늘 배척하여 망(妄)이라 할 수 있겠는가? ⑧ 시체는 어떠한 방법으로 처리하든 걸림이 없는 것인데 화장하는 일을 애석해할 필요는 없다. ⑨ 불교의 삼세설(三世說)은 낮과 밤의 반복 속에 삼세가 있는 것과 같아 허황한 설이 아니다. ⑩ 불교를 오랑캐의 도라 함은 정당한 것이 아니다. ⑪ 승려가 진리를 설하여 사람을 이롭게 한다면 사람들의 봉양을 부끄러워할 필요가 없다. ⑫ 수도인의 과실 때문에 법을 폐하는 것은 옳지 않다. ⑬ 불교의 경전은 현실에서 벗어나 깨달음만을 추구하는 허원적멸(虛遠寂滅)만을 설한 것이 아니다. ⑭ 유·불·도 삼교의 본지(本旨)는 동일한 것이다.

득통이 이러한 인정투쟁을 하게 한 불교사상적 근거는 무엇인가? 그것은 두말할 나위도 없이 득통의 마음 사상이었다. 실제로 선사이자 교학자로서 득통이 보기에 불교의 사성제, 팔정도를 관통하는 '마음의 전변을 경유하는 니르바나로의 길'이야말로 유교가 아닌 불교만이 인간의 삶의 문제를 더 근원적으로 해결할 수 있는 처방전으로 보였을 것이다. 실제로 득통은 다음과 같이 쓰고 있다.

> 갠지스강의 모래와 같이 많은 세계의 중생들의 차별적인 마음의 작용은 바로 여래의 묘하고 원만한 진심(眞心)이어서 (중생은) 부처와 다르지 않다. (…) 갠지스강의 모래와 같이 많은 세계의 중생들의 갖가지 마음은 상주(常住)하는 진심(眞心)이 아니라 모두 허망한 부심(浮心)이다(『금강경오가해설의』, 한불전 7: 82하~83상; 박해당, 1996: 43~44에서 재인용).

이 인용문에서 알 수 있듯이 망상에 물든 중생이든 깨달은 부처이든 모든 인간의 마음 작동은 동일하지만 ─ 그래서 모든 중생은 누구나 붓다가 실증했듯이 부처가 될 수 있지만(혹은 될 수 있는 잠재성, 즉 불성을 갖고 있지만) ─ 현상학적으로 관찰할 때 중생들이 갖고 있는 마음의 실재는 차이와 그 반복에 의해 형성된 망상이고 집착 그리고 일종의 마음의 습속이다. 그렇다면 중생은 어떻게 부처의 마음을 가질 수 있게 되는가? 수행을 통한 마음의 전변, 즉 부심(浮心)이 깨끗하고 평온한 마음으로 바뀌어야 한다. 그리고 이러한 마음의 전변의 효과는, 수행자와 그의 소속 집단을 행복의 나라로 인도할 뿐만 아니라 궁극적으로는 니르바나에 이르게 하여 더는 악행에 물들지 않게 하는 것이다. 다음 인용문을 보자.

만일 사람마다 이것(불교)에 의거하여 이를 닦게 한다면 마음이 바르게 될 수 있고 몸이 닦일 수 있으며, 집안을 다스릴 수 있고 나라를 다스릴 수 있으며, 천하를 태평하게 할 수 있을 것이다. 근기(根機)가 날카로운 이는 보살(菩薩)이 될 수 있고 성문(聲聞)이 될 수 있으며 연각(緣覺)도 될 수 있고, 근기(根機)가 낮은 이는 천상에 태어날 수 있고 착한 사람이 될 수 있다. 진실로 이와 같으면서도 세상이 다스려지지 않은 경우는 없다. 왜 그런가? 죄의 과보를 싫어한다면 마땅히 여러 악(惡)을 끊을 것이니, 비록 모든 악을 다 끊어 없애지는 못할지라도 하나의 악은 충분히 없앨 수 있다. 하나의 악이 사라지면 하나의 형벌이 그칠 것이며, 하나의 형벌이 집안에서 그치면 만 가지 형벌이 나라에서 그칠 것이다. 복(福)의 인연을 좋아한다면 마땅히 여러 선(善)을 닦을 것이니, 모든 선을 다 닦지는 못할지라도 하나의 선은 충분히 행할 수 있다. 하나의 선을 행하면 하나의 경사를 얻게 된다. 하나의 경사가 집안에서 일어나면 만 가지 경사가 나라에서 일어날 것이다. 저 5계(五戒)와 10선(十善)은 가르침 가운데서도 가장 낮은 수준의 것으로 본래 근기가 가장 낮은 이를 위하여 시설한 것이다. 그러나 이를 진실로 행하면 자신에게 성실하게 되고 남에게 이익을 준다. 하물며 사체(四諦), 연기(緣起)이겠는가? 하물며 6바라밀(六波羅蜜)이겠는가?(『현정론』, 한불전 7: 217중; 박해당 1996에서 재인용)

게다가 득통이 보기에 이러한 효과는 개인적 차원을 넘어 사회적 효과로 현상하기도 한다. 다음 인용문을 보자.

그러나 유교가 사람을 가르치는 바는 덕행(德行)으로 하지 않으면 정형(政刑)으로 한다. 그러므로 '정(政)으로써 이끌고 형(刑)으로써 다스리면 백성들은 면하고자 하기만 할 뿐 부끄러움을 모른다. 덕(德)으로써 이끌고 예(禮)로써 다스리면 백성들은 부끄러움도 있게 되고 올바르게 된다'고 말한다. 저 덕으로 이끌고 예로써 다스리는 것은 성인이 아니면 할 수 없다. 그러므로 '침묵하되 이루고 말하지 않아도 믿음이 있게 되는 것은 덕행에 달려 있다'고 말한다. 정으로써 이끌고 형으로써 다스리면 상과 벌이 있게 되는 것을 면할 수 없다. 그러므로 '상과 벌은 나라의 대병(大柄)이다'라고 말한다. '침묵하되 이루고 말하지 않아도 믿음이 있는 것'은 진실로 우리 부처의 교화이다. 그런데 겸하여 인과(因果)로써 보여준다. 상벌로써 보여주면 혹 다만 면종(面從)에 지나지 않을 따름이지만 인과로써 보여줄 경우 복종하면 곧 심복(心服)하는 것이다(『현정론』, 한불전 7: 217하~218상; 박해당, 1996에서 재인용).

위의 인용문을 보면 불교의 사회적 기능이 잘 드러난다. 특히 득통은 사회문제에 대한 불교적 해법과 그 특수성, 즉 인간의 심복(心服) 가능성을 잘 드러내고 있다. 우리는 이것이야말로 마음의 종교가 갖는 사회적 기능이자 역할이라고 생각한다.[21]

이상의 논의에 근거할 때, 득통의 대(對)유교 인정투쟁의 사상적 근거는 자신이 파악한 불교의 마음 사상과 그 개인적·집단적·사회적 효과였음이 분명하게 드러난다. 이는 득통과 그의 『현정론』을 마음사회학적 차원에서 이해할 때, 즉 당대의 숭유배불의 분위기와 마음의 침투가능성을 주장하는 마음 사상

21_ 이에 대한 자세한 논의는 유승무(2016)를 참고하기 바란다.

적 인정투쟁의 길항관계 속에서 이해할 때 더 잘 이해될 수 있음을 의미한다.

5. 맺음말

지금까지 여말선초 한국의 대표적 사상가였던 득통을 마음사회학적 차원에서 이해해 보았다. 그중에서도 특히 숭유억불의 흐름에 저항하는 호불론적 내용을 담고 있는 『현정론』의 검토를 통해서 마음사회학적 함의를 도출할 수 있었다. 한마디로 득통과 그의 『현정론』을 통하여 불교의, 특히 간화선의 특징을 갖고 있는 한국 선불교의 핵이자 전부라 할 수 있는 마음 사상(마음을 통한 개인의 전변 가능성)과 그 사회적 효과(마음의 사회적 침투 가능성) 사이의 관계를 확인할 수 있었다. 비록 이 글에서는 연구범위의 한정성 때문에 충분히 논의하지 못했지만, 조선조 호불론의 효시로서 득통과 그의 『현정론』은 그 이후의 호불론에도 영향을 미쳤고 그 결과 지속되는 숭유억불과 유교의 지배 이데올로기화 과정 속에서도 불교의 명맥을 이어가는 데 큰 기여를 한 것으로 알려져 있다.

　그럼에도 역시 마음사회학적 시각에서 볼 때 득통의 대응, 즉 유교등가적 불교해석에 기반한 삼교회통적 대응과 같은 수세적 호불론에는 약간 아쉬움이 남는 것도 사실이다. 비록 당시 정치사회적 상황이 숭유억불의 분위기가 팽배해 있었다고는 하지만 불교의 유교등가적 해석보다는 불교의 사상적 수월성을 더 분명하게 드러냄으로써 성리학과 그에 기초한 불교 교리 비판을 사상적으로 제압하는 것이 바람직했을 것으로 생각되기 때문이다. 한마디로 '현정'의 전술보다는 '파사현정'의 전략과 전술을 모두 동원하는 것이 더 효율적이었을 것으로 생각된다.

　실제로 현실적 조건이 가능했는지는 잘 모르겠으나, 득통이 이미 최소한 교리적으로는 당시 성리학자들의 불교 교리 비판을 반비판할 수 있는 마음 사상적 근거를 확보하고 있었다는 점을 고려하면, 『현정론』의 수세적 방어전략은 아쉬움을 남긴다. 특히 불교 교리 비판을 담고 있는 정도전의 『불씨잡변』이 당대 숭유억불 정책의 사상적 기초를 제공했다는 점을 고려하면, 득통이 왜 『불씨잡변』류의 불교 교리 비판에 사상적으로 정면 승부를 하지 않았는지 그 까닭을 이해할 수 없다. 불교의 연기(즉 작용 혹은 작동)을 성리학의 기(氣)로 해석함으로써 옳고 그름과 같은 윤리적 이치[理]가 결여되어 있다는 식의 비판은 단순히 다르마(Dharma)에 대한 성리학자의 몰이해에 기인한 것이거나 혹은 의도적인 왜곡일 가능성이 매우 높은 것으로 생각되기 때문이다.

더욱 아쉬운 점은 그러한 곡해와 배불정책으로 말미암아 그 이후 한국불교의 사상적 발전이 지체되었으며, 바로 그만큼 다르마 발견의 문명사적 의미를 축소시켰다는 점이다. 최근 서구의 형식논리학에 내재된 이분법적 프레임의 한계를 극복하려는 새로운 패러다임이 다양하게 시도되면서, 일체의 실체적 사고를 거부하고 그 대신 연기중도의 이치를 활용하는 이론 틀이 새롭게 주목받고 있다. 예컨대 파슨스 이래 가장 독창적인 사회이론가로 알려진 루만의 체계이론이 대표적이다. 그러나 선불교적 인식론과 유사성이 있는 것으로 알려진 루만의 사회적 체계이론마저도 불교의 마음 사상의 침투성이라는 차원을 담아내지 못하고 있다. 이러한 지성사적 흐름을 고려할 때 숭유억불의 관철, 성리학적 유교 이데올로기의 지배이데올로기화, 그에 대한 적절한 사상적 대응의 부족, 그리고 그 모든 요인의 궁극적 결과인 불교의 사상적 저발전은 아쉬움을 더해주고 있다.

제6장

이황의 심학과 성리학적 합심성

1. 머리말

이황은 원효와 더불어 한국을 대표하는 세계적인 사상가이다. 실제로 원효와 이황은 당대에 이미 중국과 일본 등 동아시아 지성계에 널리 알려졌을 뿐만 아니라 오늘날에도 세계적인 학술대회의 대주제로 설정될 정도로 전 세계적으로 잘 알려져 있다. 그런데 마침 원효는 한국불교를 대표하는 신라의 사상가이고 이황은 한국 유학(성리학)을 대표하는 조선시대의 사상가이다. 그리고 그 두 대학자는 모두 한국불교와 한국유교의 마음 사상의 초석을 놓았다. 이 책에서 우리가 원효에 이어 이황을 선택한 까닭이다.

그렇다면 왜 하필 이황의 심학인가? 우선 심학에 관심을 갖는 이유는 이렇다. 심학은, 성리학이란 표현이 암시하듯이, 이황의 사상뿐만 아니라 이황 이후 한국 유학의 중핵적 위치를 차지하기 때문이다. 게다가 심학은, 성철이 팔만대장경 중 딱 한 자만을 고르라면 심(心)자를 고를 수 있다고 주장할 만큼 한국불교의 핵심 키워드이다. 이렇게 볼 때 심학이야말로 불교사상 및 유교

사상과 불가분의 관계를 갖는 한국지성사의 주맥이라 하겠다.

심학이 한국사회에 미친 영향은, 일본의 도쿠가와 시대 약 100여 년간 이시다 바이간의 심학이 당대 일본사회는 물론 그 이후 일본 근대화에 끼친 영향과는 비교가 되지 않을 정도로, 매우 지대하다.[1] 이러한 이유에서 심학이야말로 이 책의 주제, 즉 마음과 사회의 관계를 논의하는 데 반드시 검토해야 할 한국의 전통적 사상이다.

그렇다면 한국의 수많은 유학자 중에서 왜 굳이 이황을 연구대상으로 설정하고자 하는가? 그것은 앞에서 언급한 사실 이외에도 몇 가지 사실을 추가로 언급하지 않을 수 없다.

첫째, 이황은 유교의 한국판 사상체계라 할 수 있는 성리학적 사유체계의 기틀을 마련함으로써 고도의 형이상학적 체계를 가진 불교의 마음 사상에 버금가는 성리학적 심학을 제시했고, 그것이 좋든 싫든 불교의 마음 사상을 대신하여 조선 후기 한국사회를 지탱하는 사상적 기반으로 작용하였기 때문이다. 이광호(2013)는 "조선 유학의 심학적 경향에 가장 큰 영향을 미친 유학자는 퇴계 이황이다"라고 잘라 말한다.

둘째, 이황은 맹자와 주자 등 중국의 유학사상을 철저하게 소화한 바탕 위에서 한국 고유의 성리학적 전통을 새롭게 창시하는 사상적 계기를 열어주었기 때문이다. 원효가 의상과 달리 토착적 불교사상을 정립하였듯이, 이황도 〈심통성정도(心統性情圖)〉가 증거하듯이 자신의 독창적인 심학을 완성하였다. 그러한 점에서, 우리의 이 책이 수입사회학을 지양하고 한국사회의 마음

1_ 벨라는 자신의 박사학위논문 『도쿠가와 종교(Tokugawa Religion)』에서 일본의 종교가 일본의 근대화에 미친 영향을 실증하기 위한 사례로 이시다 바이간의 심학의 사회적 영향을 자세하게 다루고 있다. 그러나 매우 불행하게도, 아직까지도 한국 사회학계에서는 정작 1000년 이상 동안 한국지성사의 주맥을 형성해 온 한국의 심학이 한국사회에 미친 영향에 대한 사회학적 탐구를 하지 않고 있다.

이야기를 통해 보편이론을 구성하고자 하는 사회학적 지향을 갖고 있는 한, 이황은 그 전범이 되기에 충분한 또 한 명의 걸출한 마음 사상가이다.

셋째, 이황의 심학은 이후 조선 유학의 발전에 가장 큰 영향을 미쳤기 때문이다. 물론 당대에도 남명 조식과 같은 대유(大儒)가 있었던 것은 사실이나, 이후 조선 성리학의 학문적 논쟁이 이기론(理氣論)을 둘러싸고 치열하게 전개된바, 바로 그 논쟁의 철학적 단초가 이황의 심학에 있었다. 이광호(2013)에 따르면, 이황이 진덕수(眞德秀)의『심경(心經)』에 정민정(程敏政)이 주석을 더한『심경부주(心經附註)』를 매우 중시하였고, 바로 그 영향으로 중국이나 일본과는 대조적으로 조선의 유학자들은 이『심경부주』에 대한 수많은 주석서를 남기는 특이한 경향을 보이게 되었다.

넷째, 이황의 심학은 개인에게는 경학(敬學)과 같은 수양론으로 발전하는 기초가 되었지만 정치사회적 차원에서는 성왕론(聖王論)의 '소종래(所從來)'와 다름없었고, 그러한 점에서 유자(儒者)들의 이념인 수기치인(修己治人)의 전형이다. 특히 성왕론이나 치인의 경우, 당대의 정치사회적 질서가 왕조사회였다는 점을 고려하면, 정치사회적 실천과 관련된 함의도 내포한다. 이는 한편으로는 이황이『대학』의 '수신제가치국평천하(修身齊家治國平天下)'의 가르침을 그대로 계승하고 있음을 잘 말해주지만, 다른 한편으로는 이른바 사화의 세기라 할 수 있는 16세기의 정치적 혼란을 극복하기 위한 이황의 실천적 관심의 산물이기도 하다. 실제로 이황은 이와 관련하여 다음과 같이 말한 것으로 전해진다.

> 땅이 좁아 사람이 엷은 탓도 있지만 스스로 처신함이 미진함이 있어서 그렇다. 미진하다는 것은 다름이 아니라 학문이 지극하지 못하면서 처신하기를 너무 높게 하고, 시의도 헤아리지 못하고서 세상을 경륜하는 데 용감했기 때문이다(이광호, 2001에서 재인용).

이러한 이유에서 여기에서는 주로 이황의 심학을 집중적으로 살펴볼 것이다. 그러나 혹은 그 작업을 위해서라도 한편으로는 유교적 심학의 근원을 언급하지 않을 수 없고, 다른 한편으로는 이황 이후 한국 성리학의 전개를 다소나마 요령 있게 제시하지 않을 수 없다. 왜냐하면 우리의 관심은 이황의 심학 자체에만 있는 것이 아니라 마음과 당대 사회의 관계에 놓여 있기 때문이다.

2. 유교적 심학의 기원

유교의 토대는 공자가 형성하였지만, 유교의 마음 사상은 그의 제자인 맹자가 최초로 그 체계성을 완성하였다. 그러한 이유에서 통상 맹자를 유교적 마음 사상(혹은 심학)의 아버지라 부른다.

맹자는 동아시아에 성선(性善)이라는 부동의 명제를 제시한 것으로 유명하지만, 또한 배움과 수양의 핵심을 마음[心]에 둔, 심학(心學)의 창시자이기도 하다(문석윤, 2013). 실제로 맹자는 성선설을 주장하여 성악설을 주장한 순자와 대비되어 왔을 뿐만 아니라, 인간의 행위의 당위 및 실천과 관련해서는 사단칠정론(四端七情論)을 제시함으로써 이후 성리학의 마음 연구(혹은 심학) 및 유교사회의 마음 문화의 토대를 마련하였다.

맹자의 성선설을 가장 잘 보여주는 『맹자』 「등문공장구(滕文公章句) 상(上)」의 첫 문장에서, 그는 성(性)의 선(善)함이 도(道)라고 선언한다. 이러한 선한 마음을 맹자는 적자지심(赤子之心), 즉 갓난아이의 마음처럼 인간의 본래 무구하고 선한 마음으로 규정했다. 실제로 『맹자』 「공손추장구(公孫丑章句) 상」에서는 "모든 인간은 다른 사람의 안타까운 사정에 곧장 반응하는 마음을 갖는다[人皆有不忍人之心]"고 주장하면서, "현재 어떤 사람이 어린 아이가 우물로 막 들어가는 것을 갑자기 보게 되었다면 모든 사람이 두렵고 근심스럽고 측은한 마음을 가질 것인데, 그 동기가 그 어린 아이의 부모와 내교(內交)하기 위한 것도 아니고 향당 친구로부터 명예를 얻기 위한 것도 아니고 그 아이의 사고 소리를 듣기 싫어서 그렇게 한 것도 아니다"[2]라고 설명한다.

그리고 이어서 맹자는 "이것으로 말미암아 보건대, 측은지심이 없으면 사람이 아니요, 수오지심이 없으면 사람이 아니요, 사양지심이 없으면 사람이 아니요, 시비지심이 없으면 사람이 아니다'라고 할 뿐만 아니라 "측은지심은 인의 시작이요, 수오지심은 의로움의 시작이요, 사양지심은 예의 시작이요, 시비지심은 지식의 시작이다"[3]라고 정리한다. 이렇게 볼 때 맹자는 인간의 마음에는 사단(四端), 즉 인의예지(仁義禮智)를 가능하게 하는 본연지성, 즉 본성이 갖추어져 있다고 생각했음에 틀림없다. 이 때문에, 『유교의 뿌리를 찾아서』의 저자인 김승혜는 "결과적으로 맹자가 '성선'이라고 말할 때의 '성'은 (…) 곧 심(心) 안에 뿌리박힌 도덕성인 사단(四端)을 지칭한 것으로, (…) 사실 혼돈을 피하기 위해서는 '성선'보다는 '사단선(四端善)' 혹은 '심선(心善)'이라고 하는 것이 더 좋았을지도 모른다"(김승혜, 2002: 206)고 말한다.

이러한 맹자의 마음 사상은 그 특유의 평등사상의 토대였다. 실제로 맹자는 "말을 할 때마다 반드시 유교문명의 이상적 인물상인 요순을 언급했다[言必稱堯舜]"고 하는데, 이는 인간의 본성이 선하고 그래서 요순과 같은 본보기를 따라 교육하고 수양하면 누구나 도(道)를 성취하여 성인의 길을 갈 수 있음을 암시한다. 바로 이 장구에 김상준(2014)이 주목한 '맹자의 땀'에 관한 대화가 등장한다. 그러나 혹은 바로 그렇기 때문에 이 대화의 초점은 김상준의 '땀'보다는 그 '땀 남[泚]'을 가능하게 하는 에너지원(源)인 그 땀의 근원, 즉 중심

2_ "今人/乍見孺子/將入於井/皆有怵惕惻隱之心/非所以內交於孺子之父母也/非所以譽於鄕黨朋友也/非惡其聲而然也"[『맹자』, 「공손추장구(公孫丑章句) 상」].

3_ "由是觀之/無惻隱之心/非人也/無羞惡之心/非人也/無辭讓之心/非人也/無是非之心/非人也"(『맹자』, 「공손추장구 상」).

(中心),[4] 더 나아가 인간의 본연지성으로서 선한 본성[즉 도(道) 혹은 이(理)]에 있다. 그리고 이를 통해 우리는 맹자가, 마음 혹은 선한 본성의 추구를, 인위를 초월한 도(道)의 경지로 끌어올리고 있음을 알 수 있다.

보다 구체적으로 살펴보면, 그 문장은 이렇다.

언제쯤인지 모르지만 대략 이 세상보다 앞선 세상에[蓋上世], 해당 사건이 있기 오래전에[嘗] 자신의 어버이를 매장하지 않은 자가 있었다. 그는 어버이가 죽자 곧바로 들어 골짜기에 버렸다. 그리고 다른 날 거기를 지나다가 여우와 이리가 그 시신을 뜯어먹고 모기와 파리가 그 고름과 욕창을 빨아먹고 있기에, 이마에 땀이 나고 곁눈질로 보지만 차마 바라볼 수는 없었으니, 이때 땀이란 인간 혹은 타자와 관련해서 생겨난 땀이 아니라 자신의 속마음[中心]이 볼 낯[面目]에 도달했기 때문에 생겨난 것이며, 해서 어느 때 다시 돌아와서 풀과 흙으로 여러 번 덮어 어버이의 시신을 보이지 않게 가려 보호했다. 그것이 진정으로 옳은 일이기 때문에 효자나 어진 사람이 자신의 어버이를 매장하는 것도 또한 반드시 도(道)이니라(필자 옮김).[5]

이 이야기의 첫 문장에서 자신의 어버이를 골짜기에 버리던 시대의 세상은 기축 시대 훨씬 이전 상례나 윤리가 정착되지 않았던 시대를 의미하며, 그렇기 때문에 그 주인공은 석기시대 사람일 가능성이 크다. 그럼에도 이어지는

4_ 이와 비슷한 용례를 우리는 다음과 같은 맹자의 말에서 확실하게 확인할 수 있다. "사람을 덕으로써 굴복시키는 자는 속마음이 기뻐서 진정으로 복종하는 것이다[以德服人者 / 中心悅而誠服也]"(『맹자』, 「공손추장구 상」).

5_ "蓋上世 / 嘗有不葬其親者 / 其親死則擧而委之於壑 / 他日過之 / 狐狸食之蠅蚋故嘬之 / 其顙有泚睨而不視 / 夫非爲人泚 / 達於面目 / 蓋歸 / 反虆梩而掩之 / 掩之 / 誠是也則孝子仁人之掩其親 / 亦必有道矣"(『맹자』, 「공손추장구 상」).

문장에서는, 인륜이나 의례가 정립되어 있지 않았던 시대의 주인공조차 어버이 시신이 동물이나 곤충에 의해 훼손되는 것을 보는 순간 이마에 진땀이 나고 그것을 차마 똑바로 바라보지 못하는 마음 상황이 잘 표현되어 있다. 이는 인간의 선한 본성이 본연지성으로서 존재함을 의미한다. 맹자는 이를 인위를 초월한 본성, 즉 성(性)으로 간주했을 뿐만 아니라 그것을 선한 것으로 보았다. 맹자는 인용문의 마지막 문장에서처럼 그러한 본성에 따라 자신의 어버이를 매장하는 것을 도(道)라고 규정한다.

그렇다면 그 주인공의 마음은 어떻게 탄생한 것일까?『마음의 탄생(ヒトとサルのあいだ)』을 저술한 요시다 슈지(2009)는, 직립원인(猿人)의 사멸 후 180만 년 전에 등장한 최초의 인류인 호모 사피엔스나 호모 에렉투스가 그들이며, 그들의 두뇌의 커짐[原因], 그로 인한 인간의 미숙화, 그리고 외부의 자극 없이도 가상 어머니와의 소통을 위한 내적 신경회로의 발달 등이 마음을 탄생시켰다는 가설을 제시한다. 이러한 가설은 마음이란 말이 친숙한 것을 맞아들이는 것에서 발생했을 것이라는 우리의 추론들 중 하나와 잘 통한다.

이렇게 본다면 맹자가 말하는 마음의 본성은 프로이드의 무의식이 아니라 모든 인간에게 자연스럽게 형성된 마음의 본성(本性), 즉 본연지성이다. 그렇기 때문에 당시 유자들은 중용에서 표현했듯이 인간의 본성을 '인위를 초월한 하늘[天]'에서 품부받은 것으로 간주했고 그러한 본성을 천심(天心)이라 규정했는지도 모르겠다. 그리고 모든 인간이 갖고 있는 마음은 이렇듯 천심으로서의 본원적 특성을 지니기 때문에 그 본원적 본성에 어긋나는 자신의 상황이나 행위에 대해서는 살부(殺父)의 꿈을 꾼 오이디푸스의 죄책감이나 주인공의 낯부끄러움으로 나타나게 되고[中心達於面目] 반대로 그 본원적 본성에 따라 행동하는 것(매장)에는 반드시 도(道)에 어긋나지 않는다[必有道]라고 생각했을 것으로 추론할 수 있을 것이다.

그러나 이 이야기의 대미(大尾)는 단연 '도성선(道性善)'으로 시작한『맹자』

「등문공장구 상」의 마지막 문장의 마지막 단어, 즉 '명지(命之)'이다. 이 대화의 전달자인 서자(徐子)가 최초 질문자이자 맹자의 말에 실마리를 제공한 사람인 이자(夷子)에게 상기 맹자의 이야기를 전하자 이자는 충격을 받고 망연자실한 채 오랜 침묵을 지키고 있다가 그것이 자신에게 들려주는 강력한 충고의 말임을 깨닫고, 무연(憮然)히 정막을 깨고[憮然爲間] '명이 그것이다!'라고 고백한다. 물론 이러한 충격적 깨달음이 이 이야기의 서두에서 언급된 이자의 질문과 연관시키면 자기반성이기도 하고 이야기에만 충실하면 본연지성으로서 성과 그에 따른 행위인 도(道)에 대한 깨달음이기도 한데, 그것이 이 이야기의 압권이다. 아마도 이야기를 전해 듣는 순간 이자는 맹자의 가르침에 큰 감화를 받았을 뿐만 아니라 내용적으로는 맹자가 강조한 진정한 마음, 즉 중심(中心)의 본연지성을 자신의 중심으로 깨달았기 때문이리라. 그리고 그 깨달음이 이자의 입을 연 것이다. 이는 마하가섭이 붓다의 가르침에 연꽃을 들고 미소를 띤 것[이를 불교에서는 깨달음의 상징인 '이심전심(以心傳心)'이라 한다]과 같은 경지를 표현한 것으로서, 이는 진정한 마음[中心]은 다른 사람에게 전달되어 그에게 절대적인 영향을 미칠 수 있음을 극적으로 표현하는 것과 다름없다.

그러나 진유(眞儒)가 추구하는 도는 인위를 초월한 경지에 이른 것이기에, 현세적응적 삶을 살아가는 인간이 일상의 삶에서 그것을 늘 실천할 수는 없다. 오히려 사람들 대부분의 일상은 항상 칠정과 불가분의 관계가 있다. 그렇기 때문에 마음이론의 창시자인 맹자는 이를 사단칠정(四端七情)으로 정리하였고, 이후 성리학에서는 이를 이기론으로 발전시킴으로써 인의예지와 같은 사덕(四德)의 우선성을 강조한 것일 것이다.

이상의 논의에 근거할 때 맹자를 본보기로 삼은 유자들은 마음을 도학의 길과 세속적인 인위의 길 사이의 날카로운 긴장관계의 종합으로 바라보지 않을 수 없었다. 그리고 이러한 긴장은, 베버의 유교사회론[6]과는 달리, 때로는 세속사회에 대한 비판성으로 그리고 유도를 벗어난 통치자에 대해서는 저항성(혹은 역성혁명의 잠재성)으로 작용해 왔다(김상준, 2014). 그리고 이러한 마음의 긴장관계는, 불교의 형이상학의 충격을 받고 유교의 형이상학화를 시도한 주자의 심합이기론에서도 여실히 드러난다.

주자는 태극의 논리를 활용하여, 마음을 보편적 이치로서 이(理)와 기질적인 기(氣)의 결합태로 간주하면서 마음의 주재성(主宰性)을 강조하였다. 결국 맹자나 주자에 따른다면, 인간은 이(理) 혹은 본성, 즉 사덕을 마음의 작동코드로 내장하고 있기 때문에 그 대상을 선하게 상대할 수도 있지만 그 대상이 사리에 벗어날 경우에는 비판적으로 저항할 가능성을 동시에 가진 존재인 셈이다. 특히 피지배층의 수오지심이 정치적 체계의 지배코드와 마주할 경우 불의(不義)에 대해서는 비타협적인 저항성을 띨 가능성이 매우 높다.[7]

조선 유학의 최고봉으로 일컬어지는 이황이 이러한 유가의 마음 사상사를 간과했을 리 없다. 오히려 이황의 〈심통성정도〉는 맹자에서 주자에 이르는 마음 이론을 하나의 그림으로 잘 집약해 두고 있다. 실제로 이황의 〈심통성정도〉는 동아시아 유교의 마음 사상을 고스란히 담고 있을 뿐만 아니라 그것을 이황이 어떻게 종합하고 있는지를 잘 보여준다. 이 글에서 우리가 〈심통성정도〉를 통해 이황의 마음 사상에 내포된 합심성을 드러내려는 까닭도 이 때문이다.

6_ 여기에서 자세하게 논할 여유는 없지만 베버는 유교는 이러한 긴장이 없는 현세적응적 윤리만을 제공하고 있으며 그러한 점에서 자본주의의 기원과 같은 현대성의 발현, 즉 사회의 창조적 변화의 계기를 제공해 주지 못한 것으로 부정적인 평가를 내린 바 있다. 이에 대한 자세한 논의는 유승무(2010)와 김상준(2011)을 참고하기 바란다.
7_ 이에 대한 자세한 이론적 논의는 제2장(마음과 사회의 동행에 대한 이론적 정초)을 참고하기 바란다. 그리고 이러한 진유의 저항의식이 근대사회까지 우리 사회의 민주화에 어떻게 기여했는지에 대해서는 이황직(2017)을 참고하기 바란다.

3. 이황의 삶과 마음공부

이황은 연산군 7년(1501) 경북 안동군 온해리에서 태어났다. 어린 시절을 홀어머니 밑에서 보냈으며, 12세경부터 숙부인 송재공(松齊公) 우(堣)에게 『논어』를 배우기 시작하면서 본격적인 공부의 길로 들어선다. 이때 이황은 숙부에게 "모든 일에 있어서 옳은 것을 리라고 합니까?"라고 물었다는 일화가 전해지는데(이광호, 2001), 이는 이황은 이미 어린 시절 공부의 시작과 함께 인간의 도리나 옳은 일에 관심을 가지고 있었고 그것의 마음 사상적 표현으로서 이(理)를 궁구하게 될 가능성을 암시한다.

또한 이황은 학문적 열정과 성실성도 남달랐다. 실제로 이황은 "19세 때 처음으로 『성리대전』 수미(首尾) 두 권을 빌려서 읽어보았다. 자신도 모르게 마음이 기쁘고 눈이 열리는 듯하였다"라고 말하기도 했으며, "숲속 집 서재에서 만 권 책을 사랑하여, 한결같은 마음으로 10여 년을 읽어왔네. 요즈음에 와서는 원두(原頭)와 만난 듯하니 내 마음속에 태허를 보네"라는 영회시(詠懷詩)를 남기기도 하였다. 그리고 이황은 20세가 되어 『주역』을 강구하기 시작하여 거의 침식을 잊었고 이 때문에 평생을 고생하는 병에 걸리게 된다.[8] 이상의 사실로 미루어, 이황은 이미 10대에 매우 치열한 학문적 열정을 불태운 것으로 보이며, 더불어 마음에 지대한 관심이 있던 것으로 보인다.

이황은 32세 때 문과 초시에 2등으로 합격하고 34세 봄에 문과급제로 출신하여 벼슬길에 나간다. 36세에 성균관 전적(典籍)을 거쳐 호조좌랑(佐郞)에 올랐고, 39세부터 44세에 이르기까지 홍문관 수찬(修撰) 등을 거쳐 교리(校理)로 승진하고 마침내 사헌부 장령과 홍문관 응교(應敎)에 재직하기도 하였다. 그

8_ 이상의 내용은 이광호(2001)의 내용을 축약한 것이다. 이어서 이광호는 21세부터 문과급제를 하는 34세까지의 생애 기록이 거의 없다고 기술하고 있다.

후 45세에는 홍문관 전한(典翰)에 오르기도 하였고, 48~49세 때에는 외직인 단양군수와 풍기군수를 지냈다. 52세 때 홍문관 교리로서 경연 시독관(侍讀官)을 겸직하였고 53세에는 성균관 대사성에 임명되기도 하였다. 58세 때에는 대사성에 재취임하기도 하였고 67세 때에는 예조판서로 임명되자 사표를 올렸고, 68세 때에는 지중추부사, 의정부 우찬성, 판중추부사로 임명되기도 하였으며, 69세 때 이조판서, 의정부 우찬성에 재수되었으나 끝내 사양하고 더는 관직에 나가지 않았다.[9]

이렇듯 이황은 과거 급제 이후 끊임없이 벼슬을 임명받았다. 그러나 이는 동시에 그가 끊임없이 벼슬자리를 사양하거나 짧게 봉직하고 그만두기를 반복하였음을 의미한다. 그 까닭은 무엇인가? 수기(修己)와 치인(治人)의 삶이 진유(眞儒)이자 직유(直儒)의 본분사였기 때문이다. 이와 관련하여 정학섭(2016)은 전자, 즉 수양공부에 대한 이황의 지대한 관심이 출사조차 주저하거나 만류하게 한 것으로 이해하고 있다. 그러나 필자가 보기에는 당대의 불의한 정치현실도 출사를 가로막은 또 하나의 이유였을 것으로 생각된다. 실제로 이황은 이른바 '사화의 세기'라 할 수 있는 16세기의 시작과 함께 삶을 시작하여 1570년(선조 3년)에 세상을 떠났다.

이황의 죽음과 관련하여 『조선왕조실록』은 다음과 같이 기록하고 있다.

숭정대부(崇政大夫) 판중추부사(判中樞府事) 이황(李滉)이 졸(卒)하였다. (…) 그는 아들 준에게 "내가 죽으면 해조(該曹)가 틀림없이 관례에 따라 예장(禮葬)을 하도록 청할 것인데, 너는 모름지기 나의 유령(遺令)이라 칭하고 상소를 올려 끝까지 사양하라. 그리고 묘도(墓道)에도 비갈(碑碣)을 세우지 말고 작은 돌의

9_ 정학섭(2016)을 압축적으로 요약하였는데, 정학섭은 이황의 출사와 마음공부의 관계에 대해 심도 있게 천착하고 있다.

전면에 '퇴도만은진성이공지묘(退陶晚隱眞城李公之墓)'라고 쓰고, 그 후면에 내가 지어둔 명문(銘文)을 새기라" 하였다. (…) 오로지 성리(性理)의 학문에 전념하다가『주자전서(朱子全書)』를 읽고는 그것을 좋아하여 한결같이 그 교훈 대로 따랐다. 진지(眞知)와 실천(實踐)을 위주로 하여 제가(諸家) 학설의 동이 득실(同異得失)에 대해 널리 통달하고 주자의 학설에 의거하여 절충하였으므로, 의리(義理)에서는 소견이 정미(精微)하고 도(道)의 대원(大源)에 대하여 환히 통찰하고 있었다. 도가 이루어지고 덕이 확립되자 더욱더 겸허하였으므로 그에게 배우려는 학자들이 사방에서 모여들었고 달관(達官)·귀인(貴人)들도 마음을 다해 향모(向慕)하였는데, 학문 강론과 몸단속을 위주하여 사풍(士風)이 크게 변화되었다. 명종(明宗)은 그의 염퇴(恬退)한 태도를 가상히 여겨 누차 관작을 높여 징소(徵召)하였으나, 모두 나오지 않고 예안(禮安)의 퇴계(退溪)에 살면서 이 지명에 따라 호(號)를 삼았었다. 늘그막에는 산수(山水)가 좋은 도산(陶山)에 집을 짓고 호를 도수(陶叟)로 고치기도 하였다. 빈약(貧約)을 편안하게 여기고 담박(淡泊)을 좋아했으며 이끗이나 형세, 분분한 영화 따위는 뜬구름 보듯 하였다. 그러나 보통 때는 별다르게 내세우는 바가 없어 일반 사람과 크게 다른 점이 없어 보였지만, 진퇴(進退)·사수(辭受) 문제에서는 털끝만큼도 잘못이 없었다. 그가 서울에서 세 들어 있을 때 이웃집의 밤나무 가지가 담장을 넘어 뻗쳐 있었으므로 밤이 익으면 알밤이 뜰에 떨어졌는데, 가동(家僮)이 그걸 주워 먹을까 봐 언제나 손수 주워 담 너머로 던졌을 정도로 개결한 성품이었다. 주상은 (…) 그의 죽음을 듣고 슬퍼하여 증직(贈職)과 제례(祭禮)를 더욱 후하게 내렸으며, 장례에 모인 태학생(太學生)과 제자들이 수백 명에 달하였다. 이황은 겸양하는 뜻에서 감히 작자(作者)로 자처하지 않아 특별한 저서(著書)는 없었으나, (…) 그의 문집(文集)이 세상에 전해지는데, 세상에서는 그를 퇴계 선생(退溪先生)이라 한다(『조선왕조실록』).

위의 인용문은 이황의 삶의 태도를 잘 보여주고 있다. 특히 '빈약(貧約)을 편안하게 여기고 담박(淡泊)을 좋아했으며 이끗이나 형세, 분분한 영화 따위는 뜬구름 보듯 하였다'라는 평가에서는 조선조 선비의 진면목을 보는 듯하다. 또한 당대를 대표하는 대유임에도 자신을 작자로 자처하지 않았다든지, 당대를 대표하는 사상가이자 경세가였음에도 자신의 묘비를 세우지 못하도록 하였다든지 등은 겸양으로 일관한 그의 삶을 잘 나타낸다.

이러한 태도는 어디에서 연유하는가? 두말할 나위도 없이 성리학적 심학과 그것을 실천하려는 이황의 마음공부의 바탕에서 찾을 수밖에 없다. 이에 아래에서는 이황의 마음 사상을 더 구체적으로 확인해 보고, 그 합심적 특성을 도출해 보고자 한다.

4. 이황의 마음 사상과 그 합심성

퇴계학 연구자인 이광호(2001)에 따르면 이황은 53세 이후부터 70세에 세상을 떠날 때까지 학문적 완숙기를 보낸다. 실제로 이황의 기념비적인 저작인 『성학십도(聖學十圖)』뿐만 아니라 제자들의 질문에 대한 촌철살인의 사상적 글도 거의 대부분 이 시기, 즉 학문적 완숙기에 이루어진다. 이에 다음 절에서 우리는 이렇듯 완숙기의 마음 사상을 더 자세하게 살펴볼 것이다. 그중에서도 이 글에서는 특히 이 책의 주제인 마음과 직결되는 이황의 마음 사상을 고스란히 온축하고 있는 『심무체용변(心無體用辯)』과 〈심통성정도〉를 중심으로 이황의 마음 사상을 밝혀보고자 한다.

이황의 체용론적 마음 사상은, 제목이 암시하듯이, 『심무체용변』에 가장 정밀하게 논의되어 있다. 그 대표적인 구절을 보자.

우선 내가 들은 선유들은 '마음에 체와 용이 있다'는 설들을 가지고 그것을 밝혀 보니, 그 설들은 모두 소종래(所從來: 유래, 근거, 전거)가 있었다. 그 적(寂)과 감(感)을 체와 용이라 한 것은『주역』에 근본한 것이며, 정(靜)과 동(動)을 체와 용이라 한 것은『예기』에 근본한 것이며, 미발(未發)과 이발(已發)을 체와 용이라 한 것은 자사(子思)(『중용』)에 근본을 두었고, 성(性)과 정(情)을 체와 용이라 한 것은『맹자』에 근본한 것인데, 모두 마음의 체와 용에 대한 것이다. 대개 사람의 한 마음은 비록 천지사방에 가득 차고 고금에 걸쳐 있으며 유명(幽明)을 꿰뚫고 온갖 은미함을 관찰하고 있다 하더라도 요점은 이 두 글자(체와 용)에서 벗어나지 않는다. 그러므로 체와 용이란 개념이 비록 선진(先秦) 시대의 글에는 보이지 않지만 정자와 주자 이래로 여러 유학자가 도(道)를 논하고 마음을 논함에 이것으로 주장을 삼지 않은 이가 없어서, 강론하고 변석하여 밝혀지지 않을까 두려워했으며, 진북계(陳北溪)는 심설(心說)에서 더욱 극진히 말했으니, 어찌 일찍이 마음에 체와 용이 없다고 말한 사람이 있었겠는가?[10]

위의 인용문에 잘 나타나 있듯이, 이황은 기존의 유학이 모두 그 요체로 보면 마음의 체와 용에 대한 주장으로 귀결됨을 꿰뚫어 보았음을 주장하고 있다. 이에 대해 문석윤은 대략 다음과 같은 해설을 덧붙이고 있다.『심무체용변』은 현실의 마음[心]을 넘어서는 절대적 본심(本心)을 강조하는 연방(蓮坊) 이구(李球, ?~1573)의 주장을 반박하기 위하여 체용일원(體用一源), 현미무간(顯微無間)

10_ "姑以所聞先儒心有體用之說明之, 而其說皆有所從來, 其以寂感爲體用, 本於大'易'; 以動靜爲體用, 本於'禮記'; 以未發已發寂感爲體用, 本於子思; 以性情爲體用, 本於孟子, 皆心之體用也. 蓋人之一心, 雖彌六合亙古今, 貫幽明徹萬微, 而其要不出乎此二字. 故體用之名, 雖未見於先秦之書, 而程朱以來諸儒所以論道論心, 莫不以此爲主, 講論辯析, 惟恐不明, 而陣北溪心說, 尤極言之心, 何嘗有人說心無體用耶?"[『퇴계집(退溪集)』권41,『심무체용변(心無體用辯)』]

의 관점에서 현실의 마음[心]을 떠나지 않고, 그에 즉해서 본심의 절대성을 포착해야 한다는 것이 이황의 논리였다(문석윤, 2013). 우리도 동의한다. 그러나 이는 마음과 세계(사회)의 합심적 특성을 드러내는 구절로도 읽힌다.

이러한 마음의 합심적 특성은 이황의 사단칠정론 및 이기설(혹은 이기호발설)에서도 명확히 보인다. 그 대표적인 예로, 이황이 기대승에게 보낸 편지의 일부를 보자.

> 측은, 수오, 사양, 시비는 어디로부터 발현한 것입니까? 인, 의, 예, 지의 성(性)에서 발한 것입니다. 희, 노, 애, 구, 애, 오, 욕은 어디에서 발현한 것입니까? 외물(外物)이 형기(形氣)를 접촉함에 마음이 안에서 움직이되 경(境)에 인하여 나온 것입니다. (…) 이로 보면 양자는 비록 모두 이(理)와 기(氣)에서 벗어나지 않지만, 소종래(所從來)를 따라서 각각 주된 바와 중한 바를 가리켜 말한다면, 어떤 것이 이이고 어떤 것이 기라고 하는 것이 어찌 안 될 것이 있겠습니까?[11]

위 인용문을 보면, 이황은 인(仁)·의(義)·예(禮)·지(智)로 구성되어 있는 마음의 본체[未發心體]가 성(性)이고 성이 밖으로 발현되면 정(情)이 된다고 하였다. 동시에 양자는 체용일원(體用一源)의 관계에 있으므로 분리시킬 수 없음도 암시되어 있다. 이렇게 볼 때 이황은 마음을 체용적 전일성으로 간주하고 있음을 알 수 있다. 특히 정(情)의 발현 작동과 관련된 구절, 즉 '외물(外物)이 형기(形氣)를 접촉함에 마음이 안에서 움직이되 경(境)에 인하여 나온 것입니다'란 구절은 루만의 체계와 견주어보면, 마음이라는 체계 내부의 작동은 물론

11_ "惻隱羞惡辭讓是非, 何從而發乎? 發於仁義禮智之性焉爾. 喜怒哀懼愛惡欲, 何從而發乎? 外物觸其形而動於中, 緣境而出焉爾. (…) 由是觀之, 二者雖曰皆不外乎理氣, 而因其所從來, 各指其所主與所重而言之, 則謂之某爲理某爲氣, 何不可之有乎?"[『퇴계집』권16, 「답기명언(答奇明彦) 논사단칠정제일서(論四端七情第一書)」]

그 체계와 환경 사이의 구조적 연동을 모두 담고 있어 흥미롭다. 또한 이는 마음 내부의 연(緣)과 마음 외부의 연 사이의 중층적 상호의존성의 코드로 있을 수도 있음은 두말할 나위가 없다. 이는 사덕이라는 마음의 코드가 외물의 형기와 만나는 방식과 조건에 따라 다양한 합심 유형이 도출될 수 있음을 의미한다.

게다가 이황은 마음 내부의 연도 그 의미소, 즉 이와 기의 결합방식에 따라 다양하게 현상할 수 있음을 암시한다. 실제로 이황은, 인용문의 축약된 곳(…)에서 사단에도 이(理)와 기(氣)가 합쳐져 있고 칠정에도 이와 기가 합쳐져 있다고 논의한 다음, 인용문의 마지막 문장에서 분명하게 언급하듯이 그 주된 바와 중한 바에 따라서 각각은 서로 다를 수밖에 없다는 것이다. 이는, '사단은 이가 발하여 기가 따른 것이고 칠정은 기가 발하여 이가 탄 것[四端理發而氣隨之, 七情氣發而理乘之]'이라는 이기호발설(理氣互發說)인데, 그것은 기본적으로 이와 기의 결합을 인정하는 가운데 그 우선성에 따라서 다양한 발현 가능성을 암시하고 있다.

이렇게 볼 때, 이황의 사단칠정론 혹은 이기호발설은 한편으로는 마음 내부의 이(理)의 차원과 기(氣)의 차원의 일여성(一如性, Einheit)을 설명하면서도 다른 한편으로는 그 마음의 작동코드와 대상 사이의 작동도 설명할 수 있는 성리학적 이론적 틀로 손색이 없다. 또한 이는 한편으로는 성리학적 합심성을 잘 드러내고 있지만 다른 한편으로는 루만 및 우리의 이론적 입장과 유사함을 보여주고 있어 우리의 흥미를 자극한다.

이상에서 살펴본 이황의 심학에 따르면, 마음은 결국 성과 정 전체를 아우르는 것, 즉 심통성정(心統性情)의 특성을 갖고 있다. 이를 한눈에 알 수 있도록 도표화한 것이 다름 아닌 〈심통성정도〉이다. 이에 아래에서는 〈심통성정도〉를 통해 이황의 심학을 종합해 보고자 한다. **그림** 6-1은 『성학십도』 중 여섯 번째 그림으로서 별도로 〈심통성정도〉라 칭하는데, 이 그림에 대한 이황

그림 6-1 • 제6 심통성정도(第六心統性情圖)

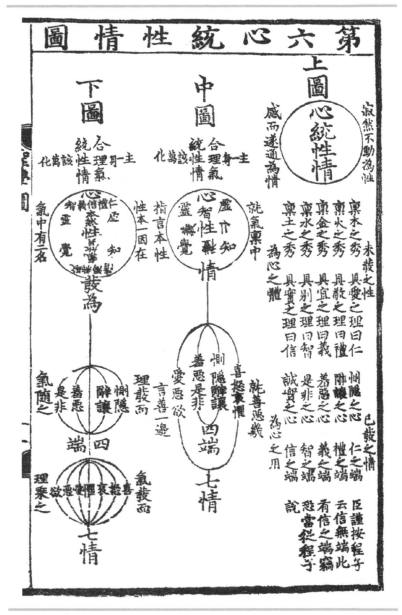

* 자료: 이황(2001: 183).

의 해설은 다음과 같다.

① 이상 세 그림 중에서 상도는 임은 정씨가 그렸으며 그 해설도 그가 했습니다. 그 중도(中圖)와 하도(下圖) 두 그림은 신(臣)이 감히 성현들께서 이론을 세워 가르침을 드리운 원래의 뜻을 미루어 생각하여 그린 것입니다.

② 그 중도(中圖)는 품부받은 기(氣) 가운데 나아가 본연지성을 지적해 기품을 섞지 않고서 말한 것입니다. 자사(곧 『중용』)가 말한 '천명지성', 맹자가 말한 '성선'의 성, 정자가 말한 '성즉리'의 성, 장자(張子)가 말한 '천지지성'이 그것입니다. 그 성을 말한 것이 이미 이와 같으니, 그러므로 그것이 발하여 정이 된 것도 모두 모두 선한 것을 가리켜 말했습니다. 자사가 말한 '중절(中節)'의 정, 맹자가 말한 사단의 정, 정자가 말한 '어찌 불선으로 이름할 수 있겠는가?'의 정, 주자가 말한 '성으로부터 흘러나와 본래 선하지 않음이 없다'의 정이 그것입니다.

③ 그 하도는 이와 기를 합하여 말한 것입니다. 공자가 말한 '서로 비슷하다'는 성, 정자가 말한 '성이 곧 기이며, 기가 곧 성이다'라고 하는 성, 장자가 말하는 '기질지성', 주자가 말한 '비록 기 속에 있다 하더라도 기는 스스로 기이고 성은 스스로 성이어서 서로 섞이지 않는다'라고 하는 성 등이 그것입니다. 성을 말한 것이 이미 이와 같으니, 그러므로 그것이 발하여 정이 되는 것도 이와 기가 서로 수반하거나 혹 서로 헤치기도 하는 곳에서 말했습니다. 사단의 정은 이(理)가 발하고 기가 따른 것으로 본래 순선하여 악이 없지만, 반드시 이의 발함이 온전하게 이루어지기 전에 기에 가려진 연후에 흘러가서 선하지 않게 되고, 칠정은 기가 발하고 이가 그것에 타는 것으로 역시 불선함이 없지 않으나, 만약 기가 발하는 것이 절도에 맞지 않아 그 이를 멸하면 방자하게 되어 악이 된다고 한 것이 그것입니다. 이와 같기 때문에 정자의 말에 '성을 논하면서 기를 논하지 않으면 갖추어지지 않은 것이고, 기를 논하면서 성을 논하지 않으면 밝지 못한 것입니다. 그것들을 둘로 나누면 옳지 않다'고 했습니다. 그렇다면 맹자와 자사가 다만

이(理)만을 가리켜 말한 것은 갖추어지지 못한 것이 아니라, 기를 아울러 말하면 성의 본래 선함이 드러날 수 없었기 때문인 것입니다. 이것이 중도(中圖)의 뜻입니다.

④ 요약하자면, 이와 기를 겸하고 성과 정을 통괄하는 것이 마음입니다.[12]

위 해설 중에서 상도의 해설(①)은 단순한 사실의 기술이기 때문에 별도의 설명을 요하지 않는다. 다만 여기에서 중요한 것은, 이황 자신이 그린 것이 중도와 하도라는 사실이다. 이는 중도와 하도에 이황 자신의 마음 사상이 요약되어 있음을 시사한다. 그중에서도 중도는, 기품을 섞지 않고 이치나 이론[理]의 차원에서 성의 본연지성, 정의 본연지성 그리고 성과 정의 관계를 언급한 것으로서, 여기에는 두 가지 중요한 사실이 지적되어 있다. 첫째는 성이든 정이든 본연지성은 선하다는 사실이다. 둘째는 '그것이 발하여 정이 된 것'이라는 진술이 시사하듯이, 성과 정(혹은 사단과 칠정)의 관계가 일여성을 갖고 있다는 것을 밝힌 것이다. 그러나 중도(中圖)는 어디까지나 이의 차원에서 논의한 것이고 기의 차원을 결합한 현실의 차원에서 보면, 성과 정의 본연지성과 무관하게 성과 정(혹은 사단과 칠정) 각각도 악하게 되기도 하며, 그 둘 사이의 관계도 서로 수반되기도 하고 서로를 헤치기도 한다는 사실을 언급하고 있다.

바로 이러한 점을 토대로 이황은 ③의 마지막 문장에서 중도(中圖)가 이와 기가 결합된 현실적 차원의 논리가 아니라 순수한 이(理)의 차원, 즉 이론적 차원의 논리적 산물임을 다시 한번 방증한다. 그리고 ④는 이 그림에 대한 해설의 결론이자 자신의 마음 사상의 요체가 '심통성정', 즉 마음이 성과 정을 통할함을 밝히고 있다.

12_ 문석윤(2013)을 저본으로 하여 그 내용을 축약하였음을 밝혀둔다. 원문은 문석윤 (2013: 405~406)을 참고하기 바란다.

5. 이황 이후

지금까지 살펴보았듯이, 이황은 성과 정의 관계(혹은 이와 기의 관계)를 태극의 관점이나 체용의 관점에서 통합한 것을 마음으로 규정하고 있다. 그러나 마음을 보는 이러한 통합적 시각은 이황만의 시각이 아니라 성리학 일반의 공통적 특징이기도 하다. "성리학은 (…) 이와 기는 성격상 다른 것[不相雜, 決是二物]임에도 서로 분리될 수 없는 관계[不相離, 理氣相須]에 있다고 보았다"라는『한국민족문화대백과사전』의 설명처럼 성리학 자체에는 이미 이와 기의 합(혹은 성과 정의 통합)으로서 마음 개념이 포함되어 있기 때문이다. 오히려 성리학의 합심성은 유교의 시초부터 배태되어 왔다고 말하는 것이 더 정확하다. 실제로 유교의 마음 사상은 공자의 직제자인 맹자에 의해 이미 정밀하게 체계화되었기 때문이다. 그리고 맹자의 마음 사상은 본성론(성선설)과 사단칠정론의 체계를 지녔는데, 〈심통성정도〉에는 정확하게 성(性)과 정(情)의 종합으로서 마음[心]이 포함되어 있음[: 上圖]은 물론 그것과 함께 정(情)이 다시 사단칠정(四端七情)으로 세분화된 내용이 모두 포함되어 있다[: 中圖]. 또한 〈심통성정도〉의 하도(下圖)에는 사단칠정을 주자의 이기론으로 다시 설명하고 있다.

바로 이 그림이 조선시대의 가장 치열한 이기론의 발단이 되었다. 이 그림에는 맹자의 마음 사상은 물론 주자의 심합이기설이 모두 포함되어 있을 뿐만 아니라 이황 자신의 고유한 심학도 총동원되어 있기 때문이다. 이와 관련하여『한국민족문화대백과사전』에는 다음과 같이 설명을 시도한다.

성리학의 이론적 탐구가 심화된 것은 16세기부터이다. (…) 16세기가 되면서 이기 문제의 본격적 논의가 이언적(李彦迪)과 서경덕(徐敬德)에서 시작된다. 이언적은 이와 기, 형이상자(形而上者)와 형이하자(形而下者), 도와 기(器), 태극(太極)과 음양(陰陽)이 둘이면서 하나이고 하나면서 둘[二而一, 一而二]인 관계로 합하여져 있다고 보았다. 이처럼 보편적 원리인 이를 구체적 기와 동시적으로 읽음으로써 이가 공허한 초월성이 아님을 주장하였다. 그러나 그는 이와 기의 불가분성을 주장하면서도 '이가 있은 뒤에 기가 있다'고 함으로써 이의 가치를 우선시하였다. 한편 자득(自得)의 방법으로 공부하였던 서경덕은 기일원론 철학을 전개하였다. 그는 이의 선차성을 부정하고 이는 기 속에 내재하는 것으로 보았다. 이 세계는 담일무형(湛一無形)한 기가 모였다 흩어지는 것[聚散]에 지나지 않지만 기 자체는 없어지지 않는다는 기불멸론을 주장하기도 하였다.

이러한 이기론은 어떻게 이와 기로써 사단칠정(四端七情)을 해석할 것인가라는 심성론적 연구로 이어졌고 이황(李滉)과 기대승(奇大升) 사이에 사단칠정에 대한 논쟁이 일어났다. 논의의 발단은 이황이 정지운(鄭之雲)의 〈천명도(天命圖)〉에 나와 있는 "사단은 이에서 발하고 칠정은 기에서 발한다[四端發於理, 七情發於氣]"라는 내용을 "사단은 이가 발한 것이고 칠정은 기가 발한 것[四端理之發, 七情氣之發]"이라고 고친 것이 계기가 되었다. 이황은 사단(四端: 惻隱·羞惡·辭讓·是非의 情)을 이(理)에, 칠정(七情: 喜·怒·哀·懼·愛·惡·欲)을 기(氣)에 대응시켜 사단과 칠정의 근거를 분립시켰다[七對四]. 그러나 기대승은 사단은 이에 칠정은 기에 분립할 수 없고 사단 역시 칠정에 포함되어 있다[七包四]는 통일된 해석을 제시하였다. 기대승은 이와 기의 합(合)이라는 하나의 관점으로 모든 인간의 감정을 설명하고 있다. (…) 이이(李珥) 역시 이황의 이기사칠론(理氣四七論)에 비판적이었다. 이이는 이황의 사단과 칠정의 분립에 반대하고 칠정이 사단을 내포한다[七包四]고 주장하였다. (…) 이이는 자신의 이기론을 이통기국(理通氣局)으로 총괄하고 있다. 즉 우주에는 하나의 동일한 이가 관통하여 있으면서도 서로 차이 나는 기의 제한을 받기 때문에 사물들의 차이가 생긴다고 하였다(『한국민족문화대백과사전』).

이 그림에서 시작된 이기 논쟁과 그 이후의 예송 논쟁이나 인물성 동이론

등의 탐구는 200~300년 동안 이어졌다. 이러한 논쟁에 대한 부정적 평가도 많지만, 일부 성리학 연구자들은 그 내용 또한 중국이나 일본의 성리학에서는 찾아볼 수 없을 만큼 심오하고 풍부하였던 것으로 적극적인 평가를 내리기도 한다. 어쨌든 이러한 독특한 역사가 한국사회의 마음 문화의 형성에 그만큼 큰 것임에는 틀림없고, 이 책에서 우리가 주목한 것도 바로 이 점이었다.

6. 맺음말

한국의 심학은 일본의 도쿠가와 시대의 이시다 바이간의 심학과는 비교가 되지 않을 정도로 오랜 기간 동안 심오한 지성사의 주맥을 이루어왔다. 그중에서도 특히 원효와 이황의 심학은 각각 한국불교의 심학과 한국 유학의 심학을 대표하는 독창적인 심학으로서 후세에까지 강력한 영향을 미쳐왔다. 원효의 마음 사상을 검토한 제4장에 이어 이황의 심학을 논의한 까닭도 여기에서 찾을 수 있다.

맹자와 주자를 거치면서 매우 정교하게 발전한 성리학적 심학은 수기치인이라는 두 가지 상호 연관된 실천으로 발현된다. 첫째는 개개인의 수양, 즉 마음공부를 매우 중요시하였다는 점이다. 이기론의 본연지성은 물론, 사단칠정론이나 인물성 동이론마저도 궁극적으로는 인간다운 품성을 닦는 실천으로 귀결되고 있기 때문이다. 특히 성리학적 심학은 무엇보다도 천심, 즉 천부적 본성이란 전제 위에서 출발한다는 점에서, 태초에 세상의 업은 시작되었으며 탄생과 함께 개인의 업도 시작된다는 불교의 연기적 마음 개념과 거기에 내포된 치밀한 형이상학적 논리가 배제되어 있으며, '알인욕(遏人欲) 존천리(存天理)'로 대표되는 실천만을 강조하는 실용주의적 특징을 지닌다. 둘째는, 굳이

『대학』의 '수신제가치국평천하'를 언급하지 않더라도, 수신에 바탕을 둔 사회정치적 질서의 완성을 위한 사회적 실천을 매우 강조하는 현세주의적 특징을 지닌다. 조선의 대부분의 유자들이, 불교의 선사들과는 달리, 과거를 통해 출사의 길에 나섰던 것도 그 때문이다.

이황도 이러한 두 가지 실천을 겸비한 삶을 살았다. 무엇보다도 이황은 경학(經學)을 통해 공자나 맹자는 물론 신유학까지 모두 섭렵한 다음 자신의 독창적인 심학을 완성하였다. 이황은 성학십도의 해설을 다음과 같은 말로 마무리하고 있다.

> 요컨대 이기를 겸하고 성정을 통섭하는 것은 마음이요, 성을 발하여 정이 되는 그 경계는 바로 마음의 기미(幾微)요, 만화(萬化)의 지도리로서 선과 악이 여기서부터 갈라집니다. 학자는 진실로 한결같이 경(敬)을 견지하여 이와 욕(欲)에 어둡지 않고, 더욱 이 마음을 삼가 미발인 때에 존양(存養)의 공부를 깊이 하고, 이발인 때에 성찰(省察)을 익숙하게 하여 진리를 쌓고 오래도록 힘쓰면, 이른바 '정밀하게 살피고 한결같이 지켜 중용을 잡는[精一執中]' 성학과 '체를 보존하여 사물에 응하여 작용하는[存體應用]' 심법(心法)을 밖에서 구할 필요 없이 여기에서 모두 얻을 수 있을 것입니다(이황, 2001: 79~80).

이 인용문에서 특히 주목할 것은, 마음의 체용에 바탕하여 체를 보존하고 용을 바르게 실현함을 통하여 온전한 삶을 실현하는 방법으로서 심법, 즉 심학이야말로, 중용을 실현하는 성학과 달리, 마음과 사회의 관계 혹은 동행을 궁구하는 학문임을 분명히 밝혀두고 있다는 점이다. 왜냐하면 이는 이황의 심학이 합심성을 내장하고 있다는 사실을 의미하기 때문이다. 그리고 지행합일의 진유였던 이황은 실제로 철저한 마음공부와 출사를 병행하는 삶을 살았다. 그렇기 때문에 이황의 심학은 천심과의 합심을 통해 사덕을 기르고, 가족 및 세상과의 합심을 추구하는 특징을 내포하는 것이다.

　이러한 이황의 마음 사상과 실천은 이후 수많은 제자들에게 영향을 미쳤다. 그중에서도 특히 산림처사들은 정치적 배제와 맞물리면서 이황의 마음공부에 더욱더 많은 관심을 기울였고 그것을 향촌사회에서 실현하고자 하였다. 바로 이러한 실천이 한국사회를 윤리적 질서로 가꾸어나가는 데 실제적인 자양분이 되었을 뿐만 아니라 때로는 세상의 불의에 저항하면서 유교적 절의를 지속하는 마음 문화로 면면히 이어지게 되었다.

제7장

이익의 심학과 약자와의 합심성

1. 머리말

이른바 '성호학파'란 명칭이 웅변하듯 성호 이익(1681~1763)은 자신의 이름으로 학문의 일가를 이룬, 이황과 이이 이래 가장 우뚝한 한국학 거봉들 중 한 사람이다.[1] 성호학파의 비조(鼻祖)로서 그는 유학은 물론[2] 불교, 노장사상, 심지어는 서학까지도 섭렵하여 자신의 독창적인 심학을 개척했을 뿐만 아니라[3]

---

[1]_ '조선 후기의 퇴계'라는 이익의 별칭은 이익이 이황을 흠모했다는 사실을 담고 있기도 하지만 퇴계 이황에 버금가는 학자였음을 지시하려는 의도를 담은 표현으로 생각된다.

[2]_ 이익은 당대의 유학자로서는 드물게 주자학을 넘어서서 육경, 수사학, 순자, 심지어 양명학까지도 수용하는 데 주저하지 않았다.

[3]_ (이익은) 당시 중국을 통해 전래된 서학(西學)에는 학문적인 관심을 기울여 천문(天文)·역산(曆算)·지리학과 천주교서 등 한역서학서(漢譯西學書)를 널리 열람하고 만국전도(萬國全圖)·시원경(視遠鏡)·서양화(西洋畵) 등 서양문물에 직접 접하면서 세계관·역사의식을 확대, 심화시킬 수 있었다. 이 덕분에 그가 종래 중국 중심의 화이

당대의 사회현실에 대해서도 예민하게 반응한 조선판 사회학자[4]였다. 실제로 자신의 귀속성 때문에 대부로 출사하는 길을 일찍이 단념한 그는, 평생 재야에서 처사의 삶을 살면서 방대한 문헌을 철저하게 탐구하였을 뿐만 아니라[5] 실학자로 호명될 정도로 당대 사회현실의 이면과 저면 및 그 상관적 차이를 총체적으로 관찰하여 비판적으로 기술한 이론적 실천가였다.

꽃향기를 찾아 몰려드는 벌들처럼 당대의 인재들이 이익을 사사하기 위해 몰려든 것은 지극히 자연스러운 현상이었다. 그들에게 이익의 영향은 실로 심대하였다. 무엇보다도 이익의 영향으로 가학(家學)이 일가를 이루었다.[6] 또한 그의 학문은 직접적으로는 윤동규, 안정복, 신후담, 권철신 등으로 확대 재생산되었을 뿐만 아니라 간접적으로는 정약용 등 이른바 실학파를 형성하는 데 크게 기여하여, 조선 후기 사회는 물론 그 이후 사회변동에도 큰 영향을 미치게 된다. 오늘날까지도 이익과 『성호사설(星湖僿說)』은 중등학교 교과서에 소개되어 교육으로 재생산되고 있을 뿐만 아니라 《성호학보》나 《성호학연

관(華夷觀)·성인관(聖人觀)에서 탈피해 더욱 합리적이고 실증적인 시야를 지닐 수 있게 되었다. 정통적인 유학자이면서도 노불(老佛)의 학이나 새로 전래된 천주교와 같은 이른바 이단에 대해서도 윤리 면에서 남다른 관심을 나타냈다(『한국민족문화대백과사전』).

4_ 이에 대해서는 본문에서 다시 한번 자세하게 언급할 것이다.

5_ 그가 첨성리에 칩거하며 학문에만 전념할 수 있었던 것은 아버지 하진이 1678년에 진위(陳慰) 겸 진향사(進香使)로 연경(燕京)에 들어갔다가 귀국할 때에 청제(淸帝)의 궤사은(饋賜銀)으로 사 온 수천 권의 서적 때문이었다(『한국민족문화대백과사전』).

6_ 이익의 학문은 일문에 이어져서 준재가 많이 배출되어 아들 맹휴는 『예론설경(禮論說經)』·『춘관지(春官志)』·『접왜고(接倭考)』 등을 남기고, 손자 구환(九煥)은 조업(祖業)을 계승하였다. 그 외에 종자(從子) 병휴(秉休)는 예학으로, 종손(從孫) 중환(重煥)은 인문지리로 이름을 남기고, 가환(家煥)은 정조의 은총을 받아 벼슬이 공조판서에 이르렀으나, 천주교를 신앙해 1801년(순조 1)의 신유사옥 때에 옥사하였다(『한국민족문화대백과사전』).

구》와 같은 학술지가 발행될 정도로 학문적으로도 우리의 주목을 받고 있다.

실제로 이익에 대한 학문적 성과도 적지는 않다. 이익 없는 실학연구는 '앙꼬 없는 찐빵'에 지나지 않을 정도로 거의 모든 실학 관련 연구에서 이익은 빠지지 않고 있다. 철학계나 역사학계도 크게 주목해 왔음은 두말할 나위가 없다. 그러나 아직도 이익에 대한 연구는 결코 충분하지 않다. 단적인 예로, 이익이 당대의 사회에 대한 전면적이고 총체적인 비판적 연구를 수행하였음에도 아직까지도 이에 대한 사회학적 연구가 거의 없다. 과문의 탓인지는 모르겠으나, 저 유명한 『성호사설』의 총체적 구조를 비판적으로 재구성한 사회학적 연구도 찾아보지 못했다.

동양사상 및 한국학의 사회학적 읽기에 관심을 가진 이들에게 이익은 가장 적절한 연구 대상이다. 마음사회학, 처사 신분의 신분적 저항성, 인간의 진정성(혹은 본심과 합심)이 내포한 세속사회(혹은 이익사회) 비판성, 마음의 수행성이 수반하는 개혁성 등으로 볼 때, 이 모든 것을 실증하기에 충분한 내용을 담지하고 있는 성호 이익은 더없이 반가운 존재이다. 마음사회학을 마음과 사회의 동행을 탐구하는 학문이라 할 때,[7] 이익의 심학과 당대 사회 비판의 관계, 『성호사설』의 전체 구조와 그 속에서 「인사문(人事門)」의 위상, 그리고 「인사문」과 「경사문(經史門)」의 관계는 마음사회학의 본보기로도 손색이 없다. 특히 『성호사설』은 18세기 조선사회를 사회학적으로 실증하는 토착적 사회학의 전범이라 불러도 무방할 정도로 풍부한 사회학적 내용으로 가득 차 있다. 서구 근대의 산물인 사회학의 세례를 받지 않았음에도 『성호사설』은 사회학 이론, 사회학적 시각 및 방법론, 신분 계층론, 사회구조, 사회변동 등을 진단하는 개념들을 풍부하게 담고 있는 개념 상자와 다름없다. 만약 우리가 성호 이익을 사회학적으로 적절히 재구성한다면 그 결과는 '조선 후기 한국사회학'

7_ 이에 대한 자세한 이론적 논의는 유승무·박수호·신종화(2017)를 참고하기 바란다.

이라 칭하기에 손색이 없을 것이다.

　이 글의 목적은 이익의 사회학적 복원에 있다. 이를 위해 우선『성호사설』을 마음사회학적 시각에서 재구성하고 적극적인 사회학적 해석을 시도하려고 한다. 이를 통해 한편으로는 이익의 사회학적 재해석 및 이해란 효과를 기대하며 다른 한편으로는 이익을 통해 마음사회학의 학문적 과제 중 일부를 수행하는 간접적 효과도 기대한다. 다음으로 우리는 이러한 해석학적 재구성을 통해 드러난 이익의 사회학이 어떠한 사회이론적 함의를 제공할 수 있을 것인지를 논의하려고 한다. 이 글이 먼 훗날 한국학의 자생적 사회이론 정립에 조금이나마 기여할 수 있기를 기대해 본다.

2. 이익의 처사(處士)로서의 삶과 그 산물로서『성호사설』

1) 처사의 삶

　이익의 집안 여주 이씨는 팔대조 계손(繼孫)이 성종 때에 벼슬이 병조판서·지중추부사에 이르러 이때부터 여주 이씨로서 가통이 섰다(『한국민족문화대백과사전』).

　이 집안이 명문가로 도약한 것은, 그의 증조부대부터다. 고조부 이우인은 일곱 명의 아들을 두었는데, 그중에서 이상홍, 이상의, 이상관, 이상신 등 네 사람이 청요직(淸要職)에 올랐고, 특히 이상의는 요직을 두루 거쳐 좌찬성까지 지냈다. 이익은 바로 이상의의 증손자다. (…) (그러나 — 필자 추가) 이익의 집안은 숙종 초기에 벌어진 남인·서인 사이의 치열한 당쟁에서 남인이 실각하면서 관계(官界)에서 배제되기 시작한다. 성호의 아버지 이하진은 1680년 2월 자당(自黨)

의 허목과 윤휴를 두둔하는 상소를 올렸다가 진주목사로 좌천된다. 이어 3월에 남인이 정계에서 축출되는 정변 ― 경신대출척(庚申大黜陟) ― 이 일어나자 이하진은 파직되고 평안도 운산으로 유배되었다가 그곳에서 숨졌다. (…) 경신대출척으로 서인이 정권을 잡자, 성호의 가문은 과거의 성예를 잃고 말았다(강명관, 2011: 7~8).

위 인용문은, 비록 이익이 사대부의 가문에서 탄생했음에도 당쟁기 남인의 집안에 속했기 때문에 과거를 통해 관료로 진출하는 사대부의 전형적인 삶을 살 수 없었을 것임을 암시한다. 다음 인용문은 이를 잘 실증하고 있다.

성호는 1681년 10월 18일에 아버지 하진과 그의 후부인 권씨(權氏) 사이에 운산에서 태어났다. 그 이듬해 아버지를 여읜 뒤에 선영이 있는 안산의 첨성리(瞻星里)로 돌아와 어머니 권씨 슬하에서 자라나 그의 조고다질(早孤多疾)의 생애가 시작된 셈이다. (…) 그는 10세가 되어서도 글을 배울 수 없으리만큼 병약했으나, 더 자라서는 둘째 형 잠(潛)에게 글을 배웠다. 25세 되던 1705년 증광시에 응했으나, 녹명(錄名)이 격식에 맞지 않았던 탓으로 회시에 응할 수 없게 되었다. 바로 다음 해 9월에 둘째 형 잠이 장희빈(張禧嬪)을 두둔하는 소를 올린 때문에 역적으로 몰려 17, 18차의 형신(刑訊) 끝에 47세를 일기로 옥사하였다. 이익은 이 사건을 계기로 과거에 응할 뜻을 버리고 평생을 첨성리(현 경기도 안산시 일동 ― 필자 주)에 칩거하였다. (…)

47세 되던 해에 조정에서 그의 명성을 듣고 선공감가감역(繕工監假監役)을 제수했으나 나가지 않았다. 그러나 세월이 지남에 따라 가세는 퇴락되었고, 이익 부자의 오랜 질역(疾疫)은 쇠운을 재촉하였다. 64, 65세 때에 이미 뒷잔등의 좌달(痤疸)이 악화되었고, 70세가 넘어서는 일찍이 괴과(魁科)로 급제해 예조정랑·만경현감을 지낸 외아들 맹휴(孟休)마저 오랜 병고 끝에 죽었으며, 70세 후반기에 들어서는 반신불수가 되어 기거마저 불편할 지경이었다. 그동안에 가산도 탕진되어 만년에는 한 명의 고노(雇奴) 외에는 송곳을 세울 만한 전지도 없으리만큼 영락하였다. 83세 되던 1763년(영조 39) 조정에서는 우로예전(優老例典)에 따라 그에게 첨지중추부사로서 승자(陞資)의 은전을 베풀었으나, 그해 12월 17일 오랜 병고 끝에 죽었다(『한국민족문화대백과사전』).

이렇듯 이익은 철저히 처사의 삶을 살았다. 여기에서 처사는 사대부의 후손이자 선비라는 측면에서는 지배계층에 속하지만, 서인과 노론이 득세한 당쟁기 남인으로서 벼슬에 나아가지 않고 향촌사회에 은거하여 살 수밖에 없었다는 점에서는 지배계층 내부의 피지배분파에 속하는 신분집단이었다(유승무, 2000). 바로 이러한 귀속성 때문에 대부분의 처사는 대부(大夫)의 길보다는 진정한 선비의 삶을 선택할 수밖에 없었고 직유(直儒)로 경도될 가능성이 상당히 높았다. 통상 직유는 윤리적으로는 인간의 도리를 지키고 정치적으로는 '권력과 지배의 공공성'(최우영, 2009)을 목숨보다 더 소중히 여기는 이른바 '조선의 선비'들이었다. 이러한 처사의 정치사회적 위상과 선비다운 강상(綱常)이 당파적 이해관계로 얽혀 있는 정치사회적 삶이나 그것을 뒷받침하는 사회(제도, 구조, 관습이나 문화)에 대한 비판의 근거로 작용하였음은 두말할 나위가 없다. 이익도 예외가 아니었다. 당대 사회의 비판으로 가득 찬 『성호사설』은 이를 실증하기에 충분하다.

2) 『성호사설』과 그 마음사회학적 조건

성호 이익은 선현의 언행을 샅샅이 기억하고 일찍부터 시나 문을 잘 외었다. 『맹자』·『대학』·『소학』·『논어』·『중용』·『근사록』 등을 읽고, 다시 『심경(心經)』·『역경』·『서경』·『시경』을 거쳐 정주(程朱)와 이황(李滉)의 학문을 탐독해

통하지 않은 것이 없었다. 이익의 학문은 이렇듯 철저한 유교적 기반 위에 이루어졌다. 그리하여 여러 경서(經書)에 대한 질서(疾書)를 지어내고, 주자(朱子)의 『근사록』처럼 이황의 언행록인 『이자수어(李子粹語)』를 찬저(撰著)하기도 하였다(『한국민족문화대백과사전』).

위 인용문이 잘 보여주듯이 이익은 유학자의 전형이었다. 그러나 이익이 본격적인 활동을 시작한 18세기 조선사회는 이른바 '말안장기', 즉 기존 질서가 깨진 상태에서 새로운 시대 이념과 그에 따른 제도가 고안되지 않은 시대였다(송호근, 2013). 그럼에도 당대 권력을 독점하고 있던 노론은 물론 일부 남인들조차도 주자학을 한 치도 벗어나지 못하는 이른바 '주자도통론'을 강하게 견지하고 있었다. 더욱이 주자학을 벗어나는 것은 '사문난적'으로 낙인찍히는 것이었는데, 그 낙인은 현실정치나 당쟁에서 배제되는 결정적인 빌미를 제공함은 물론 경우에 따라서는 자신의 목숨을 요구할 수도 있었다.

그러나 (이익은 — 필자 추가) 허목(許穆)·윤휴(尹鑴) 등의 뒤를 이어 주자에게로만 치우치는 폐풍에서 벗어나 수사학적(洙泗學的)인 수기치인(修己治人)의 학의 부흥을 기하였다. (…) 사장(詞章)·예론(禮論)에 치우치거나 주자의 집전(集傳)·장구(章句)에만 구애되는 풍조, 그리고 종래의 주자학적으로 경화된 신분관·직업관에서 벗어나는 것이었다(『한국민족학대백과사전』).

실제로 이익은 사서삼경(四書三經)보다 육경(六經)을 더 중시하였고 수사학(洙泗學)은 물론 순자, 노장, 불교, 서학에도 관심을 기울였고 나아가 이용후생학을 지향하는 실학을 강조하기도 하였다. 그리고 그러한 방대한 연찬 과정에서 이익은 훗날 『성호사설』로 묶여지게 된 글들을 하나하나 완성하였던 것이다.

『성호사설』은 처사의 신분으로 기록한 다산(茶山)적 의미의 심서(心書)이
다. 『성호사설』의 자서(自序)를 보자.

『성호사설』은 성호옹(星湖翁)의 희필(戱筆)이다. 옹이 이를 지은 것은 무슨 뜻
에서였을까? 별다른 뜻은 없다. 뜻이 없었다면 왜 이것이 생겼을까? 옹은 한가
로운 사람이다. 독서의 여가를 틈타 전기(傳記)·자집(子集)·시가(詩家)·회해
(詼諧)나 혹은 웃고 즐길 만하여 두고 열람할 수 있는 것을 붓 가는 대로 적었더
니, 많이 쌓이는 것을 깨닫지 못했다. 처음에는 그 비망(備忘)을 위해서 권책에
기록하게 되었는데, 뒤에 제목별 그대로 배열하고 보니 또한 두루 열람할 수 없
어 다시 문별로 분류하여 드디어 권질(卷帙)을 만들었다. 이에 이름이 없을 수
없어 그 이름을 「사설」이라 붙인 것인데, 이는 마지못해서이지 여기에 뜻이 있
는 것은 아니다. 옹은 20년 동안 경서를 연구하면서 성현들의 남긴 뜻을 보고 이
해한 대로 거기에 대해 각각 설(說)을 만들었고, 또 저술을 즐겨 때에 따라 읊고
수답한 것, 그리고 서(序)·기(記)·논(論)·설(說)을 별도로 채집하였으되, 사설
따위는 차마 이 몇 가지 조항에 실리지 못할 것인즉, 쓸데없는 용잡한 말임에 틀
림없다. 그러나 속담에 '내가 먹기는 싫어도 버리기는 아깝다'는 그 말이 이 「사
설」이 생긴 이유이다. (…) 지극히 천한 분양초개(糞壤草芥)라도, 분양은 밭에
거름하면 아름다운 곡식을 기를 수 있고, 초개는 아궁이에 때면 아름다운 반찬
을 만들 수 있다. 이 글을 잘 보고 채택한다면 어찌 백에 하나라도 쓸 만한 것이
없겠는가?(이익/한국고전국역DB)

이렇게 해서 탄생한 3007편의 글을 모아 「천지문(天地門)」, 「만물문(萬物門)」,
「인사문(人事門)」, 「경사문(經史門)」, 「시문문(詩文門)」 등 다섯 가지 부문으로
나누어 묶은 것이 『성호사설』이다.

『성호사설』의 내용은 실로 방대하다. 경전과 문학은 물론, 정치, 경제, 관직제도, 외교, 학문, 교육, 서양소식, 지리, 전쟁, 무기(총포, 화약), 종교, 이단(무속, 서학), 풍수지리, 형벌, 도둑, 유민, 서얼, 노비문제, 여성, 성(性), 의복, 음식, 주거 등 그야말로 조선사회의 모든 국면을 망라하고 있다(강명관, 2011).

이 글에서는 『성호사설』을, 그중에서도 「인사문」의 내용을 마음사회학적으로 조견해 보고자 한다. 왜 하필 「인사문」인가? 단도직입적으로 말하면 사회학이란 학문이 소개되기 전인 18세기 조선사회에서 말뜻 그대로 '인간과 관련된 사회적 사건이나 사회적 사실'을 의미하는 '인사(人事)'를 학문적으로 탐구한 것이 곧 오늘날의 사회학에 해당하는 내용과 다름없을 것으로 생각되기 때문이다. 실제로 『성호사설』의 목차에서 확인할 수 있듯이 인사는 천지(天地)는 물론 무생물, 식물, 동물과 같은 만물(萬物)과 구분되며 인간의 노력 여하에 따라 생겨나기도 하고 변하기도 하는 빈부귀천 현상과 같은 것을 의미하는바, 이는 오늘날 사회학의 핵심 주제와 다름없다. 『성호사설』 중에서 사회학적 함의를 갖는 내용들은 주로 「인사문」으로 묶여 있는데, 여기에는 실로 사회학의 주요 주제에 해당하는 내용, 즉 사회체제의 작동은 물론 정치의 작동, 경제의 작동, 가족제도나 교육제도 등 각종 제도의 진단, 계층 및 불평등 실태, 여성, 일상생활 등이 망라되어 있다.

그렇다면 왜 하필 '마음사회학적 조건'으로 한정하고 있는가? 우선 '마음사회학적'이란 한정어를 붙인 이유는, 이익의 인사 이해의 중핵에는 바로 이익의 마음 개념 혹은 심학이 놓여 있기 때문이다. 그리고 「인사문」의 내용을 총체적으로 이해하거나 마음사회학적으로 재구성하기 위해서는 「인사문」과 『성호사설』의 전체 구조의 관계[8]는 말할 것도 없고 「인사문」과 다른 주

8_ 『동몽선습(童蒙先習)』의 첫 구절의 구조, 즉 천지, 그리고 그 사이의 만물, 그들과의

제, 즉「천지문」,「만물문」,「경사문」 등의 내용 사이의 관계에도 주목하지 않을 수 없기 때문이다. 특히「인사문」의 내용은 이익의 심학이 잘 녹아 있는 「경사문」의 내용과 불가분의 관계를 갖는다.[9] 실제로「인사문」의 내용이 주로 사회의 작동에 대한 것인 반면에「경사문」에서는 이익의 마음 개념을 섬세하게 따지고 있는 글들이 묶여 있으며, 이들 양자 사이의 관계는 그들의 위치만큼이나 불가분의 관계이다. 이는 이익의 사회론이 그의 인간관(더 정확하게 말하면 그의 심학)과 불가분의 관계를 맺고 있음을 의미한다. 결국, 이익의 심학(마음)과 사회의 동행[10] 혹은 상호침투[11]야말로 이익의 인사론(人事論)을 구성하는 이론적 프레임인 셈이다. 이 글에서 우리가 이익을 마음사회학적으로 조건하려는 까닭이 여기에 있다.

그렇다면 '조건'은? 말 뜻 그대로 '비추어본다' 혹은 '견주어본다'는 의미로서 이 글의 방법론적 전략 및 전술을 지시한다. 이는 우선 이영찬(2001)이 구분한 유학의 '앎의 방법' 중에서 '앎을 이루는 방법론'이 아니라 '앎에 이르는 방법론'을 전략적으로 선택하겠다는 것을 의미하며, 다음으로는 앎에 이르기 위해서는 '미루어 아는 방법(전술 — 필자 주)'이 아니라 '견주어 아는 방법(전술 — 필자 주)'을 구사하겠다는 의미이다. 한마디로 이 글의 방법론은, 이영찬의 표

관계 속에서 인간의 위상, 마지막으로 인간만의 독특한 특성인 윤리적 실천에다가 시문학과 관련된 부문이 추가된 것이 바로『성호사설』의 전체 구조이다.

9_ 이를 실증할 수 있는 대표적 연구로는 원재린(1997)을 들 수 있다. 그러나 그 논문은 이익의 인간관과 정치개혁론 사이의 불가분의 관계를 전제하고 그 각각을 실증하는 데는 매우 성공적이지만, 인간과 사회현상 사이의 관계에 대한 이론적 논거나 실증적 증거를 설득력 있게 제시하지는 못하고 있다.

10_ 이에 대한 자세한 논의는 유승무·박수호·신종화(2017)를 참고하기 바란다.

11_ 반인간주의 사회학자로 알려진 루만조차도 심리체계의 의식과 사회적 체계는 상호 침투하고 있음을 주장하면서, 구유럽적 사유를 지배해 온 형식논리학은 물론 행위론적 사회이론이나 상호주관주의 사회이론 등을 비판하고 있다. 이에 대한 자세한 논의는 루만(Luhmann, 1995)의 제6장을 참고하기 바란다.

현에 따른다면 한마디로 격물(格物)의 방법, 즉 "이미 갖고 있는 경험으로부터 새로운 지식을 획득하는 것이다. 이것은 귀납법에 가깝다"(이영찬, 2001: 218). 실제로 이 글에서 우리는『성호사설』「인사문」의 내용을 '마음과 사회의 관계(혹은 동행)'란 관점에서 구성하고 나아가 마음과 사회의 관계를 지시하거나 그 관계를 담고 있는 글을 선택하여 재해석함으로써 이익이 조선 후기의 마음 사회학자였음을 실증하고자 한다.

3. 이익의 심학과 그 실천성

1) 이익의 심학

이익을, 특히『성호사설』의「인사문」을 마음사회학적으로 조건하기 위해서는 무엇보다도 먼저 그의 인간 이해를 심학적 차원에서 논의할 필요가 있다. 실제로『성호사설』의「인사문」은「천지문」및「만물문」의 다음 위치에 배치되어 있거니와, 만물과 인간의 차이 혹은 구별이 인간의 마음에 있다고 보기 때문이다.

이익은 세상 속에서 인간만의 독특한 위상을 다음과 같이 규정하고 있다.

> 사람은 그를 풀과 나무에 비교하면 똑같이 생장지심(生長之心)이 있고, 금수에 비교하면 또한 똑같이 지각지심(知覺之心)이 있지만, 그의 의리지심(義理之心)은 풀과 나무와 금수에게는 없는 것이다.[12]

12_ "故人者. 較之於草木, 而均有生長之心, 較之於禽獸, 而亦均有知覺之心, 其義理之心則彼草木禽獸所未有也"(『성호전집(星湖全集)』권41,「심설(心說)」)].

인간의 특수성(혹은 존귀성)을 윤리적 행위의 가능성에서 찾는『동몽선습』을 연상시키는 이 인용문에서, 이익은 인간이야말로 천지나 만물과 같은 무생물과 달리 생명을 갖고 있을 뿐만 아니라 풀과 나무처럼 생장지심을 갖고 있으며 금수처럼 지각지심도 있지만 수목이나 금수가 갖지 않은 의리지심을 갖추고 있다고 주장한다. 그리고 이어지는 문장에서 그는 이러한 자신의 주장이 순자의 그것과 동일함은 물론 선유(先儒)의 감정을 거친 이론임을『성리대전』을 근거로 확인시킴으로써 자신의 주장이 학문적 근거에 기초하고 있음을 밝혀두고 있다.[13]

이익은 한편으로는 이렇듯 세 가지 마음을 서로서로 명확하게 구별되는 각각의 유형으로 분류하면서도 다른 한편으로는 이러한 마음을 각각 신체의 여러 기관에 배대(背對)함으로써,[14] 육체와 마음이 결합되어 인간을 구성하듯, 이러한 각각의 마음도 서로서로 연관되어 있음을 드러내고 있다. 이러한 총체적 마음 개념은 그의 독특한 인욕(人欲) 개념 및 심활론(心活論)으로 이어진다.

우선 그는『성호사설』의「경사문」'성선(性善)'에서 인욕을 기질의 청탁(淸濁)과 무관하게 성인이나 어리석은 사람에게 공통적으로 나타나는 보편적 욕구로 간주한다. 이는 한편으로는 모든 인간이 생장지심과 혈육지심을 갖고 있다는 판단에서 나온 당연한 귀결임을 암시하면서도, 다른 한편으로는 인욕이 선악과 무관함을 의미하며, 이는 우리에게 알인욕(遏人欲)을 새롭게 이해할 것을 요구한다. 구체적으로 말하면 이익은 악(惡)이 발생하지 않도록 하기

13_ 최정연(2016)은 순자설과 삼혼설이 성호 이익의 심설(心說)의 형성과 어떤 관계를 갖는지를 자세하게 논의하고 있으니 참고하기 바란다.

14_ 이익은 생장을 신(腎)에, 지각을 심장에, 그리고 의리를 방촌(方寸), 즉 속마음에 각각 배치하였다. 그러나 서학을 접하면서 뇌의 지각 기능을 알게 되는바, 이는 지각의 거처를 심장에서 뇌로 이동시키는 결정적인 계기가 된 것으로 알려져 있다. 이에 대한 자세한 근거는 문석윤(2013)을 참고하기 바란다.

위해서는 인욕 그 자체를 억제하기보다는 그 지나침을 조절해야 한다는 절욕설(節欲說)을 제시하였다.[15] 이러한 점에서 그의 심학은 순자의 심학적 측면을 내포하고 있으며, 실학에 대한 관심으로 전개된다.

이익의 심학은 또 다른 한 차원을 내포하는데, 그는 인간만의 고유한 마음, 즉 의리지심이나 신명지심(神明之心)이 마음속에 내재해 있음을 적극적으로 수용한다. 실제로 『성호사설』에는 이를 직접적으로 표현하는 문장이 등장한다.

맹자께서 '만물이 모두 나에게 갖추어져 있다' 하였다. 이것은 인(仁)의 본바탕이 지극히 큼을 형용한 말이다. 무릇 하늘과 땅 사이에 있는, 사해와 팔황, 길짐승, 날짐승, 물, 나무 등은 모두 물(物)인데, 인(仁)을 실천하는 사람은 이 모든 것을 하나로 보아 자신에게 귀속시킨다. (…) 비록 저와 내가 서로 모습은 다르지만, 내가 저들을 나의 바깥의 것으로 여기지 않고 모두 꺼안아 그것들에 대해 각각 적절하게 처우하는 방도가 있다면, 곧 만물이 내 마음 안에 갖추어져 빠지는 것이 없게 될 것이다.[16]

이렇듯 이익은 맹자의 심학을 수용할 뿐만 아니라 마음의 세 가지 유형 중에서 인간만이 가지는 신명지심이나 의리지심이 모든 것을 주재(主宰)하는 마음의 심군(心君)임을 분명히 하였다. 다음 인용문을 보자.

심에는 혈육지심(血肉之心)이 있고, 신명지심(神明之心)이 있다. 혈육지심은 오장 가운데 하나로서, 신명이 깃드는 집이라고 하는 것이다. 신명지심은 혈육지

15_ 『성호전서』 권4, 「심경부주질서(心經附註疾書)」, 841쪽.
16_ "孟子曰 '萬物皆備於我'. 此形容仁體之極大, 凡盈天地之間, 四海八荒, 禽獸草木, 皆物也, 仁者一視, 莫不歸己. (…) 我者, 物之對也, 雖彼我相形, 我可以包括無外, 而各有處之道, 是萬物, 皆備於我之度內, 而無闕"[『성호사설』, 「인사문」, '만물비아(萬物備我)'].

심 중 기의 정영(精英)한 것으로, 이른바 출입하고 존망한다고 하는 것이다. 혈육을 말하지 않으면 심의 동정과 성정의 근위(根委)를 밝힐 수 없고, 신명을 말하지 않으면 정(靜)에서 성을 통제·주재하고 동에서 정을 통제하는 것이 모두 심의 작용임을 밝힐 수 없다.[17]

이렇듯 성과 정을 통할하고 주재하는 심통성정의 심은 신명지심이지 혈육지심이 아니란 점을 밝힘으로써 이익은 〈심통성정도〉에 대한 이황의 미진한 해석을 더욱 완전하게 해결할 수 있다고 주장한다(문석윤, 2013). 이는 신명지심이야말로 사단과 칠정을 모두 관할함을 의미한다.[18] 나아가 이익은 신명지심이야말로 정(靜)할 때는 방촌에 담연하고 동(動)할 때는 빛이 구해(九垓)를 비춘다[19]고 주장하는바, 이것이 마테오 리치가 소개한 서학의 영혼 개념(삼혼론)까지도 수용했음을 암시한다.[20] 이렇듯 그의 심학은 한편으로는 유학의 전통을 계승하면서도 서학의 마음 개념도 포함하고 있다.

이익은 이러한 자신의 심학적 마음 개념을 『성호사설』에서는 사람에 비유하여 다음과 같이 설명한다.

17_ "心有血肉之心, 有神明之心, 血肉之心, 是五臟之一, 卽所謂神明之舍也. 神明之心. 是血肉之心中氣之精英, 卽所謂出入存亡者也. 不言血肉, 卽無以明心之動靜及性情之根委, 不言神明, 卽又無以明夫靜而統性·動而統情者皆心之爲也"[『성호전집』, 권41, 「심통성정도설(心統性情圖說) 병도(幷圖)」].

18_ 『성호전집』, 「심설(心說)」에서 이익은 실제로 이를 "其四端七情, 管司乎方寸"이라고 적시하였다.

19_ "其神明之心, 靜時方寸湛然, 動時光燭九垓"[『성호사설』, 「인사문」, '신입우신(神入于腎)'].

20_ 이익의 제자 신후담은 이익이 천당지옥설은 부정하였지만 삼혼설은 수용했다고 주장하였다. 이에 대한 근거는 문석윤(2013)이나 최정연(2016)을 참고하기 바란다.

마음을 거울에 비유하자니 거울은 비었지만 살아 있지 않으며, 마음을 물에 비유하자니 물은 살았지만 지각하지 않으며, 마음을 원숭이에 비유하자니 원숭이는 지각하지만 신령하지 못하다. 그렇다면 마음은 끝내 비유할 수 없는가? 비어 있는 것은 거울에 비유하고, 살아 있는 것은 물에 비유하고, 지각하는 것은 원숭이에 비유하고, 거기에다가 신령을 더하면 된다. 그러므로 사람으로 마음을 비유하는 것 또한 좋다. 사람이 방 안에 있는 것은 마치 마음이 몸 안에 있는 것과 같다. 움직이고 고요하고 말함과 행동함에 주장함이 있으니 그러므로 임금이라 한다. 이른바 '천군이 태연하니 백체(百體)가 그의 명을 따른다'고 한 것이다.[21]

결국 인간은 의리지심을 가지고 있다는 점에서 무생물이나 동식물과는 다른 종이며, 방촌의 마음, 즉 심중에 있는 신명지심이 모든 것을 갖춘 심군일 뿐만 아니라 백체를 주재하고 통할하는 수행성을 갖는다.

이상의 논의에서 알 수 있듯이, 이익은 마음의 세 가지 총체성에 기초하여 한편으로는 순자의 심학적 측면을 수용하면서도 다른 한편으로는 맹자의 심학적 측면을 종합함으로써 자신의 고유한 심학을 완성한다. 실제로 이익의 심학에서 마음은 그 고유성의 기반이 윤리성에 있다기보다는 실질적 경험이나 활동에 놓여 있다. 이익에 따르면 마음은 생장을 위한 신체활동을 통해 외부의 대상을 경험할 뿐만 아니라 감각기관의 활동은 물론 그것을 통해 외부의 대상을 지각하고 기억하며 판단하며 나아가 백체를 주재한다.[22] 이렇듯 이익

21_ "心譬於鑑, 鑑空而不活, 心譬於水, 水活而不覺, 心譬於猿, 猿覺而不靈, 然即心終不可喻乎? 空處喻鑑, 活處喻水, 覺處喻猿, 加之以靈, 則得矣, 故以人喻心, 亦可, 人居室中, 如心在身內也, 動靜云爲, 主張有在, 故曰君, 所謂 '天君泰然, 百體從令也'[『성호사설』, 「경사문(經史門)」].

22_ 당연히 불교도 『유교경(遺敎經)』에서 붓다가 "다섯 가지 감각기관은 마음이 그 주인이다"(김지수 옮김, 2009: 15)라고 가르친 이래 마음의 주재성을 매우 강조해 왔다.

은 인간 마음의 고유성의 기반을 윤리성에 두기보다는 실질적 경험이나 활동성에 두고 있다.[23]

이상의 논의를 종합하면, 이익의 심학은 다음과 같은 몇 가지 특징이 있다. 첫째, 모든 인간은 마음을 가지고 있다는 점에서 공통점이 있다. 둘째, 인간은 신명지심이나 의리지심을 가지고 있다는 점에서 식물이나 동물과 같은 다른 종(種)과는 구분된다. 셋째, 그럼에도 인간은 다른 종과 공통적으로 생장지심이나 혈육지심, 지각지심을 갖고 있으며 그것은 신체의 각 기능과 상관적 차이를 가지고 연동되어 있다. 넷째, 신명지심으로서 마음은 최고의 주재자, 즉 심군으로서 다른 마음(생장지심, 혈육지심, 지각지심)을 주재하고 통제할 수 있을 뿐만 아니라 공공적 차원에서 외부 대상(천지, 만물, 식물, 동물 타자)과 만날 수 있는 수행성을 갖는다.[24] 이 마음이 한편으로는 신체는 물론 마음 내부의 다양한 마음들끼리 서로서로 합심할 가능성을 가지며, 다른 한편으로는 인간 외부의 대상과도 합심할 수 있는 수행성이 있음을 의미한다.

2) 이익의 심학의 합심성과 그 사회적 실천성

앞서 살펴보았듯이 이익의 의리지심이나 신명지심은 주자학의 천심이나 불교의 불성과 유사하다. 그것은 한편으로는 신명지심이 사적 이해관심을 초월한 보편성을 지니고 있음을 의미하지만 다른 한편으로는 그 수행성에 바탕

23_ 이러한 점에서 이익의 심학을 심활론(心活論)으로 명명하는 원재린(1997)은 설득력이 있다.

24_ 이러한 이익의 심학은 안(眼)·이(耳)·비(鼻)·설(舌)·신(身)에 의한 감각과 그것의 주인으로서 마음을 구별하고 있는 불교와 유사하지만, 불교는 그 마음을 다시 이기(理氣)에 집착하는 마음(말라식)과 그것을 초탈한 불성으로 구분하여 논의하는 데 반하여 이익은 그렇게 구분하지는 않는다.

을 둔 합심성을 내장하고 있음을 의미한다.

> 백성은 나의 동포이고 만물은 나의 동반자이다. (…) 날짐승, 길짐승은 살기를 좋아하고 죽기를 싫어하며 사람과 동일한 감정을 갖고 있는데, 차마 어떻게 해칠 수 있단 말인가? (…) 어떤 사람[『천주실의(天主實義)』의 저자 마테오 리치를 가리킴 ― 필자 주]이 '만물이 모두 사람을 위해 생겨났으니 사람에게 먹히는 것이 당연하다'고 말했는데 정자(程子)가 이 말을 듣고 '이[蝨]는 사람을 물어뜯는다. 그렇다면 사람이 이를 위해 생겨난 것인가?'라고 말했으니, 그 변론이 분명하다. (…) 내가 생각하기에 불가의 가르침 중에서 자비 한 가지 일은 아무래도 옳은 듯하다.[25]

모든 인간은 신명지심으로서 심군(心君)을 내장하고 있으며 나아가 그 심군은 모든 것을 갖추고 있다. 그리고 위 인용문은 인간의 신명지심이야말로 타자와 마음의 합심성 혹은 사회적 포함(social inclusion)의 가능태[26]이며, 그것에 근거하여 타자에 대한 자비행이 발현될 수 있음을 암시한다. 그렇다면 이익의 심학에서 우리는 구체적으로 어떠한 합심 유형을 발견할 수 있을까?

첫 번째 유형은 의리지심과의 합심성이다. 순자의 심설을 수용한 이익은

25_ "民吾同胞, 物吾與也, 如禽獸貪生惡殺, 與人同情, 又胡爲忍以殘害? (…) 說子曰 '萬物皆爲人生, 故爲人所食', 程子聞之曰 '蝨咬人, 人爲蝨而生耶?', 其辨亦明矣, (…) 余每念佛家惟慈悲一事恐爲得之"[『성호사설』, 「인사문」, '식육(食肉)'].

26_ 김대중은 이를 '작은 존재'에 대한 '감성적 인식'으로 개념화하고, 우리의 합심성 개념과 유사하게 다음과 같이 주장한다. "'감성적 인식'은 참새 새끼, 파리, 병아리 등 미물과 유모, 거지, 유랑민, 노비 등의 사회적 약자와 같은 '작은 존재'에 대한 배려심, 존중심, 공감, 연민에 기반을 둔다. 공감과 연민은 '삼호침투적 인식'을 가능케 한다. '감성적 인식'을 통해 대상과 인식주체가 서로 어우러지고, 동물에 대한 태도와 인간에 대한 태도가 서로 어우러진다"(김대중, 2009: 269).

인간에게 자신의 마음을 자신의 의리지심에 부합하도록 가꾸어나가게 하기 위해서는 그 마음을 통제할 수 있는 법제나 형벌도 필요하다 생각하기도 했지만, 덕이나 예를 통해 마음을 선하게 해야 한다고 주장한다. 이익은 저 유명한 『논어』의 구절을 원용하여 다음과 같이 말했다.

백성을 법제로 인도하고 형벌로 규제한다면, 백성은 형벌만 면하려고 하고 부끄러움이 없을 것이다. 하지만 덕으로 인도하고 예로써 규제한다면 부끄러움을 알고 선에 이를 것이다.[27]

또한 이익에 따르면, 인간은 수양을 통해 마음속(혹은 속마음)에 자리하고 있는 의리지심을 잘 가꾸어야 할 뿐만 아니라 그렇게 잘 가꾸어진 의리지심을 구체적인 사회적 상황이나 사회관계 속에서 실천해야 한다. 게다가 이익은 성정을 통할하는 마음도, 사단칠정을 주재하는 마음도 의리지심임을 밝힘으로써 그 속에서 작동하는 의리지심이 유교가 추구하는 공공성을 담보하는 유일한 근거임을 분명히 하였다. 따라서 모든 인간은 타자에게 서(恕)를 행함으로써 인(仁)을 실현할 수 있으며, 인간사회도 약육강식의 법칙이 관철되는 '동물의 왕국'과는 달리[28] 의리지심이 일체의 삶을 통할하고 주재하는 인륜의 사회가 될 수 있다.[29] 바로 이를 가능하게 하는 마음의 특성을 우리는 '의리지심과의 합심성'이라 부를 수 있을 것이다. 바로 그러한 점에서, 이익의 '의리지

27_ "道之以政, 齊之以刑, 民免而無恥. 道之以德, 齊之以禮, 有恥且格"[『성호사설』, 「인사문」, '정형(政刑)'].

28_ 실제로 이익은 『성호사설』「인사문」, '대생사식(對生思食)'에서 다음과 같이 말하기도 했다. "(…) 힘 닿는 데까지 모든 짐승을 몽땅 잡아먹을 생각을 한다면 이것이야말로 약육강식이라는 것이다. 이것은 금수의 도(道)이다."

29_ 이렇게 볼 때 이익은 공자에서부터 주회를 거쳐 이황에 이르는 유학자의 전형을 따르고 있다.

심과의 합심성'은 성리학의 '천심과의 합심성'이나 불교의 '불성과의 합심성'과 유사한 구조와 역능을 가지고 있는 것으로 보인다.

이렇듯 이익은 의리지심을 모든 마음의 주재자로 설정하고 있었기 때문에, 의리지심을 잘 가꾸어나가는 것을 강조했고, 그것은 당연히 자기 자신에게도 해당되는 정언명령일 수밖에 없었다. 지행합일에 투철한 처사로서의 삶을 살았고 그러한 점에서 직유적인 태도를 견지한 이익은 군자를 이상적 인간형으로 설정하였을 뿐만 아니라 '군자는 만물을 사랑해야 한다'라는 공공성을 내면화하고 있었다. 이렇게 볼 때 이익은 수기치인(修己治人)을 실천하고자 한 전형적인 유자였고 그 사회적 결과는 자연스럽게 외부 대상과의 합심으로 발현되었을 것이다.

그러면 두 번째 유형인 외부 대상과의 합심성을 구체적으로 확인해 보자. 그런데 이익에 따르면 외부 대상은 무생물, 식물, 동물, 인간 등으로 나누어지는데다가 그는 특히 감정이 있는 동물과 감정 및 마음을 가진 인간에 대해 특히 집중적인 관심을 기울였기 때문에, 외부 대상과의 합심성은 다시 '동물(혹은 미물)과의 합심성'과 '사회적 약자 및 약자 신분과의 합심성'으로 나누어진다.

그중에서 먼저 동물(혹은 미물)과의 합심성을 보자.

인성군 이홍이 사형을 받았을 적에 스스로 이렇게 말했다고 한다. '내가 평소에 큰 허물이 없었다. 다만 궁에서 나올 적에 상(上)이 명을 내려 재촉하시기에 그 명을 받들어 여름에 설계하고 조성하여 구관을 철거했다. 그 과정에서 기와 사이의 참새 새끼 천만 마리가 몽땅 죽었다. 차마 못할 짓이었다고 생각하고 있었는데, 이것이 그 앙화인가?' 영상 상진이 외아들을 여의고 통곡하며 이렇게 말했다. '내 일찍 사물을 해칠 마음을 가진 적이 없었다. 다만 평안감사로 있을 적에 백성에게 파리 잡는 것을 일과로 하게 하여, 이때 시장에서 파리를 파는 사람까지 있었다. 이것이 그 앙화인가?' 이 몇 가지 일이 비록 꼭 그렇다고는 할 수 없

겠지만, 또한 군자가 만물을 사랑해야 한다는 경계가 될 수 있으므로 함께 기록하는 바이다.[30]

이렇듯 미물과의 합심성[31]을 강조한 이익에게서 인간에 대한, 즉 사회적 약자에 대한 합심성이 수없이 발견될 것임은 두말할 나위가 없다. 『성호사설』중 「인사문」의 대부분의 내용은 사회적 약자 혹은 약자 신분과의 합심성과 그것에 바탕한 사회비판 및 개혁과 연관되어 있다.[32]

요컨대 우리는 이익에게서 한편으로는 크게 세 가지 유형의 합심성, 즉 '의리지심과의 합심성', '미물과의 합심성', '사회적 약자와의 합심성'을 발견할 수 있으며, 다른 한편으로는 이 세 가지 유형이 마치 '합심성의 삼각뿔'처럼 상의 상관적 관계를 가지고 있음을 알 수 있다. 그러나 18세기 조선사회의 사회현실은 이러한 이익의 심학의 합심성과는 사뭇 달랐다. 양란 이후 일부 사대부를 제외한 대부분의 사람들의 사회경제생활은 피폐해졌지만 그것을 해결할 수 있는 정치는 당쟁이 증언하듯이 양육강식의 논리만이 관철되고 있었다. 게다가 신분사회의 차별은 점점 더 심화되어 갔다. 이렇듯 이익의 이상과 조선 후기 사회현실이 괴리되면서 그는 당대의 사회체제와 신분질서에 대한 비판에 적극적으로 참여하게 되었을 것이다. 따라서 이익의 사회학적 재구성에

30_ "仁城君珙之被誅也, 自言 '吾平生無大過, 但其出官, 承上命敦迫, 署月營造, 改撤舊館, 瓦間雀毅千萬皆死, 常所不忍, 是其殃耶?', 尙領相震喪一子, 哭之曰 '吾未嘗有害物之心, 但爲平安監司, 令民捕蠅日課, 時市有賣蠅者, 此其報耶?', 此數事雖未必然, 而亦可爲君子仁物之戒, 故並記之"(『성호사설』, 「인사문」, '살의포승(殺毅捕蠅)').

31_ 김대중(2009; 2016)은 이러한 이익의 학문을 공감(sympathy)의 개념으로 재해석하는데, 이는 지각지심을 공유하는 미물과의 합심에는 적절하지만 의리지심을 가진 인간과의 합심성을 구분해 낼 수 없는 단순성의 한계를 내장하고 있다.

32_ 이에 대해서는 다음 절에서 자세하게 논의할 것이므로, 여기에서는 그 구체적인 내용을 생략한다.

관심을 갖는 이 글에서는 이를 매우 자세하게 살펴보지 않을 수 없다.

4. 마음의 '조명(造命)' 가능성과 사회제도 개혁

1) 마음의 '조명' 가능성과 신분분화사회의 사회구조적 모순

이익은 미물과의 합심 혹은 공감을 공개적으로 표명했음을 살펴보았다. 그렇기에 인간에게는, 비록 그가 사회적 약자나 하층일지라도 합심하지 않았을리 없다. 실제로 이익은 사회적 약자와 합심하는 삶을 기꺼이 실천했다. 아래인용문을 보자.

아무 달 아무 날에 여흥 이익은 유모의 영전에 삼가 고한다. 대저 자신을 살게해준 사람에게 목숨을 바쳐 보답하는 것은 지극히 의로운 일이며, 명칭에 맞게상복을 입는 것은 예의의 절도를 잘 지킨 것이다. 사람이 태어나 어린아이로 있을 적에 지각이 처음 싹트니, 이때에는 다른 사람의 도움을 받아야 먹고살 수 있다. 유모가 수고롭게 길러주어 그 덕분에 죽음을 면하고 살 수 있었으니 그 공로가 크며, (…) 안으로 반성해 보면 틀림없이 두려워질 것이니, 가령 입장을 바꾸어놓고 생각해 보면, 유모가 저승에서 원망하고 허물하지 않으리라고 어찌 장담할 수 있겠는가? 이것이 나의 죄이다. (…) 집 옆에 단을 쌓고 일 년에 한 번 제사를 올려, 내가 아직 죽기 전에 폐하지 말기를 바란다. 유모의 영(靈)은 내려와 흠향하길 바란다.[33]

33_ "日月 驪興 李瀷謹告于乳母之靈, 夫報生以死, 義之至也, 以名著服, 禮之節也, 人生孩穉, 知覺始萌, 哺飼須人, 勤斯鞠育, 免死以得生, 功則大矣. (…) 必內省愀然, 設以身思, 安知乳母不有怨咎於冥漠之中歟? 此余之罪也. (…) 築壇屋側, 歲一奠厄, 翼逮吾未死而無廢,

위 인용문에는 이익 자신의 의리지심과 유모 및 유모의 영혼 사이의 합심이 잘 나타나 있다. 이러한 합심은, 유모가 당시의 사회적 약자란 점을 고려하면, 인간의 의리지심이 오히려 사회적 약자와 합심하는 것임을 의미한다. 이익은 이것이야말로 유교사회의 예의와 절도에 부합하는 것이라고 분명하게 밝히고 있다. 게다가 그는 자신의 생명과 삶이 유모가 길러준 덕분임을 분명히 함으로써, 유모조차도 덕을 나누어줄 수 있는 사람, 즉 마음속에 덕을 함양한 사람임을 인정할 뿐만 아니라 바로 그러한 점에서 유모에게 감사의 마음을 전하고 싶어 한 것이다. 『성호사설』「인사문」의 '제노문(祭奴文)'도 이와 유사한 글이다. 그 글에서 이익은 노비의 무덤을 지나다가 측은하고 슬픈 마음[측달(惻怛)한 마음]에서 떡과 주과포로 제사를 지낼 수밖에 없는 심정을 자세하게 기술하고 있다. 이러한 예[34]는, 당대의 조선사회가 신분사회였다는 점을 고려하면, 이익의 사회적 약자를 향한 합심이 신분의 차이를 뛰어넘고 있음을 잘 보여주며, 그러한 점에서 마음의 수행성을 입증하는 사례로 손색이 없다.

그런데 이러한 이익의 합심적 행위는 감정적 차원의 우발적 행위이거나 이익 자신에게만 해당되는 특수한 사례가 아니다. 왜냐하면 이익은 자신의 심학에 기초하여 모든 인간이 자신의 천명을 스스로 개척할 가능성, 즉 조명(造命)[35] 가능성을 가졌다고 확신했기 때문이다. 그는 『순자(荀子)』「영욕(榮辱)」

靈其降歆!"[『성호전집』 권57, 「제유모문(祭乳母文)」]

34_ 그 외에도 『성호사설』에는 한겨울 엄동설한에 죽여달라고 중얼거리는 거지를 보고 눈물을 왈칵 쏟았다는 내용이나, 유민의 발생에 대한 소상한 분석 등 다양한 내용이 제시되어 있다.

35_ 조명론의 역사는 매우 길다. 최초의 조명론자는 두말할 나위도 없이 신, 운명, 우연, 조상 및 가계에 의지하지 말고 자신의 행위, 즉 업(業)의 결과를 믿으라는 붓다다. 실제로 붓다는 인도의 카스트제도를 부인하고 사회적 지위가 자신의 노력에 의해 가능함을(혹은 해야 함을) 비타협적으로 주장하였다(유승무, 2010). 그 후 중국에서는 왕간(王艮: 1483~1541)이 '대인조명설(大人造命說)'을 제기하여 '대인(大人)'은 인위적

편의 내용, 즉 인사의 성패는 인간의 노력 여하에 달려 있으며 인사와 무관한 하늘[天]을 원망하는 것은 부질없는 것이란 내용을 수용하여, 인사(人事)에 관한 인간의 작위성(作爲性), 즉 사회적 신분의 획득은 출신 성분이 아니라 인간의 후천적 노력 여하에 달려 있어야 한다는 점을 체계적으로 정리하고 그것을 『성호사설』의 「천지문」 '조명(造命)'에서 제시하였다. 그의 조명론에 따르면 빈부귀천이 고정되는 천명과 길흉이 정해지는 성명(星命)에 대비하여 시세(時勢)를 만나 인력이 참여하는 것을 조명(造命)이라 하였는데, 임금이나 재상뿐만 아니라 선비나 서인도 운명을 스스로 만들어나갈 수 있으며, 그렇게 하여 부지런히 힘써 사육(事育)하면 족히 화를 모면하고 행복한 길로 인도할 수 있다.[36] 그래서 "그(이익 — 필자 주)는 인간은 타고나면서부터 관작이나 부귀를 몸에 지니고 나오는 것은 아니며, 천자로부터 일반 서민에 이르기까지 애초에 빈천하기는 매양 일반이라고 하였다"(『한국민족문화대백과사전』).

그러나 양란 이후 뿌리 찾기의 영향으로 신분사회의 분화가 더욱 뚜렷해지다가 18세기에 이르면 당쟁 등으로 신분적 폐쇄성이 극에 달하게 된다. 이러한 사회구조적 조건은, 이익이 보기에는 사회적 약자의 조명 가능성을 근본적으로 봉쇄하는 장애물이자 구조적 모순이었을 것이다. 그는 당시 사회구조적 모순을 이렇게 적고 있다.

지금의 감사(監司)는 재물을 제 마음대로 쓰고 있지만 조정에서는 까마득히 모른다. 재물은 하늘에서 떨어지는 것이 아니고 반드시 백성에게서 나오는 것인데도, 백성을 쥐어짜는 무리가 욕심을 채우고 자신을 살찌우니, 백성이 어찌 곤

인 노력을 통하여 운명을 바꾸고 새로운 운명을 창조한다고 주장하였다. 이후 명말 청초에 왕부지(王夫之: 1619~1692)가 대인만이 운명을 창조할 수 있는 것이 아니라 보통 사람들도 자신의 운명을 창조할 수 있다고 주장하였다(원재린, 1997).
36_『성호사설』, 「천지문」, '조명(造命)', 87쪽.

궁하지 않을 수 있으랴?[37]

설상가상으로 당시의 시세는 백성들의 조명 가능성을 더욱 악화시키고 있었다. 『성호사설』의 「인사문」에는 이를 비유적으로 보여주는 구절이 있다.

어리석은 백성이 굶주림과 추위에 몰린 나머지 도둑이 되어 살길을 찾으니, 그것은 '이[蝨]'와 같은 신세라고 할 것이다. (…) 이[蝨]는 사람을 깨물지 않으면 굶어 죽고, 깨물면 또 불에 타 죽는다. 어리석은 백성이 도둑이 되어 살길을 찾으니, 부득이 잡아 죽여야 할 것이다. 하지만 그 실정을 보면 또한 동정할 만하다.[38]

지행합일을 중시한 이익은 이러한 마음을 실천에 옮겼다. 그는 당시 사회적 약자 혹은 하층과도 기꺼이 합심하였고, 그에 기초하여 아전이나 감사와 같은 행정관리를 비판적 시선으로 바라보고 나아가 사회구조적 모순을 폭로하였다. 이익은 다음과 같이 말한다.

중고 이전에는 족성(族姓)을 숭상하지 않았다. 각각 재능과 학문으로 출세하였기에 미천한 출신 중에도 현달한 사람이 있었다. 근래에는 대관(臺官)들이 탄핵하고 공격하는 사람으로 말하자면, 문벌과 지체가 한미한 것을 최상의 제목으로 삼을 뿐이고, 사람의 재능과 도덕성이 어떠한지를 따지지 않는다. 모를 일이다. 맑은 조정의 빛나는 벼슬자리는 죄다 벌열가(閥閱家) 자제들을 위해 마련된 것이란 말인가?[39]

37_ "今之監司, 費財隨意, 朝廷不知也. 財非天降, 必由於民, 掊克之徒, 充欲肥己, 民安得不困?"[『성호사설』, 「인사문」, '영고(營庫)']

38_ "愚民, 迫於飢寒, 作盜而求生, 其猶蝨也. (…) 不咬飢死, 咬又烘死矣. 愚民, 作盜求生, 雖不得已而禽殺, 然情有可恕"[『성호사설』, 「인사문」, '기한작도(飢寒作盜)'].

위 인용문에서 이익은 조선 후기 사회가 조선 전기나 중기에 비해 훨씬 더 사회이동이 쉽지 않은 폐쇄사회였음을 지적하고, 그 원인을 행위자의 재능이나 학문적 성취가 아닌 출신 성분으로 사회적 지위를 선택하거나 결정하는 행정 시스템이나 사회구조적 모순에서 찾았다. 그는 당시의 신분분화사회의 모순을 다음과 같이 한탄스럽게 폭로하고 있다.

지금 우리나라 풍속은 종족의 부류를 구별하여 노비와 천민은 백세가 지나도 영화를 누릴 길 없고, 높은 벼슬아치 집안의 사람은 바보천치도 무리를 지어 벼슬길에 오르니, 아아, 애달픈 일이다.[40]

2) 사회적 약자의 조명을 위한 사회제도개혁

지행합일의 선비이자 사회비판적 처사였던 이익이 한탄에만 머물러 있었을 리 없다. 비록 심서를 통한 이론적 실천일지라도 그는 당대 사회적 약자의 조명의 마음을 봉쇄하고 있는 신분분화사회의 구조적 모순을 개혁하고자 하는 제도적·정책적 대안을 설득력 있게 제시하고 있다. 다음 인용문은 당대의 사회구조적 모순에 대한 답답한 마음('울결: 鬱結')을 해결할 필요성, 즉 결울(決鬱)의 필요성을 보여주는바, 이는 그의 사회문제 의식과 사회개혁의 마음을 확인하기에 부족함이 없다.

39_ "中古以前, 不尙族姓, 各以材學, 進有起身, 微賤而遭達立顯者矣. 近時, 臺官所彈擊, 不過以門地寒微爲最上題目, 而不論材德之如何. 未知, 淸朝顯寀, 悉爲閥閱子弟而設者耶?" [『성호사설』, 「인사문」, '부상족성(不尙族姓)']
40_ "今東俗, 品別族類, 奴隷下賤, 百世而無榮達, 卿相之家, 駑頑者彙進, 噫惜哉"[『성호사설』, 「천지문」, '조명(造命)'].

천지가 변화하면 초목이 번성하고 천지가 폐색(閉塞)하면 어진 사람이 숨는 것이니, 폐색이란 기운이 울결(鬱結)하여 소통되지 않는 것이다. 풀이 울결하면 부패하고 나무가 울결하면 좀이 생기며, 사람이 울결하면 병이 생기고 나라가 울결하면 100가지 폐단이 아울러 일어나는 것인데, 그 울결한 가운데서도 군자의 도가 사라지는 것보다 더 심한 것은 없다. (…) 지금 세상의 울결한 일을 대강 손꼽아 본다면 그 습속은 인재를 천대하여 어진 이는 반드시 물러가게 되었고, 그 풍습은 문벌을 숭상하여 서얼과 중인의 구별이 있어 이들은 100세 후에까지도 청환(淸宦)에 참여하지 못한다. 또 서북 삼도(西北三道: 황해도·평안도·함경도) 사람을 써주지 않은 지 벌써 400여 년이 되었으며, 노비법(奴婢法)으로 그 자손은 차별을 두어 인간으로 취급하지 않았으니, 나라 안의 울결한 기운이 10분의 9를 차지하는 것이다. 또 오늘날에 이르러서는 당론이 공적으로 행해져 서넛씩 짝을 지어 각기 부곡(部曲)을 이루고 한번 득세하면 다른 당파는 모조리 쫓아버리니, 천지가 어찌 변화할 수 있겠는가?[41]

이러한 문제의식에 따라 이익은 당대의 사회문제를 매우 구체적으로 진단하고 있다. 두 가지 사례를 보자.

천하의 벼슬자리를 차지하려고 비루하게 구는 자들은 너나없이 사리를 채우려는 자들이다. 오직 공정하고 청렴한 한마음으로 민생을 후하게 만들려고 하는 사람이 몇이나 되겠는가? (…) 그들의 뱃속에 가득 찬 것은 백성의 가죽을 벗기

41_ "天地變化, 草木蕃, 天地閉, 賢人隱. 閉者, 鬱而不通也, 草鬱則腐, 木鬱則蠹, 人鬱則病, 國
鬱則百慝並起, 鬱莫甚於君子道消也. (…) 今世之人鬱可數, 其俗賤才賢能必退, 其風尚閥
有庶孽中路之別, 百世而不通名宦, 又西北三道枳塞已四百有餘年, 奴婢法嚴禁其子孫不齒
平人, 域中之愁鬱十分居九. 又至於今日黨論公行, 三朋五儔各成部曲, 苟一得志餘悉屛逐,
天地何以變化"[『성호사설』, 「인사문」, '결울(決鬱)'].

고 살을 발라내려는 마음이다. (…) 그러니 그들의 수를 늘릴 필요가 있으랴?[42]

우리 마을에 높은 벼슬을 지내고 청백리로 뽑힌 분이 있었다. 그분은 청렴했기에 가난했고, 가난했기에 자손이 살던 곳을 떠나 떠돌게 되었다. (…) 거의 모두가 굶주려 도랑에 나뒹구는 신세가 되었다.[43]

이상의 사례에서 알 수 있듯이 이익은 당대 사회의 모순구조를 마치 비판 사회학자처럼 진단하였다. 또한 그는 대유(大儒)답게 '청렴한 마음'과 '사적 이익을 위해 백성을 착취하는 마음(백성의 가죽을 벗기고 살을 발라내려는 마음)'을 대비시킴으로써 의리지심과의 합심이 사라진 현실을 우환(憂患)의 마음으로 관찰하고 있다. 부패와 사치로 물들어가는 지배층과 빈곤과 도둑질의 나락으로 빠져드는 백성 사이의 양극화 현실 앞에서 이익은 수기치인의 구조를 응용하여 다음과 같은 제도적·정책적 대안을 제시한다.

선으로 인도하는 데는 윤리도덕과 예보다 더한 것이 없고, 악을 그치게 하는 데는 법제와 형벌보다 더 좋은 것이 없다. (…) (그러나 — 필자 주) 형벌은 난세를 다스리는 약석(藥石)이고, 덕과 교화는 태평성대를 이루는 양육(粱肉)이다. 대저 덕과 교화로 포악한 자를 제거하려는 것은 곧 양육으로 병을 고치려는 것과 같다. (…) 사정이 이런데도 여전히 윤리도덕과 예의 가르침만 믿고 편안히 앉아 세상이 다스려지기를 바란다면, 그것은 명철한 지혜가 될 수 없다.[44]

42_ "天下之規規然圖得官府者箇箇是求利扵己其一意公廉惟民是厚者能有幾人哉 (…) 多是滿胷剝割之心 (…) 其可使之多其人耶"[『성호사설』, 「인사문」, '서도명호(胥徒名號)'].

43_ "余里中有官高而與扵淸白之選者惟其廉故貧貧故子孫流離 (…) 而塡丘壑殆盡矣"[『성호사설』, 「인사문」, '염탐(廉貪)'].

44_ "導善, 莫若如德禮; 熄惡, 莫如政刑. (…) 刑罰者, 治亂之藥石; 德敎者, 興平之粱肉也. 以

위 인용문은 단순히 덕과 교화만으로는 결코 당대의 사회문제를 해결할 수 없기 때문에 반드시 강력한 법제와 형벌을 시행할 필요가 있음을 말하고 있다. 또한 이익은 여기에서 한 걸음 더 나아가 예컨대 관리들의 부정부패를 방지하기 위한 매우 구체적인 정책도 제안한다.

지금 마땅히 법을 제정하기를, 감사는 비록 재물과 공물을 총괄은 하더라도 반드시 판관이 관장하여 사사로이 쓰지 못하게 하고, 또 판관이 지위가 낮으면 관장(官長)의 불법을 바로잡을 수 없으니, 품계를 고려의 안렴부사(按廉副使)처럼 더 올려야 한다. 그렇게 하면 백성의 힘도 조금은 펴질 수 있을 것이다.[45]

그러나 그것이 덕과 교화가 필요 없음을 말하는 것은 결코 아니다. 이익이 관리들의 마음 상태는 물론 백성들의 조명 가능성까지 염두에 두었다는 점을 고려한다면, 오히려 그는 의리지심이나 청렴한 마음을 신명지심으로 전제하고 거기에다 제도적 개혁을 결합하고자 한 것으로 해석하는 것이 더 설득력을 가질 것으로 보인다.

또한 이익이 실학의 태두라는 학계의 일반적 평가답게, 그는 당대 백성들의 생존과 직결되는 토지나 농업에도 지대한 관심을 가졌다. 다음 인용문은 토지와 관련된 이익의 생각이 얼마나 깊은 것이었는지를 잘 보여준다.

우리나라는 본디 땅이 좁고 관리는 많다고 알려져 있다. 땅이 좁으면 재물이 넉

德教除殘, 是以梁肉理疾也. (…) 猶恃德禮之訓, 庶幾安坐而治者, 不得爲明智也"[『성호사설』, 「인사문」, '정형(政刑)'].

45_ "今宜立法, 監司雖摠其財賦, 而必使判官掌之, 無得私用, 又判官位卑, 則官長之不法, 無以規正, 宜增其品秩, 如高麗之按廉副使, 則民力亦可以少抒矣"[『성호사설』, 「인사문」, '영고(營庫)'].

넉하게 나지 않고, 관리가 많으면 토색질이 풍조를 이룬다. 백성은 더욱 빈곤해지기 마련이다.[46]

더욱이 양란 이후 대토지 겸병으로 부가 계속 편중되던 당시 소작인이 70%에 달할 정도로(강명관, 2011) 토지의 편포가 심화되었기 때문에, 이익은 토지제도의 문제점을 깊이 인식하고 그 대책을 생각했음에 틀림없다. 실제로 그는 다음과 같이 말하고 있다.

천하의 토지는 모두 왕의 것이다. 백성들이 각각 그 경지를 자기의 명의로 하고 있는 것은 임금의 땅을 일시적으로 강점한 데 지나지 않으니 본래 주인이 아니다. 비유하자면 아버지의 집기를 자식들이 나누어 점유하여 많이 가지기도 하고 적게 가지기도 하지만, 아버지가 고루 나누어 가지라고 명하는 데 이르러서는 감히 그대로 점유하지 못하는 것과 같다.[47]

이렇듯 이익은 모든 토지를 오늘날의 공개념과 같은 공전(公田)으로 인식하고 있었다.

그렇기 때문에 그는 토지 소유의 불평등을 해소하기 위한 구체적인 방안으로, 일정한 면적의 토지를 상한으로 정하고 그 이상의 토지를 소유하지 못하도록 하자는 이른바 한전론(限田論)을 제안하기에 이르렀다. 여기에다가 이익은 농민들도 조정에 진출할 수 있도록 함으로써 신분체제를 부분적으로 개혁

46_ "東國素稱地狹官多地狹則財寶不興官多則胃奪成風而民益困其故何也"[『성호사설』, 「인사문」, '파용관(罷冗官)'].

47_ "凡天下之田, 莫非其土, 黎庶之各名其田, 不過就王土中, 一時强占, 原非本主. 比如父有什器, 諸子分占, 或多或少, 至父命分俵, 則多者不敢據有也"[『성호사설』, 「인사문」, '균전(均田)'].

하고자 하는 방안을 내놓기도 했다. 다음 인용문이 그 대표적 예이다.

지금 세상의 사대부들은 농사에 힘쓰는 것을 수치로 여기므로 농사에 힘쓰는 자
중에는 가려 쓸 만한 인재가 없다. 그러나 만약 한(漢)나라 법같이 등용하는 길
을 터놓는다면 어질고 재능 있는 군자들이 장차 이에 종사할 것이니, 독실한 자
를 발탁하여 등용하면 사과와 구별이 없을 것이다.[48]

이상으로 이익의 토지제도 개혁에 대해 살펴보았다. 그렇다면 여기에는 그
의 심학이 어떻게 연관되어 있는가? 물론 언뜻 보기에 이러한 토지제도 개혁
에는 그의 심학이 직접적으로는 개입하지 않은 듯이 보인다. 그러나 여기에
는 '사회적 약자(백성)와의 합심'과 마음의 조명 가능성이 전제되어 있다. 실제
로 이익은 다음과 같이 말한다.

비유컨대 하늘에 밝은 빛이 있으면 백성의 어두운 것을 근심할 것이 없다. 백성
들이 스스로 창문을 내어 밝은 빛을 취할 것이요, 땅에 재물 될 것이 있으면 백
성의 빈곤함을 근심할 것이 없다. 백성들이 스스로 나무를 베고 풀을 베어 부하
게 되는 것과 같다.[49]

이 외에도 이익은 다양한 제도개혁안[50]을 내놓았을 뿐만 아니라 노비, 서
얼, 걸인, 유민 등 사회적 약자들의 차별이나 빈곤문제에 지대한 관심을 기울

48_ "今世士大夫, 以力田爲恥, 故力田無可擇者, 若如漢法開進取之路, 則賢能君子將屑爲此,
而擺置朝列,與詞科無別矣"[『성호사설』, 「인사문」, '역전과(力田科)'].
49_ "如天有明, 不憂民晦, 民能穿戶鑿牖, 自取照焉. 地有財, 不憂民貧, 民能伐木芟草, 自取富
焉"[『성호사설』, 「인사문」, '민빈(民貧)'].
50_ 이에 대한 자세한 논의는 한우근(1980)과 김용걸(2004)을 참고하기 바란다.

였고 그들의 문제를 해결할 수 있는 방안을 설득력 있게 제시한 바 있다.[51] 다음 인용문은 사회적 약자에 대한 그의 관심의 일단을 잘 보여준다.

> 겹겹 이불과 수탄(獸炭)으로 거처할 때에는 천하에 추위에 떠는 사람이 있는 것을 알고, 좋은 집에서 맛 좋은 음식을 먹을 때에는 천하에 배고픔을 참는 자가 있는 것을 알고, 몸이 안일(安逸)할 때에는 천하에 노역(勞役)을 견디지 못하는 사람이 있는 것을 알고, 마음이 유쾌한 때에는 천하에 원통하고 억울한 사람이 있는 것을 알아야 할 것이니, 이것이 백성 부리기를 큰 제사 받드는 것과 같이 한다는 뜻이다.[52]

5. 맺음말: 이익의 마음사회학적 함의

이익은 통상 회자되는 실학자 이전에 정통 유학자였다. 진유(眞儒)이자 직유였다. 그렇기 때문에 그는 수기치인(혹은 修己安人)의 삶을 추구하였지만 동시에 처사의 삶을 살 수 밖에 없었다. 특히 후자의 삶이란 조건 때문에 그는 『성호사설』을 일종의 심서(心書)로 남겼다.

이에 우리는 『성호사설』을 분석대상으로 삼아 이익을 마음사회학적으로 재해석해 보고자 하였다. 『성호사설』이야말로 천지나 만물에 대한 이익의 사상적 입장, 인간과 연관된 사실과 사건, 그리고 심학에 대한 그의 시각 등을 매우 풍부하게 담고 있는 그의 마음사회학이자 조선판 사회학과 다름없었기

51_ 이에 대한 논의는 김대중(2009)을 참고하기 바란다.

52_ "重衾獸炭, 知天下有受凍者矣, 綺屋豐樽, 知天下有忍餓者矣, 起居安逸, 知天下有不堪勞役者, 矣快意任情, 知天下有懷抱寃鬱者矣"[『성호사설』, 「경사문」, '사민여제(使民如祭)'].

때문이다. 실제로 우리는 이 글의 목적을 달성하기 위해 이익의 삶(2절), 이익의 심학(3절), 그리고 이익의 사회 비판 및 제도개혁(4절)의 내용을 구체적으로 살펴보았다.

그렇다면 그의 마음사회학적 의의는 무엇인가?

첫째, 마음과 사회의 동행이란 관점을 가질 때, 마음은 그 반대편의 사회와 상관적 차이로 등장하는 개념이다. 실제로 유자(儒者)로서 사회에 관심을 가진 거의 대부분 사상가는 마음과 사회의 동행에 관심을 가졌다. 그중에서도 이익의 견해는 이를 가장 잘 보여주는 전형적인 사례이다. 특히 그의 '절욕론(節欲論)', '심활론(心活論)', '마음의 조명론(造命論)' 등은 마음이 수행성을 지니고 있어서 사회적 관계에 영향을 미칠 수 있음을 의미할 뿐만 아니라 동시에 마음이 사회와 불가분의 관계를 가짐을 증거하고 있다. 이러한 점에서 이익이야말로 마음사회학의 매우 중요한 연구대상이다.

둘째, 주변의 미물이나 동물은 물론 당대의 사회적 약자와의 합심이야말로 당대 사회의 구조나 제도뿐만 아니라 사회문제에 대한 민감성을 갖게 해준다는 시사점을 얻을 수 있다. 이익의 심학은 마음이 당대 시세, 즉 사회적 조건을 반영하고 있을 뿐만 아니라 인간의 경험과 활동을 기반으로 한다는 점에서 사회 비판을 통해 일정 정도 사회에 영향을 미칠 수도 있음을 보여주는 대표적인 사례이다. 특히 심학과 신분사회의 관계에 관한 이익의 논의는 미물이나 사회적 약자와의 합심이 신분차별사회의 개혁 혹은 변동에 영향을 미치는 하나의 요인이 될 수 있음을 입증해 준다.

셋째, 이익을 마음사회학적으로 조명함으로써 유교 및 유자(진유/직유)의 사회비판 가능성을 확인하였다. 이익을 통해 진유는 직유이고 그의 실천은 사회적 약자까지도 포함한 공공성의 실천에 있음을 알 수 있었다. 특히 유교의 처사나 불교의 수행자들은 사회의 통합만이 아니라 교리적 관점에서 사회를 비판하거나 대안을 추구할 가능성이 있음을 확인하였다. 이익의 견해는 직유로서 아버지의 유배와 죽음, 직유였던 형(스승)의 장살, 그리고 이익 자신의 처사적 삶이 사회적 약자와의 합심과 사회비판으로 이어짐을 잘 보여주는 사례였다.

넷째, 이익의 사례를 통해 우리는 유교와 불교가 지배해 온 한국 전통사회의 지성사가 최소한 구한말까지는 심학의 도도한 맥을 형성해 오고 있었음을 확인할 수 있었다. 게다가 불교나 유교를 제도나 조직이 아니라 삶의 내적 의미나 실천으로 이해할 경우 거기에서 파생된 마음 문화 및 마음의 습속은 현대 한국사회에서도 흔하게 관찰된다. 또한 우리는 이익의 사례를 통해 불교 및 유교의 심학이 일종의 마음사회학으로 재해석될 수 있음을 재확인할 수 있었다. 모든 심학은 자신의 마음을 잘 가꾸고 나아가 그러한 마음에 부합하는, 즉 합심하는 사회제도나 환경을 추구하기 마련이기 때문이다. 물론 이익의 견해가 그러한 추구가 사회비판으로 귀결된 사례임은 앞서 언급한 그대로이다.

다섯째, 3절(마음의 작동)과 4절(사회의 작동)의 관계는 마음사회학적 대상이며, 이 대상을 다시 2절(처사의 삶이란 존재조건)과 연관 지어 보면 삶의 존재조건이 또한 마음과 사회의 동행에 영향을 미침을 알 수 있다. 이는 인간의 삶의 조건뿐만 아니라 마음속 의미의 지평이 사회문제에 대한 인식에 직접적으로 영향을 미칠 수 있고, 궁극적으로는 사회문제의 정책적·제도적 해결책의 추구에도 간접적인 영향을 미치게 됨을 뜻한다.

그러나 이 글은 지면상의 한계로 이익의 심학이 어떻게 그의 사회제도 개혁의 내용에 반영되는지를 구체적으로 실증하지는 못했다. 또한 그가 제시한 사회제도개혁안이 인간(백성)의 삶은 물론 그들의 마음을 실제로 어떻게 변화시킬 수 있을 것인가를 추론해 보려는 논의는 착수도 하지 못했다. 이러한 한계는 후속 연구를 통해 반드시 규명되어야 할 것이다.

제8장

조선시대의 공적 언행에 나타난 합심성

『조선왕조실록』의 사례 분석

1. 왜 『조선왕조실록』인가?

『조선왕조실록』은 조선시대 임금의 정사(政事)를 기록한 역사서로서, 여기에는 25대 472년 동안 임금이 관료들과 정치, 행정 업무상으로 나누었던 대화가 담겨 있다. 신하들의 구두 보고, 문인들의 상소(上訴), 임금의 지시 사항들이 연대기적으로 기록되어 있다. 『조선왕조실록』을 통하여 조선시대의 행정 담론 안에 담겨 있는 정치사상, 현안 및 쟁점, 이념 논쟁 및 소통 언어와 방식 등을 연구할 수 있다. 특히 1893권(888책)에 이르는 약 500년의 기록물은 20세기, 21세기 현재의 한국의 공론장의 내용과 형식, 언어 등의 특징을 전통사회와 비교 연구할 수 있는 가능성을 제공한다. 아울러 서구 사회과학의 주요 용어에 담겨 있는 개념적 특징들과 번역어로서 활용되는 한국적인 용어들의 의미론적 특징을 이해하는 데 활용가치가 무척 뛰어나다.[1]

1_ 예를 들어 『조선왕조실록』과 관련하여 레저(Leisure) - 여가(餘暇), 모던(Modern) -

'마음'이라는 단어는 『조선왕조실록』에 '심(心)'으로 기록되어 있다. 국사편찬위원회에서 제공하는 온라인 『조선왕조실록』(http://sillok.history.or.kr)의 조사를 통해 마음[心]과 관련된 용례를 파악해 보면, 마음[心]은 4만 9936건의 원문에서 발견된다. 단순 계산으로 약 3.5일에 한 번씩 왕과 신하는 마음[心]이라는 단어를 사용한 셈이다. 충(忠, 2만 3735건)과 효(孝, 2만 2228건)보다 두 배 이상 자주 사용되었다.[2] 이(理)는 3만 7224건, 정(情)은 3만 4479건의 문서에 용례가 기록되어 있다. 합리(合理), 합정(合情)과 관련하여 'reason[이성(理性)]', 'rationality[합리성(合理性)]', 'emotion[감정(感情)]' 개념에 대한 사회이론적 관심이 높은 상황에서 볼 때, 조선시대의 정치 - 행정 담론과 업무에서는 이(理)와 정(情)보다 심(心)이 더 빈번한 소통의 단어였다고 판단할 수 있을 것이다.

2013년 현재, 국사편찬위원회의 『조선왕조실록』 데이터베이스의 제한적 정보 제공 범위 때문에 4만 9936건의 마음[心] 관련 문서를 텍스트 마이닝(Text Mining)과 같은 수리적인 분석 방법을 활용하여 연관어 분석이나 의미 분석을 전산통계적으로 진행하기가 불가능하다. 아울러 약 5만 건의 문서를 일일이 눈으로 확인하고 재자료화하는 작업은 개인 또는 소수의 연구자에게는 역부족이다.

여기에서는 마음[心] 범주화 작업은 표본 추출 방식을 선택하였다. 재임 기간이 길거나 마음 관련 기록의 양이 많은 세종, 성종, 중종, 명종, 선조, 광해군, 인조, 숙종, 영조, 정조 등에서 100건씩을 추출하는 방법과 전기 -

---

근대(近代) / 현대(現代) 등과 관련된 개념사적 연구가 진행되고 있다(신종화, 2013a; 2013b).

2_ 예(禮)는 마음[心]보다 많은 5만 5137건의 문서에서 발견된다. 이를 통해 조선시대가 예문화(禮文化) 중심 사회였다는 것을 알 수 있다. 성(誠) 2만 8839건, 경(敬) 1만 6562건 등이 발견된다.

중기 - 후기라는 역사학계의 시대적인 구분을 고려하여 전기(세종) - 중기(선조) - 후기(정조)의 기록 중에서 용례 표본을 선택하는 방법에서 후자를 선택하였다. 이 글의 내용은 세종(250건), 선조(250건), 영조(300건)조의 마음[心] 용례를 수집하고 분류한 결과에 기초하고 있다. 세종조의 2940건 중에서 첫 250건, 선조조의 4698건 중에서 첫 150건, 마지막 100건, 정조조의 2858건 중에서 첫 300건 등을 표본으로 사용하였다. 정리하면 조선 전기 및 후기 각 400건씩, 혹은 전기 250건, 중기 250건, 후기 300건의 표본을 추출하여 분석한 것이다.

800건의 마음[心] 용례 포함 문서에서 심(心)이 사용된 문장을 먼저 확인하고, 심(心)의 앞 글자, 뒤 글자 등을 함께 수집하였다. 예를 들어 본심(本心)이라는 마음 관련 어휘의 빈도 수집을 위하여 심(心) 앞의 단어를 함께 검색어로 활용하였으며, 심신(心神)이라는 단어 사용을 확인하기 위하여 심(心)과 뒤 글자를 함께 검색어로 사용하였다. 이 글에서 소개하는 심(心) 관련 범주화는 800건의 문서에 등장하는 마음 관련 어휘의 용례를 검색어로 활용한 분석에 기초한다. 향후 4만 9366건의 전수조사를 진행하면 마음 관련 추가 검색어와 용례가 확보될 수 있을 것이다.[3]

3_ 800건의 문서 조사는 4만 9936건의 1.6%에 해당된다. 작은 비율임이 분명하지만 등장하는 마음 관련 주요 단어들이 약 500년 동안 반복 사용되는 경향성을 보이며, 마음 관련 단어의 새로운 조합 가능성은 대단히 낮다고 할 수 있다. 따라서 새로운 단어의 출현과 관련된 연구를 제외하고 약 800건의 조사를 통하여 『조선왕조실록』의 심(心) 용례에 대한 대부분의 특징이 파악된다고 할 수 있다.

2. 『조선왕조실록』의 심서적(心書的) 특징

1) 마음[心] 관련 주요 어휘의 활용 실태

표본 조사를 통하여 파악한 마음 관련 어휘 숫자는 198개이다. 전수 조사를 진행한다면 약 200개 이상의 마음 관련 어휘를 『조선왕조실록』에서 확인할 수 있을 것이다. 198개의 어휘 중에서 1만 번 이상 사용된 용례는 '지심(之心, 1만 1671건)'이다. '○○의/○○하는 마음'으로 번역될 수 있겠다. 인심(人心)이 8749건의 문헌에서 발견된다. '사람의 마음'을 확인하고, 표현하는 것이 조선 시대의 중요한 정치-행정적 소통의 관심사였으며 방법이었음을 알려준다. 주로 3인칭 화자(話者)의 마음을 표현하는 대명사적인 '기심(其心)'이 4344건에서 발견된다. 대화의 주체(왕-관료-문인-피의자 등)는 대화 속에 등장하는 대상의 마음을 확인하고, 소개 및 평가하는 데 큰 관심을 보였던 것이다. 한심(寒心)은 3708건의 문헌에서 발견된다. '한심(寒心)'은 문명사적으로 볼 때, 오늘날에도 일상적으로 사용되는 생명력이 긴 단어가 된다. 주로 상대방을 문책하거나 부정적인 입장을 표현할 때 사용된다. 행동을 위한 노력의 정도와 수준이라는 차원에서 '마음을 다하다'는 뜻으로 사용되는 진심(盡心)이 2827건

표 8-1 • 『조선왕조실록』에 등장하는 마음[心] 관련 주요 어휘

용례	건수	용례	건수	용례	건수	용례	건수
지심(之心)	11,671	안심(安心)	2,783	위심(爲心)	1,441	용심(用心)	1,371
인심(人心)	8,749	여심(予心)	2,103	성심(聖心)	1,425	성심(誠心)	1,093
기심(其心)	4,344	어심(於心)	1,921	통심(痛心)	1,416	복심(腹心)	1,087
한심(寒心)	3,708	일심(一心)	1,562	천심(天心)	1,386	감심(甘心)	1,075
진심(盡心)	2,827	심자(心者)	1,509	민심(民心)	1,375	-	-

의 문헌에서 발견된다. 1000건 이상의 용례가 발견되는 마음 관련 어휘는 다음과 같다(표 8-1).

500건 이상과 1000번 미만의 문헌에서 사용된 어휘는 차심(此心, 983건), 하심(何心, 919건), 심술(心術, 795건), 고심(苦心, 727건), 동심(同心, 722건), 본심(本心, 720건), 심이(心以, 692건), 유심(留心, 622건), 신심(臣心, 589건), 심복(心腹, 546건), 심유(心有, 524건), 심사(心事, 511건), 중심(衆心, 506건), 유심(有心, 505건) 등이다.

2) 마음 관련 어휘의 유형화 및 분류

198개 이상의 마음 관련 어휘를 유형화하여 분류하는 작업을 위해서 단어에 담긴 사전적 의미와 단어가 사용된 맥락적인(구문적인) 의미를 함께 고려하는 것이 필요하다. 아울러, 이 연구의 목적인 소통의 주체와 주체 사이의 상호작용 및 변화 과정을 이해하기 위한 범주화 과정에서 탐색적 유형화가 수정, 보완되어야 한다.

일차적으로 단어의 언어적·사전적 의미를 바탕으로 구분한 결과 다음처럼 10개의 유형화가 가능하다(표 8-2).[4]

이러한 언어적·사전적 구분에 기초한 어휘의 유형화는 구문적·맥락적 해석을 통해서 풍부해질 수 있다. 하지만, 이 글의 목적은 마음[心]의 모든 용례

4_ 한편, 마음[心]이 독립적 의미로 사용된 용례거나 부적절한 조합의 사례로 지심(之心), 기심(其心), 어심(於心), 위심(爲心), 차심(此心), 하심(何心), 심이(心以), 심유(心有), 유심(有心), 이심(而心), 우심(于心), 심난(心難), 심지(心之), 심절(心切), 심담(心膽), 여심(與心), 심존(心存), 심돈(心敦), 심유(心愈), 심능(心能), 심소(心所), 심신(心身), 미심(迷心), 심리(心理), 도심(徒心), 심명(心銘), 기심(幾心), 의심(意心), 심시(心恃), 심익려(心益勵), 심수(心膇) 등이 있다.

표 8-2 • 마음 관련 어휘의 유형과 용례

유형	용례
마음의 소유자 ①	인심(人心), 송심(松心).계심(桂心), 오심(吾心), 아심(我心), 여심(余心), 여심(予心), 여심(汝心), 신심(臣心), 성심(聖心), 상심(上心), 경심(卿心), 짐심(朕心), 왕심(王心), 황제폐하심(皇帝陛下心,) 이심(爾心), 중심(衆心), 민심(民心) 등
본래의 마음 ②	일심(一心), 본심(本心), 천심(天心), 복심(腹心), 양심(良心), 심상(心常), 중심(中心), 실심(實心), 진심(眞心), 적심(赤心), 인심(因心), 정심(正心), 심신(心神), 도심(道心), 양심(良心), 심성(心性) 등
마음 닦음 (마음공부) ③	존심(存心), 유심(留心), 재심(齋心), 심신(心愼), 인심(忍心), 처심(處心), 택심(宅心), 세심(洗心), 청심(淸心), 감심(甘心), 치심(治心), 병심(秉心), 심정(心正), 심학(心學) 등
주체로서의 마음 ④	심자(心者), 심청(心聽), 심술(心術), 심상(心喪), 심통(心痛), 규심(葵心), 심주(心注), 심통(心通), 심능(心能), 심득(心得), 심사(心事), 심지(心志), 심회(心懷), 심사(心事), 심절(心竊), 심욕(心欲), 심병(心病), 심동(心動), 심계(心計), 심산(心算), 심려(心慮), 심돈(心敦), 심어(心語), 심라(心懶) 등
마음의 작용 ⑤	행심(行心), 전심(傳心), 전심(專心), 갈심(竭心), 용심(用心), 성심(誠心), 실심(悉心), 진심(盡心), 집심(執心), 귀심(歸心), 회심(回心), 경심(傾心), 명심(銘心), 관심(關心), 충심(忠心), 유심(遊心), 심치(心馳), 구심(求心), 근심(勤心) 등
마음의 상태 ⑥	심정(心情), 심기(心氣), 안심(安心), 통심(痛心), 부심(腐心), 소심(小心), 효심(孝心), 사심(私心), 공심(公心), 충심(忠心), 초심(初心), 한심(寒心), 심한(心寒), 심란(心亂), 자심(慈心), 상심(傷心), 방심(放心), 성심(盛心), 신심(新心), 구심(舊心), 태심(怠心), 무심(無心), 유심(有心), 내심(乃心), 상심(傷心), 구심(求心), 혼심(狠心), 고심(苦心), 평심(平心), 귀심(歸心), 집심(執心), 흉심(凶心), 환심(懽心), 심평(心平), 쾌심(快心), 심현(心懸), 리심(利心), 희심(喜心), 인심(忍心), 욕심(欲心), 심활(心豁), 경심(警心), 붕심(崩心), 진심(軫心), 운심(殞心), 피심(避心), 협심(狹心), 돈심(敦心) 등
마음의 변화 ⑦	생심(生心), 동심(動心), 의심(疑心), 변심(變心), 타심(他心), 이심(異心), 이심(二心), 다심(多心), 화심(禍心), 적심(賊心), 개심(改心), 기심(欺心), 기심(機心), 이심(離心), 사심(邪心), 역심(逆心), 반심(叛心) 등
마음 작용의 결과 ⑧	심적(心跡), 여심(如心), 지심(知心), 일심(一心), 합심(合心), 심합(心合), 협심(協心), 동심(同心) 심동(心同) 등
수단(대상)으로서 마음 ⑨	이심(履心), 방심(放心), 주심(誅心), 서심(誓心), 지심(持心), 심신(心信), 심명(心銘), 저심(低心) 등
기타 ⑩	전심(悛心), 점심(點心), 당심(黨心) 등

그림 8-1 • 소통 연구를 위한 마음[心]의 유형화

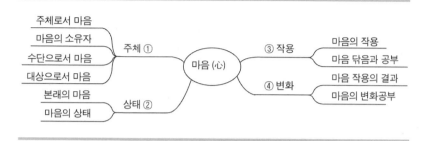

에 대한 세부적 유형화가 아닌 의사소통 내부에서 작동하는 소통의 수렴적 방향과 작용에 관련된 용례 소개와 분류에 있기 때문에 4만 9366건의 문건 모두를 분류 대상에 포함시키지 않는다. 그 대신 언어적 구분 유형을 소통에서 등장하는 주요 범주와 대비하면 ① 마음의 주체, ② 마음의 상태, ③ 마음의 작용와 관리, ④ 마음의 변화 및 작용 결과 등으로 재분류할 수 있다(그림 8-1).

첫째, 주체 범주는 마음의 주인(④), 마음 자체(①), 수단으로서 마음(⑨), 대상으로서 마음(⑨) 등을 포함한다. 둘째, 마음의 상태는 소통에 참여하고 있는 화자 및 대화에 등장하는 화자의 마음의 현재 상황(⑥) 및 더 깊은 곳에 자리 잡은 본원적이며 내면적인 마음(②)을 포함한다. 셋째, 마음의 작용 범주는 마음이 발현되고, 마음이 표현되어 발생하는 영향력(⑤)과 마음을 관리하기 위한 다양한 노력, 수양(③)을 포함한다. 넷째, 마음의 변화 범주는 마음의 상호작용에 의해서 발생하는 결과(⑧) 및 환경 속에서 변화하는 마음 상황(⑦) 등을 포함한다.

3. 합심(혹은 마음과 사회의 동행)의 유형

동아시아의 전통적 사유 체계 내에서 합심 개념은 자기 본심과의 합심, 타자[부(父) - 자(子), 군(君) - 신(臣), 부(夫) - 부(婦), 장(長) - 유(幼), 붕(朋) - 우(友)]와의 합심, 집단과의 합심, 개별 국가와의 합심, 세상(우주)와의 합심, 일탈 및 상황반전을 위한 합심 등 여섯 가지 하위유형으로 구분할 수 있다.[5] 그러나 이론적 개념은 발견적 효용성을 지니거나 맥락적 적합성을 지닐 때 그 생명력이 담보된다. 여기에서는 『조선왕조실록』에 등장하는 합심 개념의 용례를 여섯 가지 하위 유형에 따라 실증함으로써 합심 개념의 발견적 효용성을 검증해 보고자 한다.

1) 자기 본심과의 합심

동서양의 철학자들은 인간의 본래 마음을 백지 상태(Tabula Rasa)나 혹은 때 묻지 않는 상태로 상정해 왔다. 불교의 불성이나 유교의 천심 혹은 본심이 그러한 상태의 마음을 가리킨다. 그러나 인간은 본래의 마음, 즉 본심 이외에도 지금 여기에서 생동하는 또 하나의 마음이 존재한다. 그래서 본심을 잃지 않도록 하는 것, 즉 존양(存養)이 수신(혹은 修心)의 요체이다. 아래 인용문은 『조선왕조실록』 선조 2권 첫 번째 기사(진주에 사는 조식이 성학의 기본에 대해 상소하다)의 내용 중 일부이다.

조식(曺植)의 상소에, "경상도 진주(晉州)의 거민 조식은 (…) 감히 진심을 다하

5_ 이 여섯 가지 유형은 수신제가치국평천하 및 오륜과 그 역(易)을 고려하여 구성한 것이다.

여 주상 전하께 올립니다. (…) 이치를 궁구하고 몸을 닦으며 본심을 보존하고 밖을 살피는 가장 큰 공부에는 반드시 경(敬)을 위주로 하여야 되는데, 공경이라는 것은 정돈되고 엄숙하며 혼매하지 않고 항상 깨어 있으면서 한 마음을 근본으로 하여 만사를 대응하는 것이니, 안을 곧게 하여 밖을 바르게 하는 것으로 공자가 말한 '몸을 경으로써 닦는다'는 것이 이것입니다. **그러므로 경을 위주로 하지 않으면 이 마음을 보존할 수 없고, 마음을 보존하지 않으면 천하의 이치를 궁구할 수 없고, 이치를 궁구하지 않으면 사물의 변화를 다스릴 수 없습니다.** 군자의 도는 필부필부(匹夫匹婦)의 간단한 생활에서부터 시작되어 가정과 나라와 천하에까지 미치는 것이니, 다만 선악을 분별하여 몸이 정성스럽게 되도록 하는 데에 달렸을 뿐입니다. (…) 삼가 상소합니다" 하였는데, 답하기를 "전일의 소장을 내가 항상 자리에 두고 살펴보는데 이 격언을 보니 더욱 재주와 덕이 높은 것을 알겠다. 내가 비록 민첩하지 못하나 응당 유념할 것이니 그대는 그리 알라" 하였다(강조는 필자).[6]

전문을 공개하고 싶을 정도로 명문인 데다 유교 철학의 정수가 고스란히 녹아 있어 다소 길게 인용했지만, 그 핵심은 고딕체로 강조한 부분에서 확인할 수 있듯이 치국평천하의 시작이 본심과의 합심에서 시작되는 것이란 점이다. 그중에서도 특히 '두 마음'의 상태가 아니라 본심과의 합심, 즉 '한 마음'이 만사에 대응하는 기초임을 분명히 하고 있다. 그리고 이 구절은 싯다르타가 붓

6_ "慶尙道晉州居民曹植, (…) 其所以爲窮修存省之極功, 則必(而)[以]敬爲主, 所謂敬者, 整齊嚴肅, 惺惺不寐, 主一心而應萬事, 所以直內而方外, 孔子所謂修己以敬者是也. 故非主敬, 無以存此心; 非存心, 無以窮天下之理; 非窮理, 無以制事物之變. 不過造端乎夫婦, 以及於家國天下. 只在明善惡之分, 歸之於身, 誠而已. (…) 答曰 '頃日所志, 予常置諸座右, 觀省之際, 觀此格言, 益知才德之高矣. 予雖不敏, 亦當留念. 爾其知悉'"(『조선왕조실록』, 선조 2권).

다가 된 후 최초로 사유했다고 하는 사성제(四聖諦)의 첫 구절과 일치한다.

이와 같이 마음이 통일되어 청정하고 순결하고 때 묻지 않고 오염되지 않고 유연하고 유능하고 확립되고 흔들림이 없게 되자, 나는 마음을 번뇌의 소멸에 대한 관찰의 지혜로 향하게 했습니다. '이것이 괴로움과 번뇌이다'라고 나는 있는 그대로 알았습니다. '이것이 괴로움과 번뇌의 발생이다'라고 나는 있는 그대로 알았습니다. '이것이 괴로움과 번뇌의 소멸이다'라고 나는 있는 그대로 알았습니다. '이것이 괴로움과 번뇌의 소멸에 이르는 길이다'라고 나는 있는 그대로 알았습니다(전재성 역주, 『맛지마니까야 1』).

이렇게 볼 때 자신의 본심의 합심이 서양철학은 물론 동양사상의 기초였음을 쉽게 엿볼 수 있다. 특히 인용문의 말미는 선조가 조식의 상소에 대해 답한 부분인데, 당시의 최고통치자인 왕이 합심론에 전적으로 수긍하였음이 잘 나타나 있다. 이는 합심론이 현실 정치에도 그대로 반영되었을 가능성이 매우 크다는 점을 시사한다.

이러한 자신의 본심과의 합심을 통한 상황대응의 전통은 오늘날 가정, 학교, 심지어 각 기업의 사무실 등에서 가장 흔히 볼 수 있는 사자성어(四字成語)인 '정신일도 하사불성(精神一到何事不成)'으로 이어진다.

2) 타자(및 인간관계)와의 합심

유교의 오륜이 상징하듯이 부모 - 자녀의 관계를 비롯하여 친구 사이의 관계에 이르기까지 인간의 일상생활을 좌우하는 주요한 인간관계에서도 친(親), 의(義), 별(別), 서(序), 신(信) 등과 같은 마음이 매우 중요하였다. 게다가 타자와의 합심은 인간관계뿐만 아니라 공동의 목표를 달성하는 데서도 반드시 필요하였다. 그 대표적인 예로서 임금과 신하 사이의 관계[7]를 더 자세하게 살펴보자.

> 듣건대 원수(元首)와 고굉(股肱)은 한 몸 한마음이라. 그러므로 임금이 신하에게 살아서는 작록으로 영화를 주고, 죽어서는 조휼(弔恤)의 은전을 베푸는 것이 고금에 통한 의리요, 국가의 떳떳한 법칙이다.[8]

위 인용문은 『조선왕조실록』 세종 6권 첫 번째 기사(법가를 갖추고 남재의 집에 거둥하여 제사를 내리다)에 포함된 교지의 일부로서, 원수, 즉 왕이 충성스러운 신하(股肱)에게 살아서는 작위로, 죽은 다음에는 은전으로 보답을 하는 것이 고금을 통한 의리일 뿐만 아니라 국가의 변치 않는 법규라고 표현할 정도로 임금과 신하 사이의 관계가 합심(동심, 한마음)의 관계임을 강조하고 있다. 특히 임금과 신하 사이에 마음이 통할 때, 즉 임금의 본심과 신하의 본심이 한마음이 되는 경지인 합심의 경지에 이르면 가히 법을 능가할 정도의 의리가 발동하기도 하였다. 『조선왕조실록』 태종 22권 두 번째 기사(대간에서 하윤·권근의 죄를 청하다)인 아래 인용문은 이를 실증하고 있다.

> 임금이 말하였다. "지금 두 신하의 일이 사직에 관계되면 마땅히 법으로 의논하겠지만, 그 본심을 추구해 보면 그렇지 않으니, 어찌 죄줄 수 있겠는가?"[9]

7_ 『조선왕조실록』의 특성상 임금과 신하 사이의 관계에 관한 기록이 가장 풍부하고 또 빈번한 반면에, 부부 사이의 합심 관계의 용례는 거의 나타나지 않는다. 오히려 오륜 중 나머지 사례들이 소설이나 민담 등에서 훨씬 더 풍부하게 나타날 것이다. 따라서 여기에서는 임금과 신하 사이의 합심 용례만을 검토하고, 나머지 네 가지의 용례는 추후에 다른 자료를 통해 밝혀볼 것이다.

8_ "蓋聞, 元首股肱, 一體同心. 是以, 君之於臣, 生則加爵祿之榮, 死則擧弔恤之典, 此古今之通義, 國家之恒規"(『조선왕조실록』, 세종 6권).

왕과 신하 사이의 의(義)가 법(法)이 아니라 상호 마음의 이해(혹은 합심) 차원에서 채워짐을 이 인용문에서 알 수 있다. 이는 사회계약에 근거하고 있는 근대 사회의 근간이 법이라는 점과 좋은 대조를 이룬다. 이렇게 볼 때 사회구성원들 사이의 합심은 한국 전통사회의 사회 질서의 근간이었을 뿐만 아니라, 공통의 목표를 달성하기 위한 가장 중요한 수단이었음을 알 수 있다.

비록 여기에서는 『조선왕조실록』의 특수성을 고려하여 임금과 신하 사이의 합심 용례만을 검토하였지만, '사랑'을 매개로 한 부모와 자식 사이의 합심, 신의를 매개로 한 친구 사이의 합심, 분별을 매개로 한 부부 사이의 합심, '차례'를 매개로 한 연장자와 연하자 상의 합심의 용례도 예외가 아니었다. 예컨대 오늘날도 거리에서 벌어진 사소한 다툼에서도 '나이'를 따지는 현상은 연장자와 연하자 사이에 '차례'를 지킨다는 합심이 전제되어서 상황해결의 논리로 작동하고 있음을 시사한다.

3) 집단과의 합심

조선시대의 당쟁이 잘 보여주듯이, 한국사회는 집단주의가 상대적으로 강한 사회로 알려져 있다. 합심의 차원에서 풀이하면 집단주의는 특정한 개인이 자신의 마음을 자기가 속한 집단 전체의 마음(혹은 그 일부)으로 간주하거나 동일시하는 현상을 의미한다.

실제로 당쟁이 극심했던 조선시대에는 당심(黨心)[10]이란 말이 사용되기도 하였는데, 이는 오늘날 '경상도 표심' 혹은 '전라도 표심'과 동일한 의미이다. 그 대표적인 용례로서, 정조 2권 두 번째 기사(색목의 폐단을 논하고 색목의 분쟁

9_ "上曰 '今二臣之事, 係於社稷, 則當以法論, 原其本心, 則不然, 豈可罪之?'"(『조선왕조실록』, 태종 22권)

10_ 당심(黨心)은 『조선왕조실록』의 원문에 114회 등장한다.

을 금할 것을 하교하다)를 보자.

안집이 말하기를, "성교(聖教)가 이와 같이 간곡하시니 신은 감읍함을 견디지
못하겠습니다. 지금부터 이후로는 조정에 있는 여러 신하가 누군들 감히 당심
(黨心)을 마음에 싹틔우겠습니까? 그리고 만약 말로는 그렇다고 하면서 마음으
로는 그렇지 않게 여긴다면 하늘이 반드시 죽일 것입니다."[11]

위 인용문은 당쟁으로 인해 아버지를 비운에 잃은 정조가 당쟁의 폐단을
논한 다음, 당쟁을 금할 것을 하교한 데 대해 안집이 마음의 차원에서 당심을
갖지 않게 될 것이라고 응대한 내용이다. 비록 이 인용문의 내용은 당심을 갖
지 않게 될 것이란 표현이지만, 그 맥락은 사실상 당시 조선사회에서는 집단
과 합심하는 현상, 즉 당심이 매우 극심하였음을 웅변하고 있다. 그렇기 때문
에 조선사회에서 적대적인 집단과의 합심은 거의 불가능하였고, 그것은 국가
적 차원의 사회통합이라는 점에서는 큰 문제가 아닐 수 없었던 것처럼 보인
다. 인조 3권 두 번째 기사(훈신들을 인견하여 술을 내리고 사슴 가죽을 하사하다)
은 그 적절한 용례이다.

최명길이 아뢰기를, "(…) 그리하여 그 뒤 당색(黨色)이 다른 사람들은 합심할
생각을 하지 않고 당색이 같은 사람도 공신 대하기를 다른 사류(士類)와는 달리
보았습니다. 그래서 신이 아무리 힘을 다해 주선했어도 모두 따라 주려 하지 않
았습니다."[12]

11_ "聖教如是諄諄, 臣不勝感泣. 自今以後在廷諸臣, 孰敢以黨心萌於中哉? 若口然而心不然,
天必殛之矣"(『조선왕조실록』, 정조 2권).
12_ "鳴吉曰 '(…) 厥後異色之人, 不思同寅; 同色之人, 視功臣亦異於他士類. 臣雖竭力周旋, 而
皆不肯從'"(『조선왕조실록』, 인조 3권).

이렇듯 집단과의 합심이 강하였고, 특히 가족과의 합심은 조선시대 유교사회에서 가장 중시하는 가치였기 때문에 효의 가치와 충의 가치가 팽팽하게 대립하기도 하였다. 아래의 인용문은 세종 59년 두 번째 기사(예문관 제학 윤회가 상제를 마칠 수 있도록 구임을 내린 것을 거두기를 상언하다)의 내용으로서 효의 가치를 충의 가치보다 우선시하는 태도가 잘 나타나 있다.

예문관 제학 윤회가 상언(上言)하기를, "(…) 오직 3년의 복(服)을 입어 기르신 깊은 은혜를 조금 갚기를 바라옵더니, 겨우 소상(小祥)을 지나자 갑자기 명을 받았나이다. 특히 예문관과 춘추관의 구임(舊任)을 내리시고, 또 거듭 효유하시는 은혜의 말씀을 주시었나이다. 그러나 3년의 통상(通喪)은 곧 만세의 큰 법이온즉, 일시의 변례(變禮)를 어찌 평상시에 행할 수 있사오리까. (…) 어버이의 은혜를 갚는 날은 짧으므로 상제(喪制)를 마치기를 기약함을 원하옵고, 나라를 섬기는 때는 많으므로 효도하는 마음을 옮겨 충성을 다하는 일은 늦지 않을까 하옵니다."[13]

물론 충보다 효를 중시하는 가족주의적 태도가 공(公)보다 사(私)를 더 중시함을 의미하는 것은 결코 아니다. 오히려 조선조 유교사회에서는 가족주의[14]

13_ "藝文提學尹淮上言曰: 敷衽陳辭, 冀遵禮訓, 批章優答, 尙阻兪音, 敢竭愚衷, 再瀆宸聽. 伏念臣嚴父早逝, 慈顔是依. 軒渠偏膝下之憐, 遊宦弊手中之線. 蘭陔罰酷, 空傷隙駟之難留; 風樹悲纏, 益感林烏之不若. 唯企及衰絰之中制, 庶少酬鞠育之深恩. 甫過練期, 忽承綸命. 特降文史之舊任, 又賜諄諭之恩言 然三年通喪, 乃萬世之大法, 則一時變禮, 豈平日之可行? 非徒無補於聖朝, 實亦有虧於名敎. 伏望擴乾坤包容之度, 察草土不忍之情, 推錫類之孝思, 寢奪哀之權典. 報親日少, 願終制以爲期; 事國時長, 顧移忠之未晩"(『조선왕조실록』, 세종 29권).
14_ 인용문에는 생략하였지만 '부모를 봉양(奉養)하지 못한 슬픈 회포는 늙은 어미를 먹인다는 까마귀만 못함을 더욱 느끼옵니다'라는 저자의 표현은 조선시대에서 '효'의

가 곧 사회질서의 근간이었고, 그러한 점에서 공적 성격을 가지고 있었기 때문이다. 그리고 다음 절에서 구체적으로 논증하겠지만 조선사회의 경우 충의 가치가 결코 경시되지도 않았다.

이렇게 볼 때, 소속의 단위가 설정되는 상황에 따라 자신이 소속된 집단과의 합심은 사회관계를 형성해 나가는 데 매우 중요하였음을 알 수 있다. 『조선왕조실록』이라는 자료의 특수성 때문에 집단과의 합심을 '당심'이나 '당색'과 같은 정치적 용례만 검토할 수밖에 없었지만, 오늘날 한국사회에서 작동하고 있는 학연, 지연, 혈연과 같은 연고주의도 집단과의 합심이란 문화적 암호(code)가 여전히 이어지고 있는 용례로 볼 수 있을 것이다.

4) 국가와의 합심

조선의 정체(政體)는 왕국(王國)이었다. 왕국의 경우 최고통치자인 왕에게 충성하는 것이 곧 자신의 소속 공동체에 충성하는 것과 동일시되었다. 합심의 관점에서 보면, 왕의 마음이 곧 국가의 마음 상태이고, 그것이 곧 백성의 마음이었고, 국가와의 합심 상태였다.

다음 인용문은 태조 2권 첫 번째 기사로서, 개국 공신이 여러 왕자들과 왕륜동에서 회맹한 내용이다.

> 개국 공신(開國功臣)들이 왕세자와 여러 왕자들과 회동(會同)하여 왕륜동(王輪洞)에서 맹세하였다. 그 맹약(盟約)을 기록한 문서에 이러하였다. '문하 좌시중(門下左侍中) 배극렴(裵克廉) 등은 감히 황천 후토(皇天后土)와 송악(松嶽)·성황(城隍) 등 모든 신령에게 고합니다. 삼가 생각하옵건대, 우리 주상 전하(主上

가치는 인간과 금수를 구별하는 결정적인 요인이었음을 잘 보여준다.

殿下)께서는 하늘의 뜻에 응하고 사람의 마음에 따라서 대명(大命)을 받자왔으므로, 신 등이 힘을 합하고 마음을 같이하여 함께 큰 왕업을 이루었습니다. 이미 일을 같이 했으므로 함께 한 몸이 되었으니, 다행함이 이보다 큰 것이 없습니다.'[15]

그리고 합심의 대가는 보상이었다. 다음 인용문은 태조 1권 두 번째 기사(개국 공신의 위차를 정하다)의 내용 중 일부인데, 개국공신에 대한 보상이 수반되었음이 암시되어 있다.

중추원사(中樞院使) 김인찬(金仁贊)은 불행히 죽었지마는, 일찍이 극렴 등이 의심을 판단하고 계책을 결정하여 과궁을 추대할 때에 마음을 같이하여 서로 도왔으니, 그 공이 매우 크다. 아울러 극렴의 예(例)에 의거하여 시행하라.[16]

이 인용문을 보면, 왕과 마음을 같이하여 무엇인가를 도모하였음이 잘 나타나 있고, 그 공로를 인정하여 공신의 위치를 정하였음을 알 수 있다.

또한 인간의 사회적 삶은 국가(당시는 나라)를 비롯한 자신의 정치공동체와 합심을 요구하기도 하는바, 이는 나라가 적의 침략을 받아 혼란을 경험할 때 특히 강조될 수밖에 없다. 아래 인용문은 선조 32권 네 번째 기사로서 비변사가 관군과 의병의 통솔에 서로 상의하여 도모하도록 하게 하자고 청하는 내용으로 사회의 모든 구성원이 자신의 소속 정치공동체와 합심을 해야 함이 잘

15_ "丙午/開國功臣會王世子及諸王子, 盟于王輪洞. 其載書曰: 門下左侍中裵克廉等敢明告于皇天, 后土, 松嶽, 城隍等一切神祇. 恭惟我主上殿下應天順人, 誕膺景命. 臣等協力同心, 共成大業, 旣已同功, 俱爲一體, 幸莫大焉"(『조선왕조실록』, 태조 2권).

16_ "中樞院使金仁贊, 不幸身沒, 嘗於克廉等, 決疑定策, 推戴寡躬之時, 同心相濟, 其功甚大, 并於克廉例施行"(『조선왕조실록』, 태조 1권).

나타나 있다.

　지금 김천일(金千鎰)의 장계(狀啓)를 보니, 관군과 의병이 서로 힐책(詰責)하여 양보하지 않습니다. 지금 큰 적이 복심(腹心)에 들어와 있으니, 온 나라 팔도의 상하·군신(君臣)·의사(義士)·서민(庶民)은 피차를 따지지 말고 남의 공을 빼앗지 말아 한마음으로 힘을 써야 하고 편리한 대로 상의하여 회복을 도모해야 합니다. 그러니 지금 그런 문제로 각자 서로 버텨서는 안 됩니다.[17]

　조선시대의 경우 정치공동체로서의 국가나 국가 구성원으로서의 국민 개념이 근대적 국민국가(nation-state)를 형성하고 있는 오늘날에 비해 매우 희박하였다는 점을 고려하면, 위 인용문은 전쟁과 같은 국난의 시기에서 비로소 나타난 국가와의 합심 사례로 판단된다.

5) 세상(우주)과의 합심

　동양의 전통사회에서 하늘은 모든 존재의 존재 원리이자 인간의 품성을 포함한 만물의 근원이었고, 인간의 삶과 분리된 세계가 아니라 상호 소통하는 세계였다. 그렇기 때문에 조선시대 사람들은 하늘로 대표되는 세상이나 자연의 특이한 이변을 인간 자신들의 삶의 태도와 직결시켜 이해하였다. 바로 이러한 사실이 우주와의 합심이 요구되어 온 존재론적 기반이었다. 예컨대 중종 75권 첫 번째 기사(사치와 탐오의 폐습을 논의하다)의 내용을 보자.

17_ "今見金千鎰狀啓, 官軍義兵, 互相詰責, 頗不相能. 方當大賊在腹心, 一國八道, 上下君臣義士庶民, 無分彼此, 無掠人功, 同心勠力, 從便商議, 期於恢復可也. 今不可以此各自相持"(『조선왕조실록』, 선조 32권).

대사헌 심언광(沈彥光)이 아뢰기를, '근래 성변이 3년을 잇따라 나타나니, 이것이 어찌 작은 변이겠습니까. (…) 오늘날의 변은 선왕의 세상에서는 일찍이 없었던 것입니다. 하늘이 변을 보임이 이렇게까지 극심하니, 국가에 장차 무슨 일이 있을지 모르겠습니다. 변고가 이러한데도 상하가 태연한 자세로 각성하지 않는다면 하늘의 견고(譴告)가 날마다 해마다 더욱 절박하여 장차 나라꼴이 될 수가 없을 것입니다. 반드시 정책을 고쳐서 염치를 배양하고 사치를 제거한 연후에야 나라가 다스려질 것입니다. (…) **삼대(三代) 이상에서는 혹 재변을 만나면 상하가 합심하여 군신(君臣) 사이가 애애하였기 때문에 능히 천심(天心)을 감동시켜 재앙을 그치게 할 수 있었습니다.** 그러나 후세에서는 임금은 임금대로 신하는 신하대로 각각 다른 마음을 가졌으므로 재변을 만난다면 신하들은 임금에게 책임을 돌린 채 보필의 임무를 생각하지 않습니다. (…) 반드시 상하가 경건한 마음으로 합심한 연후에야 재변을 없앨 수 있고 풍속을 혁신시킬 수 있습니다. (…) 대체로 위로 구중 궁궐에서부터 묘당(廟堂)에 이르기까지 진실로 상하가 마음을 다 기울인다면 변을 그치게 하고 풍속을 혁신시키는 일에 무슨 어려움이 있겠습니까(강조는 필자).[18]

위 인용문에 잘 나타나 있는 것처럼 인간의 태도가 하늘을 감동시켜 천재지변을 그치게 할 수도 있지만, 천재지변이 인간 사회의 질서나 인간의 삶의 태도에도 강력한 영향을 미칠 수 있었다. 아래 인용문은 중종 5권 두 번째 기

18_ "大司憲沈彥光曰: ˝近來星變, 連三年發現. 玆豈小變? (…) 今日之變, 先王之世, 所未曾有. 天之示變, 至於此極, 不知國家將有何事也. 變故如此, 而上下悠悠, 不加警省, 則天之譴告, 日益歲迫, 將不可以爲國矣. 必改紀其政, 養廉恥, 祛奢侈, 然後國可爲也. (…) 三代以上, 或遇災變, 則上下同心, 君臣之間, 誠意藹然, 故能格天心而弭災沴. 後世, 君自君、臣自臣, 若遇災變, 則歸諸人主之責, 而不以爲輔弼之任. (…) 必上下同寅協恭, 然後變異可消, 風化可移. (…) 大抵上自九重, 至于廟堂, 誠能上下盡心, 則弭災易俗, 有何難焉?˝(『조선왕조실록』, 중종 75권).

사로서 천변을 당하여 왕이 자성하는 전교를 내린 것이다.

> 나와 같은 박덕한 사람이 어찌 감히 화기(和氣)를 인도하여 재앙을 소멸(消滅)
> 시킬 것을 바라겠는가마는, 그래도 (…) 하늘에 순응하는 실상을 도모하려 한
> 다. 오직 그대들은, 위로는 공경들이 서로 공경 합심하여 나의 부족함을 보완하
> 고, 아래로는 사대부와 서인들이 정성을 다하여 충성스럽게 고(告)해서, 어떤
> 일에 온편하지 못한 것이 있거나 정사가 선(善)하지 못한 것이 있으면 각각 봉사
> (封事)를 올려 기휘(忌諱)가 없도록 하라. 말이 진실로 이치에 맞으면 당연히 채
> 용될 것이요, 혹 정당하지 못하더라도 형벌을 가하지는 않을 것이니, 그것을 조
> 정과 민간에 하유(下諭)하라.[19]

지금까지 살펴보았듯이 조선시대의 사람들은 자신의 마음을 자기 자신의
본성, 타인, 집단, 국가, 그리고 우주라는 거대한 대상과도 합일하면서 사회적
삶을 영위하였다. 그렇기 때문에 합심은 사회 질서와 그 구성에서 매우 결정
적인 함의를 제공하는 개념으로 인식할 수 있다. 그러나 마음은 전혀 다른 차
원의 합심으로 귀결되기도 한다. 다음에서 살펴볼 일탈 및 상황반전을 위한
합심이 그 대표적인 사례이다.

6) 일탈 혹은 상황 반전의 합심

합심이 곧 마음의 동일성만을 의미하는 것은 아니다. 오히려 그 반대이다.
마음조차도 관계의 산물이고, 그러한 점에서 무상한 그 무엇이라면 합심은 항

19_ "如我凉德, 安敢望導和而消沴? (…) 以圖應天之實. 惟爾上而公卿, 協恭補闕; 下而士庶,
竭誠忠告. 其有事有所未便, 政有所不臧, 各上封事, 無爲忌諱. 言苟詣理, 固當採用, 倘或
失中, 亦不加罪, 其論中外"(『조선왕조실록』, 중종 5권).

상 변심 가능성을 전제한다. 변절에 대한 경계나 변절자에 대한 처벌과 배제를 강화하더라도 시간의 흐름에 따라 상황이 바뀌면 합심은 언제든지 깨질 수 있다. '천 길 물속은 알 수 있어도 한 길 사람 속은 알 수 없다'는 속담처럼 타인의 마음을 이해하기란 불가능에 가깝기 때문에, 합심에 도달하더라도 '수인(囚人)의 딜레마'에서 자유로울 수 없다. 따라서 두 마음을 갖는 사람은 항상 존재하고, 변절자는 항상 발생한다. 이러한 변절자들이 다수가 되어 자기들끼리 마음을 합하는 순간, 일탈 및 상황반전을 위한 합심이 일어난다.

먼저 '일탈을 위한 합심'의 사례로 세종 84권 두 번째 기사(계품사 공조 참판 최치운에게 주본을 들려 북경에 가게 하다)를 보자.

> 만약 범찰·동산 등과 한곳에 모여 살면서 합심하여 도적질하려는 간계가 성공된다면 본국의 변방 백성은 더욱 소요스러울 것입니다.[20]

이 인용문에 나타난 것처럼 변방에 거주하는 사람들이 합심하여 국법을 어기는 사례가 『조선왕조실록』에는 무수하게 등장하는데, 이는 구성원들 사이에 국경 개념이 희박하고 중앙의 행정 통제능력이 미약한 곳일수록 일탈을 위한 합심의 가능성이 많았다는 것을 의미한다.

다음으로는 상황반전을 합심의 사례로 인조 34권 두 번째 기사(중앙과 지방의 군사와 백성에게 교유한 글)를 보자.

> 이제 묵은 폐단을 통렬히 징계하고 가혹한 정치를 모두 없애며, 사당(私黨)을 떨쳐버리고 공도(公道)를 회복시키며, 농사를 힘쓰고 병란을 그치게 하여 남은 백

20_ "若令凡察, 童山等一處聚居, 同心作賊, 以遂奸計, 本國邊民益擾"(『조선왕조실록』, 세종 84권).

성들을 보전시키려 한다. 아, 그대 팔도의 사민(士民)과 진신 대부들은 나의 어쩔 수 없었던 까닭을 양해하도록 하라. 그리하여 이미 지나간 잘못을 가지고 나를 멀리 버리지 말고, 상하가 합심하여 어려움을 널리 구제함으로써 천명(天命)이 계속 이어져 우리 태조(太祖)·태종(太宗)의 유업을 떨어뜨리지 말도록 하라. 이 모든 일을 오늘부터 시작해야 하는 까닭에 이렇게 교시(敎示)하니, 모두 잘 알았으리라 생각한다.[21]

『조선왕조실록』에는 당쟁이 격렬할 때나 임진왜란과 같은 전쟁 상황에서 이러한 내용의 합심을 호소하는 사례가 빈번하게 등장하는데, 이는 사회변동의 시기일수록 상황반전을 위한 합심의 빈도가 늘어남을 반증하는 사례로 보인다.

이상에서 살펴보았듯이 『조선왕조실록』에는 '마음'이 매우 빈번하게 사용되고 있다. 이것은 앞서 논의한 것처럼 일상의 곳곳에 스며든 '마음'이 조선사회의 문화적 토대로 굳건하게 자리하고 있음을 의미한다. 또한 여섯 가지 하위 유형으로 구분한 다양한 용례의 합심 개념을 통해서 합심이 조선사회의 주요한 작동 원리임을 확인할 수 있었고, 오늘날에도 면면히 이어져 오고 있음을 감지할 수 있었다.

4. 맺음말

이 글은 합리성에 기초한 기존의 사회학적 관행들에 대한 문제의식에서 출

21_ 今欲痛懲宿弊, 悉蠲苛政, 去黨捐私, 以回公道, 務農息兵, 以保餘氓. 咨爾八路士民, 薦紳, 大夫, 其諒予不獲已之故, 毋以旣往之咎, 而退棄予, 上下協心, 弘濟艱難, 以迓續天命. 毋 隳我太祖, 太宗之餘業, 其自今日始, 故玆敎示, 想宜知悉(『조선왕조실록』, 인조 34권).

발하였다. 물론 그러한 문제의식은 오랫동안 꾸준히 제기되어 왔고, 특히 포스트모더니즘 논쟁을 거치면서 폭발적으로 확산된 바 있다. 그러나 문제제기의 수준을 넘어 대안을 모색하는 과정은 지난했으며, 최근 들어 감정사회학을 중심으로 한 대안적 논의가 새롭게 시작되는 형편이다. 그러나 김홍중이 '사회학의 감정적 전회'라고 명명한 이 새로운 시도에도 여전히 한계가 있다는 것이 이 연구의 시발점이었다.

우리는 사회 세계와 일상생활의 제반 영역에서 이성과 감성으로 귀결되지 않는 영역이 있으며, 이 부분을 '마음' 개념으로 귀인(歸因)시킬 수 있다는 점에 주목했다. 즉 기존의 사회학이 예외적으로 간주했던, 혹은 여백으로 남겨 두었던 부분을 '마음'에 기초해서 설명할 수 있다는 가능성에 주목했다. 이러한 문제의식을 풀어내기 위한 첫걸음은 '마음'이 동아시아의 고유한 사유 체계와 문화적 축적의 결과물이라는 점과 다양한 차원에서 그 마음을 합치시키는 '합심'이 동아시아 사회를 규정하는 고유한 작동 원리임을 밝히는 것에서 출발하였다. 이어서 『조선왕조실록』에 기록된 마음[心]의 용례를 추출하여 주요 어휘의 활용 실태를 분석하고, 유형화를 시도하였다. 이를 통해 마음이 매우 빈번하게 사용되고 있으며, 조선 사회의 문화적 토대로서 일상의 곳곳에 배태되어 있음을 경험적으로 확인하였다. 또한 '합심'의 용례 분석을 통해서 합심을 여섯 가지의 하위 유형으로 구분하고, 이들이 조선 사회를 작동시키는 주요한 원리임도 파악하였다.

이를 토대로 마음과 합심의 사회학적 해석을 시도하였다. 마음과 합심 개념의 용례들을 통해서 우리가 포착한 것은 '소통 행위'이다. 즉, 이성과 감성을 포괄하는 총체로서 마음 개념은 사회관계를 매개하는 핵심적 실체이며, 마음의 소통으로 이해할 수 있는 합심은 또 하나의 새로운 의사소통의 단위로 규정할 수 있었다. 나아가 마음을 매개로 한 합심이라는 소통은 소통양식의 질적 단계에서 가장 심화된 형태로 볼 수 있는 동조적 소통양식과 다름없음을 확인할 수 있었고, 합심은 기존의 소통이론에서 배제하거나 경시했던 자기 자신과의 소통과 일탈 및 상황반전을 위한 소통이 중요한 소통 영역이라는 점도 밝혀냈다.

그렇다면 이러한 논의들은 어떠한 의의를 갖는가?

무엇보다도 이성과 감성만으로는 온전히 설명할 수 없었던 사회관계의 빈틈을 메울 수 있는 사회학적 개념으로 '마음'을 발굴해 냈다는 점이다. '마음' 개념을 활용함으로써 서구적 관점의 기존 사회학이 동아시아 사회를 설명하는 데서 가질 수밖에 없었던 한계를 극복할 수 있을 것으로 기대한다. 나아가 '마음' 현상이 동아시아에만 존재하는 특수한 현상이 아니라면, '마음' 개념은 사회현상, 특히 사회관계를 설명하는 보편적 기제로 자리할 수 있다고 판단된다. 이는 향후 계속되는 연구들을 통해서 꾸준히 천착할 과제이다.

'마음'과 '합심'을 소통행위의 차원에서 검토하면서 소통 관련 논의의 지평을 확장하였다. 우선 이 논문은 소통이 사회제도 및 구조와 사회적 행위를 사회구성론적 관점에서 통합할 수 있는 중요한 삶의 영역이자 장이라는 점을 다시 한번 확인하고 있다. 또한 소통의 새로운 구성요소로서 '마음'과 '합심' 개념을 재발견하고, 『조선왕조실록』을 통하여 그 의의를 경험적으로 실증하였다. 마지막으로 이 논의는 본심과의 합심이나 상황반전을 위한 합심 등 새로운 소통영역을 제시함으로써 관련 논의의 지평을 확장하는 데 기여하고 있다.

한편 '합심' 개념은 사회구성론의 관점에서 미시와 거시의 관계를 매개함으로써 거시와 미시의 이분법을 극복하는 데 필요한 이론적 시사점을 던져 줄 것으로 기대한다. 실제로 합심 개념의 다른 용례는 말할 것도 없고 개인의 내적 영역에서 자신의 본심과 하나가 되는 합심 개념조차도 '본원적 사회성'을 의미한다. 불교사상에 따르면 탐진치(貪瞋癡)를 극복하여 불성과 만날 때 바로 그 토양에서 비로소 자비심이 자라나기 때문이며, 유교사상에 의하면 행위자의 본심과 만날 때 비로소 그는 보편적 세계이자 원리인 하늘과 만나기 때문이다. 사회적 관계에 포괄적으로 작용하고 있는 마음은 사회적 관계의 산물이기도 하며, 그것을 본심과 합하는 노력이 개인의 수양으로 귀결되고, 나아가 개인의 인성 발달과 행복으로 귀결된다. 결국 합심은 개별 행위자에게 결정적인 영향을 미치지만, 동시에 합심의 에너지는 각각의 삶의 영역을 활성화시켜 전체 사회의 발전에 기여하기도 하고, 일탈이나 상황반전의 에너지로 작용하여 사회의 역동성에 자양분을 제공하기도 한다. 따라서 사회현상의 미시적 차원과 거시적 차원에 동시에 작용하는 '마음' 혹은 '합심'에 대한 논의는 전체적이고 종합적인 관점을 요구하고, 그 결과들은 미시와 거시를 통합하는 사회이론의 계기를 만들어줄 수 있을 것이다.

그럼에도 한계는 남아 있다. 함심 개념에 포함될 수 있는 단어가 일심(一心)·동심(同心)·여심(如心)·협심(協心) 등 다양하고, 이들 개념이 각각 시대와 사상(불교사상 또는 유교사상)을 반영하면서 상이한 의미 변화를 경험했을 가능성을 배제할 수 없다. 일례로『조선왕조실록』에는 동심이 합심보다 더 빈번하게 사용되었지만, 현대 한국사회에서는 합심의 사용이 더 일상적이다. 따라서 이러한 변화를 추적하고, 범위를 확장하는 후속 작업도 반드시 수반되어야 할 것이다.

제3부

동행의 현주소

제9장

마음과 정치의 동행
민심의 동원과 도덕정치

1. 머리말

『세기경(世紀經, Aggañña Sutta)』에는 폭력이나 부당한 권력 행사는 욕망의 생성과 함께 이미 시작되기 때문에 사회질서를 유지하면서 더불어 살아가기 위해서는 통치자(라자)를 민주적인 방식으로 선출하여 그것을 해결하지 않을 수 없다는 사실이 기술되어 있다(나까무라 하지메, 1999: 149~152).[1] 이는, 인간의 권력의지와 그 문제를 처리하려는 노력은 이미 인류의 시작과 함께 시작되었음을 의미할 뿐만 아니라 기축시대에 이르면 이미 매우 정치한 사상체계 및 이론체계를 갖추게 되었음을 시사한다. 굳이 니체를 언급하지 않더라도, 더불어 살아가는 인간에게 권력의지는 생존의 필수불가결한 조건이자 불가피한 결과이기도 하다. 그렇기 때문에 정치는 한편으로는 모든 사회에 편재한

1_ 국왕, 즉 통치자의 출현 과정에 대한 자세한 설명은 「세기경」 세본연품의 내용을 참고하기 바란다(김월운 옮김, 2006: 475~482).

보편적 현상이지만 동시에 '나라마다 그리고 시대마다' 사회적 상황에 따라 다양한 정치현상이 특수하게 발현되기도 한다. 특히 폭력을 독점하는 국가의 등장 이후, 공공질서를 가능케 하는 국가의 정치행위는 인간의 삶에 가장 큰 영향을 미치는 사회제도로서의 위상을 차지하고 있다. 바로 그렇기 때문에 현대사회에서는 국가의 정치행위를 주권자들인 국민이 어떻게 조종할 것인가라는 과제가 가장 중요한 정치적 과제이고, 그 과제를 해결하는 것이 민주주의의 달성이자 정치 발전으로 평가(혹은 인정)되기도 한다. 최근의 촛불로 대표되는 집합행동이나 사회운동이 자연스러운 정치적 과정인 까닭도 여기에 있다.

단군신화가 상징하듯이 한국사회는 최소한 고조선 이후부터 정치질서의 유지하는 문제를 매우 중시해 왔으며, 굳이 삼국시대 및 고려시대와 조선시대의 역사를 언급하지 않더라도 한국에 유입된 불교와 유교조차도 당대의 왕조사회와 모종의 유착관계를 형성하면서 발전해 왔다. 그러나 근대 이후 한국사회는 일제 강점에서 해방을 맞이하고서야 비로소 주권국가로서의 위상을 되찾는 등 정치후진국을 면치 못했으며, 분단과 독제체제로 시민사회의 동원능력이 형성되지 못했고 민주주의가 지연되어 왔다. 그러나 1980년대 이후 한국사회는 압축적 성장과 함께 민주주의도 압축적으로 달성하는 데 성공하였다(후쿠야마, 2012). 그리고 마침내 2016년 시민들의 자발적 촛불 혁명은 무능과 부정으로 얼룩진 대통령을 탄핵으로 이끌었을 뿐만 아니라 그 이후 지금까지도 민주주의를 요구하는 정치적 에너지로 여전히 성성하게 살아 있다. 이는 주권자인 국민들이 국가의 정치행위를 조정함은 물론 향후의 정치발전을 견인하는 주체 세력으로 성장해 있음을 의미한다.

그렇다면 정치적 후진국이었던 현대 한국사회가 이렇듯 압축적 민주화를 달성한 이유는 무엇인가? 후쿠야마(2012)에 따를 때 특정한 사회의 심성 모형 (mental models)이 그 사회의 정치발전과 모종의 관계를 갖는 근인(根因,

fundamental causes)이라면, 그리고 한국의 심성 모형이 불교 및 유교와 무관하지 않다면, 또한 장기지속의 전체사란 차원에서 조망할 때 구조와 국면과 사건이 불가분의 관계를 가진다면, 1600년 이상의 역사를 가진 불교 및 유교의 마음 문화 구조, 즉 백성을 정치의 근본으로 여기고 통치자보다 민심을 우선시하는 마음의 습속(이를 필자는 한국사회의 심성 모형이라 부른다)은 한국사회의 압축적 민주화와 어떻게 연관되어 있었는가?

이러한 의문에 대한 해법을 찾기 위해, 우리는, 마음[특히 진심(眞心)]이 지배의 코드와 결합하여 이전투구의 정치나 승자독식의 정치 현상으로 발현되기도 하지만 선왕(選王: 불교) 및 성왕(聖王: 유교)의 도심(道心)을 요구하는 민심(民心)이 피지배코드와 결합하여 통치자나 위정자들에게 도덕정치(moral politics)를 요구하는 압력을 가하기도 함을 드러내 보고자 한다. 그러나 여기에서는 전자보다는 후자의 현상을 집중적으로 밝혀보고자 한다. 더 구체적으로 말하면 우리는 유교나 불교의 도덕정치가 그 종교가 추구하는 마음 문화와 어떻게 결합되어 있는지를 밝혀 그것이 최근 촛불과 탄핵정국에서도 면면히 계승되고 있음을 실증해 보고, 그 이론적 함의를 논의해 보고자 한다.

2. 선행 연구의 비판적 검토

이러한 연구목적을 선택하는 순간, 매우 불행하게도 우리는 출발선에서부터 만나는 암초를 극복해야 한다. 특히 동양종교와 민주주의 관계로 시야를 돌리는 순간 눈앞에 커다란 하나의 암초가 막아서고 있다. 바로 베버이다. 특히 불교나 유교 문화권 사회의 변동에 대한 사회학적 분석 중에서 베버의 동양사회론(혹은 중국사회론 및 인도사회론)은 지금까지도 가장 큰 영향력을 과시하고 있다. 그렇기 때문에 문화적으로 중국의 영향을 절대적으로 받아온 한국사회의 정치사회적 변동을 논의할 때도 베버를 우회하기는 어렵다.

베버가 유교가 아시아의 발전에 끼친 영향에 대해 부정적인 평가를 제시한 이래 지금까지 대부분의 학자들은 대체로 아시아의 발전에서 유교가 수행한 역할에 부정적인 평가를 해왔다(앨런, 2010). 특히 베버는 중국인의 적응 능력이 모방의 귀재로 알려진 일본인보다 오히려 높다(베버, 2008)고 기술한바, 이는 유교의 현세 적응적 태도와 연관되어 있다. 바로 이러한 현세 적응적 태도가 현세의 부정이나 현세와의 대립 및 긴장의 가능성을 열어주지 못하기 때문에 창의적인 시도를 방해하게 되며, 이는 정치적으로는 보수적 태도로 현상하는 것으로 해석된다.[2] 게다가 베버는 서구 봉건제의 중국적 등가물로서 가산제를 개념적 도구로 활용함으로써 중국사회의 정체(停滯)를 경험적 차원에서 실증하고 있기도 하다.

이러한 베버의 중국사회론에 따르면 유교는 (중국)사회의 정치사회적 변동에 역동적 에너지를 제공하기는커녕 장애물로 간주되며, 따라서 유교문화의 세례를 받은 동양사회는 정체될 수밖에 없게 된다. 그러나 혹은 바로 그렇기 때문에 베버의 중국사회론은 한국을 포함한 동아시아의 역동적인 사회변동을 설명하는 데 적합하지 않다. 그럼에도 오히려 베버리언들의 한국사회론은 지속적으로 재생산되고 있는데, 이는 또 하나의 현대적 장애물이다. 그 대표주자는 헌팅턴(S. Huntington)인데, 그는 동양종교(이슬람교, 불교, 유교)가 민주화의 저해요인이라고 주장한다.[3] 헌팅턴은 자신의 저서 『제3의 물결』에서 1974년 포르투갈의 민주화 이후 20세기 후반의 민주화를 가져온 다양한 요인을 검토하고 있는데, 동양종교는 민주화에 저해요인인 반면에 기독교는 민주

2_ 이에 대한 자세한 논의는 최우영(2016)을 참고하기 바란다.
3_ 게다가 헌팅턴은 문명의 충돌을 주장하고 있기 때문에, 불교와 유교는 민주주의의 저발전뿐만 아니라 문명충돌을 일으키는 이른바 '공공의 적' 혹은 '악의 축'으로 호명될 수도 있다.

화에 결정적인 요인으로 작용하였고 그 경험적 사례가 바로 한국사회라고 주장한다. 다음 인용문을 보자.

> 1970년대와 1980년대에 종교에서의 두 가지 발전이 민주화를 촉진시켰다. 서구 기독교와 민주주의 사이의 강력한 상관관계가 존재한다. 근대 민주주의는 기독교 국가에서 최초로 가장 활발하게 발전했다. 1988년 당시 가톨릭 그리고 혹은 개신교는 46개의 민주적 국가 중 39개국에서 주된 종교였다. (…) 이와 대조적으로 다른 주된 종교를 가진 58개국 중 단지 7개국 혹은 12%만이 민주적이었다. 특히 이슬람교, 불교, 유교가 우세한 국가 중에서 민주주의는 드물었다. (…) 기독교의 확산이 민주주의 발전을 고무시킨다고 가정하는 것은 꽤 설득력이 있어 보인다. (…) 가장 현저한 사례는 한국이었다(이후 한국의 민주화과정을 기독교와 연관시켜 설명하였다 — 필자 주).
> 민주화를 촉진시킨 두 번째이며 더 중요한 종교적 발전에는 전 세계와 많은 국가에서 교리, 리더십, 일반 평신도의 참여, 가톨릭교회의 정치노선에서 발생한 광범위한 변화가 포함된다(이후 서구의 역사에서 기독교의 변화와 민주주의의 관계를 서술하였다 — 필자 주)(헌팅턴, 2011: 111~126).

위 인용문에 따르면, 한국사회의 민주화는 한국사회의 기독교화의 산물인 것처럼 이해된다. 이에 대해 강정인(1997b)은 기독교와 민주주의 관계와 관련하여 '기독교의 역할에 대한 과정된 해석', '기독교의 기여가 종교적 측면이 아니라 사회정치적 측면에서 이루어졌다는 점', 그리고 '기독교가 독립변수로 민주화에 기여했다기보다는 매개변수로 기여했을 뿐이라는 점' 등을 근거로 헌팅턴의 주장을 비판한다. 나아가 강정인은 유교와 민주주의의 관계와 관련해서도 '근대자유민주주의적 잣대로 전근대적 유교를 평가하고 있다는 점', '고전적 유교 속에도 자유민주주의의 성립에 유리한 요소들도 내재해 있다는 점', 그리고 '유교가 민주주의를 창안하는 데는 실패했더라도 일단 창안된 민주주의를 2차적으로 수용하고 모방하는 것까지는 부정할 필요가 없다는 점' 등을 근거로 유교민주주의를 형용모순으로 간주하는 헌팅턴의 주장을 비판한다(강정인, 1997a). 또한 이러한 논의의 연장선상에서 강정인은 오늘날의 유교민주주의를 일종의 일탈로 해석하는 헌팅턴의 관점을 조야한 유럽중심주의라고 지적한다. 그러나 강정인의 이러한 적절한 비판조차도 결과적으로는 비판으로 그칠 뿐, 종교와 민주주의의 관계와 관련하여 헌팅턴의 주장을 대체할 수 있는 새로운 이론을 제시하고 주요 동양종교의 문화권인 아시아의 경험적 자료를 근거로 그것을 입증함으로써 새로운 일반화를 시도하는 단계에는 이르지 못하고 있다.

문제는 헌팅턴의 멘티(mentee)임을 자처하는 후쿠야마(F. Fukuyama)가 기독교와 민주주의의 관계를 긍정적으로 평가하고 있을 뿐만 아니라 '동양적 전제주의(oriental despotism)'와 가산제(patrimonialism)가 민주주의에 부정적인 영향을 주었음을 동시에 주장함으로써, 유교의 부정적 기능을 확인사살하고 있다는 사실이다. 후쿠야마(2012)에 따르면 동양사회(특히 유교사회)의 강한국가, 강한 왕권의 기원은 진시황으로 거슬러 올라가는데, 진시황은 그 이전 유력 종족들이 장악하고 있던 분권적 봉건구조를 일소하고 관료 파견을 통한 직접 통치와 징세권과 징병권을 독점하는 군현제를 실시함으로써, 명실상부한 강력한 근대국가를 만드는 데 성공하였다. 후쿠야마에 따르면 한국사회는 유교로부터 강한 국가 건설을 가능하게 하는 종교적 지원을 얻은 것으로 해석된다. 그러나 후쿠야마에 따르면 강한 국가 건설은 정치발전의 한 요소에 지나지 않는다. 후쿠야마는 국가란 변수 이외에도 법치주의나 민주주의(민주화)를 정치발전의 또 다른 중요한 변수로 꼽는데, 이와 관련하여 유교문화와 연관되는 전제주의와 가산제적 전통을 매우 부정적으로 평가한다. 실제로 그는 한국을 근대의 전형적 발전 패러다임을 보여주는 사례로 소개하는바, 그 내용은 다음과 같다.

한국 전쟁 직후의 한국은 상대적으로 강력한 정부를 갖고 있었다. 중국에서 유교국가 전통을 물려받았고, 1905년에서 1945년까지 일본 식민지 시절에 여러 근대적 제도가 도입되었다. 한국은 1961년 쿠데타로 정권을 잡은 박정희 장군의 지도 아래 산업화 정책을 써서 급속한 경제발전을 달성한다. 한국의 산업화는 이 나라를 한 세대 만에 농업 후진국에서 주요 산업국가로 탈바꿈시켰으며, 노동조합, 교회집단, 대학생 등등 전통 한국에는 존재하지 않았던 새로운 세력들의 사회적 동원 움직임이 시작되었다. 1980년 광주학살 이후 전두환 장군의 군사정부가 정당성을 상실하면서, 이 새로운 사회집단들은 군부를 뒤흔들어 권좌에서 내려오게 만들었다. 동맹국인 미국의 은근한 유도에 힘입어, 1987년에는 민주화가 이루어지고 최초의 민주적인 대통령선거가 치러지게 되었다. 이 나라의 빠른 경제성장과 민주화는 모두 체제의 정당성을 뒷받침했고, 이는 다시 1997년부터 1998년까지의 혹독했던 아시아 금융위기를 견뎌낼 힘을 주었다. 마지막으로 경제성장과 민주화는 한국의 민주화가 다져지는 데 힘을 보탰다(후쿠야마, 2012: 516~517).

위 인용문을 보면, 한국의 민주화(혹은 민주주의)에 영향을 미친 종교적 요인은 교회집단들로 한정되어 있는바, 이는 자신의 멘토였던 헌팅턴의 주장과 다르지 않다. 반면에 민주화과정에 동원되었던 불교적 요소나 유교적 요소에 대해서는 주의를 기울인 흔적이 없다. 결국 후쿠야마에 따르면, 동양사회의 전통 종교인 불교와 유교는 결코 민주주의에 호조건을 제공하지 못한 것으로 낙인찍히고 만다.

종교와 민주주의의 관계에 대한 이러한 연구 경향을 고려할 때, 최근 김상준의 일련의 연구는 매우 큰 의미를 갖는다. 우선 한국사회에서 역작으로 평가받는 김상준의 저작 『맹자의 땀 성왕의 피』(2011)는 중층근대라는 개념을 통해 근대성 논의를 심화시킬 뿐만 아니라 그것을 다시 동아시아의 유교문명과 연결시킴으로써 유교문명의 근대문명적 기획을 잘 드러내고 있다. 또한 김상준(2014)은 간략하게나마 후쿠야마의 테제를 직접 비판할 뿐만 아니라 독자적으로 유교의 정치적 무의식이 저항성과 비판성을 내장하고 있음을 실증함으로써 후쿠야마의 테제를 반증하는 결과를 보여준다.

그럼에도 필자의 관점에서는, 김상준의 연구도 세 가지 아쉬움을 남긴다. 첫째, 유교만을 논의했다는 아쉬움이 없지 않다. 특히 오늘날 한국사회가 다종교사회일 뿐만 아니라 샤머니즘·불교·유교·기독교 등이 중층적으로 구성되어 있다는 점을 고려할 때, 김상준의 논의를 일반화하기에는 어려움이 수반된다. 둘째는 굳이 종교사회학을 언급하지 않더라도, 사상이나 이념의 사회적 맥락성을 고려할 때 김상준의 연구는 종교나 사상의 '무의식 효과'만을 논의하는 아쉬움을 남긴다. 비록 심층심리학적 차원에서는 무의식의 결정적 기능을 인정할 수 있다 하더라도, 마음과 사회의 관계에 관심을 갖는 필자의 관점에서는 현대 한국사회의 정치현실(혹은 정치현상)과 유교나 불교(의 마음)의 관계를 직접 실증하는 것이 훨씬 더 설득력을 가질 것으로 보인다. 셋째, 후쿠야마의 논의는, 앞의 인용문에서 알 수 있듯이 시종 단일 인과성으로 구성되어 있다. 이는 김상준의 중층근대의 논의와도 배치되는데, 이에 대한 적극적 비판이 아쉽다.

이와 관련하여 우리는 정치와 마음 사이의 중층적 관계를 있는 그대로 실증해 봄으로써, 후쿠야마의 분석틀이 지닌 단순성을 극복해 보고자 한다. 이를 위해 우선 아래에서는 동양정치사상에 나타난 민본주의적 특성에 내재해 있는 민심 우선성을 밝혀보고, 그것이 오늘날 불교 문화권 및 유교 문화권의 정치현실과 어떻게 연관되는지를 논의함으로써 불교 및 유교의 마음 문화와 현실 정치의 연관성을 드러내 보고자 한다.

3. 동양사상의 민심(民心) 우선성과 그 정치적 발현

1) 동양사상의 민심 우선성

주지하듯이 불교는 붓다가 연기의 법칙을 깨달으면서 시작된다. 이렇듯 불교는 바로 이 깨달음의 체험에서 시작되기 때문에, 다시 말하면 이 체험이야 말로 불교 성립의 절대적 근거이기 때문에, 붓다의 제자(불교인)는 모든 현상을 연기의 통합체로 간주하거나 혹은 믿고 있다. 그러나 아상에 집착하면서 세속적인 삶을 살아가는 중생들이 이를 자각하기란 하늘의 별따기만큼 어렵다. 바로 이 지점에서 일종의 불교적 신정론이 요구되는바, 그 핵심이론이 불성론이다. 이 불성론에 따르면, 모든 인간은 자신의 내부에 불성을 간직하고 있으며 바로 그러한 점에서 모든 인간은 평등할 뿐만 아니라 누구든지 붓다처럼 깨달을 수 있는 가능성을 지닌 존재이다.

이는 개인의 실천적 차원에서는 자신의 내부에서 부처를 찾으려는 노력, 즉 자신의 마음을 붓다의 마음처럼 만드는 노력으로 나타난다. 이러한 노력을 불성과의 합심(合心)의 과정이라 개념화한다면, 이른바 네 가지 성스러운 가르침(혹은 진리)으로 알려진 사성제, 그중에서도 특히 그 마지막 진리, 즉 도체(혹은 팔정도)야말로 그 필요조건이다. 이를 에밀 뒤르켐도 다음과 같이 적절하게 정리하고 있다.

시간이 흐름에 따라 처음에 인도 사람들이 숭배하기를 배웠던 많은 신들이 비인격적이고 추상적인 일종의 원리로, 존재하는 모든 것의 본질로 용해되었다. 더는 신적인 속성을 띠고 있지 않은 이러한 최고 실재를 인간은 자신 속에 포함하고 있다. 달리 표현한다면 인간은 그러한 최상의 존재와 하나가 되었다. (…) 따라서 그러한 최고의 존재를 발견하고 그 존재와 합일되기 위해서 인간은 자기

존재 밖에서 어떤 외적인 도움을 구할 필요가 없다. 자신에 몰입해서 명상하는 것으로 족하다(뒤르켐, 1992: 63).

그러나 뒤르켐은 불교의 실천성을 종교적 의례의 차원으로만 해석하고 있다. 다음을 보자.

신이 없는 의식이 존재한다. 심지어는 그러한 의식에서 신이 파생되어 나오기도 한다. 모든 종교적인 능력이 신적인 성격에서 나오는 것은 아니다. 그리고 인간과 신을 결합하는 것 이외에 다른 목적을 가진 종교적 관계들도 있다. 따라서 종교는 신이라든가 영에 대한 관념 이상의 것이다. 결과적으로 신이나 영에 대한 관념에 의해서 종교가 정의될 수 있는 것은 아니다. (…) 세상을 두 영역, 즉 하나는 성스러운 것 다른 하나는 속된 것을 지닌 것으로 분류하는 것이 종교적 사고의 변별적 특성인 것이다. 신앙, 신화, 교리 등은 성스러운 사물들의 본질과 성스러운 것에 부여된 가치나 능력 그리고 성스러운 것들끼리의 관계 혹은 성스러운 것과 속된 것 사이의 관계 등과 같은 것들을 표현하는 표상들이거나 표상 체계이다. (…) 불교가 종교가 될 수 있는 이유가 있다. 불교는 신이 없더라도 거룩한 사물들의 존재를 인정하고 거룩한 4덕목(필자 수정: 사성제)과 거기에서부터 파생된 의례들을 알고 있기 때문이다(뒤르켐, 1992: 66~68).

그러나 불교의 실천성이 개인적 차원의 명상과 사회적 차원의 의례에만 그칠 수는 없다. 왜냐하면 인간 자신이나 의례에 참여하는 특정 집단조차도 연기의 법칙에 종속되기 때문이다. 여기에 요구되는 것이 외적 조건의 개선(자비의 실천)이고 그것을 위해서는 자신의 마음을 타자와 공유하는 것, 즉 공감(또 다른 합심)이 필요하다. 물론 현실적으로 볼 때, 자신의 마음을 불성과 합치시키는 것도 결코 쉽지 않을 뿐만 아니라 자신의 마음과 타자의 마음을 합치시키기는 더욱 어렵다. 어쩌면 모든 존재가 불성을 깨달을 때 자비로운 공감이 가능하다. 바로 이 순간 모든 존재가 불성을 지닌다는 불성론은 카스트처럼 계급차별이나 불평등을 개인적 원인으로 간주하는 세계관을 부정하는 교리적 근거로 작용하는바, 이는 사회적 차원에서는 혁명적 사회참여라는 정치적 효과를 수반한다.

앞서 언급한 『세기경』에 따르면 통치자는 세습자가 아니라 선왕(選王), 즉 백성들에 의해 선출된 왕이다. 그렇기 때문에 그 선왕, 즉 통치자는 늘 백성들의 마음(혹은 민의)를 지키는 불침번(不寢番)이 되어야 한다. 특히 불교에서는 백성들의 마음을 하늘에 늘 떠 있는 성륜(聖輪)에 비유하는데, 그 까닭은 이 성륜을 불교의 법(다르마)와 동일한 것으로 간주되기 때문이다. 그렇기 때문에 만약 선왕, 즉 통치자가 백성들의 마음을 얻지 못하면 그 성륜이 사라지는바, 성륜이 사라지면 그 선왕은 반드시 쫓겨날 준비를 하거나 스스로 왕좌에서 내려와야 한다(유승무, 2005: 159~160).[4] 이는 정치의 목적이 백성들의 복리에 있음을 의미할 뿐만 아니라, 정치의 과정이 백성들의 마음[民心]을 담는 과정임을 암시하는바, 이는 민심이 국가나 통치자보다 선차성을 갖고 있음을 잘 보여준다.

불교와 마찬가지로, 유교의 경우도 왕(혹은 그의 이해관계)보다 의(義)의 가치가 더 높음을 분명히 했다. 『맹자』의 「양혜왕(梁惠王)」편에 나오는 맹자의 촌철살인의 대답, 즉 양혜왕이 맹자에게 "장차 이 나라를 이롭게 할 방도를 가지고 왔는가"라고 묻자, 맹자가 "왕께서는 어찌 이를 말씀하십니까? 오직 인과 의가 있을 따름입니다"[5]라고 대답한 것은 그 증거이다. 실제로 맹자에 따르면 의는 사단의 하나이다. 그렇기 때문에 유교사회의 성왕에 대한 도덕적

4_ 이에 대한 자세한 논의는 라트나팔라(Ratnapala, 1992)를 참조하기 바란다.

5_ "王何必曰利 亦有仁義而已矣"[『맹자』, 「양혜왕(梁惠王)」].

요구(혹은 압력)는 늘 의(義)의 실천이 그 핵심 내용이었다. 물론 여기에서 의는 현대적 의미의 정의로 이해되는바, 롤스에 따르면 정의는 '무지의 장막' 뒤에 숨어 있는 모든 사람들의 이해관계를 평등하게 반영함을 의미한다. 그렇기 때문에 만약 통치자가 정치를 통하여 정의를 구현해 내지 못하면 그는 언제든지 비판에 직면할 수밖에 없다. 또한 『순자(荀子)』의 「왕제(王制)」 편에서 순자는 이보다 한층 더 급진적인 주장을 하기도 하였다. "군주는 배[舟]이고 서민은 물[水]이다. 물은 배를 띄울 수도 있지만 또 물은 배를 엎어버릴 수도 있다."[6] 바로 이러한 유교의 민본적 특징에 착안하여 김상준(2011)은 유교의 비판성과 저항성을 주장하기도 한다.

이러한 유교의 민본성은 조선의 성리학에서도 그대로 계승된다. 예컨대 『퇴계전서(退溪全書)』의 「무진경연계차(戊辰經筵啓箚)」를 보면, 이황은 왕(선조)에게 다음과 같이 직접 진언한다.

> 강장(強壯)한 젊은이들은 무리를 지어 도적이 되고 노약한 자들은 구학(溝壑)에 떨어져 죽고 있습니다. 아아. 애처로운 우리 백성들이 어찌 동요하지 않을 수 있겠습니까.[7]

그리고 이황에 비해 상대적으로 실천성을 강조한 남명과 사회개혁에 상대적으로 더 강한 의지를 갖고 있었던 이이도 마찬가지였음은 두말할 나위가 없다. 그리고 이러한 유교문화의 비판성은 조선 후기 처사신분집단의 저항성으로 발전하기도 하였다(유승무, 2000). 이와 관련하여 최우영(2016)은 두 가지 근거, 즉 첫째로 원시 유교가 이미 비판적 재야성과 현실 긴장성을 갖고 있다

6_ "君者舟也 庶人者水也 水則載舟 水則覆舟"[『순자』, 「왕제(王制)」].

7_ "强壯則群聚而爲盜 老弱則轉死於溝壑 哀我邦本 寧不動搖"[『퇴계전서』, 「무진경연계차(戊辰經筵啓箚)」].

는 것과, 둘째로 성리학의 이론적 긴장이 내재해 있었다는 사실에 근거하여, 정치적 보수성이 유교의 숙명은 아니었음을 매우 정밀하게 논의하고 있다. 특히 그의 논의는 베버의 유교론을 반증할 수 있다는 점에서 주목할 가치를 지닌다.

2) 동양사상의 정치적 발현 양태

동양사상이 정치사회적 현실에 직접 개입하여 그 사회적 역할을 수행하는 경험적 사례가 흔한 것은 아니지만 전혀 없지는 않다. 외부로부터 정치적 자극이 없는 한, 특히 불교의 경우는 정치사회적 무관심이나 불참의 정치적 태도를 견지하겠지만, 정치적 영역이 종교를 자극할 경우 특정한 정치적 세력과 모종의 정치적 관계 속으로 휘말려 들어갈 가능성도 배제할 수 없기 때문이다. 만약 정치적 무관심조차도 정치적 태도로 간주한다면, 불교를 포함한 모든 종교의 정치적 참여는 불가피한 것인지도 모른다. 해서 벨라는 다음과 같이 말한다.

> 모든 종교가 세상을 초월하는 진리를 선언하려고 하지만 초월하고 싶어 하는 바로 그 세상에 휘말려 버린다. 모든 종교가 세상을 독자적인 관념에 따라 개조하려 하지만 언제나 세상의 관념에 따라 얼마간 다시 만들어진다. 이것이 종교의 비극이다(벨라, 1997: 249).

그렇기 때문에 동양사상의 민심 우선성은 정치적 현실(국면이나 상황)에 따라 아무런 힘도 발휘하지 못하기도 하고 심지어는 왜곡되기도 하지만, 매우 강한 에너지를 발휘하기도 한다. 몇 가지 경험적 사례를 보자.

첫째, 불교가 제국주의세력의 침략전쟁에 직접 가담한 사례이다. 비록 종교가 제국주의의 첨병 역할을 한 사례로 기독교를 꼽는 반면에 불교는 침략전쟁의 경험이 없는 종교로 회자되곤 하지만, 그리고 아쇼카 왕의 사례처럼 불교가 침략전쟁을 멈추는 동기를 제공한 것도 사실이지만, 예외가 없는 것은 결코 아니다. 일본 불교가 일제 강점기의 각종 침략전쟁 및 식민지 통치의 첨병 역할을 한 것은 그 대표적인 사례이다. 빅토리아(2013)는 일제 강점기에 선(禪)이 어떻게 살인무기로 돌변하고 무아(無我)가 어떻게 자살특공대의 아편이 되었는지를 실증하고 있다.

둘째, 일찍이 베버가 지적한 대로 불교는 통치자들이 백성들을 통치 질서 속으로 순치시키는 데 필요한 이데올로기로 활용된 바 있다. 특히 대승불교권 사회에서 불교는 역사적으로 호국불교의 성격이나 왕실 불교의 특성을 띠어왔다. 물론 근현대에 들어와서도 일본의 각 종파들이 경쟁적으로 천황제를 유일한 통치원리로 관철시키려고 한 사실은 불교가 반민주의 편에 설 수 있음을 보여주는 대표적 사례이고,[8] 오늘날 태국, 미얀마, 라오스에서도 불교는 군부나 반민주세력의 편에서 피지배세력을 억압하고 이데올로기적으로 순치시키는 역할을 해왔으며(링, 1981), 심지어 최근에는 스리랑카, 태국, 미얀마 등에서는 자국의 소수민족에게 종교의 차이를 이유로 인종청소를 감행하는 일까지 서슴지 않고 있다.[9]

이상의 사례는 불교가 정치권력과 구조적 유착관계를 형성하고 있어서, 자신의 교리를 국가 및 지배세력의 이해관계에 부합하도록 재해석함으로써 국가의 침략전쟁이나 통치자의 지배행위에 편승한 대표적인 사례이다. 그러나

8_ 일본불교의 이러한 특성에 관해서는 굳이 벨라나 빅토리아를 언급할 것도 없이 이미 일반화되어 있다.

9_ 최근 불교계 언론에 따르면, 달라이라마는 이러한 행위와 관련하여 "불교인이라는 사실이 부끄럽다"고 표현함으로써 이들 나라가 불교의 이름으로 이런 행위를 행해서는 안 된다는 메시지를 전달한 것으로 전해졌다.

그 반대의 경우 불교는 그와는 정반대의 정치 색깔을 띠지 않을 수 없다. 이럴 때 불교는 국가나 지배세력의 정치적 이해관계와 배치되는 정치적 태도를 취할 수밖에 없기도 하는바, 이것이 간접적으로 민주주의를 향한 노력과 친화력을 갖기도 한다. 최근 동아시아 각국에서 일어나고 있는 참여불교운동은 정치적 실천의 차원에서는 민주주의와 매우 큰 친화력을 갖는다. 특히 미얀마 민주화운동의 화신으로 추앙받는 아웅산 수치 여사의 종교가 불교라는 점을 고려하면, 불교는 민주주의의 발전에 긍정적으로 기여할 가능성도 결코 배제할 수 없다. 여기에서 상론하지는 못했지만 유교도 마찬가지이다. 조선 후기 사대부와 산림처사의 정치적 색깔이 분화된 것이 이를 증거하고 있다.

4. '불의의 프레임'에 의한 저항적 민심과 대통령 탄핵

> 전국에서 232만 명이 촛불을 든 지난 3일 박근혜 대통령의 즉각 퇴진을 요구하는 민심은 횃불로 타올랐다. 비폭력 기조는 유지됐지만 극에 달한 시민의 분노가 다양한 구호와 몸짓으로 표출됐다. (…) 이날 시민들의 구호는 "박근혜는 퇴진하라"에서 "박근혜는 즉각 퇴진하라", "지금 당장 물러나라"로 바뀌었다. (…) "토요일마다 나오는데 입에 물집이 다 생겼다. 박 대통령은 하야하라고 했더니 이제는 탄핵해야 할 판이다. 당장 끌어내야 한다. 국회가 못 끌어내리면 우리가 끌어내려야 한다"고 말했다(《경향신문》, 2016.12.04).

2016년 말 한국의 심장인 수도 서울의 한복판이 대통령 하야를 요구하는 촛불로 인산인해를 이루더니 급기야 그 열기가 삽시간에 지방 곳곳으로 들불처럼 번졌고, 거대한 사회운동의 물결이 되어 대통령 탄핵을 이끌어내는 견인차 역할을 했다.[10] 그러나 이 운동은 특정한 조직이 목적의식적인 사전 기획에 따라 조직적으로 동원한 합리적 집합행동이 아니다. 오히려 한국 보수 언론의 대명사였던 TV조선이 "청와대 안종범 수석, 문화재단 미르 500억 모금 지원"이라는 기사를 보도한 것이 계기(운동의 점화)가 되었다는 점이나 삽시간에 국민감정이 폭발하여 전국적 운동으로 활할 타올랐다는 점에서, 기존의 구 사회운동 이론은 물론 합리적 자원동원이론이나 신사회운동론으로도 설명이 되지 않은 매우 특이한 사회운동으로 기록될 만하다.

그러나 한국적 맥락을 보면 그리 특이한 운동도 아니다. 이미 언급한 한국의 마음 문화나 민심 우선성은 특정한 정치적 상황이나 국면에서 종종 급진적 휘발성을 발휘하곤 하였기 때문이다. 시계의 바늘을 조금만 거꾸로 돌려보더라도, 이러한 사실은 쉽게 입증된다. 이른바 해방 이후 한국 근대 정치체제를 특징짓던 '군부독재'를 종식시키고 '87년 체제'를 탄생시킨 정치적 에너지도 시민의 자발적 참여에 의한 '87년 민주대항쟁', 즉 합심하여 '호헌철폐'를 외친 거리의 민심에서 나왔고, 그 이전 이승만 독재를 종식시킨 에너지도 '4·19 혁명'에 참가한 시민의 힘에서 나왔으며, 일본의 제국주의적 폭력에 맞선 저항적 에너지도 '3·1 운동'에서 시작되었다. 구한말의 각종 민란은 말할 것도 없고 그 이전의 임진왜란이나 병자호란에 저항하는 에너지도 당대의 통치자보다는 의병을 포함한 백성들의 힘에서 나왔다.

그렇다면 한국사회에서 이러한 성격의 사회운동이 가능한 이유는 무엇인가? 필자의 가설은 이렇다: 불의한 정치현실(정치적 상황이나 국면)과 그 불의가 자신의 공동체를 훼손한 것을 뒤늦게 알거나 해결하고 있지 못할 때 생성되는 부끄러워하는 마음[恥]의 습속이 결합할 때 마음속에 의/불의 코드가 재진입하고 그것이 반복되거나 강화되면서 정치적 의미를 구성한다.

10_ 2016년 12월 9일, 국회는 박근혜 대통령 탄핵소추안에 대한 표결을 실시했다. 표결 결과 찬성 234명, 반대 56명, 기권 2명, 무효 7명으로 탄핵소추안을 가결하였는데, 탄핵에 찬성하는 의원의 비율이 78%로 당초 정치권의 예상과 달리 압도적이었다.

그렇다면 왜 그러한 마음의 습속이 존재했고 또 여전히 생명력을 유지하는 가? 필자는 그 이유를 불교나 유교의 마음 문화 이외에서 찾기는 불가능하다고 생각한다. 유교의 수오지심은 그 단적인 예이다. 그렇다면 그렇게 생성된 정치적 의미는 왜 급속하게 저항적 민심으로 돌변하는가? 그것은 정치권력과의 통합/분리라는 구조가 연동되기 때문이다. 정치사회적 구조와 마음 내부의 치의 습속이 연동되기 때문에, 권력을 가진 박근혜와 그 참모들은 자신의 발아래를 보지 못하듯 불의의 정치현실을 보지 못해서 의/불의의 코드가 작동하지 않고 그래서 부끄러워하지도/저항적이지도 않는 반면에, 권력과는 소외되어 있는 보통의 착한 사람들은 불의의 정치적 현실이 작동함을 객관적으로 볼 수 있고 그래서 의/불의의 코드가 작용하기 때문에 그러한 정치적 현실을 한없이 부끄러워할 뿐만 아니라 불의를 미워하기 시작하면서 저항적 마음을 갖게 된다. 그렇기 때문에 이러한 저항적 마음은 곧바로 저항적 민심으로 돌변한다.

정치적 상황이 그렇게 진행되면 대통령과 여당은 말할 것도 없고 야당의 정치인, 심지어는 한국을 대표하는 재벌들까지도 국민들의 민심을 받들겠다거나 민심을 무겁게 받아들이겠다고 연신 머리를 조아릴 수밖에 없다. 4·19 때는 이승만조차 하야 성명을 발표하지 않을 수 없었다. 한편 박근혜는 촛불이 민심이 아니라고 말 바꾸기를 하였지만, 그 말은 아무런 설득력도 지니지 못한 채 허공 속으로 사라졌을 뿐이다.

그림 9-1은 국회에서 탄핵소추안이 가결된 2016년 12월 9일부터 2017년 2월 5일까지 구글 트렌드 서비스를 이용해 '마음'. '촛불', '태극기'라는 세 단어의 검색 빈도 추이를 도표로 나타낸 것이다.[11]

11_ '촛불'이라는 단어의 최대 출현량을 100으로 놓고, 상대적인 비율로 재계산한 결과를 도표로 나타냈다.

그림 9-1 • '마음', '촛불', '태극기'의 검색 트렌드 추이

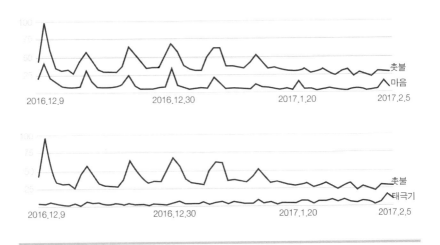

'마음'과 '촛불'(위), '마음'과 '태극기'(아래)라는 단어의 검색 추이를 살펴보면, '마음'과 '촛불'이라는 단어가 유사한 시계열적 흐름을 보이는 것을 확인할 수 있다. 반면, '촛불'과 '태극기' 사이에는 일정한 연관성을 찾아보기 어렵다.[12]

한편 표 9-1은 세 단어 사이의 상관관계를 보여준다. '촛불'과 '마음'의 상관계수는 0.77로 높은 편이고, 통계적으로도 유의미한 것으로 나타났다. 그러나 '마음'과 '태극기', '촛불'과 '태극기' 사이의 통계적인 상관관계는 나타나지 않았다.

12_ '마음'과 '태극기'의 검색 추이에서도 연관성이 나타나지 않는다. 다만, 2017년 1월 말 이후 두 단어 사이에 유사한 흐름이 나타나기 시작한 점에 주목할 필요는 있다. 탄핵 반대 집회를 상징하는 '태극기'라는 단어의 사용이 '마음'이라는 단어의 사용과 서로 조응하기 시작하였음을 의미하기 때문이다.

표 9-1 • '마음', '촛불', '태극기'의 상관관계

	마음	촛불	태극기
마음	1.00		
촛불	0.77*	1.00	
태극기	-0.07	0.12	1.00

* $p < 0.05$

그림 9-1과 표 9-1은 모두 촛불집회라는 정치적 성격의 사회운동과 마음이 상당한 연관성이 있다는 해석을 가능하게 한다. 이는 통치자 혹은 통치자의 정치 위에서는 국민 혹은 백성의 민심이 자리하고 있음을 의미할 뿐만 아니라 저항적 민심이 한국의 정치사회질서 변동을 추동하는 에너지임을 단적으로 보여주는 것이다. 이를 필자는 한국 사회운동 특유의 '불의의 프레임(injustice frame)'[13]이라 명명한다.

그러면 이러한 불의의 프레임이 구체적으로 어떻게 작동하고 있는지를 실증해 보자. 이를 위해 여기서는 중대한 사회 위기에 대해 우려를 표하고 긴급한 조치(대통령 탄핵이나 하야 등)를 촉구하는 시국 선언문을 검토해 보고자 한다. 이를 위한 자료는 2016년 10월 24일 박근혜 대통령의 연설문을 최순실에

13_ 갬슨은 집합행동의 틀을 구성하는 요소의 하나로 비정의 의식(a sense of injustice)을 설정하고 있다. 갬슨은 이를 개인이나 집단에 가해지는 정당하지 못한 불평등(illegitimate inequality)과 관련된 불만과 그로 인해 발생하는 분노 등에 근거한 집합의식으로 규정한다(Gamson, 1992: 7). 반면, 이 논문에서 불의(injustice)는 도덕적인 의미에서 '옳고 그름'이라는 문제의식과 맞닿아 있다. 옳지 못한 것에 대해 스스로 부끄러워하고, 그릇된 것을 미워하는 도덕적 판단을 통해 특정 사안이나 상황을 '옳지 않음', 즉 '불의'로 정의하는 것이다. 이러한 상황정의는 '옳지 않음'을 바로잡아 '옳음'의 상태를 회복시키려는 실천으로 나아가게 된다. 따라서 불만을 해소하기 위한 실천으로 이어지는 갬슨의 '비정의 프레임'과 정의의 회복을 추구하는 우리의 '불의의 프레임'은 분명한 차이가 있다.

게 사전 보고했다는 JTBC의 보도가 나가고 10월 25일 박근혜 대통령의 대국민 사과문에서 그것이 사실로 밝혀진 이후, 10월 26일부터 11월 3일까지 현대 한국사회의 사회적 동원 능력을 가진 조직이나 단체, 즉 노조, 종교단체, 학생회, 교수회, 각종 직능단체, 정치사회단체, 사회원로 등에서 발표된 89건의 시국선언문이다.

첫째, 글의 구조를 보면, 대체로 박근혜 게이트에 대해 부끄러움과 참담한 심정을 토로하고 이어 구체적인 불의를 나열하면서 비판한 다음, 자신들의 결의를 표현하는 구조로 구성되어 있다.

> 지금 온 국민이 수치스러움에 떨고 있다. (…) 공직자도 아닌 최순실이 통일과 안보, 외교 등 중요한 정책에도 영향력을 행사해 국가의 안위를 위태롭게 했을 뿐 아니라 청와대와 정부 주요 부처의 인사까지 개입한 사실이 만천하에 드러났다. (…) 이제 우리는 대한민국 국민의 한 사람이자 민주시민의 일원으로 헌법이 부여한 우리의 주권을 되찾는 행동에 나서고자 한다. 박근혜 퇴진은 그 출발이다. (…)(박근혜 퇴진을 위한 의정부 시민 공동행동, 2016.10.28).

둘째, 시국선언문에 등장하는 표현 중에서 마음을 직·간접적으로 표현하는 언어가 풍부하게 등장함을 알 수 있다.

> (…) 온 국민은 이 믿기 힘든 처참한 현실에 **분노하고 좌절**하고 있다. (…) 박근혜 대통령은 이미 국민이 **마음**에서 지워버린 대통령이다. (…) **국민 분노**에 기름을 붓더니 (…) 마지막 남은 **연민**마저 지워버렸다. (…) 재벌 대기업과 최순실의 합작품이라는 사실에 **분노**를 참을 수 없다. 일말의 **양심**이 있다면 지금 당장 자리에서 내려오는 것이 국민에 대한 마지막 예의임을 **명심**하기 바란다. (…) 그것이 국민의 **참담한 마음**을 조금이라도 위로하고 치유하는 유일한 방법이다.

(…) 온 국민 **마음속 비통함과 좌절감**을 희망으로 바꿔내는 길에 함께할 것이다 (한국노동조합총연맹, 2016.11.3, 강조는 필자).

셋째, 시국 선언문에는 거의 예외 없이 불의한 현실에 분노하는 불의의 프레임이 작동한다.

반도체 공장에서 노동자가 백혈병으로 죽어가고, 메틸알코올에 시력을 잃고 있을 때도, 조선소 하청 노동자가 목숨을 건 노동을 하고 있을 때도 그들은 수백억의 기부와 그 대가에 주판알을 튕기고 있었다(한국노동조합총연맹, 2016.11.3), 대한민국의 대학생인 우리는 앞선 정유라 특혜 의혹에 분개한다. (…) 대한민국의 수많은 대학생들이 각고의 노력으로 입시경쟁의 문턱을 넘어 대학에 입학한 것과는 대조적으로, (…) 입학하는 특혜를 누렸다. 고등학교 시절 130일 넘게 결석했음에도 무사히 고등학교를 졸업하고, 학업 수준 미달에도 부당하게 학점을 취득하였으며, 이를 위해 대학본부와 교수, 교육부까지 동원하였다(서울과학기술대학교 총학생회, 2016.10.28).

마지막으로, 시국선언문에는 민심이 정치현실에 영향을 줄 수 있음을 직접적으로 표현하기도 한다. 몇 가지 예를 보자.

(…) 그 결과 국가의 품격과 국민의 자부심은 심각한 손상을 입었습니다. 국민들의 불신과 분노, 배신감과 절망은 걷잡을 수 없이 확산되고 있습니다. 이 같은 국민의 절망과 민심의 동요, 국정의 혼란이 계속된다면 대한민국은 표류하고 말 것입니다. (…)(국가안보와 민생안정을 바라는 종교·사회·정치계 원로 22인, 2016.11.2)
(…) 민주주의를 파탄 낸 박근혜 정부는 성난 민심이 두렵지 아니한가?(고려대

학교 총학생회, 2016.11.3)

이렇듯 탄핵 시국을 견인한 시국선언문에는 한국인의 마음이 성성하게 작동하고 있을 뿐만 아니라 불의의 프레임도 빠짐없이 작동하고 있다. 이는 현대 한국사회의 집합행동 혹은 사회운동에 한국 특유의 마음 문화가 스며들어 있음을 의미할 뿐만 아니라 불의한 정치현실을 지각하는 불의의 프레임과 연동되어 있음을 잘 보여준다. 그렇기 때문에 불의한 정치현실과 마음의 의/불의 코드의 연동은 저항적 민심으로 쉽게 휘발하고 그러한 민심이 정치변동에 일정한 영향을 미친다. 그러나 혹은 바로 그렇기 때문에, 그리고 운동의 결정적인 주체적 요인인 조직의 부재 때문에, 이러한 유형의 집합행동은 정치적 분점이나 제도적 정치로의 수렴으로 흐르지 못할 가능성이 매우 높다. 그리고 그 과실은 기성 정치가 차지하기 일쑤다. 탄핵 시국 이후의 결과도 예외가 아닐 것으로 보인다.

5. 맺음말: 마음의 동원과 도덕정치의 이론화

1) 합심을 향한 마음의 동원: 사회운동론의 지평 확장

1990년대 이후 한국사회의 사회운동을 설명하는 주요 이론으로는 자원동원이론과 신사회운동론, 프레임 분석을 중심으로 하는 구성주의이론을 꼽을 수 있다.

자원동원이론은 사회운동 참여 여부를 비용과 이익에 대한 합리적 계산의 결과로 판단한다. 비용이나 위험 부담이 적을 때 혹은 운동의 성공이 가져다줄 혜택이 클 때, 사회운동에 참여한다는 것이다. 따라서 참여자들의 비용 감소 및 충원과 관련해 주요한 역할을 하는 사회운동조직과 사회운동의 성공 가능성을 가늠할 수 있는 정치적 기회구조에 대한 연구는 자원동원이론의 핵심 주제였다. 이러한 자원동원이론에 근거한 연구들은 주로 사회운동조직이 인적·물적 자원을 어떻게 효과적으로 동원해 낼 수 있는가의 문제에 집중함으로써 사회운동에 대한 설명력을 제한하고, 사회운동의 이념이나 참여자들의 정체성 문제들을 소홀히 다룬다는 비판을 초래하였다(임희섭, 1999: 99~104).

신사회운동론은 노동운동이나 계급운동에서 벗어나 교육수준이 높은 중산층에 의해 전개되는 인권, 환경, 여성 등 생활양식과 관련된 다양한 쟁점의 새로운 사회운동에 주목한다. 집합적 정체성을 추구하는 새로운 사회운동의 특성과 이러한 운동을 발생시킨 역사적·구조적 원인을 규명하고자 노력하였고, 이 과정에서 사회적 연대, 이데올로기, 문화적 지향 등의 중요성을 부각하는 데 크게 기여하였다(임희섭, 1999: 120~123). 그러나 노동·계급운동과의 단절을 강조함으로써 보편적 사회운동이론으로의 발전을 스스로 제약하였다는 한계를 드러냈다.

한편, 구성주의이론은 자원동원이론과 신사회운동론의 한계를 극복하고 양자를 통합하려는 시도 속에서 등장하였다. 클란더만스는 구성주의이론의 주요 성과로 의식의 변화를 통해 집합행동에 참여하는 과정을 포착한 인지적 해방 개념, 대중매체를 통한 동원과정을 강조하는 공론 개념, 행위자들의 의식 및 이념적 지지를 통해 잠재적 참여자를 확보하는 합의의 동원, 운동조직의 이념적 틀을 개인들의 해석과 인식 틀에 연결하는 '틀 정렬', 운동 참여자들의 내부에서 형성되는 집단적 정체성 형성 등을 꼽는다(Klandermans, 1997). 이 이론은 사회운동 연구의 새로운 지평을 열었다는 평가와 사회심리적 혹은 문화적 차원에 국한된 논의라는 비판을 동시에 받고 있다(임희섭, 1999: 174~181).

민심의 우선성을 기반으로 하는 동양정치사상의 관점에서 보면 동양사회의 정치 현실은 본질적으로 '마음의 정치'라고 규정할 수 있다. 마음의 정치는 특정한 맥락 속에서 폭발적으로 분출하는 급진적이고 집합적인 정치 현실에 주목하게 되는데, 기존의 자원동원이론이나 신사회운동론, 구성주의이론 등은 이를 설명하는 데 한계가 있다.

탄핵 시국에서 벌어진 촛불집회는 수개월 동안 연인원 1000만 명이 넘는 사람들이 참여한 대규모 집합행동이다. 그런데 운동조직의 동원 과정을 강조하는 자원동원이론은 촛불집회 참여자들이 특정 운동조직에서 동원되는 것이 아니라 자발적으로 참여하는 개인들이 주류를 이룬다는 점을 설명하기 어렵다.[14] 또한 촛불집회 참여 동기가 참여자들의 명시적인 이익이나 혜택에 있지 않았다는 점[15]도 사회운동을 목적합리성의 차원에서만 접근하는 자원동원이론으로 이해하기에는 한계가 있다.

촛불집회 참가자들의 구성이 아이에서 노인까지, 학생, 노동자, 주부, 지식인 및 전문가 등 다양한 계층으로 이루어져 있다는 점은 교육수준이 높은 중산층이 주도하는 것으로 알려진 신사회운동의 특성과 부합하지 않고, 정체성 운동이 아니라 정치운동이라는 점도 신사회운동론의 관점에서는 설명하기 어렵다.

이러한 한계는 구성주의이론에서도 나타난다. 우선 촛불집회의 직접적 계기가 된 국정농단 사태가 한국사회의 민주주의에 대한 의식을 변화시킨 것이 아니다. 박근혜 정부 출범 이후 지속적으로 누적되어 온 문제제기가 국정농단 사태를 계기로 촉발된 것이기 때문에 의식의 변화를 강조하는 구성주의 이

14_ 촛불집회를 주관한 것으로 알려진 '박근혜 정권 퇴진 비상국민행동'은 문화제나 시민의 자유발언, 행진 및 집회 신고 등의 준비와 진행을 주관했을 뿐, 참여자를 동원하거나 집회를 주도한 단체가 아니다.

15_ 촛불집회 참여 동기를 묻는 질문에 다수의 참여자들은 자녀들에 대한 민주주의 교육 차원이라든지, 역사적 순간에 동참하고자 한다거나, 국민으로서 당연한 행동이라는 등, 직접적 이익이나 혜택 등으로 해석할 수 없는 답변을 하는 경우가 많았다.

론과는 거리가 있다. 촛불집회 참여를 독려하는 대중매체나 공론장의 형성을 찾아보기 어렵고, 촛불집회 자체에 대한 찬반 논쟁도 집회 당시 거의 없었다. 즉, 촛불집회의 목적에 대한 의식적/이념적 지지 획득 과정이 생략되어 있었다는 점에서 구성주의이론이 강조하는 공론이나 합의의 동원도 설명력이 낮다고 할 수 있다. 또한 민주주의의 본질적 가치를 회복하려 한다는 점에서 틀 정렬이 일어나고는 있었지만, 운동조직과 개인 간의 틀 정렬이 아니라 참여자들 사이의 틀 정렬이었고, 10여 차례의 촛불집회에서 프레임의 변형(증폭, 확장, 전환)을 허용하지 않는 대신 하나의 프레임으로 수렴/집중되었다는 점에서 일반적 틀 정렬 과정과 구별된다.

이처럼 기존의 사회운동이론으로 설명하기 곤란한 촛불집회를 '마음의 정치' 관점에서 보면, 다수 국민의 마음이 하나로 모이는 합심 문화의 발현으로 이해할 수 있다. 그렇다면 이는 어떠한 사회운동론적 함의를 가지는가? 그것은 목적합리성에 근거한 자원의 동원, 가치합리성에 근거한 합의의 동원이라는 기존의 동원 기제에 더해 '마음의 동원'이라는 세 번째 차원을 새롭게 제기한다.

한편 마음의 동원은 본성에서 벗어나 도발을 지속하는 경우에 합심에 대한 사회적 압력이 증가함으로써 강력한 응징을 위해 지속적으로 동원을 유지하거나 확산하게 된다. 반면, 한마음으로 합일되는 순간 마음의 동원은 종결되는 속성을 갖는다. 즉 잘못을 참회하고, 본성을 회복하면 집합행동을 멈추고 용서를 통해 일상생활로 복귀한다. 그런데 이와 같은 동원의 종결이 사회운동의 목표 달성을 의미하는 것은 아니다. 한마음임이 확인되는 순간 마음의 급진성과 사회적 압력은 평상심으로 회귀하면서 사회운동으로부터 이탈하기 때문이다. 따라서 마음의 동원을 통해 이루어낸 합심의 에너지를 동력으로 삼아 사회운동의 목표를 성취하기 위해서는 별도의 정치과정이 요구된다. 이 지점에서 도덕정치의 논의가 요청된다.

2) '불의에 저항하는 마음'을 동원하는 도덕정치

이 책의 이론적 전제(제1부), 즉 마음과 사회가 중층적 상호의존성을 가지고 있다는 이론적 전제에 따를 때, 한 사회에는 고유한 심성이 작동하고 있으며 그래서 그것이 정치에도 스며들어 있기 때문에 그 사회의 정치적 역동성 속에는 늘 그 특유의 정치적 심성이 작동한다는 점을 관찰할 수 있다. 그리고 그 작동은 다시 정치에 되먹임(feedback)되어 특정한 정치적 과정은 물론 정치적 결과에도 그 되먹임에 상당하는 영향을 미치는 것이다.

최근 도덕정치(moral politics)에 관련된 일련의 연구는 이를 어느 정도 방증해 주고 있다. 조지 레이코프는 『도덕정치를 말하다』라는 자신의 저서에서 엄부(嚴父)형 심성(= 인지 프레임 = 도덕)과 자모(慈母)형 심성을 각각 보수주의와 진보주의와 연관시켜 미국의 정치현상, 즉 왜 진보주의자들은 보수주의자들을 잘 이해하지 못함으로써(그 반대도 마찬가지) 선거에서 패배하는지를 흥미롭게 해석하였다(레이코프, 2010). 한국사회에서도 이와 유사한 연구들이 진행된 바 있는데, 미륵신앙과 고려 태조의 정치를 연관시켜 해석하는 양은용(2003)의 연구는 그 대표적 연구 성과이다. 그러나 이러한 해석은 심성과 정치의 관계를 기능주의적 관점에서만 이해하는 한계를 내포하기도 한다.

이러한 점에서 도덕정치를 규제적(constraining) 모럴폴리틱과 능화적(enabling) 모럴폴리틱으로 구분하고, 유교정치에 내포된 도덕정치를 규제적 차원에서 해석한 연구(김상준, 2001)나 '맹자의 땀'이란 도덕 - 윤리적 차원이 '성왕의 피'로 상징되는 규제적 정치 효과와 연결되어 있음을 논증한 연구(김상준, 2011; 2014)는 상당히 주목할 만하다. 또한 최우영의 연구(2009), 즉 유교정치를 종교와 계약의 접합으로 해석하거나, 긴장과 갈등의 관점에서 유교를 해석하는 연구(최우영, 2016)도 주목할 만하다. 그러나 이러한 연구는 종교단체이나 유자와 같은 정치적 주체나 세력을 전제한다는 점에서, 유자나 종교단체와 직접적인 연관 없는 민심처럼 주체나 조직도 없이 마음이 집합적으로 구성되어 정치적 영향을 미치는 도적정치를 이해하는 데 한계를 가진다.

이에 반해 우리는 민심처럼 불특정 다수의 마음을 동원하는 도덕정치를 합심성에 기반한 도덕정치로 간주하고자 한다. 이때 합심의 기준은 인간의 본성에 부합하느냐의 여부이다. 유교 사상에서 인간의 본성은 사단(인의예지)으로 규정된다. 사단은 측은지심(남을 불쌍히 여기는 마음), 수오지심(부끄럽고 미워하는 마음), 사양지심(겸손하여 남에게 사양할 줄 아는 마음), 시비지심(옳고 그름을 아는 마음)을 일컫는다. 이러한 인간의 본성에서 벗어난 상황을 바로잡기 위해 도덕적 참여자들(conscience constituents)의 마음을 하나로 결집함으로써, 즉 마음의 동원이 일어남으로써 이해관계나 이념을 초월한 마음의 정치가 작동하는 것이다. 특히 그것이 불의한 정치적 상황이나 국면과 결합할 경우 '저항적 모럴폴리틱'으로 쉽게 발전한다. 이러한 점에서 수오지심의 구조, 즉 의(義)의 마음이 불의한 정치적 현실에 대해 도덕적 우위를 가짐으로써 불의한 정치를 제압하는 정치적 과정을 논증하고 실증하고 있는 이 연구는 불의의 프레임에 의한 도적정치, 즉 '불의에 저항하는 마음'을 동원하는 도덕정치의 유형을 새롭게 부각시킨 이론적 의의를 가질 것으로 기대된다.

제 **10**장

연(緣)과 마음의 동행
절연과 무연(無緣)사회[1]

1. 머리말

2010년 일본의 공영방송인 NHK는 1980년대 경제 위기 이후 등장한 '잃어버린 세대(lost generation)'를 비롯한 독신 고령자, 자녀의 독립 후 연락이 끊긴 노인, 일자리를 찾아 도시를 전전하다 가족이나 친지들과 연락이 끊어진 중장년 남성 등이 사망 후 방치되다 발견되어 사회문제가 된 고독사(孤獨死) 현상을 취재, 방송함으로써 무연사회(無緣社會)라는 새로운 이슈를 제기하였다. 한국에서는 EBS가 2012년 7월 16일 〈지식채널e〉라는 프로그램에서 NHK의 방송 내용을 소개하면서 인구에 회자되기 시작하였다. 그 후 한국사회에서도 무연사회 현상의 징후가 나타나고 있음을 방증하는 보도와 연구들이 잇따르고 있다(김희연 외, 2013).

무연사회 현상은 공동체의 해체와 고령화 및 독신가구의 증가 등의 가족구

1_ 이 장에는 이민정 박사가 공동연구자로 참여하였다.

조 변화와 직접적으로 맞닿아 있다. 또한 '나홀로족'[2]의 급격한 증가에 따른 솔로경제(solo economy)의 등장, 무연고 사망자의 장례와 사후 처리를 대행해 주는 유품정리인 같은 새로운 직업의 출현 등 경제적 변화와도 연관되어 있고, 무연고 사망자의 장례 및 묘지 문제는 사회적 비용으로 되돌아오면서 사회문제로 비화되기도 한다.

혈연, 지연, 학연 등 다양한 연고(緣故)를 매개로 강력한 집단주의 문화를 유지해 왔던 한국사회에서 고독사와 같은 무연사회 현상의 출현과 증가는 문화적 충격으로 다가올 수밖에 없다.[3] 특히 가족관계의 단절에 따른 노인들의 고독사는 '효(孝)' 문화의 붕괴를 상징하는 것으로 받아들여지는 한국사회에서 무연사회 현상에 대한 우려는 여타 사회문제의 심각성을 넘어선다.

이 논문의 문제의식은 무연사회 현상에 대한 우려에 대해 충분히 공감하고 있음에도 NHK가 '인연이 없는 사회, 혹은 관계가 없는 사회'로 정의한 '무연사회'라는 개념을 저널리즘적 수사가 아니라 현대 사회의 특징을 드러내는 사

2_ 타인과 어울리지 않고 자신만의 여가생활을 즐기는 이들을 지칭하는 '나홀로족'은 솔로경제와 관련된 문화적 현상이자 신조어로서 코쿤족, 더피족, 소라족, 쳇셋족, 글루미족, 신디스족, 싱펫족, 스완족, 쎄씨족, 피트족 등 다양한 하위집단으로 구분할 수 있다(최병호, 2013.7.23). 이들 중에서 혼자 밥을 먹고, 영화를 보며 혼자 노는 등 고독을 즐기는 글루미족, 경제력을 갖춘 이혼 여성들인 신디스족(SINDies: Single Incomed Newly Divorced woman), 결혼도 하기 싫고 혼자 살기도 싫어서 애완동물을 기르며 살아가는 싱펫족, 도시에 거주하는 능력 있는 미혼 전문직 여성인 스완족(SWANS: Strong Women Achiever, No Spoused), 미혼이며 경제적 여유가 있고 자기 일에서 성공적인 경력을 쌓아가면서 멋 내기를 좋아하는 젊은이들인 쎄씨족(SASSY: Single, Affluent, Successful, Stylish, Young), 당장 결혼할 마음이 없거나 자신의 일에 몰두한 나머지 나홀로족을 자청하는 전문직 독신인 피트족(FIT: Free Intelligent Tribe) 등은 무연사회와 직·간접적으로 깊은 연관을 맺고 있다.
3_ 합리화를 방해하는 전통사회의 폐습으로 지목되어 사회적으로 배척하는 분위기가 형성되어 있기는 하지만, 연고주의는 여전히 한국사회를 규정하는 주요 특징의 하나로 인식되고 있다.

회학적 개념으로 받아들일 수 있는가라는 근본적인 질문에서 출발한다.

한국적 맥락에서 '무연(無緣)'은 인연 없음, 관계없음, 연고 없음 등으로 해석할 수 있다. 특히 한국사회의 대표적인 사회적 특성이 연고주의임을 고려할 때, 우리 사회에서 무연사회는 '무관계사회', '무연고사회'라는 의미로 이해하는 것이 타당해 보인다. 그런데 사회적 관계가 존재하지 않는 사회는 개념적으로 성립 불가능하다. 마찬가지로 연고가 없는 사회도 개념적으로는 성립할 수 없다. 연고의 고(故)는 사회관계의 근원적 계기를 의미하기 때문이다. 즉 모든 사람은 하늘에서 떨어진 것이 아니라 부모로부터 태어나고, 가족 속에서 성장하며, 학교와 직장, 지역사회라는 울타리 안에서 살아가고 있다. 사회관계의 근원적 계기로서 고(故)는 모든 인간에게 존재론적 보편성으로 작용한다. 그렇기 때문에 무연사회는 개념적으로 성립할 수도 없고, 설사 수사적으로 수용한다 하더라도 연고사회가 무연사회로 변화해 간다는 대체론(對替論)적인 주장에 동의할 수 없다. 연고사회라는 개념은 무연사회라는 개념과 대립적인 것이 아니다. 오히려 무연사회와 연줄사회는 연고사회의 두 가지 현상태(現像態)이다. 고(故)가 모든 사회관계의 근원적 계기이자 모든 인간이 생득적으로 갖고 있는 존재론적 계기이고, 연(緣)이 그 관계를 조율하는 매개 조건이라면 연의 강도에 따라 연줄사회나 무연사회의 모습을 드러낼 수 있다.

문제는 연(緣)의 강도이다. 그렇다면 연의 강도를 좌우하는 요인은 무엇인가? 무연 현상에 대한 선행연구는 무연사회를 1인 가구의 증가라는 요인으로 설명하거나(NHK 무연사회 프로젝트 팀, 2012; 김희연 외, 2013), 인간을 대신하는 기계와의 상호작용으로 설명하거나(이나미, 2014), 혹은 세계화 및 정보화로 인한 공동체의 해체로 설명한다(시마다 히로미, 2011). 이는 무연 현상의 독립변수, 즉 1인가구의 증가, 사물과의 일상적 상호작용, 사회구조 변화로 인한 공동체 해체 등이 연의 강도를 약화시킨 요인임을 암시한다. 그런데 이러한 요인이 모두 직접적인 신체적 접촉을 약화시키는 요인이라는 공통점을 가지고 있다는 점에서, 이러한 설명은 신체적 접촉의 정도를 연의 강도와 동일시하고 있음을 알 수 있다. 물론 "몸이 멀어지면 마음도 멀어진다"는 표현도 있지만,[4] 몸이 멀어졌다고 해서 반드시 마음이 멀어지는 것은 아닐 것이다. 마음만 연결되어 있다면(혹은 관심만 있다면), 물리적인 거리가 멀어서 설령 자주 만나지는 못한다고 할지라도 관계는 단절되지 않으며, 언제든지 다시 만나게 된다. 그러나 마음이 멀어지면(혹은 무관심해지면), 시간이 흐르면서 점차 마음의 벽이 만들어지고 두터워지면서 사회적 관계를 약화시킴으로써 절연(切緣)으로 귀결되거나 기존의 사회적 관계를 악화시키는 극단적 사건의 반복을 계기로 급속하게 절연으로 이어질 수도 있다. 그리고 개인이 맺고 있는 다양한 혹은 의미 있는 사회관계들의 절연 상태가 중첩되면 비로소 무연의 상태가 된다.

이렇게 볼 때, 절연 현상과 무연 현상의 바탕에는 '마음'의 멀어짐과 닫힘이 있다. 특히 한국인의 소통 언어 안에서 '마음'은 주요 일간지에서 하루 평균 열네 번 등장할 정도로[5] 큰 영향력을 발휘하고 있다는 점을 고려하면, 마음의 소통 정도야말로 연의 강도에 영향을 미치는 매우 중요한 요인임을 알 수 있다. 실제로 '마음'은 자주 쓰이는 단어의 중요도에서 230위를 차지한다. 그리고 '마음'의 중요도는 증가하는 추세이다. 2000년에는 하루 평균 11회, 2005년에는 12회, 2010년에는 16회, 2014년에는 약 17회 등으로 '마음'이라는 단

4_ 비슷한 의미를 가진 표현으로, "去者日(以)疎", "Out of sight, out of mind" 등이 다른 언어권에서 사용되기도 한다.

5_ 고려대학교 민족문화연구원의 물결21 데이터베이스를 활용하여, 《조선일보》, 《중앙일보》, 《동아일보》, 《한겨레》의 지난 14년(2000~2013년)의 총빈도 합계를 바탕으로 단순평균을 계산한 것이다. 물결21 사업은 《동아일보》, 《조선일보》, 《중앙일보》, 《한겨레》 등 4개 신문사의 2000년도 이후 신문기사를 데이터베이스화하여 21세기 국어의 어휘사용 양상과 그 이면에 내재된 사회문화적 변화를 파악할 수 있는 자료를 제공하고 있다.

그림 10-1 ● '마음' 사용 빈도의 연도별 변화 추이

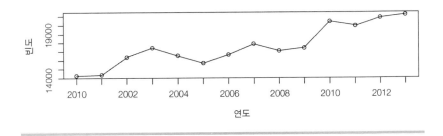

어가 더욱 자주 등장하고 있으며, 14년 동안 매년 계속해서 등장하는 약 4만 9000개의 어휘 중에서 '마음'이 차지하는 비중도 2000년 0.000468에서 2013년 0.000664로 40%가량 증가했다.

한편, 마음과 관련된 단어들은 '마음 > 마음속 > 한마음 > 마음가짐 > 속마음 > 마음고생 > 마음씨 > 마음산책 > 마음공부 > 큰마음' 등의 순서로 사용되었는데, 이러한 마음 단어군(群) 중에서 특히 '마음고생'은 연의 강도는 물론 절연 및 무연 현상과 연관성을 갖는다고 생각된다.

이 글에서는 선행 연구에서 주목하는 요인뿐만 아니라 연(緣)을 끊는(切) 행위자의 마음을 고려하면서, 특정한 사회구조적 맥락 속에서 어떤 집단에 속한 사람들이 어떠한 절연의 과정을 거쳐 무연의 상태로 진입하는지를 이해해 보고자 한다. 이를 위해서 우선 물결21 데이터베이스에서 무연고, 절연, 연줄, 고독 등 '무연사회' 현상의 핵심어라고 할 수 있는 어휘들의 사용빈도를 추출하고, 이들의 상관성을 분석할 것이다. 또한 언론에 보도된 기사나 방송 프로그램 중에서 절연 현상과 관련된 다양한 사례들을 검토함으로써 무연의 전조로서 절연의 실상에 대해 살펴볼 것이다. 그런 연후에 무연사회 현상을 이해하기 위한 분석적 프레임을 제시하고, 이를 통해 무연사회 현상이 발현되는 과정에 대한 사회학적 이해를 시도하고자 한다.

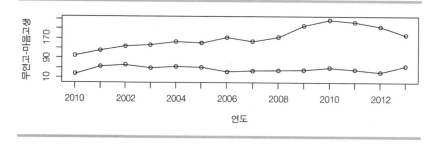

그림 10-2 • 무연고(아래) - 마음고생(위) 연도별 추이

2. 연(緣) 현상의 분포와 추이

연고주의나 무연사회를 논의하기 위해서는 그 이전에 이른바 연줄과 관련된 논의를 하지 않을 수 없다. 연줄은 연고를 바탕으로 씨줄과 날줄로 행위자를 연결하는 관계망이라고 정의한다(김선업, 1992). 가족주의, 지역주의, 학벌 등에 대한 부정적인 사회여론과 더불어 정책 및 인사결정의 투명성 향상으로 인해 한국사회에서 연줄의 강도와 영향력은 점차 축소될 것으로 예상되어 왔다. 그러나 연줄을 둘러싼 담론은 축소되지 않고, 오히려 다시 증가하는 추세를 보인다.

그림 10-3은 한국사회의 연고주의적 특성을 대표하는 단어들은 집안, 고향, 출신 등의 단어와 연줄이라는 단어의 사용 빈도를 보여주고 있다. 연줄 관련 어휘가 지속적으로 사용되는 것을 확인할 수 있고, 한국사회가 여전히 강한 연고주의적 특징을 유지하고 있음을 보여준다. 특히 연줄과 관련하여 빈번이 등장하는 단어는 '출신'인데, 출신은 지난 14년 동안 신문지상에 220번째로 등장하였으며 최근에는 더욱 증가하는 상황이다.[6]

6_ '출신'은 고향, 출신학교뿐만 아니라 단체 - 회사 등과도 연결되어 사용된다. 따라서 최

그림 10-3 ● 연고주의 관련 단어의 사용 빈도(위로부터 출신, 고향, 집안, 연줄)

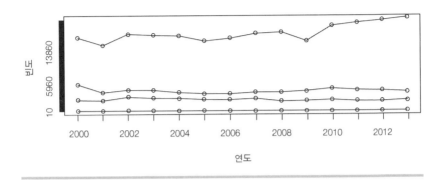

그림 10-4 ● 절연(아래) - 연줄(위) 연도별 추이

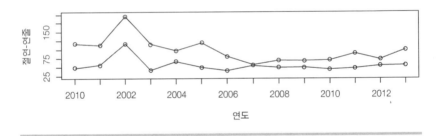

그림 10-4를 보면 2002년을 정점으로 점차 축소된 연줄 담론이 2008년을 기점으로 다시 증가하고 있다. 이는 연줄의 영향력이 현재까지도 가시적이라는 의미를 가질 뿐만 아니라 언제든지 되살아날 수 있음을 의미한다. 특히 이러한 변곡점이 대통령선거 전후에 발생한다는 사실은 적어도 정치와 행정, 정책 분야에서 연줄의 영향력을 행위자들이 인식하고 있음을 의미한다.

그렇다면 연줄의 영향력이 완만하게나마 지속적으로 증가하는 상황에서,

근 등장하는 경력주의 현상과 관련하여 더욱 심층적인 분석이 필요할 것으로 보인다.

표 10-1 • 연줄과 절연 관련 단어의 추정 상관계수

	외톨이	마음고생	고독	절연	무연고	연줄
외톨이	-					
마음고생	0.47 (0.09)	-				
고독	0.30	-0.23	-			
절연	-0.15	-0.27	0.30	-		
무연고	-0.24	-0.08	0.30	0.55 (0.04*)	-	
연줄	-0.55 (0.04*)	-0.56 (0.04*)	0.19	0.75 (0.00*)	0.55 (0.04*)	-

*는 유의확률.

'무연고사회'라는 주제는 어떻게 이해해야 할까?

표 10-1은 '연줄'에 대한 관심과 논의가 증가함과 동시에 '절연', '무연고'에 대한 논의도 증가함을 보여준다. '연줄'은 '마음고생'과 '외톨이'와는 부(-)의 상관관계를 보이는 데 반해, '절연'과 '무연고'와는 정(+)의 상관관계를 나타내고 있다. 외톨이는 연줄로부터 배제된 상태, 즉 사회적 관계가 단절된 상태를 의미하고, 마음고생이 관계를 단절시키는 주요 원인이거나 혹은 관계 단절로 인해 초래된 결과일 개연성이 높다고 가정한다면, 이들 단어는 논리적으로 '절연'이나 '무연고', '연줄'이라는 단어와 정적인 관계를 보여야 하지만, 실제로는 이들 단어와 부적인 관계를 보인다. 반면 절연, 무연고, 연줄은 서로의 사용 빈도가 정적으로 증가하는 경향이 있음을 보여준다. 이처럼 연줄을 중심으로 한 주요 관련어인 절연과 무연고, 외톨이와 마음고생이라는 단어의 사용 빈도가 상반된 경향을 보이는 것은 이들 단어가 사용되는 맥락이 서로 다르다는 것을 의미한다. 그리고 연줄, 절연 및 무연고라는 단어의 의미가 서로

그림 10-5 • 연줄(아래) - 고독(위) 연도별 추이

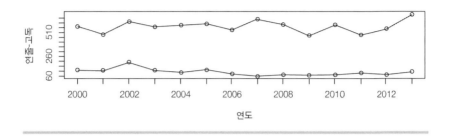

대립적임에도 이들 단어의 사용이 정(+)적인 상관관계를 보인다는 것은 연줄과 절연 및 무연고가 대립 담론으로서 서로 독립적으로 증가한다고 유추해 해석할 수 있다.[7]

한편 **그림 10-5**는 한국사회에서 고독에 대한 담론이 완만하게나마 증가와 감소를 반복하다가 2010년대 이후 다시 증가하는 추세를 보인다. 고독이라는 단어를 일상의 용어로서 이해한다면, 한국인이 맺는 사회적 관계가 축소되거나 '피상적인 관계'가 증가한다고 해석할 수 있을 것이다.

연줄이라는 단어가 꾸준히 증가세를 보이고 있고, 특히 대통령선거와 같은 정치적 맥락에서 더 분명해지고 있다는 **그림 10-4**의 내용과 **그림 10-5**의 추이를 종합적으로 해석한다면, 일상적 삶은 인간관계의 촘촘함이 축소되지만, 정치-행정의 연줄은 강화된다고 이해할 수 있다. 조금 더 단순화하면 정치영역과 일상영역의 관계망이 분리된다고 해석할 수 있을 것이다.

일상영역의 관계망이 취약하다는 것은 '혼자'와 '무관심'이라는 단어의 높

7_ 이와 관련하여 연줄을 둘러싼 주요 연관어의 사용 맥락과 재생산 과정을 구체적 용례들의 내용분석을 통해 파악할 필요가 있음을 확인하였으나 후속 과제로 남겨두고자 한다.

그림 10-6 ● 변심(아래) - 합심(중간) - 무관심(위) 연도별 추이

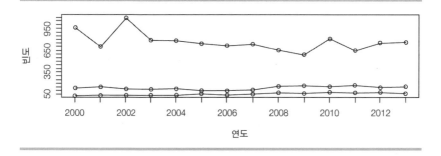

은 비중을 통해 유추할 수도 있다. '혼자'와 '무관심'은 각각 지난 14년 동안 1164위, 5391위의 빈도를 보여주었다. '혼자'는 2000년 3691회 신문 지면에 등장한 이후 지속적으로 증가하여 2013년에는 약 6200여 회까지 상승하였으며, 앞으로도 지속적인 증가가 예상된다.[8]

이와 함께 경제상황의 급격한 악화 등 국가적 위기상황에서 '합심'에 대한 여론주도층의 요구와 제안이 일시적으로 증가하고 있음이 확인된다(**그림 10-6**), 그러나 한국사회에 널리 퍼진 무관심에 비하면 그 영향력은 대단히 제한적일 것으로 예상되며, 일상의 팍팍함 또는 냉소주의와 회의론적인 태도에서 비롯되는 무관심의 높은 수치는 한국인의 마음의 관계적인 교류가 닫혀 있음을 간접적으로 알려준다.

8_ 특히 '마음'과 '혼자'의 관계성은 무척 높아서(상관추정계수 0.96, 유의수준 0.00) 소통지향적 마음보다 자기 폐쇄적인 마음에 대한 논의가 확대되는 상황이라고 유추해 볼 수 있다.

3. 무연의 전조로서 절연의 실상

선행연구가 밝히고 있듯이 무연현상은 가족의 변화와 직접 연관되어 있다. 실제로 절연 혹은 무연이 가능하기 위해서는 무엇보다도 가족 구성원들 사이의 절연과 천륜을 단념하는 무관심의 마음이 전제되어야 한다. 아래의 **사례 1**은 가족으로부터의 절연을 보여주는 사례이며, **사례 2**는 가족관계가 사실상 무연으로 굳어진 사례이다.

사례 1　이병수(68·가명) 씨는 영등포의 한 지하방에서 4년째 혼자 살고 있다. 아들이 둘 있지만 연락이 끊긴 지 오래다. 이 씨는 "10여 년 전 사업이 실패한 후 갈등이 커졌고 자식들이 결혼을 한 후에는 아예 연락도 두절됐다"며 이혼한 전처에게는 자식들이 연락을 계속하고 있지만 자신을 찾는 이는 없다고 말했다(서상범, 2014.2.14).

사례 2　남자는 부모가 원하는 대학에 들어가지 못했다. 부모로부터 무시와 조롱의 눈초리를 받는다는 생각이 깊어지면서 남자는 결국 졸업을 앞두고 집을 나와버렸다. (…) 하나부터 열까지 일일이 간섭하던 부모와 인연을 끊고 나니 무슨 일을 해도 자유롭고 편안했다. (…) 부모와 자식이 서로 부담된다면 보지 않고 사는 것이 당연하다고 생각했다. 그런 마음으로 15년을 보냈다. 아버지 사망 소식은 이따금 연락하는 친구에게서 전해 들었다. (…) 남자는 아버지 장례식에 가지 않겠다고 결정하기까지 힘든 시간을 보냈다. 하지만 후회하지 않겠다고 거울을 보면서 다짐했다(이나미, 2014).

물론 아래의 **사례 3**에서 보듯이, 가족 구성원의 관계는 특정한 계기로 화해를 통해 정상가족으로 다시 회복될 수도 있다. 그렇기 때문에 절연이 반드시 무연으로 이어지는 것은 아니다. 그리고 절연 그 자체도 끝까지 계속되지 못할 가능성도 배제할 수 없다.

사례 3 형 김대중(50세) 씨와 이복동생 김준(38세) 씨는 어린 시절 형의 가출로 서로의 입장을 이해하지 못하고 반복되는 오해와 갈등(아버지의 임종, 제사, 동생의 결혼식 참석 문제 등)으로 30년째 연락을 끊음. (…) 형의 화해 제의로 함께 여행을 떠남. 둘은 깊은 앙금을 지니고 있지만 마음 한켠 서로를 생각하고 있었음.
동생 (김준, 38세): 진짜 형 생각 많이 했어. 항상 형이 무슨 말하면 부정적으로만 생각하는 나 자신도 밉고. (형에게) 말 한마디라도 따뜻하게 해줬어야 했는데….
형(김대중, 50세): 왜 내가 힘들게 살아온 세월만 생각했을까. 동생이 힘들게 살았을 세월을 생각 한 번 안 해봤을까. 너는 항상 어리다고만 생각했고 그래서 의논할 필요가 없다고 생각했어. 진짜 미안하다(EBS TV, 2013. 9. 5).

이상의 사례를 종합해 볼 때, 가족해체의 상태가 절연(혹은 무연)으로의 진입에 영향을 미치는 것은 분명해 보인다. 가족이 해체된 상태에서 독거노인은 곧바로 절연 혹은 무연의 상태에 놓일 가능성이 있으며, 학생이나 직장인은 각자가 속한 집단에서 '왕따'를 당하면 절연의 상태로 진입하게 된다.
그러나 **사례 4**에서 알 수 있듯이 정상가족 상태에서도 절연은 발생한다.

사례 4 16살 최 모 군의 활동 공간은 15평 남짓한 임대아파트가 전부입니다. 그나마 대부분의 시간을 자신의 방에 틀어박혀 보냅니다. 학교도 가지 않고, 딱히 만날 친구도 없습니다.
최 모 군(은둔 5년째): (일과표가 어떻게 되요? 집에 있으면…) 자고… 씻고…

게임하고… (잠은 몇 시쯤 자는데요?) 아무 때나 자요.

최 군의 방에 들어가 봤습니다.

컵라면과 과자봉지가 쌓여 있고 옷은 아무렇게나 널려 있습니다.

(어머님께서 치우라고 안 하세요?) 별로 안 해요…. 치우기도 싫고….

최 군은 일할 생각도, 미래에 대한 희망도 없습니다.

(돈을 벌어서 저축도 하고?) 저축할 생각 없는데요. (왜요?) 그냥. 하면 뭐해요.

어머니는 이런 아들을 볼 때마다 가슴이 찢어집니다.

최 군 어머니: 다른 아이들은 발랄하게 잘 자라는데… 우리 아이는 그렇게 안 되니까… 제가 출근길마다 눈물지을 때가 너무 많았어요(SBS, 2007. 4. 19).

이 사례에서는 최 군의 사고방식이 사회와의 절연에 큰 영향을 미친 것으로 판단된다. 그러나 통상 정상가족 상황에서 세상과 단절되는 경우는 학교에서의 '왕따' 경험이나 직장에서의 폭행 경험이 일종의 트라우마로 작용할 때 발생한다. 아래 **사례 5**와 **사례 6**은 그 전형적 사례이다.

사례 5 # 서울의 한 대학병원에 간호사로 취업한 A(25·여) 씨는 선배들의 폭행에 시달려야 했다. 이유는 없었다. 신입이라는 명분으로 선배들보다 3시간가량 일찍 출근해야 했고, 2시간 정도 늦게 퇴근할 수밖에 없었다. 3교대로 이뤄지는 근무 특성상 A 씨의 피로는 쌓여만 갔다. 조금이라도 늦을 경우 선배들의 폭행이 이어졌다. 또 작은 실수라도 저지르면 더 가혹한 폭행이 이어졌고 차마 입에 담지도 못할 정도의 욕을 연이어 들었다. 선배들에게 폭행을 당한 A 씨는 전치 4주의 상해를 입었다. 이 같은 가혹행위를 견디지 못한 A 씨는 같은 해 11월 결국 병원을 그만뒀다. A 씨의 이러한 폭행사실을 알게 된 가족들은 병원 측에 항의했지만, 선배 간호사들은 '그런 일이 없다'며 오히려 A 씨가 '적성에 맞지 않아 그만둔 것'이라며 몰고 갔다. 이후 A 씨는 사람들을 만나기 꺼리고 집에서만 생활하는 은둔형 외톨이가 됐다.

지난 2005~2006년 전남대학교 병원에 다니던 간호사 두 명이 스스로 목숨을 끊었다. 이 중 한 간호사는 자신의 팔에 직접 치명적인 약물을 주사하는 방법을 이용해 세상을 등졌다. 당시 유족들은 "선배 간호사에게 폭행과 폭언을 당해 과한 스트레스를 받았고 이 때문에 힘들다는 말을 자주 했다"고 주장해 간호사들의 가혹행위인 '태움'이라고 부르는 폭력 문화가 논란이 됐다(정민택, 2014.1.24).

사례 6 자살자의 어머니 최경희(가명, 55세)는 죄인처럼 살았다. (…) 깊은 죄책감과 상실감에 빠졌다. 남들의 시선도 두려웠다. (…) 사람들의 수군거림과 싸늘한 눈초리가 힘들었다. (…) 딸이 자살했다는 사실을 차마 밝힐 수가 없어서 몇몇 지인들에게는 사인이 심장마비라고 말했다. 거리에서 파는 액세서리만 봐도 멋쟁이였던 딸의 얼굴이 떠올라 괴로웠다. 교회를 갈 때에만 집 밖에 나갔다. 집에서는 내내 종교 방송만 봤다(이정국·임지선·이경미, 2012).

한편 **사례 7**과 같이 가족이 사실상의 해체 상태에 놓여 있음에도 세상과는 전혀 절연을 하지 않고 살아가는 사람들도 있다.

사례 7 고시를 패스하고 대기업에 다니는 남편 박상수(가명·49) 씨와 전업주부인 그의 아내 차윤정(가명·47) 씨는 회사 행사는 물론 아내의 동창 모임에까지 부부가 함께 참석하는 남부러울 것 없는 사이다.
하지만 다들 '속 모르고 하는 얘기'다. 박 씨 부부는 벌써 2년 반 넘게 각방 생활을 하고 있다. 부부동반 모임에서 웃고 떠들다가 집으로 돌아와서는 말없이 각자의 방으로 들어가는 잉꼬부부의 모습을, 그 누가 상상할 수 있을까.
'부부동반 모임에서 한 번이라도 아내를 만나본 적이 있는 사람들은 꿈에도 그런 모습을 떠올리지 못할 것'이라고 박 씨는 생각한다. 아내는 부부동반 모임에 만 가면 영판 딴 사람이 되니 말이다. 상대방의 눈을 지그시 바라보고 연신 고개를 끄덕이며 "아, 네네" 호응을 잘해주는 아내는, 박 씨가 아는 사람이 맞나 싶다. "우리 그이는요~"라며 이따금 흉인지 자랑인지 얘기하는 아내가 박 씨는 "가증스럽다". 집에만 오면 웃음기 가신 얼굴로 불만만 털어놓는 아내가 아닌가.

차 씨 역시 회사에서 능력을 인정받으며 승진을 거듭하는 남편이 자랑스러우면서도 맘 한편은 쓸쓸했다. 남편은 바쁘다며 매일 밤늦게 들어왔고, 주말에도 회사에 나가는 날이 많았다. 가족은 늘 뒷전인 것 같았다. 대화는 할 시간도 없을뿐더러, 공통의 대화 주제는 점점 더 찾기 힘들어졌다. "내게 남은 건 뭔가. 난 그냥 아줌마가 됐고, 평생 남편 인생에 들러리만 섰다." 차 씨는 이런 생각에 자주 분통이 터졌다(이정애, 2012. 5. 18).

이 사례는 비록 가족은 사실상 해체되었지만 가족 밖에서 사회적 연줄을 이어가거나 새롭게 생활해 나갈 수 있는 조건을 구비하고 있기 때문에 절연이나 무연의 단계로까지 나아가지는 않았을 것으로 판단된다.

이상의 사례들을 통해서 가족이나 직장 등의 연고에서 배제되기 위해서는 '왕따'나 폭력 등의 갈등 상황이나 자살 등으로 인한 트라우마 같은 마음고생의 계기가 선행되어야 함을 확인할 수 있었다. 그리고 그런 조건들이 충족된다고 하더라도 반드시 절연이나 무연이라는 결과를 야기하는 것은 아니며, 절연상태에서 상대방과의 관계를 회복하고자 하는 의지나 계기가 있다면 절연 이전의 관계로 상태를 회복할 수 있음도 살펴볼 수 있었다. 이것은 무연사회 현상이 선행연구들이 지적하는 바와 같이 개인화나 가족 및 공동체의 해체 등의 필연적 결과물이 아니며, 그 과정에 대한 심층적인 고찰이 필요함을 의미한다.

4. 연(緣) 현상의 사회학적 이해

1) 무연사회 현상, 사회적 배제와 무관심의 합작품

이 장의 핵심 주제는 무연사회 현상이다. 이것은 이 글의 연구대상이 사회 현상으로서의 연(緣) 현상임을 전제하고 있다. 사회현상으로서 연 현상에 대한 이해는 사회학적 시각을 요한다. 여기에서 사회학적 시각이란 연 현상을 사회구조는 물론 그것을 반영하는 구체적 인간관계로서 연(緣) 혹은 절연(切緣)의 가능 조건과 행위주체의 마음으로서 연 혹은 절연의 실행 조건을 연관시켜 이해함을 의미한다.[9]

농촌사회와 같은 공동체적 사회구조, 즉 개인을 지탱해 온 지역이나 공동체의 기반을 공유할 뿐만 아니라 일정한 관심사를 공유하기 때문에 결속력이 강한 전근대사회나 상대적으로 결속력이 약한 근대사회는 모두 연(緣) 현상에 영향을 주는 사회구조로서 작동한다. 그러나 이 글에서는 사회구조에 따라 연 현상이 규정된다는 구조론적 관점을 취하지는 않는다. 공동체나 가족의 해체 같은 구조적 변화가 절연이나 무연사회 현상의 결정적인 원인이 아님을 확인했기 때문이다.[10]

그렇다면 연 현상을 규정하는 더 중요한 조건은 무엇인가? 이 글에서는 연 현상의 필요조건으로서 구체적인 당사자 사이의 사회관계(연의 잠재성)와 그

9_ 연(緣)이란 용어는 불교에서 흔히 접할 수 있는 어휘이다. 불교적 맥락에서 '연'은 의존적 발생이란 뜻의 연기(緣起) 개념이 시사하듯, 단순히 현재의 인간관계만을 의미하는 것이 아니라 관계를 성립시키는 모든 매개 조건을 의미한다. 그러한 점에서 이 논문의 '연' 개념은 불교의 '연' 개념과 다르다.

10_ 물론 사회구조가 중요하지 않은 변수라는 것은 결코 아니다. 이 논문에서는 사회구조 혹은 그 변화를 연 현상의 충분조건으로 간주한다.

들의 마음(연의 실행성)을 주목한다. 연은 사회관계 형성의 잠재성으로서 '포함[緣]과 배제[切]의 상즉상입 과정'으로 간주할 수 있다. 사회관계는 특정한 사회적 맥락에 대한 포함과 배제가 동시에 성립하며(상즉), 상호 영향을 미치면서(상입) 만들어진다.[11] 따라서 '포함' 지향적인 사회관계가 지배적인가 혹은 '배제' 지행적인 사회관계가 지배적인가에 따라 구체적인 인간관계[緣]는 결정적인 영향을 받게 된다. 또한 연의 실행과 관련된 마음(연의 마음 혹은 절연의 마음)은 '관심과 무관심의 상즉상입 과정'으로 이해할 수 있다. 이때에도 어떤 특정한 대상에 대해 마음을 여는 관심과 다른 대상에 대해 마음을 닫는 무관심이 동시에 성립하며(상즉) 상호 영향을 미친다(상입). 그렇기 때문에 마음의 개폐 여부(관심/무관심 여부)는 연(구체적인 사회관계의 형성)에 결정적인 영향을 미친다. 이렇게 볼 때, 연(緣)은 특정한 사회구조적 맥락 속에서 구체적 사회관계의 잠재성으로서 '포함과 배제의 상즉상입의 과정'과 마음의 매개과정, 즉 '관심과 무관심의 상즉상입의 과정'[12]이 일정한 방식으로 결합하여 발생하는 사회현상이다.

구체적 사회 현실 속에서 이 결합은 실제로 두 가지 유형으로 분기한다. '포함 지향적 관계'와 '관심 지향적 마음'이 친화력을 가지고 연(緣)으로 현상하는 '친근(親近)'의 경우가 그 하나이고, '배제 지향적 관계'와 '무관심의 마음'이 결합하여 연으로 현상하는 '소원(疏遠)'의 경우가 다른 하나이다. 이러한 두 가지 연(緣) 현상은, 전근대사회에서 근대사회로의 변화와 같은 사회구조의 변동과

11_ 상즉상입의 개념에 대한 더 자세한 논의는 유승무(2004)를 참고하기 바란다.

12_ 관심과 무관심의 두 범주로 나뉘는 마음이 기질의 차이에 따라 달리 발현될 수 있다는 논평자의 지적에 필자들도 동의한다. 다만 필자들은 마음을 이성 - 감성, 관심 - 무관심 등 이분법적 대립 범주로 인식하고 있지는 않다. 오히려 차연의 논리가 적용되는 연속적 개념으로 상정하고 있다고 해야 할 것이다. 현재 진행 중인 일상생활 속에서의 마음 작용에 대한 귀납적 논의를 종합하는 이론화 과정에서 논평자의 지적을 더 면밀하게 검토할 것이다.

그림 10-7 ● 연 현상의 기본 구도

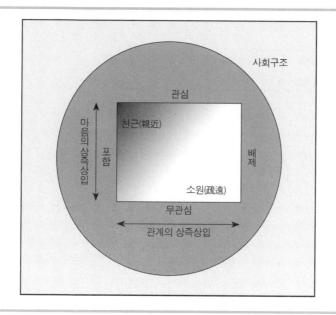

도 무관하지 않으며, 소속 집단의 문화뿐만 아니라 행위자 개인의 미시적 인간관계의 차원에서도 발생한다.

한편, 특정한 사회구조적 조건 속에서 개인들이 맺는 구체적 인간관계는 크게 집단과의 관계와 대인관계로 구분할 수 있으며, 이 경우 형성되는 연은 크게 네 가지 유형으로 세분화할 수 있다.

첫째 유형은 행위자의 소속 집단과 대인관계의 차원 모두에서 '친근'의 연이 현상하는 것이다(Ⅰ유형). 전통사회의 동족촌락에서 나타나는 혈연관계는 그 전형이다.

둘째, 소속 집단의 차원에서는 '친근'의 연이 형성되어 있지만, 대인관계의 차원에서는 '소원'의 연이 형성되는 경우이다(Ⅱ유형). Ⅰ유형과 Ⅱ유형은 주

표 10-2 • 관계적 차원에 따른 연의 유형

구분		집단관계	
		친근	소원
대인관계	친근	I	III
	소원	II	IV

로 전근대사회에서 나타나는데, I 유형은 강한 연줄을 형성하고 있는 반면에, II 유형은 외국인 노동자의 인간관계에서 전형적으로 나타나듯이 약한 연줄만을 갖고 있거나 특정한 연이 부재하거나 그것을 상실한 아픔을 경험한 유형이다.

셋째는 소속 집단의 차원에서는 '소원'의 연을 형성하고 있지만, 대인관계의 차원에서는 '친근'의 연이 만들어지는 경우이다(III 유형). 이 유형에 속하는 사람들은 오늘날과 같은 현대사회 속에서 전통적 연줄보다는 기업이나 직장을 중심으로 새롭게 적극적으로 연줄을 형성하고 그것을 통해 인간관계를 맺고, 유지하는 경향을 가진다. 그런 점에서 이들은 지배층이거나 경제적 여유나 사회적 자본을 풍부하게 갖추고 있는 사람들일 가능성이 크다.

마지막으로 두 가지 차원에서 모두 '소원'의 연이 형성되는 경우이다(IV 유형). 가족이나 직장 등 대인관계 및 집단관계 모두에서 나타나는 배제지향적 관계와 무관심이 그들의 연(구체적인 인간관계)의 방해물로 작용하고 있다. 이 유형에 속하는 사람들은 주로 사회적 약자이거나 대인관계에서 심각한 문제점을 갖기 때문에 연(緣)을 만들지 못하거나 이미 만들어진 연조차도 깨어지는 아픔을 경험하면서 살아가는 사람들이다. 무연사회 현상은 바로 이 유형의 사람들에게서 나타날 가능성이 매우 높다.

2) 절연의 과정과 마음의 변화

무연사회 현상은 관계의 약화가 아니라 대인관계와 집단관계 모두에서 복합적으로 배제된 상태, 즉 관계의 해체를 통해서 등장하게 된다. 그런데 한국사회의 강력한 연고주의 문화는 관계의 빈도 감소가 곧바로 관계의 해체로 이어지지 않게 한다. 죽어서도 벗어날 수 없는 한국사회의 혈연관계는 족보에서 잘 드러나 있다. 이 관계에서 벗어날 수 있는 유일한 방법은 천륜을 끊고 (성을 갈아치우고) 호적에서 삭제되는 것뿐이다. 이는 절연도 어렵거니와 무연사회 현상이 매우 특수한 현상임을 의미한다.

절연의 과정은 매우 복합적인 메커니즘을 통과해야 한다. 박은종(2011)은 이를 구체적으로 잘 설명하고 있다. 그에 따르면 시작 - 실험 - 심화 - 통합 - 결합의 과정을 거치면서 관계가 형성되고, 차이 감지 - 겉돌기 - 침체 - 회피 - 이별의 단계를 거치면서 관계가 정리된다. 사람들 사이의 관계는 시작에서부터 이별에 이르는 열 단계의 어느 한 지점을 점유하고 있으나 고착되지 않는다는 점에서 유동적이다. 이러한 유동성은 체계적이고 연속적이지만 비가역적인 단선성을 갖는 것은 아니다. 다시 말해 관계가 깊어지거나 소원해지기 위해서는 각각의 단계를 순차적으로 거쳐야 하지만, 모든 관계가 반드시 다음 단계로 나아가는 것은 아니며 소원해진 관계를 다시 친밀한 관계로 복원할 수도 있다는 것이다(박은종, 2011: 73~76). 따라서 관계의 형성 및 소원화 과정은 단계들마다 그 단계에 머물러 있을 것인지 다음 단계로 나아갈 것인지 혹은 이전 단계로 돌아갈 것인지를 선택하고 그에 따라 관계의 내용과 양상이 변화하는, 복잡한 알고리즘으로 구성된 메커니즘이라고 규정할 수 있다.

이렇게 볼 때, 관계[緣]의 단절[切]로 나타나는 절연은 '차이 감지, 겉돌기, 침체, 회피, 이별'이라는 소원화 과정의 산물이라고 할 수 있다. 그러나 절연이 단순한 이별을 의미하지는 않는다. 절연의 대상은 혈연이나 학연, 지연 등 한국사회에서 강력한 영향력을 가진 집합적 관계망과 개인의 관계인 경우가 대부분이기 때문이다. 즉, 절연은 한 개인이 그가 속해 있던 강력한 구심력과 영향력을 가진 집단 혹은 개인과의 관계를 끊어냄으로써 자신의 존재 근거가 되던 사회적 관계망을 해체하는 것이다. 따라서 절연은 오랫동안 부정적 관계를 유지하고 있다가 매우 강력한 촉발요인이 발생했을 때 나타나는 결과일 수밖에 없다. 차이를 감지하고 서로 겉돌며 관계를 침체, 회피시키는 소원화 행위는 갈등 상황을 발생시키는데, 이러한 갈등 상황에서는 합심에 대한 기대가 어긋나게 된다. 결국 절연은 오랜 시간 누적된 갈등으로 인해 합심에의 기대[13]가 끝내 충족되지 않음으로써 형성된 마음의 실금[14]이 촉발 요인에 의해 폭발하면서 나타난 균열이다. 또한 사회적 관계망은 개인과 타자 혹은 집단과의 합심에 의해 형성된 것[15]임을 고려하면, 절연은 합심상태에서 각자의 마음이 분리되는 것이기도 하다.

절연의 원인 혹은 조건으로는 계급/계층, 인종, 종교, 이해 대립, 명분, 상심, 체면치레 등의 다양한 요인이 작용하고 있다. 이러한 절연의 조건들은 외재적 요인과 내재적 요인으로 구분할 수 있다. 외재적 요인은 관계의 단절을 강요하는 사회경제적 조건들로서 계급/계층, 인종, 종교, 이해 대립 등이 대표적이다. 다만 외재적 요인들에서 비롯된 갈등이 상존하고 있지만 절연이 항상 발생하는 것은 아니라는 점에서, 이들 외재적 요인은 절연의 충분조건에

13_ 언젠가는 자신의 마음에 부합할 것이라는 기대 혹은 자신의 진심을 알아줄 것이라는 기대 등을 의미한다.

14_ 실금이란 마치 사기 그릇 표면에 가늘게 난 금처럼 완전히 분열되거나 깨진 것은 아니지만 미세하게나마 이쪽과 저쪽을 구분하는 역능을 가진 경계선을 말한다(유승무 외, 2013).

15_ 뒤르켐의 집합적 열광이나 집합의식 개념이 시사하는 것처럼 마음현상으로서 합심은 사회적으로 구성되기도 하지만, 사회관계를 조율하고 또 매개하기도 한다. 특히 후자와 관련해서는 유승무·박수호·신종화(2013)을 참고하기 바란다.

그림 10-8 • 무연화 과정

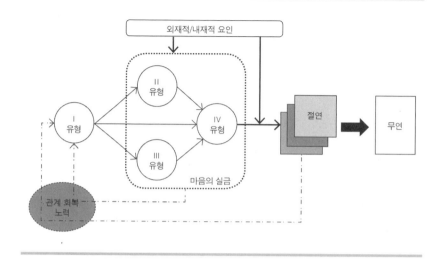

해당한다고 할 수 있다. 이에 비해 상심이나 체면치레, 명분 등의 내재적 요인은 외재적 요인과 결합하여 절연을 결심하게 하는 역할을 한다는 점에서 절연의 필요조건이라고 할 수 있다. 사회경제적 조건들에 의해 관계를 단절해야할 객관적인 여건이 마련되더라도 관계를 끊겠다는 개인의 의지가 작동하지않으면 관계를 회피하거나 최소한의 수준으로 유지하게 된다. 이러한 점은 절연이 의지적 작용이라는 것을 의미한다. 절연이 발생하기 위해서는 의지라는 마음의 작용이 필수적인 셈이다.

종합해 보면, 절연은 갈등 상황의 축적으로 발생한 마음의 실금이 특정한계기를 통해 균열되면서 나타난다고 정리할 수 있다. 그리고 이러한 절연은개인이 맺는 다양한 집단적·개인적 관계에서 중첩적으로 발생하며 개인의 사회적 관계의 단절이 심화될 때 비로소 무연 상태로 전환된다. 따라서 절연은연고사회에서 무연사회 현상이 발현되기 위한 핵심 과정이라고 할 수 있다.

5. 맺음말

이 글은 최근 한국사회에서 점차 사회문제로 부상하고 있는 무연사회 현상을 새로운 관점에서 이해하기 위한 이론적 프레임의 모색을 시도하였다. 이러한 문제의식의 기저에는 NHK가 무관계사회 혹은 무연고사회로 정의한 '무연사회'라는 개념이 사회학적 맥락에서 성립 불가능한 모순된 개념임에도 무비판적으로 사용되고 있다는 인식과, 고령화나 가족 및 공동체의 해체 등을 무연사회의 원인으로 규정하는 선행연구들의 피상성을 극복해야 할 필요성이 자리하고 있었다.

이와 같은 문제의식을 해결하는 과정은 무연사회 현상의 바탕에 마음의 멀어짐과 닫힘이 있음을 확인하는 것에서부터 출발하였다. 2000년 이후 14년 동안 주요 4개 일간지에 사용된 단어들의 활용 빈도와 그들 사이의 상관성을 통해 사회적 관계로서의 연 현상이 마음과 일정한 상관관계를 가지며, 연줄과 절연 및 무연고라는 단어의 사용이 정적인 관계를 보이는 것도 확인하였다. 그리고 절연과 무연사회 현상에는 갈등이나 트라우마 같은 마음고생의 계기가 존재하며, 관계 회복을 위한 의지와 마음의 강도에 따라 절연 상태의 유지 여부가 달라질 수 있음을 구체적 사례들을 통해 알 수 있었다.

이상의 사실들을 통해 '연'이라는 사회적 현상이 구체적 사회관계의 잠재성으로서 '포함과 배제의 상즉상입 과정'과 '관심과 무관심의 상즉상입'이라는 마음의 매개과정이 일정한 방식으로 결합함으로써 친근과 소원이라는 두 가지 유형의 관계로 발현하며, 대인관계와 집단관계라는 관계적 차원에 따라 모두 네 가지의 '연' 유형이 나타남을 모델화하였다. 그리고 내재적·외재적 요인으로 촉발된 갈등 상황이 축적됨으로써 발생한 마음의 실금이 관계 회복을 위한 노력의 정도에 따라 우호적 관계를 복원하거나 절연 상태로 전개되며, 다양한 관계에서 절연 현상이 중첩적으로 나타날 때 무연사회 현상이 나타남을 도식화할 수 있었다.

이처럼 마음 변수를 적극적으로 고려하여 도출한 무연화 과정의 이론적 프레임은 이론적 혹은 정책적 차원에서 어떤 함의를 갖는가?

이 논문에서 우선 강조하고 싶은 것은 사회적 배제이론의 논의 지평을 확장할 수 있을 것이라는 기대이다. 사회적 배제이론은 베버에 의해 논의가 시작되었다. 베버는 "특정한 집단이 열등하고 저열하다고 간주하는 국외 집단에게 돌아갈 기회를 차단하고 자신들만이 이점을 독점하는 지배의 과정을 '배제'라고 정의"하고(Weber, 1978: 43~46, 302~307), 그 사회적 원인을 '소유'뿐만 아니라 '지위집단'과 관련시킴으로써 저 유명한 전철수 비유가 암시하는 행위의 궤적(tracks)이 사회적 배제의 사회구조적 조건임을 암시하였다.[16] 이후 파킨(Parkin, 1974)은 베버의 이론에 마르크스의 착취이론을 결합하여 사회적 배제 이론을 더욱 풍부하게 발전시켰고,[17] 콜린스(Collins, 1975; 1986)는 새로운 배제의 요인으로 교육 요인을 도입하였으며, 머피(Murphy, 1988)는 배제의 구조와 배제의 유형을 체계화하고 배제와 독점의 합리화 과정을 강조함으로써 사회적 배제이론을 심화시키기도 하였다.[18]

그러나 지금까지 마음을 사회적 배제와 관련시킨 연구는 찾아보기 어렵다. 앞에서 살펴보았듯이 대상에 대한 마음(관심 혹은 무관심)은 배제 여부를 결정 짓는 매우 중요한 요인이다.[19] 베버의 행위 궤적을 규정하는 것이 세계상

16_ 이에 대한 자세한 논의는 베버(Weber, 1958: 280)를 참고하기 바란다.
17_ 파킨은 사회적 배제의 기준을 개인주의적 기준(소유 정도)과 집단주의적 기준(언어, 인종, 종교, 종족성 등)으로 구분하여 베버주의적 배제 이론을 더욱 발전시켰다.
18_ 머피는 배제의 유형과 관련해 배제의 규칙, 파생 요인, 우연적 계기의 산물 등을 논의 하였으며, 내집단의 하위문화를 갖고 있지 않은 사람들을 배제하는 것을 규범적으로 정당화하는 배제와 독점의 합리화 과정을 강조하였다.
19_ 합심, 절연, 연고, 무연고 등의 개념에 대해 규범적 입장을 갖지 않도록 경계하는 논 평자의 지적이 있었다. 향후 한국사회의 마음 문화를 여실히 드러내고자 하는 사회

(world image)이고, 그 세계상이 이념, 상상력, 의지 등 마음을 구성하는 요인들에 영향을 받고 있다면, 배제의 실행은 마음과 무관할 수 없다. 이러한 점에서 마음의 습성이 공동체에 대한 헌신을 중요시하느냐 혹은 개인주의를 중요시하느냐에 따라 민주주의의 사회적 기반이 달라진다는 토크빌(Tocqueville)의 고전적 주장이나 벨라(Bellah)의 최근 주장은 설득력을 갖는다.[20] 오늘날 한국사회에서 연의 강도는 소속 집단에 대한 관심(혹은 합심)의 범위[21]와 무관하지 않으며, 그것은 오랫동안 계승되어 온 한국사회의 마음 문화, 즉 마음의 습성(혹은 마음버릇)으로부터 영향을 받는다.[22] 따라서 이 논문의 발견은 이른바 '마음의 사회학'에 기여할 수 있는 바가 적지 않을 것으로 판단된다.[23]

연의 유형에 대한 이론적 논의와 절연에 대한 사례 분석을 통해서 무연사회 현상이 가족이 해체되었거나 하층계급에 속하여 새로운 연(緣)을 형성할 수 있는 조건을 갖지 못한 계층에서 주로 발생한다는 것을 추론할 수 있었다. 물론 정상가족 혹은 중상위 사회계층에서 일시적 절연 및 무연사회 현상이 발견되기는 하지만, 이는 가족이나 새롭게 형성한 연(緣)에 의해 복원될 가능성이 있다. 따라서 고독사 같은 극단적 사례와 같이 사회문제로 비화하는 것은

학적 시도 속에서 마음 문화의 잠재적 기능과 역기능 등에 대해서도 충분히 주의를 기울이도록 하겠다.

20_ 이에 대한 자세한 논의는 토크빌(Tocqueville, 2004), 벨라 등(Bellah et al., 1985), 파머(2012)를 참고하기 바란다.

21_ 이는 무관심 혹은 변심의 경계이기도 하다.

22_ 한국사회의 마음 문화에 대한 사회학적 논의는 유승무·신종화·박수호(2013, 2015), 유승무(2014a, 2014b), 유승무·신종화(2014), 유승무·신종화·박수호·이민정(2014) 등을 참조하라.

23_ 연, 마음, 합심 등 일상을 기반으로 한 용어를 엄밀한 사회학적 개념으로 발전시키기 위해서는 기존의 사회적 용어들과 비교하는 작업이 필요하다는 지적에 필자들은 전적으로 동의한다. 마음 문화에 대한 실상을 파악할 수 있는 경험적 연구 성과들을 축적하면서 사회학적 이론으로 정교화하는 과정에서 반드시 반영하도록 하겠다.

사회적 약자나 가족의 해체 상황에서 구체적 인간관계의 절연이나 무연 현상이 발생하는 경우이다. 이러한 사회적 약자의 절연 혹은 무연사회 현상에 대처하는 일차적 방법은 복지제도 등을 통해 정부가 제도적·정책적으로 개입하는 것이다. 그러나 복지제도를 통한 국가의 개입은 절연이나 무연 상태에 처해 있는 사람들만을 대상으로 하고, 그나마도 항상 사각지대가 존재하기 때문에 무연사회 현상에 따른 사회문제를 해결하는 효과는 제한적일 수밖에 없다.

그런데 절연 상태가 필연적으로 무연 상태로 진전되는 것이 아니라 절연 이전의 우호적 관계를 회복할 수 있는 피드백 과정이 존재한다는 이론적 관점은, 무연사회 현상을 극복하는 데 필요한 새로운 대안을 모색하는 계기가 될 수 있다. 즉, 사회관계의 회복을 통해 사회구성원으로서의 지위와 역할을 복원함으로써 무연사회 현상을 예방하고, 무연 상태의 사회적 약자들이 사회에 기여할 수 있는 기회를 제공하는 대안들을 강구할 수 있을 것이다. 이와 관련하여 공동체에 대한 관심에서 촉발된 자발적 결사체를 더욱 활성화시키려는 노력이 절실하다. 특히 전통사회의 마음버릇, 즉 사(私)보다는 공(公)을 중시했던 선비문화나 이웃(특히 나그네, 과객, 객승)에 대한 배려를 강조했던 전통문화를 복원, 계승할 수 있는 방안도 적극 검토할 필요가 있다.

마지막으로, 무연사회 현상을 '연' 개념과 마음과 관계의 상즉상입을 통한 결합 유형으로 포착하는 이 글은, 가족주의와 개인화가 혼재해 있는 한국사회를 이해하고 사회관계 속에서 개개인의 행위가 보여주는 역동적인 변화 양상을 분석하는 데에서 한국사회의 고유한 프레임을 제시하였다는 점에서도 의미가 있다 할 것이다.

제11장
북한사회의 합심주의 마음 문화

1. 머리말

북한주민들의 일상생활을 묘사하는 문학작품이나 예술은 물론 《천리마》나 《노동신문》 등 이른바 기관지 혹은 유사 기관지를 보더라도 '마음[心]' 및 마음 관련 단어가 많이 사용된다. 아래의 인용문을 보면, 모든 문장에서 마음(일심) 혹은 마음 관련 단어(신념)가 등장하고 있다.

> 일심단결의 위력으로 우리 혁명을 굳건히 보위하자. 이것이 우리의 신념이다. 일심단결은 혁명의 천하지대본이며 우리 공화국의 백전백승의 원천이다. 총폭탄보다 더 위력한 것이 일심단결이며 그 어떤 힘으로도 굴복시킬 수 없는 것이 우리의 일심단결이다《노동신문》 1996년 4월 9일, 오기성(1998: 264)에서 재인용].

북한사회가 '사회주의 현대성(socialist project of modernity)'을 경험한 사회

라는 점을 고려한다면, 마르크스주의의 합리성(과학성)과는 거리가 먼 일심단결(마음의 결합, 즉 합심 혹은 한 마음)을 강조하는 것은 다소 '의외의 현상'이다. 그러나 굳이 브로델[1]을 언급하지 않더라도, 특정한 사회의 문화가 그 사회 고유의 사상적 토대와 장기지속의 역사적 축적의 산물이고 그러한 점에서 상대적 자율성을 지니고 있으며 동시에 당대의 토대와 정치체제에 조응하면서 변화(혹은 창조)되어 나간다는 점을 고려하면, 이러한 북한의 마음 문화 현상은 결코 '이례적 현상'이 아니다. 굳이 베버나 파슨스 등과 같은 사회학자를 들먹이지 않더라도, 모든 사회는 사회적 삶의 다양한 영역들 사이의 상호작용과정을 통하여 형성되고 또 변화해 나가며, 그러한 점에서 한국사회의 전통적 마음 문화[2]가 북한의 사회주의 체제와 밀접하게 상호작용한다는 것은 지극히 보편적인 현상이기도 하다.

이례적이든 보편적이든, 현상의 배후에 작동하는 구조에 관심을 갖는 사회학자가 북한사회의 저류를 관통하고 있는(그래서 북한 사람들의 심층에 내재해 있는) 마음 문화와 그 조응의 대상인 정치경제체제(혹은 사회주의체제) 사이의 관계를 묻는 것은 당연하다.[3] 그러나 과문한 탓인지는 모르나 아직까지도 필

1_ 페르낭 브로델(Fernand Braudel)은 '역사란 장기지속의 형태를 가지며, 정치권력의 변화에도 일상생활의 역사는 지속된다'고 주장함으로써 프랑스 아날학파를 형성하는 데 결정적인 기여를 한 대표적 역사학자이다.

2_ '마음'이라는 단어는 『조선왕조실록』에 '심(心)'으로 기록되어 있다. 국사편찬위원회에서 제공하는 온라인 『조선왕조실록』(http://sillok.history.or.kr)의 조사를 통하여 마음(心)과 관련된 용례를 파악해 보면, 마음(心)은 4만 9936건의 원문에서 발견된다. 단순 계산으로 약 3.5일에 한 번씩 왕과 신하는 마음(心)이라는 단어를 사용한 셈이다 (유승무·박수호·신종화, 2013).

3_ 마르크스나 베버처럼 사회변동의 주요 변수들 사이의 단일한 인과관계(물론 독립변수를 어떻게 설정하느냐에 따라 시각이 달라진다)를 설정하기도 하고 파슨스 이후 근대사회이론가들처럼 국가영역, 시장영역, 시민사회영역, 문화영역 등 삶의 다양한 영역들 사이의 복합적 관계(물론 체계이론적 관점, 구조적 관점, 결합체적 관점, 문

자는 이를 묻고 또 그 의문에 대해 체계적으로 논증하고 또 그것을 구체적으로 실증하고 있는 학문적 성과를 발견하지 못했다. 물론 선행 연구의 성과, 즉 북한의 문화현상에는 유교문화(가족주의, 충이나 효의 가치)가 내포되어 있다는 연구(김영수, 1991; 이헌경, 2001), 북한의 행정문화 및 관료제 문화에 대한 연구(유완빈·김병진·박병련, 1993; 안찬일, 1997), 북한의 문화예술 현상에 관한 실증적 연구(전영선, 2009; 2012), 탈북자에 대한 실증적 연구(조정아 외, 2008), 북한의 일상생활과 정치 사이의 관련성을 밝혀주는 연구(홍성민, 2013) 등[4]이 이러한 의문을 부분적으로 해소하기도 하고 또 그것을 해소할 수 있는 실마리를 제공해 주기도 한다. 그러나 이러한 문화연구들은 자신의 고유한 연구대상과 방법론을 갖고 있기 때문에 앞서 언급한 것처럼 사회학적 질문을 던지고 그에 대한 해답을 찾는 데 직접적인 해답을 제시해 주지는 않는다. 게다가 필자가 보기에 이러한 연구들은 대체로 논증에는 성공한 것처럼 보이지만 '프로크루스테스의 침대' 위에서 다리가 절단되는 고통을 내포하고 있거나, 실증에는 성공한 듯이 보이나 논증의 이론적 근거가 불충분하다는 아쉬움을 남기고 있다.[5]

명론적 관점에 따라 시각의 차이가 발생한다)를 설정하기도 하지만, 인간과 사회의 관계라는 관점에서 인간의 사회적 삶을 탐구하는 사회학자들은 공통적으로 문화와 다른 삶의 영역 사이의 상호 조응관계에 대해 관심을 갖지 않을 수 없다.

4_ 이 연구의 테마가 문화현상과 정치영역 및 경제영역 사이의 관련성에 대한 사회학적 탐구로 한정되어 있다는 점을 고려하여, 여기에서는 이 연구의 테마와 연관되는 연구 성과만을 검토하였고, 그중에서도 특히 주목할 만한 연구 성과들만 적시하였음을 밝혀둔다.

5_ 대체로 이데올로기 비판이 전제된 연구나 혹은 그 반대로 마르크스나 마르크스주의의 이론틀로 북한사회를 연구하는 연구, 그리고 최근 프랑스 구조주의자들이나 일상생활 연구자의 이론적 성과에 의존하고 있는 연구들이 전자에 속하며, 북한의 문화예술의 실태나 탈북자에 대한 연구들이 후자에 속하는 것으로 판단하였음을 밝혀둔다. 비록 이러한 선행 연구들조차도 비판적 시각에서 체계적으로 검토하지는 못했지만

아직까지도 다음의 의문은 여전히 유효하다. 왜 오늘날 북한사회에서는 마음의 개념이 생생하게 살아 있고, 또 그러한 북한의 마음 문화가 북한식 사회주의 현대성의 발현과 도대체 어떤 직·간접적인 연관성을 갖고 있는가? 그리고 그 이론적·실천적 함의는 무엇인가?

2. 사회주의 현대성, 마음 문화, 그리고 북한식 합심 문화 유형

방법론적 관점에서 볼 때, 북한사회의 문화 연구는 크게 특수성을 강조하는 시각과 보편성을 강조하는 시각으로 나눌 수 있다. 북한사회의 문화를 유교문화 등 전통문화 및 가치의 틀로 분석함으로써 북한식 사회주의의 특수성을 강조하는 연구가 전자의 시각이라면(김영수, 1991; 이헌경, 2001), 현대의 문화 이론가들의 이론이나 혹은 마르크스주의 및 사회주의 현대성 일반에 대한 이론을 근거로 북한사회의 문화를 설명함으로써 보편성을 주장하는 연구가 후자의 시각을 대표한다(홍성민, 2013). 그러나 전자는 사회주의 현대성을 경시한다는 한계가 있으며 후자는 북한사회의 문화적 특수성을 배제한다는 문제점이 있다. 바로 그렇기 때문에 양자를 모두 고려하여 북한의 '민족문화'의 문제를 성공적으로 드러낸 연구 성과도 적지 않다(박상천, 2002; 남근우, 2011). 그러나 그 연구조차도 사회주의체제와 마음 문화를 논의하지는 않고 있다.

그리고 이러한 연구들을 엄격한 분류기준으로 분류하기에는 다소의 무리가 수반됨을 잘 알고 있지만, 이러한 위험성이 있음에도 굳이 논증과 실증의 기준으로 이러한 연구 성과들을 분류한 것은 순전히 논증과 실증을 겸해보고자 하는 이 연구의 의도 때문이었음을 밝혀둔다. 그렇기 때문에 이 연구의 관점을 벗어나 다른 시각에서 본다면 이러한 선행 연구들의 의의는 훨씬 더 다르게 평가될 수 있을 것임은 두말할 나위가 없다.

이 글에서는 사회주의 현대성과 한국사회의 전통적인 마음 문화의 결합을 합심주의적 관점에서 실증해 보고자 한다. 이를 위한 이론적 기초로서 북한식 사회주의 현대성의 전개와 북한사회에 내재하는 마음 문화의 사상적 토대 및 그 역사적 저류를 확인하고, '합심주의'라는 개념적 장치가 두 차원을 연결할 수 있는 매개 개념임을 논증하고 북한의 합심주의 마음 문화를 분석하기 위한 유형론을 제안해 두려고 한다.

1) 북한식 사회주의 현대성의 해석적 배경

1950~1960년대의 근대화(현대화)론자들에게 미국 이외 지역의 현대화 과정에 대한 문제의식은 중요한 주제였다. 19세기에 세계적으로 팽창한 제국주의 - 식민지 시대는 20세기에 들어서 러시아 지역의 사회주의 혁명의 성공과 제2차 세계대전을 경과하면서 사회주의 블록의 확대를 경험한다. 중부유럽과 동부유럽의 공산화(또는 사회주의화)와 미국 - 서부유럽의 자본주의적 재건화는 냉전(冷戰, the Cold War)을 20세기 중반의 시대적 흐름으로 이끌었다. 기능주의적 역사관 안에서 근대화론자들은 그 당시 '소련'의 출현과 소련사회의 제도적 특징을 설명하고자 했다. 파슨스(Parsons, 1971)는 봉건사회와의 단절이라는 세기적 특징 안에서 '소련'을 현대사회 중 하나로 설명한다. 그리고 소련사회의 제도적 특징, 예를 들어 사회주의와 관료제를 차르 체제와의 단절을 꾀하는 대안적 선택과 결과로서 이해하고 있으며, 미국과 마찬가지로, 소련을 유럽의 문화적 전통 영향 안에서 성장한 현대사회로 파악한다.

소련식 사회주의를 현대성의 한 유형으로 이해하려는 시각은 현대성의 문명적 기원의 논의와 결합하면서 이른바 다중근대성(multiple modernitties) 논자들로 이어지는데, 아나손 등(Arnason et al., 2005)은 소련식 사회주의 근대성을 유럽의 비잔틴 문명적 배경과 관련시켜 논의한다. 이를 더 일반적인 틀에서 해석해 보면, 러시아의 사회주의 동력과 사회개혁프로그램, 그리고 실천적 주체들의 문화적 특징은 19세기~20세기 초 러시아의 문명적 맥락 속에서 이해되어야 한다는 관점이 된다. 이 관점에 따르면, 동아시아의 사회주의적 전개과정(중국, 북한)도 사회주의(공산주의)적 현대성이라는 틀 속에서 세계적인 문명사적 흐름의 일부로 설명할 수 있다. 그리고 이러한 설명은 다음과 같이 일반화된다. 즉 장기적으로 유지되어 온 문명은 그 자체로 문제적인 대상이 되며 세계적인 변화 속에서 문제화가 가속화되고 외부적인 해결 프로그램을 선택적으로 수용하는 정치적 주체에게서 대안적인 사회개혁 프로그램으로 도입되어 과정을 거치지만, 동시에 정치적 주체들의 문화적 환경 안에서 경로적 제한성을 갖는다는 현대성 이론으로 진화하고 있는데, 이러한 현대성의 전개는 사회주의(공산주의)적 현대성에도 적용된다고 이해하는 흐름이 되겠다.

그러나 언뜻 보기에 이러한 사회이론 안에서 북한의 지위는 대단히 예외적인 사례처럼 보인다. 첫째, '비서구사회'의 '사회주의'적 프로그램이 전개되고 있으며, 둘째, 현대사회의 일반적 특징으로 쉽게 받아들여지기 어려운, 일국주의 경제체제와 폐쇄적이고 비민주적인 정치문화가 반복되기 때문이다. 더군다나 문명적 배경이 동일한 한국(남한)의 자유민주주의적 현대화와 모습이 다르기 때문이다. 하지만 우리는 북한의 사회주의에서 소통문화적 자원으로서 문명적 배경(여기서는 '합심주의적 마음 문화')을 공공 영역의 사회질서체계로 활용하는 현대성의 일반론적 특징을 발견한다. 북한의 '우리식(또는 그들식의) 사회주의 체제'를 현대성의 전개와 관련된 일반이론적인 차원에서 해석할 필요성이 제기된 것이다. 더 구체적으로 말하면 식민지 문제와 세계체제로의 편입이라는 시대적 과제에 대한 행위 주체의 실천 속에서 설립된 사회주의 체제 안에서 어떻게 유교 - 불교 및 민간 신앙적인 전통문화가 영향력을 발휘하고 어떻게 재생산되는지를 살펴볼 필요성이 발생한 것이다.

2) 마음 문화의 사상적 토대와 역사적 저류

벨라(Robert N. Bellah)는 자신의 박사학위논문인 『도쿠가와 종교(Tokugawa Religion)』(The Free Press, New York: 1969)[6]에서, 왜 유독 일본이 비서구사회에서는 예외적으로 근대화에 성공했는지를 체계적으로 논증하고 실증함으로써 자신을 세계적인 학자로 알리는 데 성공하였다. 그는 베버와 파슨스의 이론 틀을 기초로 하여 종교(문화)와 경제발전의 관계를 이론적으로 정립한 다음 일본의 독특한 근대화의 경로를 실증하였다. 더 구체적으로 말하면, 그는 근대화 이전인 도쿠가와 시대의 종교(불교, 유교, 신도)가 일본인들의 '마음의 습속(Habit of Heart)'[7]으로서 충(忠)의 가치를 내면화하게 하였고 그것이 정체(the polity)의 합리화를 가능하게 하는 사회문화적 조건을 형성하였을 뿐만 아니라 그러한 정체의 합리화가 메이지 유신 이후 일본의 경제발전을 견인했다는 일본의 독특한 발전 경로를 실증하였다. 바로 이 연구에서 그는 본론의 마지막 장을 도쿠가와 시대에 유행한 심학(Shingaku, 心學)과 그 속에 내포된 충의 가치를 분석하는 것으로 마무리하였는데, 이는 일본의 심학이 일본의 정치 및 경제생활(의 변화)에 결정적인 영향을 주었음을 암시한다.

그러나 필자가 보기에 이는 일본만의 예외적 사례라기보다는 불교문화 및 유교 문화의 전통이 강한 동아시아 사회 일반의 근대화과정으로 보아도 큰 무리가 없어 보인다. 실제로 근대화 이전 한국에서도 불교문화 및 유교문화는 당시 한국인들의 마음의 습속을 형성하는 데 결정적인 영향을 미친 지배적 가

6_ 하버드 대학 최초로 사회학과와 동아시아학과에서 공동으로 학위를 인정한 이른바 'combined degree'로 알려진 논문이다.

7_ 필자는 이 개념을 '마음버릇'으로 번역하는 편이 더 적합하다고 생각한다. 그러나 '마음의 습속'이란 번역어가 워낙 널리 알려져 있어서 이 글에서는 이를 병기하여 사용할 것이다.

치였다. 비록 조선시대에 접어들면서 불교의 영향력이 줄어들고 성리학이 자신을 성리학 혹은 이학으로 명명하면서 양명학을 심학으로 규정하여 배척함으로써 외견상 한국사회에서 심학이 사라진 것처럼 보였지만, 불교와 유교 그리고 성리학과 양명학은 모두 심학이란 넓은 시각(이는 필자의 시각이기도 하다)에서 보면 근대화 이전 한국사회에서는 단 한 번도 전통이 끊어진 적이 없었다. 오히려 조선시대 한국인(불교문화에 젖어 있었던 기층민중은 말할 것도 없고 유교문화의 신봉자였던 사대부들이나 선비들조차도)의 마음의 습속에는 마음 문화가 성성하게 살아 있었다. 실제로 필자는『조선왕조실록』에 나타난 마음 개념의 용례분석을 통하여 이를 실증한 바 있다(유승무·박수호·신종화, 2013). 심지어 유승무(2014)와 유승무·신종화(2014)가 실증하고 있듯이 서구적 의미의 근대화를 추구한 결과 심학의 전통이 완전히 단절된 것처럼 보이는 오늘날 현대한국사회에서조차 마음 문화는 여전히 한국인들의 마음의 습속으로 남아 있다. 오늘날 한국불교가 오직 마음공부만을 위한 경전인『금강경』을 소의 경전(所依經典)으로 설정하고 있으며 선불교(마음은 선불교의 알파요 오메가다)의 도통을 계승하고 있다는 사실은 이를 방증하고도 남음이 있다.

북한도 예외가 아닐 것이다. 특히 북한이 초기의 소비에트 사회주의 현대성 모델을 이른바 '우리식 사회주의 모델', 즉 주체사상에 기초하여 수령 - 당 - 인민의 구조를 갖는 이른바 유일영도체제의 주체모델로 전환하기 시작한 이후부터,[8] 김일성의 항일투쟁의 역사와 함께 한국의 전통문화(가족주의, 수령 및 당에 대한 충성 개념)를 강조함에 따라(박상천, 2002), 그 전통문화의 기저이자 북한사회의 저류를 관통하던 마음 개념이 더욱 활성화되고 있다. 이는 마음 문화가 일종의 마음의 습속으로서 오늘날 북한 사회의 구성원들에게도 지

8_ '정통 사회주의'체제와 주체사상에 입각한 이른바 '우리식 사회주의'체제의 차이점에 대한 자세한 논의는 이진경 엮음(1989)을 참고하기 바란다.

속되고 있음을 의미한다.

그러나 사회의 변화와 함께 혹은 체제의 국면에 따라 마음의 대상은 바뀐다. 마음이 이성, 감성, 의지나 신념, 상상력뿐만 아니라 기억까지도 결합하면서 만들어진다는 점에서 행위자 자신의 본성 및 경험(경험의 축적)과의 관계를 전제하고 있지만 동시에 타자(사람, 사물, 집단, 사회제도, 국가 및 당 등)와 관계에서 파생되는 정보와 에너지에 조응하면서 동시에 그것을 조율한다는 점에서 타자와의 관계를 전제하는 개념이라면, 마음은 항상 '무엇(대상)과의 결합'을 전제한 개념이다. 이는 이 글에서 마음현상을 '합리주의'의 의미소 중 '결합' 혹은 '부합'을 의미하는 '합(合)'과 마음의 한자어인 '심(心)'을 조합한 '합심주의'문화라고 명명한 까닭이다.

이상에서 살펴보았듯이, 합심주의 마음 문화는 최소한 한반도에서는 그 사상적 근거, 역사적 전통, 그리고 사회(학)적 근거를 지니고 있다. 따라서 오늘날 북한사회에서도, 비록 사회주의현대성을 경험하긴 했지만, 합심주의문화가 이어질 것으로 추측된다. 다만 북한식 사회주의 현대성의 영향으로 그 유형이 독특할 뿐으로 생각된다.

3) 합심주의와 그 북한식 유형

앞에서 '마음'의 개념은 물론 합심주의에서 합(合)은 합리주의의 합과 같은 의미소로서 대상에 부합한다(대상의 구미에 맞다)는 의미뿐만 아니라 대상과 결합한다는 의미를 지님을 언급했다. 그렇다면, 그리고 인간사회의 사회관계가 상즉(相卽)하는 동시에 상입(相入)하고 있다면, 그 관계를 매개하는 에너지와 정보를 조율하는 것이 마음이라면, 마음이야말로 인간의 필연적인 실존적 조건이라면, 그 쌍방 간 상호작용의 산물로서 합심은 관계의 유형이나 그 관계에 대한 마음의 상태에 따라 다양한 합심 유형이 성립할 것이다. 그리고 앞서 언급했듯이 합심이 동아시아사회에 강력하게 현존한 '마음의 습속'이라면, 그리고 '마음의 습속'이 그 사회의 정체(the polity) 및 그 변화와 불가분의 관계를 지닌다면(de Tocqueville, 2004; Bellah, 1969; 파머, 2012), 합심 문화의 지형은 특정한 정치체제의 국면적 특성(conjuncture)과 조응할 수밖에 없을 것이다.

실제로 유승무·박수호·신종화(2013)는 『조선왕조실록』에 나타난 합심의 용례를, '오륜'이나 '수신제가치국평천하'의 틀에 근거하여, 자신의 본심과의 합심, 타자와의 합심, 자신의 소속 집단 및 국가와의 합심, 우주와의 합심, 일탈 및 변심과의 합심 등의 합심 유형으로 나누어 실증한 바 있는데, 이러한 작업은 관계의 유형에 따른 합심 문화의 다양성을 파악한 것이다. 이러한 식의 접근방법을 우리는 아래 인용문과 같은 북한사회의 합심 문화를 이해하는 데에도 원용할 수 있을 것이다.

> 사람들의 눈빛 하나, 행동거지 하나를 보고도 마음속 고충을 간파할 줄 알고 그 누구를 만나도 쉽게 친숙해지고 심장의 문을 열 줄 하는 능숙한 정치활동가가 되기 위해 부단히 노력해야 한다(《노동신문》 사설, 《경향신문》 디지털뉴스팀, 2014.2.27).

다만, 북한사회는 사회주의 현대성을 경험하였을 뿐만 아니라 주체사상에 입각한 소위 '우리식 사회주의'체제를 유지하고 있다는 점에서, 사회주의체제와의 합심, 노동자계급 혹은 인민과의 합심, 수령 및 당과의 합심, 민족국가(조국)와의 합심과 같은 합심 대상이 주요유형으로 분석될 필요가 있을 것이다. 이렇게 볼 때, 북한사회의 합심주의문화는 조선사회의 합심 문화와 연속성 및 단절성을 동시에 내포하고 있을 것으로 판단되며, 오늘날 남한사회의 합심 문화와도 공통점과 차이점을 동시에 지니고 있을 것으로 판단된다.

한편 합심 문화는 사회적 관계를 매개하는 마음의 상태에 따라 다양한 모습으로 현상할 것이다. 예컨대 합심을 구성하는 요소, 즉 이성적 요소, 감성적 요소, 의지적 요소, 이데올로기적 요소 등에 따라 혹은 그 중첩에 따라 합심 문화는 다양한 층차를 가질 것이다. 그렇기 때문에 그리고 마음의 상태는 시간의 변화나 국면적 상황(혹은 그 변화)에 따라 달라지기 때문에, 북한사회의 합심 문화 지형도 시기별 차이를 드러낼 것이다. 더 구체적으로 말하면, 소비에트 모델을 적용한 초기 사회주의체제 형성기의 합심 문화 지형, 1970년 이후 소련과의 갈등을 경험한 이후 이른바 주체사상에 입각한 우리식 사회주의 시기의 합심 문화 지형, 그리고 김일성 사망과 사회주의붕괴 이후 합심 문화 지형, 그리고 3대 세습이 이루어진 오늘날 합심 문화 지형은 다소 차이를 드러낼 것으로 보인다.

이상의 논의에 기초하여 아래에서는 사회주의현대성과 북한의 마음 문화가 어떻게 결합하고 있는지를 1980년대 중반 북한사회의 합심 유형과 그 문화 지형에 따라 더 구체적으로 실증해 보고자 한다. 실증의 집중을 위해, 1980년대 이전과 1990년대 이후의 경우는 비교의 필요에 따라 부분적으로만 언급될 것임을 부기해 둔다.

3. 1980년대 북한 소설에 나타난 합심주의 마음 문화

1) 자료에 대하여

사회적인 것을 매개하고 조율하는 이성, 감정, 의지, 상상력 등의 총체를 마음이라 한다면, 그리고 그 산물 혹은 마음의 습속(Habit of Heart)을 마음 문화라 한다면, 마음 문화를 연구하기에 가장 적합한 자료는 단연 소설이다. 통상 북한사회 연구에 많이 활용되는 주체사상, 교시를 담은 『김일성 선집』, 그리고 공산당 기관지인《노동신문》등에 비해 소설은 상대적으로 순수하면서도 풍부한 일상의 삶과 그 사회적인 것을 매개하는 마음(혹은 마음 문화)을 담고 있을 것이기 때문이다.

이에 필자는 북한소설을 수집하기 시작했지만 불행하게도 그것은 처음부터 난관에 부딪혔다. 북한 자료에 대한 접근 자체가 대단히 제한적인 현실의 벽 때문이었다. 이에 필자는 북한 소설 전체에 대한 광범위한 검토를 통해 가장 적절한 연구대상을 선택하는 길을 포기할 수밖에 없었다. 그 대안으로 필자는 기대치를 최소화하여 우선 수집 가능한 소설만이라도 분석하기로 결정하고 북한 소설을 탐색하기 시작했다. 이 과정에서 일반 서점에서 구매할 수 있었던 유일한 북한소설이 바로 백남룡의 소설집 『벗』이었다. 그리고 그 속에는 「벗」이란 중편소설과 「생명」이란 단편소설 두 편이 수록되어 있었다. 이에 본 연구에서는 이 두 가지 소설을 분석대상으로 삼았다.

그러나 필자는 북한 작가 일반에 대한 기초적인 연구를 수행한 바 없기 때문에 작가인 백남룡과 그의 소설 「벗」과 「생명」이 북한 문학계 내에서 어떤 위상을 차지하고 있는지를 분명하게 말할 수 없다. 다만 이 책의 후반부에 실린 '감상문'이나 '해설', '이 작가를 말한다' 등에 따르면, 백남룡과 그의 소설은 북한문학계에서도 상당한 위상을 점하는 것으로 추측할 수 있다.

우선 작가 백남룡은 1949년 함경남도 함흥시에서 태어나, 1964년 고등학교를 졸업하고, 18세가 되던 1966년부터 10년 동안 장자강 기계공장에서 노동자 생활을 한 후 김일성 종합대학을 졸업하였다. 1979년 《조선문학》에 단편 「복무자들」을 발표한 이후 20여 편의 중·단편을 발표하였다. 백남룡은 등단 이후 '자강도 창작실'에서 창작을 하다가, 현재는 평양에 있는 '4·15 문학창작단'에서 창작 활동을 하고 있다. 백남룡의 대표작으로 「벗」(1988년 발표작), 「60년 후」(1985년 발표작), 「생명」(1985년 발표작) 등을 꼽을 수 있다. 그중 「생명」은 1985년 한 해 동안 창작된 작품들 가운데서 우수한 단편소설 다섯

편 중 하나로 선정되어 '1985년도 성과작'이라는 표창을 받기도 했다(278~281쪽). 이렇게 볼 때 그리고 소설이 특정 역사시대와 불가분의 관계를 가진 삶의 교과서란 점을 고려하면, 「벗」과 「생명」은 1980년대 중반 북한 소설을 대표할 뿐만 아니라 1980년대 중반 북한사회의 '우리식 사회주의체제'와 그 시대적 요청과 무관하지 않음은 두말할 나위가 없다.

그럼에도 「벗」과 「생명」은 보편적인 인간의 삶의 모습을 묘사하고 있다. 소설의 첫 부분(1~2쪽)에 묘사된 내용을 보자.

> 앞상 맞은 켠에는 연한 화장내가 풍기는 삼십대의 녀인이 고개를 떨구고 앉아 있다. (…) 무슨 사연일까? (…) 부부간의 어떤 생리적·육체적 부족점 때문인가? (…) 아니, 이 녀인에게는 아들이 있다. (…) 그렇다면 혹시 (…) 남편이 다른 여자를 좋아해서가 아닐까? 그는 치정문제가 아니기를 바랬다. 성격상 차이나 시부모와의 관계 문제일지도 모른다.

이 인용문에서 알 수 있듯이 「벗」과 「생명」은 우리의 예상과는 달리 마치 남한의 소설과 거의 구별되지 않을 정도로 적나라하게 인간의 사회적 삶을 둘러싼 인간관계와 그것을 둘러싼 감정, 생각, 사상 등등을 다루고 있다.

실제로 「벗」은 북한사회의 '이혼문제'를 중심 소재로 다루는데, 그 줄거리는 다음과 같다. 노동자 출신의 젊은 남녀 한 쌍이 공장에서 만나 서로 애틋한 사랑의 감정을 품고 결혼하게 된다. 그러나 시간이 흐르고 차츰 가치관의 틈새가 벌어지는 생활 속에서 사상적·정서적 갈등을 겪던 두 사람은 이를 이혼이라는 방법을 통해 해결하려 한다. 두 사람의 이혼 재판을 맡은 판사 정진우는 재판을 심리하면서 그동안 두 사람의 감정을 꼬이게 만들었던 외적 요인과 내적 요인들을 발견한다. 판사 정진우의 인간적이고 희생적인 노력으로 내적·외적 요소들이 제거되면서 결국 두 사람은 다시 재결합한다. 또한 「생명」

은 북한의 교육문제를 소재로 다루고 있다. 정성어린 치료로 자신의 생명을 구해준 바 있는 의사의 탄식(아들이 대학입시에서 점수가 부족해 자신이 재직 중인 대학에 붙을 수 없게 된 것을 알게 된 의사의 탄식)을 듣게 된 한 대학교수가 그 의사의 아들을 부정입학시키려다 양심의 가책으로 마음의 갈등을 겪으면서 다시금 본연의 양심으로 되돌아가는 과정을 묘사하고 있다.

이렇듯 「벗」과 「생명」은 부부의 이혼문제나 자식의 교육문제 등 일상적인 문제를 둘러싼 소시민들의 삶의 정서와 생각을 다루고 있고 그러한 점에서 북한사회의 마음 문화(합심 문화)를 풍부하게 내포하면서도, 사회의 세포로서 가정, 특히 노동자계급 가정의 중요성을 강조한다든지 집단주의적 법치주의를 강조하는 점에서는 1980년대 중반 북한식 사회주의체제의 특성을 잘 반영하고 있다. 이렇게 볼 때, 백남룡의 중편소설 「벗」과 단편소설 「생명」은 본 연구에서 적합한 자료로 판단된다.

2) 「벗」과 「생명」에 나타난 합심 문화의 유형

① 사회주의체제와의 합심

'우리식 사회주의'란 표현에서 잘 알 수 있듯이, 비록 북한이 '우리식'이란 형용사를 붙임으로써 북한 사회주의체제의 특수한 기원(항일혁명운동)과 그 체제의 유일무이성(주체철학)을 강조하고 있음에도 '사회주의' 사회 일반의 특성을 완전히 제거한 것은 아니다. 오히려 북한은 '우리식 사회주의'를 마르크스 - 레닌주의를 창조적으로 계승·발전시킨 결과로 간주하고 있다. 실제로 북한사회는 정치와 경제가 밀접하게 결합된 사회주의체제 일반의 특성을 보이고, 그러한 점에서 자본주의체제와는 정치경제체제가 전혀 다르다. 더 구체적으로 말하면 북한사회는 사적 이익보다 사회의 집합적 이익(공적 이익)을 우선시하는 이념체계와 그 공적 이익의 상징으로서 국가 개입에 따른 경제생활의 조직화(계획화)를 실현하고자 하는 정치경제체계를 가진 사회주의사회이다. 그렇기 때문에 '사회주의체제와의 합심', 즉 개인의 이기적인 사적 이익의 추구를 지양하고 집단주의적 법치질서에 복종하도록 하는 합심 유형이 북한사회에는 등장하지 않을 수 없다. 아래 인용문을 보자.

> 이따위의 부르죠아적 사상잔재, 인습, 관점의 소유자가 제기한 부당한 리혼소송은 기각을 하고 강한 통제와 투쟁을 벌여야 했다(25쪽).

위 인용문은 「벗」에서 따온 것인데, 자신의 이기주의적 이해관심 때문에 이혼소송을 제기한 자를 자본주의적인 부르주아적 태도로 간주하고 이를 억제해야 함을 강력하게 표현하고 있다("투쟁을 벌여야 했다"). 특히 이 인용문의 화자가 판사인 점을 고려하면, 이기주의적 태도의 지양은 사회주의적 법질서의 준수로 이어짐이 전제되어 있다. 이렇게 볼 때, 이 인용문은 북한사회의 마음 문화가 '사회주의체제와의 합심'을 지향하고 있음을 잘 보여준다. 사회주의적 법질서만이 아니라 일상적인 사회질서에서도 이러한 유형은 어렵지 않게 확인할 수 있다. 아래 인용문을 보자.

> "동무나 나나 수험생의 성적을 부모의 직업과 관련시켜보는 관점을 버리기요. 자본주의적 사고방식이요, 부위원장 직위와 유능한 외과기술이 학생자녀의 지식을 대변할 수는 없잖소? (…) 수재를, 탐구심 있고 실력이 우수한 학생들을 대학에 받아 키워야 진실로 나라의 과학기술을 발전시킬 수 있지 않겠소. 그러니 개인적 의리와 권력에 끌려 건전한 사회적 륜리를 파괴하는 일은 하지 맙시다. 우린 대학의 학장이나 교무지도원이기 전에 보통공민이요. 조국이 평등하게 준 다른 공민들의 리익을 침해하고 신성한 권리를 조금이라도 묵살할 때는 범죄를 짓는 것과 같소"(250쪽).

위 인용문은 「생명」의 일부이다. 이 인용문의 화자가 북한사회의 학문을 상징하는 대학의 행정 최고책임자인 대학장이고 그 상대자가 교육질서를 유지하는 교무위원이란 점을 고려하면, 이 인용문 역시도 북한사회의 교육이 '사회주의체제와 합심'을 지향하고 있음을 잘 보여준다.

② 수령, 당, 조국과의 합심

'우리식 사회주의'에서, 앞에서는 '사회주의'와 합심의 관계를 논의하였다면, 여기에서는 '우리식'과의 합심에 대해 논의해 보고자 한다. 북한체제는, 주체사상은 말할 것도 없고, 민족해방투쟁의 전통을 강조한 조선노동당이 소련공산당이나 중국공산당과는 다른 독특성이 있을 뿐만 아니라 최고통치자의 세습이 웅변하는 독특한 수령론을 지니고 있고, 그러한 점에서 사회주의체제 일반과는 다른 특수성을 내포하기 때문이다. 그리고 바로 이 특수성이야말로 북한사회를 누란(累卵)의 위기 속에서도 지탱시켜 주는 결정적인 요소라는 점을 고려하면, '수령과의 합심'이나 '당과의 합심'과 같은 합심 유형은 빈번하게 등장할 수밖에 없을 것이다. 또한 북한의 '우리식 사회주의'의 기원이 김일성의 항일해방투쟁에서 시작된다는 점을 고려하면, 민족주의적 색체를 지닌 조국과의 합심도 빼놓을 수 없는 합심 유형일 수밖에 없다. 결국 수령을 아버지로, 당을 어머니로, 조국을 대가정으로 간주하는 북한사회에서 그 각각의 대상과 합심은 자연스럽고 지당하여 이론의 여지가 없는 것처럼 여겨질 것이다. 이에 아래에서는 이를 하나하나 실증해 보고자 한다.

먼저 수령과의 합심을 보자. 그런데 예상과는 달리 「벗」은 물론 「생명」에서도 '수령'에 대한 언급이 없다. 《노동신문》이나 《천리마》와 같은 기관지나 준 기관지에 가장 빈번하게 등장하는 단어가 '수령'이란 점[9]을 고려하면 의외

9_ "혁명의 길을 처음으로 개척한 수령에 대한 혁명전사의 충실성은 수령의 생존 시에

의 결과이다. 이런 현상이 백남룡의 소설에서만 나타나는 것인지 소설 일반에서 보이는 공통적 현상인지는 분명하지 않지만, 북한주민들의 일상생활적 담화에서는, 마치 우리들의 일상생활에서 '대통령'과의 합심을 굳이 강조하지 않듯이, '수령'이란 단어가 잘 등장하지 않을 가능성도 배제할 수 없다. 그러나 수령과의 합심이 존재하지 않는다고 단정할 수도 없다. 다음 인용문을 보자.

정진우는 리혼판결을 내렸다. 가슴이 아팠다. 사회라는 유기체의 한 세포가 파괴된 데서 오는 무거운 책임감과 함께 자녀들에 대한 걱정은 더욱 떨어버릴 수 없는 것이었다(27쪽).

이른바 북한의 '우리식'은, 사회주의사회 일반과는 달리, 사회를 '수령 - 당 - 인민'의 유기체로 간주하고, 인민 혹은 인민의 가정은 유기체의 세포로서 전체 유기체의 자기보존에 종속되어야 할 뿐만 아니라 수뇌인 수령의 령도에 무조건 따라야 함을 그 특징으로 한다. 이러한 맥락 속에서 위 인용문을 읽으면 '리혼'은 유기체의 자기보존에 역행하는 사건이며, 그러한 점에서 '가슴이 아팠다'는 표현에 공감할 수 있다.

다음으로 당과의 합심 사례를 보자.

"동무에게 가수라는 당의 신임을 떼버리면 무엇이 남소? (…) 당이 내세운 숭고한 목적을 위해 투쟁하고 생활하는 사람, 그런 인생관을 소유한 사람이 진실로 높은 지성을 가졌고 인격자로 볼 수 있소. 순희 동무는 (…) 그런 자신을 비쳐보시오. (…) 예술을 한다고 (…) 노래를 부르는 가수라고 스스로 고상해지지는 않

도 한마음이고 수령이 사망한 이후에도 한마음이며 천만 년 세월이 흐른다 해도 한마음"(《노동신문》, 1997. 4. 15: 오기성, 1998).

는 거요. 로동하는 사람들을 위해 부르는 노래의 사상 감정을 자기 것으로 소화
하기 위한 피나는 노력이 필요하오. 그래서 올바른 가치관, 인생관을 소유하고
남편과 애정생활을 한다면 동무의 지향은 더 아름다운 현실로 될 것이고 가정은
화목해질 거요"(187쪽).

위 인용문을 보면, 문화예술은 물론 예술가의 사상조차도 노동자계급의 당
으로 호명된 조선노동당의 지도 및 방침을 벗어나서는 안 된다[10]는 사실이 잘
나타나 있다. 심지어는 그렇게 하는 것이 가정의 화목으로 귀결되기도 함이
암시되어 있다. 그렇기 때문에 북한사회에서 개인 및 그의 삶에서 당과의 합
심은 결정적인 중요성을 지닌다.[11]

마지막으로 조국과의 합심을 보자. 아래의 인용문을 보면 지극히 사적인
결혼의 의미에도 '조국과의 합심'이 내포되어 있음이 잘 표현되어 있다.

"(…) 신랑 정진우와 신부 한은옥은 부모님과 친척들, 동지들, 벗들의 앞에서
(…) 로세대와 후대들 앞에서, 당과 조국 앞에서 신성한 결혼을 하고 가정을 이
루게 됩니다. 사회의 세포인 가정의 화목은 나라의 공고성과 관련된다는 것을
명심하고 검은 머리 파뿌리 될 때까지 서로 돕고 이끌면서 어머니 조국의 번영
을 위하여 마음 변치 말고 성실하게 살아야 할 것입니다. (…)"(100쪽)

10_ 북한이 민족문화를 강조하고 그 계승 정책을 중요하게 전개해왔지만 과거의 모든 문
　　화적 유산을 민족문화의 범주로 설정하고 있는 우리와는 달리 사회주의, 공산주의
　　건설을 위한 계급주의적 관점에서 배타적으로 민족문화를 바라보고 있다(박상천,
　　2002).
11_ "당과 대중 사이에는 어머니가 자식을 생각하듯 당이 인민을 생각하고 자식이 어머
　　니를 생각하듯 인민이 당을 믿고 따르는 그러한 사랑과 충성, 믿음과 보답의 관계, 가
　　장 공고한 혈연적 관계가 이루어진다"(림형구, 1990: 22; 오기성, 1998: 267).

이상에서 우리는 '우리식 사회주의'와 관련하여 두 가지 합심 유형의 사례, 즉 사회주의체제와의 합심 사례와 '우리식'의 사례를 자세하게 살펴보았다. 그러나 모든 사생활에 국가, 수령, 당이 개입하는 것은 불가능하다. 이는 북한 주민의 사생활 속에는 '우리식 사회주의'의 통제 범위를 벗어난 마음 문화, 즉 남한사회와 공통적인 일상적인 마음 문화도 강하게 남아 있음을 암시한다. 계속해서 아래의 논의를 따라가 보자.

③ 가족과의 합심/불합심

북한이 사회주의 혁명 초기 조선시대 가족주의를 봉건사회의 잔재로 간주하여 척결하고 그것을 사회주의적 가족형태로 바꾸려고 시도하였고, 그 결과 자식이 아버지를 고발하고 숙청대상자라고 능멸하는 사건도 있었다(이헌경, 2001). 그럼에도 가족주의문화는 완전히 사라지지 않았으며, 1980년대부터는 오히려 가족주의문화가 다시 부활하는 것으로 알려져 있다. 특히 새로 제정된 '가족법'(1990.10.24) 제15조는 "가정을 공고히 하는 것은 사회의 건강한 발전을 위한 중요한 담보"라고 규정함으로써 가정의 중요성을 더욱 강조한다(이헌경, 2001). 그리고 본 연구의 대상인 「벗」의 주인공이 이혼의 위기를 넘기고 다시 결합한다는 것이 이 소설의 대단원을 이룬다는 점을 고려하면, 이 소설 전체가 궁극적으로는 가족과의 합심을 지향하는 셈이다.

그러나 가족 구성원들 사이의 합심이 늘 이루어질 수는 없다. 북한사회도 예외는 아닐 것이다. 실제로 「벗」에는 부부 사이의 불합심의 사례가 다양하게 등장하고 있다. 아래 인용문은 그 대표적 예이다.

"저는 (…) 남편과 의가 맞지 않습니다. (…) 못 살겠어요. 도저히! (…) 우린 잘 못 결합되었어요. 성격이 정반대예요"(18쪽).

통상 타자와의 공정한 관계를 의미하는 의(義)가 맞지 않으면 마음이 상하게 된다. 그것은 의(義) 속에 타자의 관계를 매개하는 진심에 대한 기대와 신뢰, 즉 진심과의 합심이 전제되어 있기 때문에 의가 깨어지면 당사자는 마음에는 큰 상처를 입게 되는 것이다. 아래 인용문은 남편이 아내의 마음에 돌이킬 수 없는 상처를 주어 이혼에 이르게 된 이야기이다.

> 그 여자는 한 번도 남편의 마음속에, 전정 속에 들어가 보지 못하였다. 남편은
> 가슴의 문을 열어주지 않았다. (…) 남편은 자기를 안해가 아니라 식모로, 아이
> 보개로 여기는 것 같았다(26쪽).

위 인용문을 보면, 아무리 북한사회에서 건강한 가정을 강조하더라도 부부관계가 이 정도에 이르면 이혼은 불가피함을 잘 보여준다. 동시에 그 행간을 읽어보면, 위 인용문은 부부관계가 이 정도의 불합심에 이르러서는 안 된다는 사실, 나아가 부부간의 합심이 중요하다는 사실을 암시하고 있다.

④ 자신의 본심(혹은 양심)과의 합심

인간의 천부적 본심(혹은 천심)과의 합심을 지향한 유교사상나 불성의 내재성을 전제하고 있는 불교문화가 발달한 한국(전통)사회에서는 가장 중요한 합심 유형은 자신의 본심과의 합심이었다(유승무·박수호·신종화, 2013). 비록 북한사회의 경우 수령이나 당, 사회주의체제 등과의 합심을 강조하고 있지만, 양심의 문제가 개입되는 경우에는 궁극적으로 자신의 본심과의 합심 여부가 매우 결정적인 의미를 갖는다. 백남룡의 소설 「생명」은 이를 가장 잘 포착한 소설이다. 아래 세 가지 인용문을 보자.

> 복부외과 과장을 위한 일이 한 걸음 한 걸음 량심의 대숲을 헤쳐나가는 어려운

길이며 자신의 그늘을 몰랐던 본심과 싸워야 하며 타협과 원칙의 예리한 칼날 우에 올라서는 준엄한 일이라는 걸 점점 통감하게 되었다(239쪽).

애써 마음을 진정시키려고 했으나 흥분은 점점 부풀어 올라 숨 막힐 것 같았다. 억눌렸던 그 순결한 본심이 일떠서 가슴속에 폭풍을 일으킨 것이다. 모질게 상처 입은 량심에서 흘러나온 피는 혈관 속으로 뜨겁게 흘러들었다(243쪽).

청춘시절에 조국을 지켜 피를 흘렸고, 오늘은 사람들에게 즐거운 기분, 정서생활의 만족을 주기 위해 빗자루와 쓰레기통을 들고 길가에서 일하는 사람, 그것을 자기의 본분으로 여기고 하루도 빠짐없이 성실히, 그리고 법관처럼 엄격히 수행하는 사람, 량심에 티 한 점 없이 깨끗한 그를 만나서 어떻게 지난날과 같이 사심 없는 인사말을 건늬고 담뱃불을 나누고 날씨를 물을 수 있을 것인가. (…) 가슴속이 맑은 하늘처럼 깨끗한 사람을 피하는 것, 그것은 자신에 대한 기만이며 다시 한 번 그 비자루 쥔 사람의 성실성을 배신하고 모욕하는 것이 아니랴!(245쪽)

위 인용문을 보면, 북한사회에서도 행위자에게는 내면의 양심(필자는 이를 본심이라 부른다) 혹은 그 양심과의 합심이 공공성을 확보하는 것이 무엇보다도 중요하다는 점이 잘 나타나 있다. 이는 공공질서가 법이나 제도만이 아니라 행위자의 마음 상태에도 결정적인 영향을 받는다는 사실을 암시하며, 바로 그러한 점에서 오늘날 북한사회도 여전히 합심주의 마음 문화가 살아 있는 합심사회로 간주할 수 있다.

4. 맺음말

지금까지 살펴보았듯이 오늘날 북한에도 합심주의적 마음 문화가 매우 발달해 있다. 그렇다면 합심 문화의 사상적·역사적 뿌리가 깊고 길다면(유승무·박수호·신종화, 2013; 유승무·신종화, 2014), 그리고 마음이 사회적인 것의 에너지를 조율하는 그 무엇이라면, 합심주의 마음 문화와 그 에너지는 통일논의에도 모종의 실천적 함의를 가질 것이다. 더 구체적으로 말하면, 합심주의 마음 문화가 오늘날 남북한은 물론 그전부터 한반도에서 살아온 사람들의 사회적 삶속에서 가꾸어온 문화라면(합심주의적 마음의 습속 혹은 마음버릇), 합심주의문화는 통일의 문화적 기반, 즉 사회통합의 전제조건이 될 것이다.

바로 이 부분이 그동안의 통일 논의와는 차별화되는 지점이다. 사실 그동안의 통일 논의는 연방제 논의처럼 정치체제의 통일 방안을 모색하는 것과 통일 비용과 관련된 경제적 논의를 중심으로 전개되어 왔다. 그리고 막연하게 남·북한이 공유하고 있다고 생각하는 전통문화를 근거로 사회통합을 추진해야 한다는 당위론적 주장만이 있어왔다. 합심주의 마음 문화는 그동안 막연하게 언급되었던 전통문화를 더 구체적으로 특정하고 있다는 점에서 기존 논의보다 진일보했다고 평가할 수 있다. 사실 기존 논의에서 언급되었던 전통문화의 실체는 남한과 북한 모두에서 상당한 변용을 겪어왔기 때문에 통합의 근거로 활용하기에는 한계가 있을 수밖에 없다. 남한은 산업화의 과정에서 전통문화의 상당 부분을 폐기하였고, 북한은 사회주의체제의 건설 과정에서 전통문화를 정치적 목적에 따라 왜곡했기 때문이다. 그런 점에서 전통문화의 구체적 형식으로서 합심주의 마음 문화는 통일 과정에서 제기되는 사회통합 프로그램을 기획하고 실현하는 데 유용한 자원으로 활용할 수 있을 것이다.

그러나 합심주의 문화를 공유한다는 조건은 형식적 조건일 뿐 그 내용은 매우 이질적 요소를 많이 포함하고 있다. 특히 남한과 북한은 70년 이상 서로 상반된 사회체제 속에 살아왔을 뿐만 아니라 분단의 장벽에 막혀 진정한 마음의 소통을 나누어보지도 못했다. 그렇기 때문에 남북한 사이의 합심이 정치경제체제의 통일이란 우회로를 거쳐서 완성되는 부분도 분명히 존재할 수밖에 없다. 특히 사회주의체제와의 합심, 수령과의 합심, 당과의 합심 등은 정치경제체제의 변화 없이는 좀처럼 바뀌지 않을 것이다. 그리고 바뀌더라도 마음의 습속이 바뀌기까지는(마음버릇을 고치기까지는) 오랜 시간의 지체가 수반될 수밖에 없을 것이다.

어느 탈북자가 쓴 책, 『이념과 체제를 넘는 북한 변화의 미래』(장대성, 2014)의 마지막 결론에 전적으로 동감하면서 이 글을 맺는다.

통일은 서로가 마음을 열고 경제적 통일부터 시작해서 외교와 국방 등 국가기구의 통일을 거쳐 체제까지 아우르는 정치적 통일로 완성된다. 하지만 그것만이 통일의 전부는 아니다. 오히려 이러한 구조적 통일보다 더 어려운 것이 문화적·심리적 통일일 것이다. (…) 그래서 진정한 통일은 우리의 마음까지도 모두 하나가 되는, 그래서 서로 편해지는 때라야 완성된다고 할 수 있다. (…) 결국 통일은 시작도 끝도 우리의 마음에서 비롯되는 것이다(장대성, 2014: 228~229).

제12장

배려, 세계사회와 마음 씀씀이

1. 머리말

우리는 이 글에서 인간의 사회적 삶에서 배려는 필요불가결한 요소라고 전제한다. 배려는 글자 그대로 짝[配]을 염려(念慮)하거나 혹은 짝이 처한 상황을 고려(考慮)하는 마음이나 그 표상(언어, 태도 등)으로 이해할 수 있다. 이 경우, 짝이 생성되는 순간 그 짝 사이에는 소통으로서 사회가 작동하여 사회적 실재를 구성하거나 사회적 상황을 정의하게 되며 동시에 각 짝은 그렇게 구성된 사회적 실재의 기반 위에서나 사회적으로 정의된 상황 속에서 서로서로를 향해 모종의 배려를 하게 될 것이기 때문이다. 배려가 사회적 삶의 존재론적 위상을 갖는다면, 배려는 개인이나 인간관계의 차원을 넘어 사회적 차원의 구조적 작동 및 그 파생물인 의미구성과도 불가분의 관계를 갖는다.

작은 옛 이야기 하나를 소개한다. 안동의 무실마을에서는 격심한 흉년의 경우 양식이 떨어진 가정마다 그 마을 섬학소(贍學所)[1]의 쌀을 나눠주곤 했는데, 그 쌀을 당사자가 직접 가져가도록 하기보다는 마을 청년들이 아무도 모르게 그 집에 갖다 주도록 하는 관행이 있었다. 이 관행에는 동족 마을의 공동체, 흉년에 의해 양식이 필요한 사람의 발생이라는 상황, 양식 제공 방법, 쌀을 제공받는 사람에 대한 배려 등이 모두 내포되어 있다. 또한 여기에는 두 가지 차원의 배려, 즉 명시적으로는 쌀을 배급하는 쪽에서 수급자를 배려하고 있지만 동시에 마을의 아동교육기금을 자신이 사용하는 것에 대한 수급자의 염려까지 배려하는 마음이 내포되어 있는 것이다. 이렇듯 깊은 배려의 문화가 풍부하게 살아 있을 때, 다음과 같은 조언은 사람들의 마음에 깊은 공감을 불러일으킬 것이다.

> 여름에 솜옷을 입은 사람이 한자리에 앉아 있으면 아무리 덥더라도 덥다고 하지 말고, 홑옷을 입은 사람을 보면 추운 겨울이라도 춥다고 하지 말며, 굶주린 사람을 보고 밥을 먹을 때에는 음식의 간이 맞지 않은 것을 탄식하지 말라(이덕무, 2013).

이러한 전통적 배려 문화가 사회적 삶의 기반으로 계승되고 있다면 흉년의 고단한 삶이나 가난조차도 오히려 아름답게 극복할 수 있을 터이지만, 최근 한국사회에서는 이러한 배려의 가치나 공존의 가치보다 자신의 생존의 가치를 우선시하면서 배려 문화가 급격히 실종되어 왔다. 심지어 혹자는 배려를 가진 자만의 시혜쯤으로 생각하고 매우 부정적으로 인식하기도 한다. 학교교육에서도 수신이나 배려와 같은 마음개발교육이나 정서함양교육보다는 인지적 기술교육을 지나치게 강조해 왔다. 이를 반증이라도 하듯 최근에는 배려

1_ 무실의 섬학소는 매우 큰 면적의 섬학전을 운영하고 있었는데, 여기에서 섬학전이란 고려시대뿐만 아니라 조선시대에 교육기관의 경비를 충당하도록 지급되던 토지를 말하는 것으로, 무실의 섬학소는 바로 여기에서 유래한 섬학전을 운영하던 일종의 교육재단이었다.

교육에 대한 목소리가 요란하다. 예컨대 국가에서는 2015년에는 '인성교육진흥법'을 제정하여 별도로 배려 덕목을 교육에 포함시키고 있으며, 2015년 개정 국어교육에는 배려 표현을 포함할 것을 장려하는 지경에 이르렀다. 이는 오늘날 우리 사회에서 배려 문화의 육성이 매우 절실함을 의미하기도 하지만 배려 문화가 실종되었음이 무언으로 강변되는 것이기도 하다.

특히 세계화 시대에 들어서면서 우리의 '짝'으로 등장한, 피부색과 언어가 다르면서도 가난한 세계사회의 '다른 사람'에 대한 배려는 인색하기 짝이 없다. 배려가 짝을 염려하는 마음과 직결되는 현상이라는 사실을 고려하면, 그리고 의식이나 마음현상은 사회체계의 진화 결과에 연동되어 비로소 변화하는 특성을 갖는다는 사실(Moeller, 2006)을 고려하면 더욱 그렇게 보인다. 게다가 오늘날 한국사회에서는 세계사회적 조건과 국민국가적 상황이 사회적 실재로서 공존하고 있기 때문에, 아직까지도 대다수 한국인들은 세계사회의 일원이라는 마음이나 세계시민의식을 갖고 있지 않거나 갖고는 있더라도 그것을 배려 표현으로 실행하는 못하는 경우가 적지 않다. 또한 대다수 한국인들은 단일민족이란 '상상의 공동체'(Anderson, 1991) 속에서 살아가기 때문에 세계사회의 '다른 사람'을 제대로 이해하기보다는 국민국가의 경계에 따른 차이성, 이질성, 다양성 따위로 해석하는 의식구조를 갖고 있으며 실제로 그들을 국민국가의 '이방인'으로 응대하고 있기도 하다.[2] 게다가 해방 이후 한국사회의 특유한 서구의존적 발전경로 때문에 국경의 구분에 따른 차이성은 오직 서

2_ 외국인, 외국인 노동자, 방문노동자, 이방인 등과 같은 표현뿐만 아니라 탈영토화/재영토화와 같은 개념도 국민국가 혹은 국민국가의 지리적 경계선을 '우리'의 기준으로 설정할 때 비로소 성립되는 개념이다. 그렇기 때문에 이러한 개념들은 국경과 같은 지리적 경계나 국민국가가 더는 큰 의미를 갖지 못하는 것으로 전제된 이른바 '세계사회'의 구성원을 지칭하기에 부적합하다. 이에 이 글에서는 이들을 '세계사회의 다른 사람'이라고 쓰고 다음 절에서 그들에 대한 작업적 정의를 시도할 것이다.

구와 비서구 혹은 선진(우등)과 후진(열등)의 차별이라는 의미구조로 왜곡되어 있기도 하다(유승무, 2010). 그 결과 외국인, 특히 개발도상국 출신 외국인에 대한 배려의 태도가 매우 취약하다.[3]

오늘날 한국사회가 이미 세계사회로 변모했다는 사실 그리고 그중에서도 특히 정치나 경제 등과 같은 현대사회의 기능체계들은 이미 세계사회 속에서 작동하고 있는 현실을 감안한다면, 현실적으로 세계사회의 '다른 사람'과 짝지어 살아야 하는 것이 불가피하기 때문에, 피부색이 다르고 언어가 다른 가난한 사람들에 대한 배려의 태도를 체득하는 것이야말로 오늘날 한국사회가 해결해야 할 시급한 사회적 과제 중 하나임이 분명하다. 물론 지금까지 한국사회도 이러한 시대적 과제에 그 나름의 방식으로 응전을 해왔다. 우선 정부 차원에서는, 그 내용이 결코 만족스럽지는 않지만 외국인과 관련된 법제들을 제정 혹은 개정하면서 대응해 오고 있다.[4] 매스미디어에서도 다문화가정이나 외국인의 삶에 대한 이해를 증진시키려는 프로그램을 과거에 비해 상대적으로 많이 편성하고 있다.[5] 또한 외국인 노동자나 다문화가정을 돕는 시민단체가 꾸준하게 활동하는 등 시민사회운동 차원에서도 이른바 이방인에 대한 관심을 지속하고 있기도 하다.[6] 그럼에도 개발도상국 출신 외국인에 대한 배제의 태도나 '배려하지 않는 태도'가 좀처럼 개선될 기미를 보이지 않는다.[7]

3_ 유승무·이태정(2006)은 오늘날 한국인들이 선진국 출신 외국인에 대해서는 선망의 태도를 보이는 반면에 개발도상국 출신 외국인에 대해서는 멸시의 태도를 보인다는 사실을 실증하고 있다.
4_ 지금까지 외국인 관련 법제에 대한 흐름은 이태정(2012)을 참고하기 바란다.
5_ 계량적 통계를 제시할 수는 없지만, '다문화 고부열전'이나 '이웃집 찰스'와 같은 프로그램은 외국인을 이해시키려는 대표적 프로그램이다.
6_ 설동훈(2005)은 2000년대 초반까지의 외국인 노동자 운동을 잘 분석하고 있는데, 그러한 흐름이 지금까지도 크게 변하지 않고 대체로 지속되고 있다고 생각된다.
7_ 여성가족부가 2015년 9~11월 전국 19~74세 성인 4000명과 청소년 3640명을 대상으

그렇다면 이러한 태도의 지양(혹은 변화)은 가능한가? 그리고 이러한 태도의 지양 가능성과 관련하여, 사람들은 통상 '조금만 더 배려를 하지'라고 말하지만, 과연 배려는 어떻게 개입할 수 있는가? 더 직접적으로 말하면, 오늘날 소통의 장으로서 세계사회는 배려의 의미를 어떻게 구성해 나가고 있으며 행위자의 마음의 표상으로서 배려는 거기에서 어떠한 위상과 역할을 할 수 있을 것인가? 이 글의 목적은 세계화에 따른 '다른 사람' 의미의 구성과 배려 사이의 관계를 연기적 관점에서 이해함으로써 이러한 상호 연결된 일련의 문제제기에 대한 해답을 구해보고자 한다.

2. 이론적 논의

1) 선행연구의 비판적 검토

오늘날 한국사회에서도 배려의 중요성이 부각되고 있기는 하다(고미숙, 2004). 그러나 아직까지도 배려에 대한 연구는 그다지 활발한 편이 아니다. 지금까지 배려에 대한 연구는 크게 세 가지 흐름으로 진행되어 왔다. 첫 번째 흐름은 서구 이론가를 원용하여 배려를 논의하는 연구로서, 나딩스를 원용한 연구(강문석, 2008; 조성민, 2012)나 레비나스를 원용한 연구(이동수, 2006; 박치완, 2012)가 대표적 예이다. 이 연구들은 주로 규범적 차원에서 배려의 윤리를 삶의 원칙으로 간주해야 함을 주장하고 있다. 두 번째 흐름은, 배려의 윤리를 유

로 실시한 '국민 다문화 수용성 조사' 결과, 다문화 수용성 지수는 성인이 100점 만점에 53.95점, 청소년이 67.63점으로 나타났다. 또한 지난 2010~2014년 실시된 6차 세계가치관조사의 '다른 인종에 대한 수용성' 항목에서 한국은 59개국 중 51위에 그쳤다(여성가족부, eNEWS, 2016. 3. 15).

교의 인(仁) 혹은 서(恕)와 연결시키는 연구(한평수, 2006; 조현규, 2007), 불교의
자비와 연결시키는 연구(이상진, 2011), 그리고 유교 및 불교와 연결시키는 연
구(노상우·이혜은, 2010; 이선열, 2012) 등이 있다. 이러한 연구들은 인간의 마음
속에 천부적 본질, 즉 불성이나 자비심, 진정성, 덕이나 인 등이 존재한다고
가정하고 그것을 배려의 윤리로 발전시킬 것을 주문하고 있다. 세 번째 흐름
은 배려를 타자와의 관계를 중심으로 논의하는 연구들로서, 배려 윤리의 과제
를 절대타자의 문제가 아닌 타자 일반(一般)의 문제 해결에 두는 연구(박치완,
2012), 타자와의 관계에 대한 동서양 정치사상 비교연구(이동수, 2006), 배려를
배려자의 몰입·동기·전이와 피배려자의 수용·인식·반응을 통해 완성되는
것으로 보는 연구(이상진, 2011; 조성민, 2012) 등이 그 대표적 예이다.

　이러한 차이점이 있음에도, 선행연구들은 최종적 분석단위를 배려 행위자
와 그들의 태도 변화에 두어서, 배려 대상은 물론 배려자나 배려 대상이 처한
사회적 맥락이 논의에서 배척되었다. 그러나 마음현상으로서의 배려는 자신
과 구별되어 환경으로 선택되는 사회 단위와 연기적 관계를 가지고 있을 뿐만
아니라 그 단위 내부의 소통에서 형성되는 의미와도 불가분의 관계를 갖고 있
다. 심지어 독일 사회학자 루만은 의미조차도 행위자가 생산하는 것이 아니
라 소통의 형식에 의해 구성되는 것으로 간주한다(Luhmann, 2002). 이렇게 볼
때 배려를 행위자의 차원에서만 논의하는 것은, 세계화 시대에 세계사회의
'다른 사람'이 등장하는 것처럼 사회구조 혹은 사회의 변화로 인해 발생하는
새로운 현상이나 대상을 포착하는 데 한계를 갖는다.

　이러한 한계는 이른바 이방인 연구에서도 그대로 반복된다. 지금까지 이방
인에 대한 선행연구는 주로 이방인에 대한 주인의 태도를 중심으로 논의되어
왔으며 그 핵심 내용은 환대와 적대의 이분법적 코드로 축소해 논의해 왔다.
그리고 거기에서 이방인은 국민국가의 경계에서 발생하는 이방인, 즉 '국민국
가의 이방인'이었다.[8] 이러한 연구 역시도 오늘날 이방인의 사회 환경으로서

세계사회를 적절하게 반영하지 못하고 있는바, 그것은 이방인에 대한 인식관심을 행위자에게만 둔 결과로 판단된다. 반면에 매우 시의적절하게도 외국인 노동자에 대한 연구, 다문화가정에 대한 관심, 다문화교육에 대한 연구 등 세계사회의 도래에 조응하는 연구들은 활발하게 이루어지고 있다. 이러한 연구들은 대체로 실증연구나 다양한 사례연구, 계급적 차이를 강조하는 정치경제학적 접근, 정체성의 정치 및 인정의 정치를 강조하는 시각, 시민권을 확장하고자 하는 접근, 문화주의적 접근 등으로 나누어 볼 수 있다.[9] 이러한 연구들의 폭주 속에서도 세계사회의 '다른 사람' 의미의 구성과 마음(배려)의 관계에 대한 논의는 좀처럼 진행되지 않고 있으며, 기존의 연구만으로는 세계사회의 '다른 사람'에 대한 한국인의 배려 태도와 관련된 의문을 해소하는 데 직접적인 도움을 얻기 어렵다.

이러한 한계를 극복하기 위해, 이 글에서는 세계화 시대 '다른 사람' 의미의 구성과 이들에 대한 한국인의 배려 사이의 관계를 연기적 관점에서 이해해 보고자 한다.

2) '사회체계이론'에서 '연기적 이해'로 이동

일찍이 루만(L. Luhmann)은 현대사회가 이미 세계사회로 진입했음을 이론적 차원에서 설득력 있게 주장해 왔다. 실제로 루만은 지금까지의 사회학이 세 가지 전제, 즉 사회는 인간으로 구성된다는 전제, 사회는 국민국가와 같은 지역적 경계로 설정된다는 전제, 그리고 고전적인 '주체 - 객체'의 전제(즉 사회

8_ 이방인에 대한 사회학적 연구는 주로 김광기(2004)와 최종렬(2013)에 의해 이루어지고 있는데, 특히 최종렬의 연구는 문화주의적 관점에서 이방인의 재영토화 현상에 대한 논의를 축적해 나가고 있어서, 이 주제와 더 직접적으로 관련된다.
9_ 자세한 논의는 이태정(2012), 엄함진(2011), 최종렬(2013) 등을 참고하기 바란다.

학자가 연구주체로서 연구대상인 사회를 연구한다는 전제) 등에 기초하여 이루어 짐으로 심각한 인식론적 장애를 겪고 있다고 주장했다(루만, 2015).[10] 그리고 그 대안으로 이른바 '구(舊)유럽적 사고'에 따른 실체론적 관점을 폐기하고 자신의 독특한 구성주의적 사회이론을 제시한다. 루만의 세계사회 개념 및 소통으로서 사회 개념이 그러한 인식론적 산물임은 두말할 나위도 없다.

　루만은 사회를 소통작동으로 구성되는 사회체계로 규정하고, 사회체계는 자기준거적 자기생산(autopoiesis)을 하는 폐쇄체계(closed system)라고 주장한다. 이러한 자기생산적 체계이론의 관점에서 관찰할 때, 세계사회의 '다른 사람'은 사회체계 혹은 전체사회의 기능체계가 국민국가에서 세계사회로 확장하면서 발생한 자연스러운 사회적 현상이다. 그리고 루만에 따르면 의식이나 마음은 사회체계와는 독립적으로 작동하는 심리체계이기 때문에 그 환경인 사회체계와 구조적으로 연동되어 있고, 따라서 배려와 같은 마음 현상의 등장 및 변화도 그 둘 사이의 공진화 과정으로 설명할 수밖에 없다.

　이 글에서도 기존 사회학의 세 가지 인식론적 장애를 폐기하고 사회를 소통으로서 구성되는 것으로 간주하는 루만의 시각을 수용한다. 그러나 우리가 보기에 이러한 루만의 사회체계론 및 구조적 연동 개념에도 다소 한계가 내재되어 있다. 루만은 의식, 마음 등을 심리체계로 전제함으로써 의식이나 마음을 구성하는 사회적 요인을 배제하고 있다. 게다가 심리체계와 사회체계는 각각 서로서로 체계와 환경의 관계에 있고, 그 관계는 둘 사이의 구별에 근거하며 각각의 체계는 자기준거적으로 생산을 하면서 작동하기 때문에, 심리체계와 사회체계는 구조적으로 연동되어 있기는 하지만 각각의 내부로 침투할 수는 없다. 루만은 다음과 같이 잘라 말한다.

10_ 우리는 연기적 관점, 즉 무아/무상/공의 관점에서 볼 때 기존의 사회학은 $t = 0$을 전제한다는 점 때문에도 인식론적 장애를 겪을 수밖에 없다는 비판을 추가할 수 있다고 생각한다.

마음체계(systems of the mind)와 소통체계는 서로서로 완전히 독립적으로 존재한다. 그러나 동시에 그 두 체계는 구조적 상보성의 관계를 형성한다. 나의 주장은 다음과 같다. "각각의 폐쇄된 체계의 독자성은 구조적 상보성의 필요조건이다"(Luhmann, 2002).

이러한 루만의 논리를 끝까지 밀고 나가면 궁극적으로 의식이나 마음은 심리체계로 그리고 소통체계는 사회적체계로 고정화함으로써, 그 체계들을 '준실체(準實體, pseudo-substance)'로 간주하는 효과로 귀결되거나 해석되는 결과를 피할 길이 없다. 이는 루만이 인식론적 차원에서 일체의 실체화를 비판하고, 그 대안으로 구성주의적 사회체계이론을 제시한다는 점에서 의도하지 않은 결과일 것이다. 이러한 체계이론에 따르면 경제체계에서 돈 거래는 지불 - 비지불의 코드로만 작동하는 것으로 간주될 뿐 상대방에 대한 배려가 거래에 개입되는 또 다른 측면, 예컨대 거래 상대와의 관계나 상대방이 제공한 배려 여부가 돈 거래에 개입하고 있는 현실의 또 다른 측면을 설명할 수 없다. 바로 이러한 문제점 때문에 이 글에서는 한편으로 루만의 작동적 구성주의를 적극적으로 수용하면서도 다른 한편으로 사회체계론적 관점보다는 연기적 관점에서 사회체계(세계사회)과 심리체계(배려 현상)의 관계를 이해하고자 한다.

그렇다면 왜 연기적 관점인가? 단도직입적으로 말하면 연기적 관점은 '루만이 보지 못하는 것을 보고 있다[11]'고 판단되기 때문이다. 좀 더 자세하게 설

11_ 루만은 2차 질서관찰의 필요성과 관련하여서 관찰행위의 맹점, 즉 자기 자신이 자기 자신을 관찰할 수 없는 것을 또 다른 관찰자가 다시 관찰할 수밖에 없다고 주장한다. 루만의 인식론을 정리한 헬가 그립 - 하겔슈탕에(2013)는 이러한 맹점을 태초에 역설이 존재할 수밖에 없다는 것으로 설명하는데, 바로 거기서 '나는 네가 보지 못한 것을 본다'라는 표현을 사용하고 있다. 그리고 그것이야말로 루만의 인식론을 가장 잘 표현하고 있다는 설명을 덧붙인다. 우리가 보기에, 연기적 관점에서 보면, 루만의 인식론 역시도 이 덫으로부터 자유롭지 않은 것 같다.

명하자. 우선, 사회로서의 세계사회와 마음현상으로서의 배려 사이의 관계를 연구대상으로 설정한 우리의 인식관심이 양자의 관계를 연기적 관점에서 이해한다는 것은 세 가지 범주, 즉 세계사회, 마음, 그리고 그 관계 모두를 각각 연(緣)에 의해 발생[起]하는 현상으로 관찰함을 의미한다. 동시에 이는 그 어떤 범주도 내적으로 불변하는 핵이나 본질을 갖고 있지 않기 때문에 결코 실체화될 수 없음을 의미한다. 전통적으로 불교는 이러한 연기현상을 무아, 무상, 공(空)과 같은 개념으로 파악해 왔는데, 이러한 개념들은 사회체계론적 관점의 한계, 즉 체계의 고정화 혹은 실체화의 가능성을 원천적으로 차단하는 효과가 있다. 게다가 이러한 연기적 관점을 선택하는 순간 구별의 이면(세계사회)과 저면(배려의 마음)은 상즉(相卽)하는 동시에 상입(相入)한다.[12] 이는, 루만의 주장과는 달리, 사회도 어떤 방식으로든 마음에 침투하지만 마음도 소통을 통하여 사회에 재진입할 수 있음을 의미한다. 그리고 그러할 때 어떤 대상을 관찰하는 사람의 인식도 주체가 심리적으로 구성하는 것이 아니라 사회적으로 구성된다는 루만의 테제가 더 설득력을 가질 것으로 생각된다. 또한 연기적 관점에 따르면, 의식이나 마음은 심리체계로 고정되거나 실체화되기보다는 육체, 이성, 감성, 의지, 상상력, 대상의 연기적 작용의 결과물로 간주할 수 있을 뿐만 아니라 사회(체계)와도 지속적으로 연동하면서 구성되는 그 무엇이다. 그렇다면 우리가 관심을 갖는 세계사회뿐만 아니라 마음이나 의식까지도 각각 연(緣)의 작동에 의한 우연적 단위일 뿐이다.

또한 연기적 관점에 따르면, 사회와 마음의 관계는 상즉의 관계만이 아니라 그들 사이의 상입, 즉 이러한 단위 사이, 개별 단위 내부 요소와 다른 단위 사이, 그리고 각각의 단위 내부의 요소들 사이에도 상호침투의 관계가 존재한다. 게다가 연기법을 깨달은 붓다가 신, 운명, 우연, 조상신 등에 의한 결정론

12_ 불교의 상즉상입 개념에 대한 자세한 논의는 유승무(2010)를 참고하기 바란다.

을 부정한 사실이 시사하듯이, 그들 사이의 관계에도 중층적 상호인과율[13]이 작동한다. 이러한 중층적 상호인과율에 따르면, 그 어떤 현상도 내적으로 불변하는 본질을 갖는 것이 아니듯이 어떤 외적인 요소나 외부의 힘이 절대적 결정력을 가지는 것도 결코 아니다. 오히려 모든 현상은 선택된 단위 내부의 연과 외부의 연이 상호의존적으로 발생한 결과일 뿐이다. 이는 결과적으로 다음을 암시한다. 연기법이 전제하는 구별의 이면과 저면 사이의 상즉상입 관계 혹은 두 면 사이의 소통은 내적 준거와 외적 준거가 다함께 소통에 영향을 미치는 것으로 간주하는 루만의 사회 이론과 유사하지만, 내적 준거와 외적 준거의 관계를 상입의 관계로 설정한다는 점에서 루만의 사회이론과는 명백히 다르다.

이상의 논의를 우리의 연구 주제에 적용하면, 세계사회의 '다른 사람'에 대한 배려의 발현[起]은 그 다름, 즉 구별에 의해 발생하는 단위인 행위자 내외의 각각의 연, 즉 마음의 연과 세계사회적 연 및 국민국가적 연이 중층적으로 상호침투한 결과로 관찰하는 것이 타당할 것이다.

3. 세계사회의 형성과 '다른 사람' 의미의 연기적 구성

1) 세계사회의 형성

세계사적으로 볼 때, 19~20세기는 민족과 국가가 가장 큰 영향력을 발휘한 '국민국가의 시대'였다(Hobsbawm, 1992). 식민지배의 확대와 전쟁을 거치면

13_ 중층적 상호인과율은 12연기의 구조에서 분명히 드러나는데, 메이시(2004)는 이를 일반체계이론의 상호인과율과 유사한 것으로 간주하고 있다.

서 국민국가는 정치적 질서의 중심이 되었다. 국민국가는 다른 국가와의 인정, 경쟁, 연합을 통해 존재가치를 확인했으며, 국가 간 경쟁을 위해 내부적으로 자원을 동원하는 과정에서 구성원의 동질화와 국가하부구조의 완성이 자연히 이루어졌다(Tilly, 1990). 한마디로 국민국가는 근대사회에서 국가라는 정치단위가 내부적으로 동질화되고 문화적으로 통합된 인구구성(정치적 공동체로서 '민족')을 가지게 되었고 개인은 무엇보다 민족과 국가의 구성원으로서 스스로를 확인하게 되었다(Calhoun, 1997; Smith, 1998). 특히 일제 식민지와 연이은 내전을 경험한 한국사회에서 민족-국민이라는 정체성은 절대적인 것으로 취급되었다. 식민피지배, 한국전쟁, 그리고 전후 경제개발을 통한 국제경쟁의 시대를 거치면서 민족과 국민정체성은 가장 중요하고 지배적인 정체성으로 자리 잡았다(김영희 외, 2009).

그러나 이른바 대처리즘 혹은 레이거노믹스로 상징되는 신자유주의 세계화가 전 세계로 전일화되면서, 한때는 동방의 '은자의 나라'였던 한국사회도 1990년대 이후 급속히 세계사회(world society)로 변모하기 시작하였다. 많은 한국인들이 세계 곳곳으로 진출하면서 그야말로 넓고 다채로운 세계를 실감하고 돌아오기도 하였지만, 많은 외국인들이 때론 관광객이나 기업인으로 혹은 노동자나 결혼 이주자로 한국 땅에 유입되기 시작하였다. 한국인이면서도 외국에서 이방인으로 살아보거나 살아가는 사람들도 늘어났지만 외국인이면서도 한국 땅에서 살아보거나 살아가는 이방인들도 늘어나는 추세이다. 향후에도 이 추세는 더욱 가속화될 것이다. 그 결과 시간의 흐름에 따라 한국사회도 점차 순수한 국민국가를 넘어 세계사회로 변모해갈 것으로 전망된다.

세계사회의 도래는 민족정체성의 우위성과 당위성, 나아가 그 구성 원리에 대해 심각한 의문을 제기하고 있다. 기존의 민족구성원 혹은 모국을 떠났던 민족구성원들뿐만 아니라 경제적 활동의 필요에 의해 유출 - 유입되는 다양한 타 민족 - 타 국민을 통해 한국사회의 인적 구성이 유례 없이 다양하게 변했다(설동훈, 1999). 한국사회에서는 전통적으로 혈연적 원칙(혹은 속인주의, jus sangunis)이 자동적으로 적용되었는데 이제는 현실적으로 순수한 혈연적 원칙의 고수가 불가능하게 되어 시민권적 원칙(혹은 속지주의, jus soli)이 혼합되어 적용되는 상황으로 변화하고 있다. 이에 따라 '국적'이라는 용어와 '시민권'이라는 용어가 혼용되게 되었고, 혈연적 원칙에서 예외적으로 인정되던 '귀화'라는 과정이 '시민권 획득'이라는 근대사회적 정치공동체의 보편적 과정과 함께 쓰이게 되었다. 나아가 경제적 활동의 편의를 위해 '영주권'이라는 용어도 새롭게 등장하여 한국사회의 정치구성원이 가지는 자격도 다양화되었다. 국민 - 민족은 혈연공동체가 아니라 정치적 공동체로서 인식되어야 한다는 주장이 이러한 현실적 필요를 배경으로 힘을 얻고 있기도 하다(최현, 2008; 이철우, 2008).

이렇듯 현대 한국사회에서 삶의 공동체의 구성 원칙이 변화함에 따라 유동적이고 분절적으로 존재하는 복수의 정체성이 점차 가시화되고 있다. 그렇기 때문에 다양한 정체성이 서로 공존하면서도 최소한의 공통분모에 기초한 통합적 정체성도 새롭게 구성될 필요가 있다. 여기에서 유일한 공통분모란 두말할 나위도 없이 세계사회라는 새로운 삶의 조건이기 때문에 새로운 정체성 구성의 과제도 세계사회의 '다른 사람'에 대한 의미가 세계사회란 삶의 조건에 조응하도록 재구성될 때 비로소 달성될 것이다.

2) 세계사회의 '다른 사람' 의미의 연기적 구성

한때 우리 사회에서 '우리가 남이가'라는 말이 유행한 적이 있다. 우리 사회의 언어 습관에서 '우리'와 '남'은 각각 자율적 단위로서 분명한 경계선을 갖는다. '우리'는 '남'과 대비되는 경계선 안의 집단, 즉 내집단이고 '남'은 '우리'와 구별되는 경계선 밖의 집단, 곧 외집단을 각각 지시한다.

그러나 이쪽과 저쪽을 구별하는 경계선은 상황에 따라 다르게 설정된다. 상황에 따라 구별의 경계선이 축소되면 한때는 '우리'에 속했던 사람이 '남'이 되기도 하지만, 경계선이 확장되면 과거에는 '남'이었던 사람이 새롭게 '우리'가 되기도 한다. 예컨대 나를 구별하기 위해서는 나 이외의 모든 사람이 '남'이 되지만, 특정한 사람이 자신의 가족을 구별할 때에는 자신의 가족 이외의 대상이 모두 '남'이며, 국가 간 축구경기처럼 자신의 소속 국가를 구별할 필요가 있을 경우에는 자신의 소속 국가 이외의 모든 국가가 다 '남'이 된다. 그 반대도 마찬가지이다. 평소 가족 이외의 사람이기 때문에 '남'으로 지칭되는 사람들도 한일전 축구경기를 시청할 때는 모두 '우리'가 되기도 한다.

실제로 다양한 우여곡절을 경험할 수밖에 없는 구체적 인간의 사회적 삶에는 그 굴곡만큼이나(혹은 그 이상으로) 다양한 구별과 그 구별을 가르는 경계선들이 중층적으로 복잡하게 설정되어 왔고(혹은 사라져 왔고) 또 새롭게 생겨나고 있다. 그러나 구별의 경계선이 어떻게 설정되든지 간에 여하튼 특정한 경계선이 설정되는 순간, 그 구별은 다시 구별된 것 속으로 재진입함으로써 그 선택 단위가 작동하기 시작한다. 더 구체적으로 말하면 '우리'와 '남'이 구별되는 순간부터 그 구별은 '우리' 속으로 재진입하면서 우리란 독자적 단위가 사회적 작동을 시작한다. 여기에다 시간은 중단 없이 지속되고 있기 때문에 그 구별은 반복된다. 이 반복과 동시에 이제 복잡한 세계는 '우리'와 '남'의 관계 혹은 '친밀함'과 '친밀하지 않음'의 관계 형식으로 축소(reduction)된다. 그리고 우리와 남 사이의 관계 형식이 반복되면서 의미의 구조가 만들어지고 그것이 한국인의 마음과 구조적으로 연동되기도 하고 표류하기도 하면서 그 관계형식과 의미는 공진화를 거듭해갈 것이다.

이러한 사회적 과정은 무수한 '우리'를 생성시키는 과정인 동시에 '우리'와는 다른 무수한 '남'들을 생성시키는 과정이기도 하다. '우리'의 경계가 설정되는 바로 그 순간 그 우리의 '남'이 생성된다. 그러나 여기에서 '남'은 우리의 수

동적 존재는 결코 아니다. 비록 '우리'에게는 '우리'가 보지 못하는 '무표공간 (unmarked space)'[14]으로 무시되어 왔지만 그것이 '남'에게는 자신의 생존 공간이자 창조의 공간이기도 하다. 게다가 '우리'조차도 분명한 경계선 저편에 우리의 '남'이 존재해야 비로소 존재할 수 있다. 국경을 기준으로 보면 외국인이 '남'으로 존재해야 한국인이 모두 '우리'가 될 수 있듯이, 외국인을 고용하고 있는 회사를 단위로 선택하면 대부분의 한국인들도 '남'이 될 수 있고 비로소 우리 회사의 외국인 노동자는 '우리'가 될 수 있다.

이렇게 볼 때, '우리'와 '남'의 관계는 상호인과율을 갖는다. 여기에서 '남'과 '우리'의 관계는 상호모순적이거나 상호배제적인 차원만 갖는 것이 아니다. '남'과 '우리'의 관계는 서로서로 명백히 구분되는 자율적 단위가 되기 때문에 오히려 그들 사이에는 상호의존적이고 상호보완적 관계가 성립된다. 좀 더 이론적으로 정리하면 '다른 사람'은 특정한 경계선 안쪽의 각종 연(緣)뿐만 아니라 경계선 밖의 연(緣)이 상호인과율로 작용할 때 탄생하는 사람들이다.

현대 한국사회 속에서 살아가는 우리의 삶의 터전이 이미 세계사회라면, 세계사회에 조응하는 '다른 사람' 혹은 '남'은 누구인가? 그것은 세계사회에 조응하는 '우리', 즉 세계사회적 차원의 이해관계를 공유하는 사람들이 '우리'라는 의미로 재구성될 때 그와 동시에 발생하는 '우리'의 경계 밖의 사람들이다. 이러한 의미론에 따르면, 세계사회에서는 과거의 국민국가의 이방인이나 외국인과 이해관계를 공유할 경우 그들이 바로 '우리'가 되며 과거의 국민국가의 '우리'도 지금 여기의 이해관계와 무관할 경우 '남'이 될 수도 있다. 예컨대 세계사회의 경제적 삶에 따라 상품이나 정보뿐만 아니라 사람들조차도 과거의 국민국가의 경계를 넘어 초국적 이해관계로 얽혀 있다면, 국적 여부와 무관하게 그 이해관계를 공유하는 사람들은 '우리'이고 '우리'의 경계 외부에서

14_ 이에 대한 간략한 설명은 뮐러(Moeller, 2006: 226)를 참고하기 바란다.

살아가는 사람들은 '남'이 된다.

　이렇듯 세계사회의 작동으로 재구성되는 의미는 국민국가로 구성되었던 의미와는 다르다. 국민국가를 실체론적 관점에서 고정시키면 세계사회에서 재구성된 '우리'의 의미가 정체성 혼란으로 해석되겠지만, 세계사회를 연기적 관점에서 관찰하면 유동하는 정체성은 소통으로서의 사회를 작동시키는 새로운 형식의 의미가 된다. 이러한 새로운 의미론에 따르면 국민국가의 이방인이나 외국인은 세계사회의 '우리'로 재해석될 수 있다. 예컨대 다문화가정을 이루고 살아가는 베트남 출신 아내가 나의 아내이자 내 아이들의 어머니, 즉 '우리' 가족이 되듯이, 우리 회사의 캄보디아 출신 직원은 '남'이 아니라 '우리' 회사의 구성원이다. 그렇다고 하여 오늘날 한국사회에서 국민국가가 사라졌다거나 국민의 정체성이 완전히 해체되었다는 것은 결코 아니다. 오히려 오늘날 한국사회 속에서는 국민국가와 세계사회가 공존하고 있으며 국가주의 및 동화주의가 세계시민의식과 동거하고 있다. 다음 다문화가정 공익광고의 내레이션에는 국민국가적 개념과 세계사회의 이미지가 공존하고 있다.

> 김치를 정말 좋아하는 한국인
> 한강을 누구보다도 사랑하는 한국인
> 한국의 아기를 낳은 한국인
> ......
> 다문화가정, 우리와 다르지 않은 소중한 이웃입니다.
> 우리의 따뜻한 시선으로 더 행복한 대한민국이 됩니다.
> (엄한진, 2011: 129에서 재인용)

그러나 분명한 것은 세계사회가 점점 더 확산되어 간다는 사실이고 세계사회의 '다른 사람'이 '우리'가 될 가능성도 그만큼 커진다는 사실이다. 그렇다면 이러한 의미구성의 변화에 조응하는 배려는 어떻게 가능할 것인가?

4. 세계화 시대 '다른 사람'에 대한 배려: 사례를 통한 문제제기

1) 세계화 시대 '다른 사람'의 의미 구성에 따른 배려의 과제

앞에서 세계사회의 형성과 세계화 시대라는 맥락 속에서 세계사회의 '다른 사람' 의미가 새롭게 구성될 개연성을 연기적 논리에 근거하여 제시해 보았다. 그럼에도 아직도 대다수의 한국인은 이들을 국민국가의 경계선을 따라 '국민국가의 이방인'으로 이해하고 있다. 그리고 여전히 개발도상국 출신 외국인에 대한 차별적 태도가 지속되고 있다.

오늘날 대부분의 한국인이 피부색이 다르고 언어가 다른 개발도상국 출신의 세계사회의 '다른 사람'에 대해 보이는 태도는 크게 두 가지 유형, 즉 일시적 '다른 사람'에 대한 태도와 영구적 '다른 사람'에 태도로 나누어진다. 여기에서 영구적 '다른 사람'이란 자신의 국적뿐만 아니라 고국에 자신의 가족 등 삶의 기반을 그대로 간직한 채 돈을 벌기 위한 목적으로 일정 기간 홀로 한국사회에서 생활하다가 다시 자신의 고국으로 돌아가는 '다른 사람'을 말한다. 반면에 일시적 '다른 사람'은 한국인으로 귀화했거나 국제결혼을 통해 한국의 가족의 일부가 된 경우이다. 한국인들의 태도는 영구적 '다른 사람'보다 일시적 '다른 사람'에게 더 호의적인 배려를 할 가능성이 크다. 특히 다문화가족의 구성원이나 그 가족의 친척들로서는 더욱 그러할 것이다. 왜냐하면 앞에서 언급한 다문화가정 공익광고의 내레이션에서 분명하게 알 수 있듯이 오늘날 한국사회는 일시적 '다른 사람'을 '우리'로 인정하려고 노력하기 때문이다. 이러한 사실은, 한국사회의 '우리'와 '남'의 코드를 고려할 때, 일시적 '다른 사람'에 대한 배려의 태도는 시간의 경과와 함께 점차 개선될 가능성이 있음을 시사한다. 반면에 오늘날 한국인들은 이른바 외국인 노동자라고 부르는 영구적 '다른 사람'을 '남'으로 인식하고 그들에 대해서는 적대적인 배려나 무관심한 배려를 유지할 가능성이 높다. 그리고 그 일시적 '다른 사람'에게는 국경이나 가족의 경계선에 따라 차별적 의미를 부여할 것이다. 아래의 몇 가지 사례는 이를 잘 보여준다.

사례 1 여기서 외국인으로 살기

(…) 특히 한국인들 중 일부는 어디서 온 외국인이냐에 따라 태도가 달라진다는 것을 경험하였다. 백인이나 미국 출신이라면 같은 유색인종임에도 아프리카 출신 외국인보다 무언가 우월하다고 생각한다는 느낌을 지울 수 없었다. 이러한 점은 상대적으로 빈곤한 국가가 많은 아프리카계 유학생들이 공통적으로 힘들어하는 부분이다. (…) 한국에서 다양한 경험 중 가장 받아들이기 힘들었던 편견과 도전은 한국인들 대부분이 정확한 미디어와 사실에 근거하지 못한 채 아프리카를 이해하고 있다는 점이다. 그들은 마치 아프리카를 대륙이 아닌 하나의 국가로 인식하는 듯 보였다. 한국인들은 아프리카 대륙의 한 국가에서 사고가 나도 마치 아프리카 대륙 전체에 사고가 난 것처럼 물어보고 판단하는 모습을 보여주었다. (…) 졸지에 에볼라가 창궐하는 국가에 가족친지를 두고 온 처지가 되었다는 편견을 바로잡으려 애썼던 기억이 생생하다(「종교와 평화」, 2015년 10월 20일, 케냐 출신 한국 유학생 하가이 케네티의 에세이 중에서).

사례 2 한국인이니? 아시아인이니?

아들이 5학년 때의 일이었다. 학교에서 돌아오자마자 스쿨버스에서 있었던 일을 이야기하며 눈물을 글썽였다. 한 아이가 아들을 '퍼킹 차이니즈'라며 욕을 했다는 것이다. (…)

"난 '차이니즈'라는 말을 들으면 너무 기분이 나빠. 그래서 내가 '난 코리안이야' 하고 고함을 질렀어." (…)

"그런데 걔가 '코리안이 뭐야?' 하고 진지하게 묻는 거 있지. 걔가 코리아를 모르니까 할 말이 없었어." (…)

"오늘 매튜가 나더러 아시안이냐고 물어보길래 그렇다고 했더니, '그런데 너 지난번에는 왜 코리안이라고 했어?' 하고 묻는 거야. 참 미치겠어." 그러나 조카가 이어서 말을 꺼냈다. "나도 그 질문 열 번도 넘게 받았어. 처음에는 걔들이 바보인 줄 알았다니까. 미국 애들 중에는 한국이 아시아에 있는 줄도 모르고 우리처럼 생기면 다 중국인이라고 생각하는 애들도 많아. 그 질문 받을 때마다 황당하고 기분 나빠 죽겠어." (…)

"아니, 코리아가 저렇게 작은 나라였니?", "혹시 너네 나라 전쟁이 나서 미국으로 왔니?", "너 혹시 북한 김정은 본 적 있니?" 이런 질문들이 쏟아졌다고 했다. 이래저래 아이들은 상처입고 아물기를 반복한다(조형숙, 2015: 138~140).

사례 1에서 알 수 있듯이, 세계사회의 '다른 사람' 중에서도 개발도상국 출신 외국인에 대한 배려 문제가 더 시급한 사회적 과제임이 분명하다. 이들은 '우리'에 비해 상대적으로 더 빈번히 마음아픈 경험을 할 수밖에 없을 것으로 예상된다. 그리고 **사례** 2가 암시하듯이 세계화 시대에는 많은 한국인도 세계사회의 '다른 사람'으로 살아갈 수밖에 없고 그들 역시도 '찢어지는 마음(brokenhearted)'을 간직한 채 살아갈 수 있다. 이렇게 볼 때 **사례** 3이 시사하듯이, 세계사회의 '다른 사람'에 대한 배려의 태도를 배양하는 것은, 소수의 특수한 과제가 아니라, 세계화 시대 세계사회의 보편적 윤리를 확립하는 과제이기도 하다.

사례 3 황인 소년의 사랑과 명예

중학생 아들이 한 미국 여자아이를 좋아한다. (…) "친구들은 내가 황인이니까 황인 여자친구를 사귀어야 한다고 생각해요. 나는 백인 여자애랑 사귀고 싶지 제니와 로렌은 별로야." 그 당돌한 녀석이 인종적인 이유로 황인 여자 친구를 사귀라는 말에 발끈했다. 그러다 녀석을 더 불 지른 것은 데이비드라는 한국계 교민 아이 때문이었다. "황인 남자는, 백인이든 흑인이든 미국 여자애들한테 인기가 없어. 그러니까 여자 사귈 생각은 접고 그냥 아시아 남성의 명예를 지켜야 해." (…) 이 웃지 못할 일화를 그냥 넘길 수 없다. 인종적 편견이 어린 아이들 사이에 활개를 친다. 왜 백인 아이들은 황인끼리 사귀라고 단정 짓는 것일까? 아들은 왜 황인은 싫고 백인 여자애랑 사귀고 싶어 할까? (…) 영주권자인 데이비드는 아시아 남성의 명예를 지켜 열심히 공부해서 성공하면 한국 아나운서나 연예인과 결혼하는 꿈을 꾼다. (…)

아시아인에 대한 몇 가지 고정관념이 있다. 아시아인들은 착실하지만 아시아 남성은 매력이 없다는 것이다. 백인 우월주의에 물든 녀석들의 해프닝은 사실이 세계의 축소판이다(조형숙, 2015: 134~137).

2) 세계사회의 '다른 사람'의 마음에 대한 배려

앞의 사례가 실증하듯이 아직도 많은 한국인들은 국민국가의 경계선에 따른 영토주의적 사고에 젖어 있다. 국가정책은 말할 것도 없고 국가의 이해로부터 상대적으로 자유로운 매스미디어나 심지어 국가의 정책에 저항하는 사회운동조차도 국민국가를 경계로 하는 현실주의적 시각을 유지하고 있다. 한국인의 심리체계는, 근대화 및 산업화를 거치면서 형성된 극단적인 이기주의적 사고방식이 팽배해 있다. 게다가 의식은 자신의 사회 환경, 즉 제도적·조직적 변화가 어느 정도 뚜렷해져야만 비로소 변화를 시작한다는 사실을 감안하면(Moeller, 2006: 225~226), 아직도 이러한 관행적 태도의 실질적인 변화를 기대하기에는 좀 더 인내심이 필요할 것으로 보인다.

바로 이 지점에서 우리는 세계사회의 '다른 사람'의 마음에 주목할 것을 제안하고자 한다. 그 이유는 크게 세 가지 때문이다. 첫째, 앞의 **사례 2**와 **사례 3**이 보여주듯이, 합리적/합법적 인정 척도만으로는 마음속에서 우러나오는 진정한 배려의 태도가 도출되지 않기 때문이다. 둘째, 인정자원으로서 마음은 빈부나 근대성의 정도 등의 척도로 측정되지 않는다. 오히려 마음에 대한 척도는 본심(혹은 진정성)과 더 밀접하게 연관되어 있다. 게다가 마음은 사회적 소통을 통해 언제든지 재구성될 수 있다. 이렇게 볼 때 마음의 척도에 관한 한 세계사회의 '다른 사람'도 얼마든지 높은 평가를 받을 수 있을 것으로 기대되기 때문이다. 셋째, 마음 문화(합심 문화)가 풍부한 한국사회는 말할 것도 없고 대부분의 인간사회에서도 자신의 진심을 인정받고자 하는 욕구는 결코 작지 않다. 특히 합심주의적 전통이 강한 아시아 사회의 경우 마음에 맞거나 부합할 때 공감적 소통이 이루어진다는 선행연구를 고려하면(유승무·박수호·신종화, 2013; 주형일, 2014), 마음을 인정하는 것이 배려에서 결정적인 의미를 가질 것으로 판단되기 때문이다.

세계사회의 '다른 사람' 자신의 태도뿐만 아니라 한국인의 태도조차도 마음의 산물이란 점을 고려하면, 태도의 변화 이전에 세계사회의 '다른 사람'의 마음에 대한 공감과 이해가 전제되어야 한다. 비록 마음의 배려가 제도나 조직에는 미미한 영향 밖에 미치지 못한다고 할지라도, 마치 화폐를 매개로 한 경제적 거래에서조차 상대방과의 관계에 따라 마음이 다소의 영향을 미치듯이 마음은 소통으로서의 사회에 어떤 식으로든 영향을 미치게 될 것이다. 게다가 마음의 배려는 그 자체로 독자적인 효과를 발휘할 수도 있다. 만약 제도적·조직적 배려가 동일하다는 조건 속에서 마음의 배려가 추가된다면, 세계사회의 '다른 사람'의 마음에 대한 배려의 크기는 그만큼 더 커질 것이기 때문이다.

우리나라의 속담에 '말 한마디로 천 냥 빚을 갚는다'란 말이 있다. 이는 세계사회의 삶의 현장에서는 마음의 공감이나 이해가 소통으로서의 사회는 물론 사람들의 삶에도 큰 영향을 미칠 수 있음을 암시한다. 아래의 두 가지 대조되는 사례들은 이를 실증하기에 충분하다.

사례 4 비(非)배려 표현이 적대감을 불러일으킨 사례

한국에서 안 살아요. 인도네시아 가고 싶어요. 인도네시아에 한국 공장 사장님 많이 있어. 사장님 인도네시아랑 한국 왔다 갔다 하면서 일해. 사장님이 나쁜 말 하면 그러면 마음 안 좋아. 그래서 만약에 나중에 한국 사장님 인도네시아에 오면 내가 그럴 거야. 야! 사장님 나 옛날에 코리아에서 새×야 했던 사람이야. 인도네시아 안 돼! 한국 가! 그럴 거야. — 해리(가명), 남/32세, 인도네시아(이태정, 2004: 78).

사례 5 배려로 공감을 일으킨 사례

(손) 일하다가 다쳤어. 아이언(iron) 기계에 다쳤어요. 이제는 괜찮아요. 회사에서 치료비 병원비 다 해줬어요. 한 달 반 동안 병원 다녔어요. 일 안 하고 쉬었어요. 병원 다니는 동안 월급 기본급 나왔어요. 맞아요, 아픈데 좋았어요. — 로니(가명). 남/31세, 방글라데시(이태정, 2004: 72).

사례 4가 시사하듯, 한국인이 불쑥 내뱉는 나쁜 말, 즉 조그마한 비(非)배려 표현조차 세계사회의 '다른 사람'에게는 커다란 마음의 상처를 입힐 뿐만 아니라 그것이 당사자의 삶은 물론 한국인과의 상호작용 및 소통으로서의 사회에도 결정적인 영향을 미친다. 그리고 **사례 5**에서 알 수 있듯이 한국사회에서 제공받는 지극히 당연한 대우조차도 세계사회의 '다른 사람'에게는 커다란 호

의로 인식된다. 이러한 사실을 종합해 볼 때, 조그마한 배려(마음)나 배려 표현(말이나 행동)조차 배려의 크기에 영향을 미칠 뿐만 아니라 세계사회의 '다른 사람'의 삶에도 영향을 미치고 나아가 그들과의 소통으로서 사회에도 큰 영향을 미칠 수 있다는 가설은 기각될 것 같지가 않다.

5. 맺음말: 세계사회의 작동과 배려의 상즉상입

연기적 시각에 따르면, 마음은 한편으로는 마음 외부의 세계사회에서 구상되는 의미에 의해서도 영향을 받지만, 다른 한편으로는 국민국가의 이방인이란 마음으로부터 세계사회의 '다른 사람'이란 마음으로 스스로를 변화시킬 수 있다. 전통사회에서 '우리' 마을에 들어온 낯선 사람을 '다른 사람'으로 간주하였지만, 국경이 결정적인 경계선으로 작용하는 근대사회에서는 '우리의 국경'을 넘어 들어온 외국인을 '다른 사람'으로 인식하였고, 세계화와 함께 국민국가적 다른 사람을 '우리'로 인식해야 하는 상황에 처하게 되었다. 이렇듯 소통으로서의 사회의 진화에 따라 '다름 사람'에 대한 의미구성이 바뀌기도 하지만, 우리의 관념이 소통으로서의 사회에 영향을 미치기도 한다. 우리나라에 사는 외국인이긴 하지만 선진국 출신 외국인은 이방인이 아니라 '귀한 손님'이 되는 반면에 개발도상국 출신은 이방인 혹은 '다른 사람'으로 규정하는 것은 우리의 관념이 소통에 영향을 미치고 있음을 보여준다.

결국 행위자가 세계사회의 '다른 사람'과 어떻게 소통하는가에 따라 그 대상에 대한 의미가 달라질 수 있음을 의미하지만, 우리가 그 대상을 어떻게 인식하고 사고하는가(즉 '우리'로 사고하는가 혹은 '남'이라고 생각하느냐)에 따라 소통으로서의 사회가 달라질 수 있다. 게다가 사회의 작동으로 구성된 의미가 또 다시 사회적 소통의 매개로 작용한다면 의미의 새로움은 소통으로서의 사회의 새로움이고 그것은 세계사회의 '다른 사람'의 삶은 물론 그와 소통하는 한국인의 삶에도 새로움을 더하게 될 것이다. 요컨대 소통으로서 세계사회의 작동과 마음 현상으로서 배려는 상측하는 동시에 상입하는 관계를 갖는다. 그렇다면 이러한 사실의 정치사회적 함의, 즉 세계사회의 '다른 사람'의 사회적 지위 변동에 대한 함의는 무엇인가?

세계사회의 '다른 사람'의 사회적 지위 인정과 관련된 논의는 주로 시민권의 인정 근거 및 범위와 연관되어 논의되어 왔다. 이와 관련하여 속지주의와 속인주의는 가장 빈번하게 사용되는 근거이다. 그러나 이러한 기준은 법제적 차원이나 정책적 차원에서 제기되는 구분의 기준일 뿐이다. 지금까지의 논의를 기초로 판단해 보면 한국사회의 경우, 문화적 차원에서는 속'우리'주의의 기준이 작동하고 있다. 실제로 한국사회와 같은 속'우리'주의 문화에서는 '우리'와 '남'의 경계선 설정 혹은 그 변화가 사회적 소통은 물론 마음씀씀이에도 매우 결정적인 의미를 갖는다. 그렇다면 앞 단락의 질문은 다음과 같이 되어야 한다. 이 글의 핵심 개념인 세계사회의 소통과 배려와 관련하여 이러한 속'우리'주의는 어떤 의미를 갖는가?

이미 자세하게 논의했듯이 오늘날 한국사회는 급속히 세계사회로 이동하고 있고 그에 따라 '우리'의 의미가 국민국가적 경계선을 넘어 세계사회로 확장되고 있으며 향후에도 그러한 추세는 지속될 것으로 전망된다. 바로 여기에 속'우리'주의를 적용할 경우 소통으로서 사회의 작동은 물론 배려의 범위나 태도도 달라질 수밖에 없을 것이다. 왜냐하면 이제 많은 한국 사람들은 '남'보다 못한 '우리나라 사람'들을 부기지수로 만나는 반면에 국민국가적 경계선 밖의 사람들, 그래서 지금까지는 '남'이라고 간주했던 사람이 점차 '우리 동창'이나 심지어 '우리 이들'보다 낫다고 판단되는 경험들이 축적되어 갈 가능성도 배제할 수 없기 때문이다. 만약 이러한 변화가 지속된다면, 이는 한국사회의 세계사회로의 변화가 배려의 범위 설정과 그에 따른 '우리' 및 '다른 사람'

에 대한 태도에 적지 않은 영향을 미칠 것이다.

그렇다면 '더 나은' 경험이나 '더 낫다'는 판단은 어디에서 유래하는가? 이는 나와 사회적 소통을 하는 '다른 사람'이 '나' 혹은 내가 처한 상황을 염려하는 생각, 말, 행동 등을 어느 정도로 하는가에 달려 있다. 그 정도의 극한에 '우리 자식'이 원수일 수도 있고 세계사회의 '다른 사람'이 생명의 은인이 될 수도 있다.

하지만 이 글의 목적인 21세기 다문화사회에서, 세계화 시대에서, 세계사회의 구성원으로서 다른 구성원과의 '배려'적 관계 설정은 규범적 설계 틀의 제안 이전에 먼저 되짚고 넘어가야 할 이론적 난제가 있다.

첫째, 전통적인 공동체 사회에서는 경험적으로 누적된 공통의 상황과 해결적 사례들이 참고적으로 작동하고 있다. 하지만 21세기 한국사회에서 필요한 시대적 배려에는 누적된 경험이 부족한 편이다. 다른 말로 바꾸면, 다문화사회에서 한국 청년들이 한국사회의 고통 받는 구성원들에게 배려적인 행동을 하기 위하여 동원하는 경험적 자원이 부족하다는 뜻이다. 이 자원을 전통적 상황에서 역사적으로 사례를 이끌어내려고 할 때, 안타깝게도 한국사회에 팽배한 전통과 현대사회의 단절적 해석 및 전통에 대한 불균등적이고 부정적인 함의의 재생산이 전통적 사례의 풍부함과 새시대적 함의를 제약하고 있다.

둘째, 세계사회라는 이해적인 사유물이 전통시대의 공동체와 관련된 사유물과 동일한 이론적 지위를 갖지 못한다는 것이다. 현재까지는 그 지위가 취약하다. 세계사회에 대한 이해와 그 안에서 구성원으로서의 역할과 태도는 '판단'적 해석을 먼저 요구한다. 문화적 정서라는 전통시대의 공동체의 정신적 가치와 생활태도가 이전부터 축적된 결과물이었다면, 지금의 세계사회는 작게나마 세계사회의 정신적 가치가 축적이 되고 있는 초기적인 상황이라는 것이다. 여기서 우리는 '공통의 배려적 소통을 확대시킬 수 있는 '본원적' 자원으로서 마음[心, heart]'에 주목한다. 과연 세계사회에서 '다른 사람'에 대한 의미 구성과 배려를 위하여 보편적인 자원으로서 '마음'이 작동할 수 있겠는가? 향후 학계의 관심이 요구되는 영역이며, 우리의 후속 연구들이 진행될 지점이기도 하다.

맺음말

동행 길을 굽어보며

지금까지 우리는 마음과 사회의 동행 길에 겁 없이 따라 나섰다. 굽이굽이 이어지는 길이 처음도 끝도 보이지 않았다. 말 그대로 장도(長途)였다. 태초에 인류와 함께 이미 길이 시작되었을 것으로 추정되지만 그 시기를 정확하게 알 길은 없었다. 처음부터 동행할 수 없었던 까닭도 이러한 사실과 무관하지 않다. 그래서, 누구나 마찬가지이겠지만 우리도 실존적 조건이 허락하는 지점에서 그 길 위에 올라설 수밖에 없었다.

그 길도 만만하지 않았다. 우리로서는 초행길인데도 동행 길을 안내하는 이정표(개념이나 이론)조차 없었다. 정상에 올랐을 때 밀려드는 쾌감이 없었던 것은 아니지만, 그 중간 중간에는 거봉과 거인들이 나타나 우리의 바쁜 길을 가로막기도 하는 험난한 여정이었다. 게다가 그 길 위에는 수많은 마음과 마음이 동행하고 있었으며, 수많은 사회와 마음이 또한 동행하고 있었고, 그것이 온축한 심서(心書)들이 곳곳에서 확인되었다. 보이는 것은 너무도 많은데 기록하고 정리하여 분석할 여유는 부족하기 짝이 없었다. 우리가 할 수 있는 것만 하는 수밖에 다른 도리가 없었다. 이 책은 그 결과물인 셈이다.

두말할 나위도 없이, 우리가 지나온 길은 그 장도에 비하면 짧디짧은 일부이다. 그러나 그 짧은 길을 동행하는데도 숨이 턱까지 차오르기 일쑤였다. 그럼에도 여기까지 우리는 쉬지 않고 달려왔다. 이제 잠시 휴식을 취하며 한숨을 돌리려 한다. 그리고 그 장도를 굽어보며 몇 가지 특기 사항이라도 여기에 적시해 두고자 한다.

다시 거인의 어깨 위에 오르며

계몽주의의 적자로서 사회학이라는 난쟁이는 큰 꿈을 품고 거인의 어깨에서 내려왔다. 그리고 과거를 떠난 또 다른 거인이 되고자 하였다. 그 결과 많은 사회학자의 소견은 '1800년대 이전의 장고한 지성사를 회고하지 않고, "현대 사회"의 변화 양상만 좇는' 작은 시간대에 머무르게 되었다. 콧구멍만큼 좁혀진 오늘만 생각하게 되었다. 무엇보다도 사회학자의 시야가 합리성 이전의 (혹은 너머의) 세계를 보지 못하게 되었다. 그리고 자신이 관심을 갖는 대상에 대해서도 관견(管見)으로만 바라보는 데 만족해야 했다.

한국사회학은 이렇듯 거인이 되고자 한 서양사회학이라는 난쟁이의 어깨 위에 앉고자 하였다. 그리고 일부 한국사회학자는 현대 사회학이라는 난쟁이 자체가 되고자 하였다. 우리는 그렇게 배웠고 또 그렇게 가르쳤다. 그런데 한국사회학은 사회학이란 난쟁이의 어깨에조차 제대로 오르지 못한 채 새로운 '현대' 난쟁이가 등장할 때마다 미끄러져 내려오기를 반복하고 있다. 질식할 듯 답답했지만 탈출구를 쉽게 찾을 수도 없었다.

이 책에서 우리는, 한국사회학의 협소함과 답답함에서 그리고 현대사회학적 사고 틀에서, 과감하게 탈출하고자 하였다. 거기로부터 탈출하고자 하는 사람들이 언젠가는 딛고 지나갈 수 있는 징검다리라도 되고자 하였다. 그러나 우리가 가고자 하는 길은 사회학자에게는 생경한 길이겠지만 한국인 일반에게는 익숙한 길이기도 하다는 것을 곧바로 알게 되었다. 이 책의 머리말(동행 길에 오르며)을 '너무나 친숙하여 서럽도록 생경한 사회학'이란 테제로 시작한 까닭이다. 너무나 친숙하지만, 아니 너무나 친숙하기 때문에 오히려 수입 사회학이 지배하는 한국사회학계에서는 왠지 낯설고 생뚱맞은 연구 대상을 사회학적으로 탐구하는 것이 우리의 과제이자 책무라고 생각했다.

이러한 과제를 해결하기 위해 우리는 마치 선재동자처럼 이른바 거인의 반열에 오른, 하지만 사회학이라는 난쟁이가 외면한, 인류의 선지식들을 만났다. 붓다를 만났고 공(孔)·맹(孟)을 만났으며, 원효를 만났고 득통과 이황, 이익을 만났다. 심지어는 사회학자 루만도 만났다. 그 거인들을 만난 후 우리는 기존의 사회학이 앞서 언급한 거인들의 가르침에는 크게 못 미칠 뿐만 아니라 그러한 가르침을 크게 오해하고 있음을 깨달았다. 루만을 통해 그러한 오해가 사회학의 발전을 가로막는 인식론적 장애물임도 똑똑히 알게 되었다. 특히 마음을 사회학적 연구대상에서 배제한 것과 사회를 보는 연기적 관점(혹은 통일체적 관점)의 경시는 그 대표적인 오해였다. 그래서 우리는 다시 거인의 어깨 위에 오르며 기존 사회학을 비판도 하고 연기적 관점을 복원하려는 이론적 작업을 새롭게 시도해 보지 않을 수 없었다.

그 결과는, '연기체로서 마음과 연기체로서 사회 사이의 중층의존적 관계를 작동하는 그대로 관찰하라'는 것으로 정식화할 수 있다. 이 정식은 크게 세 가지 학문적 의의를 내포하고 있다. 첫째는 마음의 사회학적 복원이고, 둘째는 연기적 방법론의 사회학적 재발견이며, 셋째는 마음과 마음이 동행하는 합심 현상뿐만 아니라 마음과 현대사회가 동행하는 현주소를 실증하고 이론화하는 것이었다. 그래서 아래에서는 우선 이 주제와 관련하여 이 책에서 발견한 몇 가지 사실을 축약하고, 다음으로는 이 책에서 충분히 논의하지 못한 측면을 적시함으로써 후속 연구의 디딤돌이 되고자 한다.

마음의 사회학적 복원

이 책의 제2부에서 우리는 원효, 득통, 이황, 이익 등 한국사를 빛낸 거인들의 마음 사상을 만났고, 『조선왕조실록』의 분석을 통해서는 한국 전통 정치행정의 합심 문화 일단도 살펴볼 수 있었다. 이를 통해 우리가 얻은 중간 결론은, 기존 사회학의 가정과는 달리, 한국사회를 이해함에서 마음이란 용어는 결코 배제할 수 없는(혹은 배제해서는 안 되는) 핵심 키워드라는 것이다. 특히 한국사회에 관한 사회학적 논의를 위해서는 마음과 사회의 동행을 구체적으로 실증해 보는 작업이 필수적임을 확신하였다.

이에 우리는, 한국사회에서는 그 중요성이 결코 사라지거나 부정되지 않았으나 근대학문(특히 수입사회학)에서는 제대로 대접받지 못했던 '마음'에 대한 안타까움과 사회학적 상상력을 더하여, 본래의 마음(천심이나 불성)과 또 다른 마음의 동행이나 마음과 대상(사회)의 동행을 함의하는 '합심'이란 개념을 재창조하였다. 그리고 우리는 그야말로 무모하게 이러한 합심 개념에 부합하는 현상에 대한 실증적 탐사작업을 시작하였다. 그러나 그 과정에서 우리는 기대 이상의 성과를 얻었다. 이 책은 그러한 성과를 재정리하고 그것을 뒷받침할 수 있는 이론적 기반을 확충한 다음, 그 전체를 체계화한 결과물이다. 그런 점에서 이 책은 '마음과 사회'의 초기 탐사 작업을 중간 정리한 것에 지나지 않는다. 그러나 이 책을 통해 우리는 정작 우리도 놀랄 정도의 가치를 가지는 무엇인가를 발견하였다. 그것을 정리하면 다음과 같다.

우선, 이 책을 통하여 우리는 '마음과 사회'라는 연구 대상이야말로 사회학의 보편적 주제임을 확인하는 소득을 올렸다. 대부분의 사회학 개론에서는 사회학이 '인간과 사회의 관계'를 연구대상으로 설정하고 있다. 아예 '인간과 사회'라는 제목을 달고 있는 사회학 개론서도 수없이 많다. 그러나 인간은 사회적 산물만인 존재가 아닌 반면에 마음은 내부의 연과 외부의 연에 의해 작동하는 순수하고 온전한 사회적 산물이다. 이렇듯 체용적 전일성의 총체로서 마음은, 마음 내부의 요소적 층위가 아니라 오히려 '체계 간 관계(intersystem relation)'로 사회와 상호작용하고 있다. 바로 그러한 점에서 마음이 개입하지 않으면(혹은 동행하지 않으면) 사회마저도 작동하지 않는다. 이렇게 볼 때, '마음과 사회의 동행'이야말로 사회학의 고유한 연구대상이다.

둘째, 심학은 한국지성사를 관통해 왔고, 그러한 점에서 한국사회를 이해하는 키워드이다. 우리는 '마음과 사회의 동행'이라는 연구대상이야말로 한국사회에 관심을 갖는 한국의 사회학자가 자신의 과제나 책무를 수행하기에 가장 적합한 인식관심의 대상이라는 사실을 발견하였다. 그리고 그러한 발견은, 이 책에서 우리가 어느 정도 입증했듯이, 한국의 사회학자에게 한국인들의 이야기를 소재로 하여 독창적이면서도 보편적인 사회학을 개척할 수 있는 길을 열어줄 것을 기대하기에 충분했다.

셋째, 이 책을 통해 우리는 일단 '마음과 사회'라는 연구 과제를 수행하는 데 필요한 가장 기초적인 작업, 즉 이론적 기반과 주요 사상가의 사상적 기반을 정리했다. 이러한 연구 작업은, 향후 '마음과 사회'에 관한 그 어떤 연구라도 반드시 거쳐야 할 토대 단계라는 점이 고려된다면, 이 책은 향후 '마음과 사회' 연구의 로드맵 역할을 할 것으로 기대된다.

넷째, 이 책의 실증 연구 결과는 개별적 주제 나름대로의 가치뿐만 아니라 그 개별 주제들이 어우러진 전체의 총체적인 가치도 결코 작지 않을 것이다. 특히 후자의 경우 장기지속의 관점에서 한국사회의 변동과 마음의 동행을 이해하는 데 큰 도움을 줄 것으로 기대된다. 이러한 점에서 이 책의 실증 연구는 향후 실증 연구를 위한 롤 모델로 작용할 수 있을 것으로 확신한다.

동행의 연기적 인식방법

이 책을 통해 우리는 마음이 '사회적인 것'임을 확인하였다. 그리고 루만에 따르면 사회는 '작동하는 것' 혹은 소통 그 자체이다. 문제는 '마음과 사회의 관계를 어떻게 인식할 것인가?'이다. 제2장에서 충분히 언급했듯이 루만은 그것을 심리적 체계와 사회적 체계 사이의 관계로 설정하고 자신의 독특한 상호침투 및 '구조적 연동(structural coupling)' 개념으로 설명함으로써 각각이 서로와 무관하게 작동하는 것으로 간주한다. 반면에 이 책에서 우리는 그것을 '동행 (going together)'으로 관찰함으로써 마음과 사회의 작동이 서로 서로에게 상즉 상입하면서도 일여성(一如性, Einheit)을 갖는 것으로 간주하였다. 바로 이러한 차이 때문에 이 책에서 우리는 루만의 사회체계이론도 비판적으로 수용하지 않을 수 없었다.

이렇게 볼 때, 마음과 사회의 동행을 관찰하고 기술하는 데 가장 적합한 방법론으로는 놀랍게도 아직까지는 연기 이론을 능가하는 방법이 없는 것처럼 보인다. 우리가 마음과 사회의 동행을 연기적 관점에서 이해하려는 까닭도 여기에 있다. 이는, 우리가 마음 내부의 연과 외부의 연, 사회 내부의 연(루만 은 체계라 부름)과 사회 외부의 연(루만은 환경이라 명명함) 사이의 중층의존성 (루만은 이중의 우연성과 상호침투성으로 설명함)이란 정식을 설정한 까닭이기도 하다.

붓다나 공맹은 물론 원효나 득통, 이황, 이익에서도 쉽게 확인 가능한 이러한 관점을 이 책에서 우리는 연기적 시각이라 명명하였다. 굳이 '명가명비상 명(名可名非常名)'의 정식을 언급하지 않더라도, 이러한 명명의 순간에 관계론적 시각, 구성주의적 시각, 통일체적 시각 등의 의미가 미끄러져 나옴을 우리는 잘 알고 있지만, 방법론적 차원에서 볼 때 이는 명칭만 다를 뿐 모두 동일한 내용을 지칭하고 있다. 그렇다면 이러한 연기론적 시각의 방법론적 의의는 무엇인가?

첫째, 연기적 시각은 일체의 실체론적 사고나 존재론적 사고를 전복한다. 우리의 상식 혹은 기존 사회학의 방법론적 기본가정은 독립변수와 종속변수를 조작적으로 규정한 다음 그 사이의 인과관계를 분석하고 설명하는 방법론적 틀을 빈번하게 활용한다. 그렇게 해서 발견한 결과는 자명하다. '무성한 거북털과 스마트한 토끼뿔 하나'일 뿐이었다. 연기적 시각은 바로 이러한 자기기만을 가장 철저하게 전복시키는 도구이며 그러한 점에서 급진적 관점이기도 하다.

둘째, 연기적 시각이 기축시대의 성인, 신라의 원효, 조선의 이황, 이이, 이익 등에서 공통적으로 확인 가능하다는 것은, 그 자체로 보편성을 암시한다. 그렇기 때문에 연기적 시각은 현대는 물론 미래에도 여전히 방법론적 생명력을 가지고 있을 것이다. 그럼에도 오늘날 학계의 관행은 이러한 연기적 시각이나 통일체적 시각을 '탈현대'라는 시간적 제한성을 가진 개념과 연관시킴으로써 그 보편성을 스스로 격하시키고 있다. 그러나 연기척 시각의 보편성은 결코 시간적 제약성을 갖지 않는다. 마찬가지로 연기적 시각은 동양사회를 분석할 때만 적용되어야 하는 것도 아니다. 오히려 연기적 시각은, 만약 현대성을 당대의 다양한 문명적 기획이라 한다면, 늘 현대성을 갖는 개념이다. 바로 그렇기 때문에 연기적 시각은 현대 한국사회를 분석하는 데에도 여전히 유효하다.

셋째, 내용상으로는 가장 중요한 측면으로서, 연기적 시각은 마음과 사회의 동행을 총체적으로 인식하는 데 가장 적합한 방법론이다. 물론 여기에서 연기적 시각은 『화엄경』의 상즉상입의 개념, 맹자의 사단칠정론, 노자의 '도가도비상도(道可道非常道)'의 형식, 원효의 일심 개념, 이황의 체용(이기호발) 개념, 루만의 일여성(一如性, Einheit) 개념, 데리다의 상관적 차이(pertinent difference) 개념 등과, 비록 명칭은 다르지만 유사한 방법론적 전략을 공유하고 있다. 이러한 방법론적 전략을 가지면 마음과 사회의 동행은, 체계와 생활세계를 이분법적으로 구분한 하버마스의 실천이론적 전제의 제약과 무관하게, 체계적 차원의 사회 현상과 미시적 차원의 마음 현상 및 그와 직접적으로 연관된 일상생활 사이의 동행 현상을 있는 그대로 드러낼 수 있는 이론적 강점을 가질 것이다. 그리고 동행의 관점은 마음과 사회의 기능적 연동은 물론 긴장과 갈등도 관찰할 수 있을 뿐만 아니라 마음과 마음 사이의 동행에서 드러나는 합심, 타심(이심), 그리고 그 중간도 모두 담아낼 수 있다. 심지어 동행의 관점은 동행하는 과정에서 발생하는(혹은 현상하는) 다기적 분화를 있는 그대로 담아낼 수 있는 포섭성을 지니고 있기도 하다.

두 가지 장기과제와 몇 가지 단기과제

앞서 우리는 이 책을 통해 발견한 성과를 주로 이론적 차원에서만 논의하였다. 그러나 이 책은 실증적 차원에서도 다소 의의를 가질 것이다. 무엇보다도 동양사회 및 한국사회의 전통적 마음 사상을 마음과의 동행 및 사회와의 동행이라는 시각에서 실증한 의의를 가질 것으로 기대된다. 근대학문의 한계, 특히 사회학이 마음을 인식관심에서 배제함으로써 생득적으로 갖는 한계나 불교학 및 유학에서 마음을 사회와 무관하게 연구해 온 관행적 한계를 함께 고려하면, 마음을 사회와 동행의 관점에서 조명하거나 사회를 마음과 동행의 관점에서 실증하는 일은 전대미답을 개척하는 학문적 가치를 넘어 기존 연구를 한층 심화시키는 데에도 기여할 수 있는 학문적 의의가 있을 것이다. 특히 이 책 제2장의 논의가 이렇듯 기름진 연구 영역을 밝혀주는 데 일정 정도 기여할 것으로 기대된다.

또한 제3부에서 시도한, 한국사회 마음 문화의 현주소에 대한 실증적 연구도 그 나름대로 의의가 있을 것이다. 한국사회에서 자주 나타나는 마음의 동원과 도덕정치의 동행에 관한 연구를 비롯하여 절연의 마음에 대한 실증적 연구, 그리고 북한사회의 마음 문화나 세계사회의 마음 문화 등에 대한 실증적 연구는 그 분야의 최초의 시론적 연구라는 학문적 의의를 넘어서서 오늘날 한국사회의 사회적 거리와 갈등의 현주소를 심층적 차원에서 드러내는 데에도 기여할 것으로 기대된다.

그러나 이 책의 후속 과제도 만만치 않다. 우선 장기적으로 지속적인 연구를 수행할 때 비로소 달성될 수 있는 큰 과제 두 가지가 즉각 수반된다. 그중 하나는 마음과 사회의 동행길이 장도(長途)이기 때문에 수반되는 과제이며, 다른 하나는 마음과 사회의 동행을 포함한 모든 사회적인 것을 동행의 관점에서 일반이론화하는 과제 — 아마도 이 과제가 완성되면 동행이론이 탄생할 것으로 생각된다 — 이다. 이러한 두 과제는 오랜 시간동안 광범위한 연구의 축적이 뒷받침되어야 한다. 따라서 우리는 이렇듯 거대한 과제를 염두에는 두면서 당분간은 주로 이 책과 직접적인 연관성을 갖는 몇 가지 작은 과제에 초점을 맞추어 후속 작업을 수행해 나가고자 한다. 그 작은 과제는 다음과 같다.

첫째, 이 책은 사회변동과 마음의 동행을 정밀하게 논의하고 체계적으로 실증해야 하는 과제를 수반하고 있다. 사회 환경의 변화에 따른 사회의 분화 및 진화와 그와 동행하는 마음의 관계를 역사사회학적 차원에서 치밀하게 이론화할 필요가 있다. 특히 이러한 이론화 과정은 기존의 근대성 이론을 비판적으로 수용하는 문제와 연동되어 있다는 점에서 방대한 이론가에 대한 검토가 수반되어야 한다. 또한 실증적 차원에서 보면, 최소한 조선 후기, 구한 말, 대한제국기, 일제강점기 및 해방 전후 등 이른바 격변의 한국사회와 마음의 동행 문제를 실증하지 않을 수 없다. 특히 이 과정에서는 이익, 정약용, 유길준 등 변동기 마음 사상가의 마음 사상을 탐색해야 할 뿐만 아니라 당대의 마음 문화의 변화 및 합심 문화의 분화와 변이에 대한 실증이 수반되어야 한다.

우리는 19세기 이후 '심학과 근대성'의 역동적 관계를 이 책의 후속 연구로 속행할 것이다.

둘째, 이 책에서는 원효 이후 한국불교를 대표하는 선지식의 마음 사상을 정리하지 못했다. 그것은 이 책의 실증 연구를 주로 현대 한국의 직전 시대인 조선시대에 초점을 맞추었기 때문에 불가피하게 발생한 결과이다. 한국 마음 문화의 한 축을 떠받치고 있는 것이 불교라는 점을 고려할 때, 이 책은 한국불교를 대표해 온 선지식들의 마음 사상과 그 변화를 정리해야 하는 숙제를 안고 있다.

셋째, 이 책은 '마음과 사회의 동행' 시리즈를 기획하고 그것을 실천에 옮겨야 하는 과제를 수반하고 있다. 예컨대 이론적 차원에서는 불교 및 유교와 체계이론의 비교, '원효(및 이황)와 루만의 비교' 등의 후속과제를 수행할 필요가 있다. 또한 경험적 차원에서는 다음과 같은 다양한 주제가 탐사를 기다리고 있다. 즉 '마음과 사회의 동행 Ⅰ: 시비(是非)나 당쟁에서 국제정치까지', '마음과 사회의 동행 Ⅱ: 오일장에서 백화점을 거쳐 편의점까지', '마음과 사회의 동행 Ⅲ: 향가에서 가사를 거쳐 대중가요까지', '마음과 사회의 동행 Ⅳ: 차전놀이에서 올림픽까지', '마음과 사회의 동행 Ⅴ: 식혜에서 햄버거까지' 등등의 연구 과제들이 줄줄이 수반될 것으로 예상된다.

넷째, 이 책에서는 '마음과 사회의 동행'에서 제기될 수 있는 실천의 문제를 논의에 포함시키지 못했다. 특히 동양전통사상이 기본적으로 성왕이나 성인을 추구하였다는 점뿐만 아니라 그로 말미암아 유교나 불교에서는 수행이나 수행문화를 매우 풍부하게 발전시켜 왔음에도, 이 책에서는 이를 거의 논의하지 못했다. 사회학적 차원에서 보더라도 마음의 사회적 개입은, 개인적 차원이든 사회적 차원이든, 실천이 수반되지 않는 한 아무런 의미를 가질 수 없다는 점을 상기하면, 우리의 논의가 지극하지 못한 것도 사실이다.

나무와 불꽃

세계적인 환경운동가로 알려진 조애너 메이시는 자신의 저서『불교와 일반시스템 이론』에서 연기적 시각(혹은 시스템이론)에는 두 가지 이미지, 즉 나무와 불꽃의 이미지가 나타난다고 쓰고 있다. 여기에서 나무는 불교의 세계에서 지혜와 풍요, 그리고 의식과 자연 등 상호의존적 관계를 가진 모두를 상징한다. 반면에 불꽃은 한편으로는 열린 시스템, 즉 마치 불처럼 그것이 흡수한 것을 변형하고 아울러 그 흡수한 것에 의해 변형되는 열린 시스템을 상징할 뿐만 아니라 다른 한편으로는 '건초나 장작으로부터 타오르는 불의 경우처럼 마음은 감각으로 지각한 것을 태우면서 먹고 자란다'는 '마음의 발생에 대한 붓다의 설명'에서도 중요한 상징이다. 우리가 보기에 나무는 상호의존성의 구조를 상징한다면 불은 상호 변형이나 자기 변형, 혹은 자기 부정이 발생하는 사건과 과정을 상징하기도 한다.

마음과 사회의 동행을 초지일관 관통해 온 연기, 즉 나무와 불꽃 혹은 무아와 무상이 이 책의 후속 동행에도 온전하게 이어질 것임은 자명하다.

남은 이야기

인생을 고독한 나그네 길에 비유하는 사람들이 제법 있다. 생의 마감을 대신해 줄 이도, 함께할 이도 없다는 생각이 바탕에 깔려 있는 비유이다. 그러나 한 생각을 돌이켜 보면 인생은 많은 이들과 함께하는 기나긴 동행 길이다. 어디에선가 우뚝 솟아나거나 떨어진 사람은 없다. 태어나는 순간부터 부모와 가족들의 품에서 커가고, 자녀와 지인들이 지켜보는 속에서 삶의 마지막 순간을 넘는다. 그 오랜 여정에서 나와 동행하는 이들을 알아가고 정을 나누고 함께 무엇인가를 이루어가는 것은 참으로 행복한 일이겠지만, 자신의 주위를 돌아볼 줄 모르고 동행이 있음을 깨닫지 못하는 사람들에게 인생은 고해일 것이다.

누구도 대신해 줄 수 없다는 점에서 공부도 인생과 비슷하다. 기존의 지식에 무언가 새로운 것을 보태야 하는 학문적 글쓰기는 외로움을 넘어 고통스럽기까지 하다. 그러나 그 와중에도 조금만 주의를 기울여보면 동행을 찾을 수 있다. 연구 관심을 공유하는 스승과 제자, 동료들과 토론하고 함께 글을 쓰는 재미는 제법 쏠쏠하다. 서로의 부족한 부분을 채워줄 수 있고, 신뢰와 존중을

376

기반으로 마음을 하나로 모을 수 있는 상대와 같이하는 학문적 동행은 재미가 아니라 행복을 선사한다.

이성의 토대 위에서 사회를 과학적인 방법으로 연구하는 사회학은 전제에서 이미 한계를 갖고 있다. 온전히 합리적일 수 없는 인간들이 만들어가는 사회가 이성만으로 설명될 수는 없기 때문이다. 더구나 장기간 축적된 역사와 문화로 형성되는 각 사회의 고유성은 특정한 맥락 속에서만 제대로 이해할 수 있다. 사회학을 공부하면서 나 자신의 삶과 사회의 관계를 궁금해했고, 한국의 사회학자들이 내 삶의 한 귀퉁이를 떠받치던 불교에 대해 관심조차 갖지 않았다는 사실을 깨닫고 큰 충격을 받았었다. 내가 학자로서의 삶을 선택하고, 불교사회학을 연구하게 된 계기였다. 이 길의 초입에서 나는 외롭고, 힘들었다. 내가 알고 싶어 하는 것에 답해주고, 하고 싶어 하는 말을 들어줄 이가 곁에 없었다. 그러다 정말 우연찮게(지금 생각해 보면 필연 같지만) 연구실 선배의 소개로 유승무 선생님을 뵐 수 있었다. 우리는 서로에게 단비 같은 존재였다. 서로의 공부 얘기로 밤을 새는 날이 심심치 않게 이어졌다. 그런 공부 얘기 속에서 엘리아스가 등장했고, 루만이 거론되었다. 연기체, 그리고 중층의 존적 체계라는 개념이 등장하게 되는 계기였다. 그 외에도 많은 이야기가 논문으로, 학술대회로, 혹은 공동연구 프로젝트로 발전하였다. 이 과정에서 나는 많은 것을 배울 수 있어서 좋았고, 내가 가는 공부의 길을 바르게 이끌어주는 분이 계셔서 행복했다.

대학 동기인 신종화 선생님과의 인연도 각별하다. 영국 유학파인 신종화 선생님이 한국의 모더니티를 주제로 연구했다는 이야기를 접하고, 나는 주저 없이 동양사회사상학회를 소개했다. 그 후 여가 연구를 필두로 다문화주의 등 많은 연구를 같이 했고, 학회의 주요 사업들을 추진하는 데 힘을 모았다. 연구자로서 개념의 중요성을 이해하고, 신중하게 심사숙고하는 모습을 지켜보며 스스로를 성찰하는 기회를 가질 수 있었다.

그런 분들과 마음사회학이라는 미지의 영역을 개척하는 일에 동행한 것은 흥미진진한 모험이었다. 간단하지 않은 여행이 될 것이라는 점은 출발하기 전부터 알고 있었지만, 믿음직한 동행들이 있어 두려움 없이 길을 나섰다. 아직 오솔길조차 희미한 광야의 이곳저곳을 거침없이 둘러보았고, 우리가 만든 좁은 길마저 희미해지기 전에 잠시 쉬면서 땅을 다지기로 했다. 허물어진 흙은 채워 넣었고, 무성한 덤불은 걷어냈다. 우리가 걸어온 오솔길이 점차 선명해지는 만큼 우리의 시선은 아직도 안개 속에 가려진 못 가본 숲을 향하고 있음을 깨달았다. 원고를 정리하고 수정하는 토론 속에서 우리는 끊임없이 새로운 주제들을 만들어내고 있었다. 셋이 나선 길에 하나둘 동행이 늘어나길 기대하면서 이제 다시 길을 나설 것이다.

책의 탈고에 맞춰 길동무의 감회를 적다
박 수 호

참고문헌

머리말_ 동행 길에 오르며

김형효. 2007. 『마음 혁명: 김형효 철학 산책』. 살림출판사.

김홍중. 2009. 『마음의 사회학』. 문학동네.

김홍중. 2014. 「마음의 사회학을 이론화하기: 기초개념들과 설명논리를 중심으로」. 《한국사회학》, 48(4): 179~213. 한국사회학회.

루만, 니클라스(Luhmann, Niklas). 2012. 『사회의 사회』. 장춘익 옮김. 새물결.

스키너, 퀸틴(Quentin Skinner). 2012. 『역사를 읽는 방법: 텍스트를 어떻게 읽고 해석할 것인가』. 황정아 옮김. 돌베개.

유승무. 2010. 『불교사회학』. 박종철출판사.

정약용. 1985. 『목민심서 Ⅰ』. 다산연구회 옮김. 창작과비평사.

하버마스, 위르겐(Jürgen Habermas). 2006. 『의사소통행위이론. 1, 행위합리성과 사회 합리화』. 장춘익 옮김. 나남.

한자경. 2008. 『한국철학의 맥』. 이화여자대학교출판부.

휴즈, 스튜어트(Stuart Hughes). 1979. 『의식과 사회: 유럽의 社會思想 1890-1930』. 황문수 옮김. 홍성사.

Moeller, H. G. 2012. The Radical Luhmann, Columbia University Press.

제1장_ 마음의 동행에 대한 사회학의 오해: 베버의 사례

『논어(論語)』.

『대학(大學)』.

『맹자(孟子)』.

『중용(中庸)』.

권규식. 1983. 『종교와 사회변동』. 형설출판사.

김경호. 2011. 「한국유학: 도덕정감」, 『유교·도교·불교의 감성이론』. 경인문화사.

김상준. 2011. 『맹자의 땀 성왕의 피』. 아카넷.

김홍중. 2009. 『마음의 사회학』. 문학동네.

뒤르켐, 에밀(Emile Durkheim). 1992. 『종교생활의 원초적 형태』. 노치준·민혜숙 옮 김. 민영사.

박성환. 1992. 「한국의 가산제 지배구조와 그 문화적 의의」, 『막스베버와 동양사회』. 나남.

베버, 막스. 2008. 『막스 베버 종교사회학 선집』. 전성우 옮김. 나남.

아끼야마 사도꼬. 1992. 『깨달음의 분석』. 박희준 옮김. 우리출판사.

유승무. 2010. 『불교사회학』. 박종철출판사.

유장원. 2009. 『국역 상변통고』, 한국고전의례연구회 역주. 신지서원.

전성우. 1992. 「막스 베버의 근대사회론」, 『막스베버 사회학의 쟁점들』. 민음사.

_____. 1996. 『막스베버의 역사사회학 연구』. 사회비평사.

_____. 2003. 「막스 베버의 유교론」, 《남명학 연구》, 16: 299~334, 경상대학교 남명학 연구회.

초츠, 폴커(Volker Zotz). 1991. 『붓다』. 김경연 옮김. 한길사.

최우영. 2009. 「종교와 계약의 접합으로서의 유교정치」, 《동양사회사상》, 19: 51~83. 동양사회사상학회.

_____. 2016. 「. 긴장과 갈등의 유교」. 최석만·정학섭 외, 『현대사회의 위기와 동양사 회사상』. 다산출판사.

추 자오후아. 2011. 「순자: 정감과 가치」, 『유교·도교·불교의 감성이론』. 경인문화사.

하곱 사르키시안. 2011. 「공자: 정서의 안과 밖」, 『유교·도교·불교의 감성이론』, 경인 문화사.

Bailey, G. & Mabbett, I. 2003. *The Sociology of Early Buddhism*, Cambridge Universoty Press.

Bella, R. N. 1957. *Tokugawa Religion: The Values of Pre-Industrial Japan*, New York: Free Press.

Boltanski, Luc and Eva Chiapello. 2005. "The New Spirit of Capitalism", *International Journal of Politics, Culture, and Society* 18(3-4): 161~188.

Hamilton, P. 1991. *Max Weber: Critical Assesments*, Routledge.

Ratnapala, R. 1992. *Buddhist Sociology*, Sri Satguru Publication.

Weber, M. 1958. *The Religion of India*, The Free Press.

_____ . 1968. *Economy and Society*, Bedminster Press.

제2장_ 마음과 사회의 동행에 대한 이론적 정초

『월인석보(月印釋譜)』.

『월인천강지곡(月印千江之曲)』.

『홍길동전(洪吉童傳)』.

『맛찌마 니까야(Majjhima Nikaya, 中部)』 33. 갈망하는 마음의 소멸 큰 경.

강상중. 2014. 『마음』. 노수경 옮김. 사계절.

_____. 2015. 『마음의 힘』. 노수경 옮김. 사계절.

권영철. 1985. 『閨房歌辭』. 효성여자대학교 출판부.

금장태. 2002. 『한국유학의 心說: 심성론과 영혼론의 쟁점』. 서울대학교 출판부.

김상준. 2011. 『맹자의 땀 성왕의 피: 중층근대와 동아시아 유교문명』. 아카넷.

김종욱. 2001. 「하이데거의 무(無)와 불교의 공(쏜)사상」. 《존재론 연구》, 6: 23~54. 한국하이데거학회.

김형효. 2007. 『마음 혁명: 김형효 철학 산책』. 살림출판사.

김홍중. 2009. 『마음의 사회학』. 문학동네.

_____. 2014. 「마음의 사회학을 이론화하기: 기초개념들과 설명논리를 중심으로」. 《한국사회학》, 48(4): 179~213. 한국사회학회.

_____. 2015a. 「서바이벌, 생존주의, 그리고 청년 세대: 마음의 사회학의 관점에서」.

《한국사회학》, 49(1): 179~212. 한국사회학회.

_____. 2015b. 「마음의 부서짐: 세월호 참사와 주권적 우울」. 《사회와 이론》, 26: 143~186. 한국이론사회학회.

_____. 2015c. 「파우스트 콤플렉스: 아산 정주영을 통해 본 한국 자본주의의 마음」. 《사회사상과 문화》, 18(2): 237~285. 동양사회사상학회.

까르마 츠앙. 1998. 『화엄 철학: 쉽게 풀어 쓴 불교철학의 정수』. 이찬수 옮김. 경서원.

남광우. 1971. 『古語辭典』. 일조각.

남회근. 2016. 『愣嚴經 대의 풀이』. 송찬문 옮김. 마하연.

루만(Luhmann, N.). 2012. 『사회의 사회』 1·2. 장춘익 옮김. 새물결.

_____. 2014. 『체계이론 입문』. 윤재왕 옮김, 새물결.

_____. 2015. 『사회이론 입문』. 디르크 베커 편. 이철 옮김, 이론 출판.

메이시, 조애너. 2004. 『불교와 일반시스템이론』. 이중표 옮김. 불교시대사.

문석윤. 2013. 『동양적 마음의 탄생: 마음을 둘러싼 동아시아 철학의 논쟁들』, 글항아리.

박수호. 2009. 「종교정책을 통해 본 국가 - 종교 간 관계: 한국 불교를 중심으로」. 《한국학논집》, 39: 165~199. 계명대학교 한국학연구원

박이문. 2001. 『이성의 시련』. 문학과지성사.

송형석·스벤 쾨르너. 2014. 「루만의 사회체계이론으로 본 위기 주제의 사회적 기능」. 《사회와 이론》, 25: 41~72. 한국이론사회학회.

신용하. 2008. 「고조선 국가의 형성: 3부족 결합에 의한 고조선 개국과 아사달」. 《사회와 역사》, 80: 5~69. 한국사회사학회.

_____. 2017. 『한국민족의 기원과 형성 연구』. 문학과지성사.

엘리아스(Elias, N.). 1987. 『사회학이란 무엇인가』. 최재현 옮김. 나남.

엘리엇, 앤서니·브라이언 터너. 2015. 『사회론: 구조, 연대, 창조』. 김정한 옮김. 이학사.

요시다 슈지. 2009. 『마음의 탄생』. 심윤섭 옮김. 시니어커뮤니케이션.

요코야마 고이츠. 2013. 『불교의 마음 사상: 유식사상입문』. 김용환·유리 옮김. 산지니.

유승무. 2010. 『불교사회학: 불교와 사회의 연기법적 접근을 위하여』. 박종철출판사.

_____. 2013. 「동양사회 내재적 종교성과 베버의 동양사회론: 힌두교와 불교를 중심으로」. 《동아시아불교문화》, 13: 263~291. 동아시아불교문화학회.

_____. 2014a. 「연기, 마음, 그리고 '합심'사회의 사회학」. 《불교학연구》, 37: 329~

361. 불교학연구회.

_____. 2014b. 「불교의 합심주의적 평화사상과 그 현대적 전개」.《한국학논집》, 55: 149~170. 계명대학교 한국학연구원.

_____. 2015. 「로버트 벨라의 종교사회학: 종교진화론과 동양사회론을 중심으로」. 《사회사상과 문화》, 18(1): 89~117. 동양사회사상학회.

_____. 2021. 「제9장. 불교와 루만의 만남」,『내가 만난 루만』, 한울엠플러스.

유승무·박수호·신종화. 2013. 「'마음'의 사회학적 재발견과 '합심(合心)'의 소통행위론적 이해: 조선왕조실록의 용례 분석에 근거하여」.《사회사상과 문화》, 28: 1~47. 동양사회사상학회.

유승무·박수호·신종화·이민정. 2014. 「율곡의 마음공부와 합심주의 문화: 격몽요결의 마음 용례 분석을 중심으로」.《사회사상과 문화》, 29: 107~145. 동양사회사상학회.

_____. 2015. 「무연(無緣) 사회 현상의 사회학적 이해: 합심과 절연의 사이」.《사회와 이론》, 27: 353~385. 한국이론사회학회.

유승무·신종화. 2014. 「한국 사회의 합심주의 문화와 상황 대응 방식」.《사회와 이론》, 24: 221~244. 한국이론사회학회.

유승무·신종화·박수호. 2015. 「북한사회의 합심(合心)주의 마음문화」.《아세아연구》, 58(1): 38~65. 고려대학교 아세아문제연구소.

_____. 2016. 「원효의 화쟁일심 사상과 한국 마음문화의 사상적 기원」.《사회사상과 문화》, 19(4): 1~28. 동양사회사상학회.

_____. 2017. 「민심의 동원과 마음의 정치: 동양적 사회운동 이론과 도덕정치의 가능성」.《사회사상과 문화》, 20(1): 77~110. 동양사회사상학회.

이종숙. 2012.『사념처 수행: 위빠사나 명상의 길잡이』. 행복한숲.

이 철. 2015. 「루만의 '재진입' 개념과 그 인식이론적 의의: 스펜서브라운의 '재진입' 개념에 기초하여」.《사회사상과 문화》, 18(3): 111-137. 동양사회사상학회.

정대현. 1997.『맞음의 철학: 진리와 의미를 위하여』, 철학과현실사.

_____. 2015. 「인문성과 문본성, 그 편재적 성격: 한국 인문학의 새로운 구상」.『Trans-Humanities』8(2): 5~40. 이화여자대학교 이화인문과학원.

최종석. 1999. 「연기와 공의 종교신학적 이해에 대한 고찰」.『공과 연기의 현대적 조명』. 고려대장경연구소.

쿡, 프란시스. 1994. 『화엄불교의 세계: 현대어로 풀어쓴 화엄학개론』. 문찬주 옮김. 불
　교시대사.

하겔슈탕에(H. G. Hagelstange). 2013. 『니클라스 루만: 인식론적 입문서』. 이철 옮김.
　타임비.

하버마스. 2006. 『의사소통행위이론 (1)』. 장춘익 옮김. 나남.

한자경. 2008. 『한국철학의 맥』. 이화여자대학교 출판부.

황태연. 2015. 『감정과 공감의 해석학』 1·2. 청계.

Clair, M. 2010. 『대상관계이론과 자기심리학』, 안석모 옮김. Cengage Learning.

Cooley, C. H. 1909. S*ocial organization: a study of the larger mind*, Scribner.

_____. 1922. *Human nature and the social order*. Scribner.

_____. 1930. *Sociological theory and social research: being selected papers of*
　Charles Horton Cooley. Henry Holt & Co.

Moeller, H. G. 2006. *Luhmann Explained: From Souls to Systems*. Open Court.

Luhmann, N. 1995. *Social Systems*. J. Bednarz, & D. Baecker(Trans), Stanford
　University Press.

Kalton, M. C. 1994. *The Four-Seven Debate: An Annotated Translation of the Most*
　Famous Controversy in Korean Neo-Confucian Thought. State University of
　New York Press.

Krieken, R. 1998. *Norbert Elias*. Routledge.

제3장_ 　연기적 마음사회변동이론

고쿠분 고이치로(國分功一郎). 2019. 『중동태의 세계』. 박성관 옮김. 동아시아.

김동규. 2009. 『하이데거의 사이 - 예술론』. 그린비.

김태련·조혜자·이선자 외, 2004. 『발달심리학』. 학지사.

들뢰즈. 2004. 『차이와 반복』. 김상환 옮김. 민음사.

라우어. 1992. 『사회변동의 이론과 전망』. 정근식·김해식 옮김. 한울엠플러스.

래트너·실바 외. 2020. 『비고츠키와 마르크스: 마르크스주의 심리학을 위하여』. 이성

우 옮김. 살림터.

루만. 2015. 『사회이론입문』. 이철 옮김. 이론출판.

바렐라·톰슨·로쉬. 2013. 『몸의 인지과학』. 석봉래 옮김. 김영사.

박찬국. 2012. 『들뢰즈의 『니체와 철학』 읽기』. 세창미디어.

유권종. 2009. 『예학과 심학』. 한국학술정보(주).

유승무. 2010. 『불교사회학』. 박종철출판사.

_____. 2017. 「성호 이익의 마음사회학적 조견(照見): 『성호사설(星湖僿說)』을 중심
으로」. 《한국학논집》, 68: 61~93. 계명대학교 한국학연구원.

_____. 2019. 「득통의 마음사회학적 이해: 『현정론』을 중심으로」. 《한국학논집》, 73:
43~69. 계명대학교 한국학연구원.

_____. 2020. 「머리말」. 『한국사상사의 사회학적 조명』. 계명대학교 한국학연구원
편. 계명대학교출판부.

유승무·최우영. 2019. 「만남과 마음의 연기와 연기사회론 시론」. 《현상과 인식》,
43(1): 163~194. 한국인문사회과학회/한국인문사회과학회.

유승무·박수호·신종화. 2013. 「'마음'의 사회학적 재발견과 '합심(合心)'의 소통행위론
적 이해: 조선왕조실록의 용례 분석에 근거하여」. 《사회사상과 문화》, 28:
1~47. 동양사회사상학회.

유승무·박수호·신종화·이민정. 2014. 「율곡의 마음공부와 합심주의 문화: 격몽요결의
마음 용례 분석을 중심으로」. 《사회사상과 문화》, 29: 107~145. 동양사회사상
학회.

유승무·신종화·박수호. 2015. 「북한사회의 합심(合心)주의 마음문화」. 《아세아연구》,
58(1): 38~65. 아세아문제연구소.

_____. 2016. 「원효의 화쟁일심 사상과 한국 마음문화의 사상적 기원」. 《사회사상과
문화》, 19(4): 1~28. 동양사회사상학회.

_____. 2017a. 「마음사회학의 이론적 정초: 마음과 사회의 중층의존성을 중심으로」.
《사회와 이론》, 30: 79~126. 한국이론사회학회.

_____. 2017b. 「민심의 동원과 마음의 정치: 동양적 사회운동 이론과 도덕정치의 가
능성」. 《사회사상과 문화》, 20(1): 77~110. 동양사회사상학회.

_____. 2017c. 「퇴계의 심학(心學)과 한국사회의 마음 문화」. 《사회사상과 문화》,

20(3): 29~57. 동양사회사상학회.

유승무·최우영. 2018. 「대칭삼분법과 사회연기론: 새로운 인식론과 사회이론의 모색」. 《사회사상과 문화》, 21(2): 1~28. 동양사회사상학회.

유승무·최우영·박수호. 2018. 「공감·소통·배려의 사회와 그 적들」. 《현상과 인식》, 42(1): 119~144. 한국인문사회과학회/한국인문사회과학회.

이진경. 2014. 『마르크스주의와 근대성』. 그린비.

조성훈. 2010. 『들뢰즈의 잠재론』. 갈무리.

쿠키뉴스 여론조사. 2020.08.26. "국민 67.7% "정부 코로나 대처 신뢰"… 文대통령 지지율, 덩달아 반등". http://www.kukinews.com/newsView/kuk202008250343

프롬. 2007. 『에리히 프롬, 마르크스를 말하다』. 에코의 서재.

Fromm E. 1961. *Marx's concept of man*. Frederick Ungar Publishing Co..

Luhmann N. 1995. *Social Systems*. Stanford University Press.

Marx, K. & Engels, F. 1978. "The German Ideology" in *The Marx-Engels Reader* edited by Tucker, W. W. Norton & Company. Inc..

Marx, K. 1978. "Economic and philosophic Manuscripts of 1844" in *The Marx-Engels Reader* edited by Tucker, W.W. Norton & Company. Inc..

제4장_ 원효의 화쟁일심 사상과 불교적 합심성

고영섭. 2014. 「분단시대의 극복을 위한 원효의 화엄학적 조망」. 『동아시아불교문화』, 20: 29~58. 동아시아불교문화학회.

길희성. 2013. 「지눌: 반야에서 절대지로」. 서울대학교 철학사상연구소 편. 『마음과 철학: 불교편』. 서울대학교 출판문화원. 335~361쪽.

김강녕. 2012. 「원효의 평화사상에 관한 연구」. 《민족사상》, 6(1): 49~95. 한국민족사상학회.

김형효. 2006. 『원효의 대승철학』. 소나무.

_____. 2007. 『마음혁명: 김형효 철학 산책』. 살림출판사.

남동신. 1995. 『(영원한 새벽) 원효』. 새누리.

대한불교조계종 한국전통사상서 간행위원회 편. 2009. 『(정선)원효』. 대한불교조계종.

박성배. 2009. 『한국사상과 불교: 원효와 퇴계, 그리고 돈점논쟁』. 혜안.

박해당. 2013. 「기화: 마음의 본질로서의 반야」. 서울대학교 철학사상연구소 편. 『마음과 철학: 불교편』. 서울대학교 출판문화원. 363~389쪽.

신용하. 2008. 「고조선 국가의 형성」. 《사회와 역사》, 80: 5~69. 한국사회사학회.

원　효. 『금강삼매경론(金剛三昧經論)』. 한국불교전서 1권.

_____. 『대승기신론소(大乘起信論疏)』. 한국불교전서 1권

_____. 『발심수행장(發心修行章)』. 한국불교전서 1권.

_____. 『본업경소서(本業經疏序)』. 한국불교전서 1권.

_____. 『진역화엄경소서(晉譯華嚴經疏序)』. 한국불교전서 1권.

유승무·박수호·신종화. 2013. 「'마음'의 사회학적 재발견과 '합심(合心)'의 소통행위론적 이해: 조선왕조실록의 용례 분석에 근거하여」. 《사회사상과 문화》, 28: 1~47. 동양사회사상학회.

유승무·박수호·신종화·이민정. 2014. 「율곡의 마음공부와 합심주의 문화: 『격몽요결』의 마음 용례 분석을 중심으로」. 《사회사상과 문화》, 29: 107~145. 동양사회사상학회.

윤원철. 2013. 「성철: 선불교의 일대사, 마음의 문제와 돈오돈수」. 서울대학교 철학사상연구소 편. 『마음과 철학: 불교편』. 서울대학교출판 문화원. 439~464쪽.

이상호. 2015. 「원효의 화쟁(和諍) 사상(思想)과 통일 정책」. 《중등교육연구》, 27: 61~77. 경상대학교 중등교육연구소.

은정희. 2008. 『대승기신론 강의』. 예문서원.

최유진. 1998. 『원효사상 연구』. 경남대학교 출판부.

_____. 2013. 「원효: 일심의 철학과 화쟁」. 서울대학교 철학사상연구소 편. 『마음과 철학: 불교편』. 서울대학교 출판문화원. 309~334쪽.

현　응. 2015. 『깨달음과 역사』. 불광출판사.

제5장_ 득통의 심학과 타심(他心)과의 합심성

『한국민족문화대백과사전』.

김상영. 2007. 『고려시대 선문 연구』, 동국대학교 대학원 사학과 박사학위논문.

김영태. 1986.『한국불교사개설』, 경서원.

박해당. 1996.『기화의 불교사상연구』, 서울대학교 대학원 철학과 박사학위논문.

_____. 2001.「기화의 수행론」,『삼대화상연구논문집』Ⅲ, 도서출판 불천.

_____. 2012.「기화: 마음의 본질로서의 반야」,『마음과 철학』, 서울대학교출판문화원.

서정문. 1992.「조선시대 선문법통설에 대한 고찰」,『논문집』1. 중앙승가대학교.

성암도. 1990.「함허화상」,『한국불교인물사상사』, 불교신문사.

손홍철. 2013.「함허 득통의 유불회통론천석」,《동서철학연구》, 69: 49~66. 한국동서
　　　철학회.

송창한. 1978.「정도전의 척불론에 대하여: 불씨잡변을 중심으로」,《대구사학》, 16:
　　　225~246. 대구사학회.

승가학연구원. 2015.『得通』, 중앙승가대학교 출판부.

오가와 다카시. 2018.『선사상사강의』, 이승연 옮김. 예문서원.

유승무. 2016.「사회문제를 보는 불교적 시각」,『위기의 사회와 동양사상』, 다산.

유승무·박수호·신종화. 2017.「마음사회학의 이론적 정초: 마음과 사회의 중층의존성
　　　을 중심으로」,《사회와 이론》, 30: 79~126. 한국이론사회학회.

이규정. 2013.『조선초기 관료들의 성리학적 정치이념과 함허선사의『현정론』에 관한
　　　연구』, 한양대학교 대학원 행정학과 박사학위논문.

이병욱. 2001.「함허득통 불교사상연구」,『삼대화상연구논문집』Ⅲ, 도서출판 불천.

이봉춘. 1990.「조선 개국초의 배불추진과 그 실제」,《한국불교학》, 15: 79~120. 한국
　　　불교학회.

타르드, 가브리엘. 2015.『모나돌로지와 사회학』. 이상률 옮김. 이책.

한국사회체계이론학회 엮음. 2021.『내가 만난 루만』, 한울엠플러스.

황인규. 2001.「무학자초의 문도와 그 대표적 계승자」,『삼대화상연구논문집』Ⅲ, 도서
　　　출판 불천.

Luhmann, N. 1995. *Social Systems*, Stanford University Press.

Walpola Rahula. 1994. What the Buddha taught, Grove Press(New York).

『맹자(孟子)』.

『퇴계집(退溪集)』.

『조선왕조실록(朝鮮王朝實錄)』.

『한국민족문화대백과사전』.

김상준. 2011. 『맹자의 땀 성왕의 피』. 아카넷.

_____. 2014. 『유교의 정치적 무의식』. 글항아리.

김승혜. 2002. 『유교의 뿌리를 찾아서』. 지식의풍경.

문석윤. 2013. 『동양적 마음의 탄생』. 글항아리.

요시다 슈지. 2009. 『마음의 탄생』. 심윤섭 옮김. 시니어커뮤니케이션.

유승무. 2010. 『불교사회학』. 박종철출판사.

이광호. 2001. 「도의 진리와 실천을 향한 퇴계의 삶」. 『퇴계와 함께 미래를 향해』. 세계
유교문화축제추진위원회.

_____. 2013. 「퇴계, 체용적 전일성으로서의 마음」. 『마음과 철학: 유교편』. 서울대학
교 출판부.

이 황. 2001. 『성학십도』. 이광호 옮김. 홍익출판사.

이황직. 2017. 『군자들의 행진』. 아카넷.

정학섭. 2016. 「수양공부와 출사의 변증법: 상상력의 충돌과 통합」. 《사회사상과 문화》,
19(2): 1~32. 동양사회사상학회.

Bellah, Robert N. 1957. *Tokugawa Religion*. New York: Free Press.

제7장_ 이익의 심학과 약자와의 합심성

『유교경(遺教經)』. 2009. 김지수 옮김. 하늘북.

한국고전국역 DB[『성호사설(星湖僿說)』, 『성호전집(星湖全集)』].

『한국민족문화대백과사전』('이익').

강명관. 2011. 『성호, 세상을 논하다』. 자음과모음.

김대중. 2009. 「'작은 존재'에 대한 성호 이익의 '감성적 인식'」, 《대동문화연구》, 65:

233~274. 대동문화연구원.

_____. 2016, 「성호(星湖)와 다산(茶山)의 육체 경제학」, 《한국실학연구》, 32: 317~
365. 한국실학학회.

김선희, 2013, 「이념의 공(公)에서 실행의 사(私)로: 공사(公私) 관점에서 본 성호 이익
의 사회 개혁론」, 《한국사상사학》, 45: 339~371. 한국사상사학회.

_____. 2014, 「신체성, 일상성, 실천성, 공공성: 성호 이익의 심학(心學)」. 《한국실학
연구》, 28: 77~123. 한국실학학회.

김용걸. 2004. 『이익사상의 구조와 사회개혁론』. 서울대학교 출판부.

김지은. 2007. 「성호 이익(1681~1763)의 여성관」. 《역사교육연구》, 39: 257~314. 역사
교육학회.

문석윤. 2013. 『동양적 마음의 탄생』. 글항아리.

송호근. 2013. 『시민의 탄생』. 민음사.

원재린. 1997. 「성호 이익의 인간관과 정치개혁론: 조선후기 순자학설 수용의 일단」.
《학림》, 18: 55~101. 연세대학교 사학연구회.

유승무. 2000. 「처사 신분 집단과 성리학적 민본주의」. 《사회사상과 문화》, 3: 149~
177. 동양사회사상학회.

_____. 2010. 『불교사회학』. 박종철출판사.

유승무·박수호·신종화. 2017. 「마음사회학의 이론적 정초」, 《사회와 이론》, 30: 79~
126., 한국이론사회학회.

이영찬. 2001. 『유교사회학』, 예문서원.

최우영. 2009. 「종교와 계약의 접합으로서의 유교정치」. 《동양사회사상》, 19: 51~83.
동양사회사상학회.

최정연. 2016. 「성호 이익의 심설(心說)의 형성에 관한 논의: 순자설과 삼혼설을 중심
으로」, 《한국사상사학》, 54: 185~214. 한국사상사학회.

한우근. 1980. 『성호 이익 연구』. 서울대학교 출판부.

Luhmann, N. 1995. *Social Systems*. J. Bednarz, & D. Baecker(Trans), Stanford
University Press.

『맛지마 니까야: 중간 길이로 설하신 경』. 2012. 대림 역. 초기불전연구원.

국사편찬위원회. 『조선왕조실록』. http://sillok.history.or.kr

금장태. 2002. 『한국유학의 심설』. 서울대학교출판부.

김문조. 2013. 『융합문명론: 분석의 시대에서 종합의 시대로』. 나남.

김왕배. 2013. 「도덕감정: 부채의식과 감사, 죄책감의 연대」. 《사회와 이론》, 23: 135~
172. 한국이론사회학회.

김왕배·이경용·이가람. 2012. 「감정노동자의 직무환경과 스트레스」. 《한국사회학》,
46(2): 123~149. 한국사회학회.

김홍중. 2006. 「멜랑콜리와 모더니티」. 《한국사회학》, 40(3): 1~31. 한국사회학회.

_____. 2013. 「사회적인 것의 합정성(合情性)을 찾아서: 사회 이론의 감정적 전회」.
《사회와 이론》, 23: 7~48. 한국이론사회학회.

바바렛(J. Barbalet). 2007. 『감정의 거시사회학: 감정은 어떻게 사회를 움직이는가?』,
박형신·정수남 옮김. 일신사.

_____. 2009. 『감정과 사회학』. 박형신 옮김. 이학사.

박수호. 2010. 「융합사회의 소통합리성과 동양적 관점에서 본 새로운 공공-민간의 관
계」. 《동양사회사상》, 22: 201~233. 동양사회사상학회.

박형신. 2010. 「먹거리 불안·파동의 발생 메커니즘과 감정동학」. 《정신문화연구》,
33(2): 161~193. 한국학중앙연구원.

_____. 2011. 「맛집 열풍의 감정동학과 사회동학", 《사회와 이론》, 18: 283~314. 한국
이론사회학회.

_____. 2012. 「한국 보수 정권 복지정치의 감정 동학」, 《사회와 이론》, 20: 225~264.
한국이론사회학회.

박형신·정수남. 2009. 「거시적 감정사회학을 위하여」. 《사회와 이론》, 15: 195~234. 한
국이론사회학회.

_____. 2013. 「고도경쟁사회 노동자의 감정과 행위양식: 공포의 감정동학을 중심으
로」. 《사회와 이론》, 23: 205~252. 한국이론사회학회.

성백효. 2010. 『대학·중용집주』. 전통문화연구회.

신종화. 2013a. 「한국적 여가개념사 연구: 『조선왕조실록』에 나타난 행정관료의 여가에 대한 태도」.《여가학연구》, 10(3): 101~117. 한국여가문화학회.

_____. 2013b, 「'모던modern'의 한국적 개념화에 대한 탐색적 연구」.《동양사회사상》, 27: 5~48. 동양사회사상학회.

아렌트(H. Arendt). 1996. 『인간의 조건』. 이진우·태정호 옮김. 한길사.

유승무. 2013. 「동양사회 내재적 종교성과 베버의 동양사회론」. 『현대사회와 베버 패러다임』. 나남. 91~118쪽.

윤태일·심재철. 2003. 「인터넷 웹사이트의 의제설정 효과」.《한국언론학보》, 47(6): 194~216. 한국언론학회.

이승환. 1998. 『유가사상의 사회철학적 재조명』. 고려대학교 출판부.

이희평. 1993. 「다산의 천인상관에 관한 일고」.《한국철학논집》, 3: 129~148. 한국철학사연구회.

일루즈(E. Illouz). 2010. 『감정 자본주의』. 김정아 옮김. 돌베개.

_____. 2013. 『사랑은 왜 아픈가: 사랑의 사회학』. 김희상 옮김. 돌베개.

전재성(역주). 2002. 『맛지마니까야 1』. 한국빠알리성전협회.

정국환·김희연·박수호. 2009. 『융합미디어를 활용한 공공 - 민간 상호작용 확대방안 연구』. 정보통신정책연구원.

정국환·김희연·석봉기·홍필기. 2010. 『공공 - 민간 소통합리성 증진과 협업촉진 방안 연구』. 정보통신정책연구원.

정수남. 2009. 「계급분노와 저항의 감정적 동학」.《민주주의와 인권》, 9(3): 243~281. 전남대학교 5·18연구소.

_____. 2010. 「공포, 개인화 그리고 축소된 주체」.《정신문화연구》, 33(4): 329~357. 한국학중앙연구원.

_____. 2011. 「'부자되기' 열풍의 감정동학과 생애프로젝트의 재구축」.《사회와 역사》, 89: 271~303. 한국사회사학회.

정학섭. 2010. 「유가사상 공부론과 수양론의 탐색」.《동양사회사상》, 21: 231~260. 동양사회사상학회.

초츠, 폴커(Volker Zotz). 1991. 『붓다』. 김경연 옮김. 한길사.

추 자오후아. 2011. 「순자: 정감과 가치」. 『유교·도교·불교의 감성이론』, 경인문화사.

하버마스(J. Habermas). 2006. 『의사소통행위이론』, 1·2. 장춘익 옮김. 나남.

Slater, M. and D. Rouner. 2002. "Entertainment-Education and Elaboration Like-
　　　lihood: Understanding the Processing of Narrative Persuasion." *Com-
　　　munication Theory,* 12(2): 173~191.

제9장_　마음과 정치의 동행: 민심의 동원과 도덕정치

『순자(荀子)』.

『맹자(孟子)』.

강정인. 1997a. 「기독교, 유교와 민주주의의 선택적 친화력?: 헌팅턴의 유럽중심주의
　　　비판」. 《국가전략》, 3(1): 155~175. 세종연구소.

_____. 1997b. 「기독교와 민주주의: 헌팅턴의 유럽중심주의 비판」. 《사상》, 35:
　　　258~285.

《경향신문》, "[232만 촛불] 분노는 뜨거웠고 구호는 싸늘했다." 2016.12.04.

고려대학교 총학생회. 2016. 「시국선언문」. 『시국선언: 목 놓아 통곡하는가!』. 민주공
　　　화국 주권자 편. 스리체어스.

국가안보와 민생안정을 바라는 종교·사회·정치계 원로 22인. 2016. 「시국선언문」.
　　　『시국선언: 목 놓아 통곡하는가!』, 민주공화국 주권자 편, 스리체어스.

김상준. 2001. 「조선시대의 예송과 모랄폴리틱」. 《한국사회학》, 35(2): 205~236. 한국
　　　사회학회.

_____. 2011. 『맹자의 땀 성왕의 피』. 아카넷.

_____. 2014. 『유교의 정치적 무의식』. 글항아리.

김월운 옮김. 2006. 「「세기경」 세본연품」. 『잡아함경 2』. 동국역경원.

나까무라 하지메(中村元). 1999. 『종교와 사회윤리: 고대 종교와 사회 이상』. 석오진
　　　옮김. 경서원.

뒤르켐(E. Durkheim). 1992. 『종교생활의 원초적 형태』. 노치준·민혜숙 옮김. 민영사.

레이코프(G. Lakoff). 2010. 『도덕정치를 말하다』. 손대오 옮김. 김영사.

링(T. Ling). 1981. 「동남아 불교의 불교적 전통과 정치」. 『현대사회와 불교』. 한길사
　　　편집실 편. 한길사.

박근혜 퇴진을 위한 의정부 시민공동행동. 2016. 「시국선언문」. 『시국선언: 목 놓아 통곡하는가!』. 민주공화국 주권자 편, 스리체어스.

베버(M. Weber). 2008. 『막스 베버 종교사회학 선집』. 전성우 옮김. 나남.

벨라(R. Bellha). 1997. 『도쿠가와 종교: 근대 일본 문화적 뿌리』. 박영신 옮김. 현상과 인식.

빅토리아(B. Victoria). 2013. 『불교파시즘』. 박광순 옮김. 교양인.

서울과학기술대학교 총학생회. 2016. 「시국선언문」. 『시국선언: 목 놓아 통곡하는가!』. 민주공화국 주권자 편. 스리체어스.

앨런(K. Allen). 2010. 『막스 베버의 오만과 편견: 독일의 승리를 꿈꾼 극우 제국주의자』. 박인용 옮김. 삼인.

양은용. 2003. 「미륵신앙과 도덕정치: 고려태조의 통일사상을 중심으로」. 《한국종교사연구》, 11: 169~186. 한국종교사학회.

유승무. 2000. 「처사 신분집단과 성리학적 민본주의」. 《동양사회사상》, 3: 149~177. 동양사회사상학회.

_____. 2005. 「불교의 정치문화 전통과 민주주의」. 《한국학논집》, 32: 149~178. 계명대학교 한국학연구원.

임희섭. 1999. 『집합행동과 사회운동의 이론』. 고려대학교 출판부.

최우영. 2009. 「종교와 계약의 접합으로서의 유교정치」. 《사회사상과 문화》, 19: 51~83. 동양사회사상학회.

_____. 2016. 「긴장과 갈등의 유교」. 최석만·정학섭 외, 『현대사회의 위기와 동양사회사상』. 다산출판사.

한국노동조합총연맹. 2016. 「시국선언문」. 『시국선언: 목 놓아 통곡하는가!』. 민주공화국 주권자 편. 스리체어스.

헌팅턴(S. Huntington). 2011. 『제3의 물결: 20세기 후반의 민주화』. 강문구·이재영 옮김. 인간사랑.

후쿠야마. 프랜시스(F. Fukuyama). 2012. 『정치질서의 기원: 불안정성을 극복할 정치적 힘은 어디서 오는가』. 함규진 옮김. 웅진지식하우스.

Gamson, W. 1992. "The Social Psychology of Collective Action", in A. Morris and C. Mueller(ed). *Frontiers in Social Movement Theory*. Yale University Press.

Klandermans. 1997. *The Social Psychology of Protest.* Blackwell.

Ratnapala, N. 1992. *Buddhist Sociology.* Sri Satguru Publications.

제10장_ 연(緣)과 마음의 동행: 절연과 무연(無緣)사회

김선업. 1992. 『한국 대도시 주민의 개인적 연줄망에 관한 경험적 연구』. 고려대학교 사회학과 박사학위논문.

김희연·김군수·빈미영·신기동. 2013. 『무연사회, 우리의 미래인가?』. 경기개발연구원.

박은종. 2011. 『인간관계론 탐구: 이론과 실제』. 한국학술정보(주).

베버(M. Weber). 1997. 『경제와 사회』, 박성환 옮김. 문학과지성사.

시마다 히로미. 2011. 『사람은 홀로 죽는다』. 이소담 옮김. 미래의 창.

NHK 무연사회 프로젝트 팀. 2012. 『무연사회』. 김범수 옮김. 용오름.

유승무. 2004. 「상즉상입의 불교사회학」. 《동양사회사상》, 10: 33~58. 동양사회사상 학회.

_____. 2014a. 「연기, 마음, 그리고 '합심'사회의 사회학」. 《불교학연구》, 38: 329~ 361. 불교학연구회.

_____. 2014b. 「불교의 합심주의적 평화사상과 그 현대적 전개」. 《한국학논집》, 55: 149~170. 계명대학교 한국학연구원.

유승무·신종화. 2014. 「한국 사회의 합심주의 문화와 상황 대응 방식」. 《사회와 이론》, 24: 221~244. 한국이론사회학회.

유승무·박수호·신종화. 2013. 「마음의 사회학적 재발견과 합심의 소통행위론적 이해: 조선왕조실록의 용례분석에 근거하여」. 《사회사상과 문화》, 28: 1~47. 동양사 회사상학회.

_____. 2015. 「북한사회의 합심(合心)주의 마음문화」. 《아세아연구》, 58(1): 38~ 65. 고려대학교 아세아문제연구소.

유승무·신종화·박수호·이민정. 2014. 「율곡의 마음공부와 합심주의 문화: 격몽요결의 마음 용례 분석을 중심으로」. 《사회사상과 문화》, 29: 107~145. 동양사회사상 학회.

유승무·신종화·박종일·이태정·박수호. 2013. 「재한줌머공동체의 '실금'과 한국사회의 다문화 수용력」. 《아세아연구》, 56(1): 36~72. 고려대학교 아세아문제연구소.

이나미. 2014. 『다음 인간』. 시공사.

이정국·임지선·이경미. 2012. 『왜 우리는 혼자가 되었나』. 레디셋고.

파머, 파커 J.(Parker J. Palmer). 2012. 『비통한 자들을 위한 정치학』. 김찬호 옮김. 글항아리.

Bellah, R., R. Madsen, W. Sullivan, A. Swidler and S. Tipton. 1985. *Habit of the Heart*. University of California Press.

Collins, R. 1975. *Conflict Sociology*. New York: Academic Press.

_____. 1986. *Weberian Sociological Traditions*. New York: Cambridge University Press.

Murphy, R. 1988. *Social Closure*, Oxford University Press.

Parkin, F. 1974. *Strategies of Social Closure in Class Formation*. In Frank Parkin(ed.). *The Social Analysis of Class Structure*. London: Tavistock.

Tocqueville, A. 2004. *Democracy in American*, trans. A. Goldhammer, New York: Library of America.

Weber, M. 1958. *From Max Weber: Essays in Sociology*, edit/trans. H. Gerth and W. Mills, Oxford University Press.

_____. 1978. *Economy and societty*, trans. G. Roth and C. Wittich, University of California Press.

신문기사

서상범. 2014. 2. 14. "자녀 7명 키워놓고도 홀로 죽음 맞는 독거노인… '21세기 고려장'", 《헤럴드경제》.

이정애. 2012. 5. 18. "'쇼윈도부부' 집에선 각방 쓰고 밖에선 행복한 척". 《한겨레》.

정민택. 2014. 1. 24. "간호사들의 가혹행위 '태움' 심각하다", 《뉴스1》.

최병호. 2013. 7. 23. "솔로경제의 명암, 양과 값 '반', 정도 절반", 《뉴스토마토》. http://www.newstomato.com/ReadNews.aspx?no=384589.

TV 프로그램

EBS TV. 2013. 9. 5. 〈대한민국 화해 프로젝트 ― 용서〉 20회, 「형과 아우 40년의 벽」.

_____. 2012. 7. 23. 〈지식채널e ― 무연사회〉.

NHK TV. 2010. 1. 31. 〈무연사회: '무연사' 3만2천 명의 충격〉.

SBS. 2007. 4. 19. 「스스로에 '감금'된 사람들 '은둔형 외톨이'」. 〈sbs 8시 뉴스〉

제11장_ 북한사회의 합심주의 마음 문화

디지털뉴스팀. 2014. 2. 27. "북한 노동신문 "사상적 모기장을 든든히 쳐야 한다"", 《경향신문》. http://news.khan.co.kr/kh_news/khan_art_view.html?artid= 201402271652471&code=910303

김영수. 1991. 『북한의 정치문화』. 서강대학교 대학원 정치외교학과 박사학위논문.

남근우. 2011. 「북한의 문화정체성에 관한 연구: 유일영도 문화정체성의 형성과 균열」. 《동서연구》, 23(1): 221~255. 연세대학교 동서문제연구원.

림형구. 1990. 「우리당은 인민대중의 운명을 책임지고 이끌어가는 어머니당」. 《근로자》, 제11호.

박상천. 2002. 「북한 문화예술에서 '민족문화'와 '민족적 형식'의 문제」. 《북한연구학회보》, 6(2): 301~322. 북한연구학회.

백남룡. 1995. 『벗』. 서울: 살림터.

안찬일. 1997. 『북한의 통치이념에 관한 연구』. 건국대학교 대학원 박사학위논문.

오기성. 1998. 「북한의 규범문화 연구」. 《윤리연구》, 38: 259~284. 한국국민윤리학회.

유완빈·김병진·박병련. 1993. 「해방 후 한국 정치문화와 행정문화의 관계」. 『한국의 정치문화와 행정문화』. 한국정신문화연구원.

유승무. 2014. 「연기, 마음, 그리고 '합심'사회의 사회학」. 《불교학연구》, 38: 329~361. 불교학연구회.

유승무·박수호·신종화. 2013. 「'마음'의 사회학적 재발견과 '합심(合心)'의 소통행위론적 이해: 조선왕조실록의 용례 분석에 근거하여」. 《사회사상과 문화》, 28: 1~47. 동양사회사상학회.

유승무·신종화. 2014. 「한국사회의 합심주의문화와 상황대응방식」. 《사회와 이론》, 24: 221~244. 한국이론사회학회.

이진경 엮음. 1989. 『주체사상비판1』. 벼리.

이헌경. 2001. 「북한사회의 유교문화」. 《세계지역연구논총》. 16: 249~277. 한국세계지

역연구학회.

역학회.

임순희. 2006. 『북한 여성의 삶: 지속과 변화』. 해남.

장대성. 2014. 『이념과 체제를 넘는 북한 변화의 미래』. 한울엠플러스.

전승훈. 2011.9.22. "北 작가 백남룡 소설 '벗' 佛서 번역출간 화제."《동아일보》.
http://news.donga.com/3/all/20110922/40503197/1

전영선. 2009. 「백인준의 수령 형상화와 계급성 논쟁: 〈최학신의 일가〉를 중심으로」.
《남북문화예술연구》, 5: 237~258. 남북문화예술학회.

_____. 2012. 「김정은 시대 북한 문화예술의 변화」. 《KDI북한경제리뷰》, 14(10):
14~23. 한국경제연구원 북한경제팀.

조정아 외. 2008. 『북한 주민의 일상생활』. 통일연구원.

파머, 파커 J. 2012. 『비통한 자들을 위한 정치학 왜 민주주의에서 마음이 중요한가』.
김찬호 옮김. 글항아리.

홍성민. 2013. 「권력, 주체화, 북한사회」. 『동계학술발표논문집』. 북한연구학회.

Arnason, J., S. N. Eisenstadt, and Björn Wittrock (eds.). 2005. *Axial Civilizations and
World History*. Leiden: Brill.

Bellah, Robert N. 1969. *Tokugawa Religion*. New York: The Free Press.

de Tocqueville, Alexis. 2004. *Democracy in American*. trans. Arthur Goldhammer.
New York: Library of America.

Eisenstadt, S. N.(eds.). 2000. *Multiple Modernities*. Transaction.

Parsons, Talcott. 1971/1999. *The System of Modern Societies*. Englewood Cliffs:
Prentice-Hall. 윤원근 옮김. 『현대사회들의 체계』. 새물결.

Wagner, Peter. 1994. *A Sociology of Modernity: Liberty and Discipline*. London.:
Routledge.

_____. 2008. *Modernity as Experience and Interpretatioin: A New Sociology of
Modernity*. Cambridge: Polity.

제12장 배려, 세계사회와 마음 씀씀이

강문석. 2008. 「"합리성"과 "진정성"의 윤리학적 긴장: 나딩스의 배려윤리와 헤어의 대응논리를 중심으로」.《윤리교육연구》, 16: 167~190. 한국윤리교육학회.

고미숙. 2004. 「배려윤리와 배려교육」.《교육학연구》, 10(2): 37~62. 한국교육학회.

김광기. 2004. 「이방인의 사회학을 위한 이론적 정초」.《한국사회학》, 38(6): 1~29. 한국사회학회.

김영희 외. 2009.『민족과 국민, 정체성의 재구성』. 혜안.

노상우·이혜은. 2010. 「인(仁)과 자비(慈悲)사상에 나타난 배려윤리와 그의 교육적 함의」.《교육문제연구》, 16(1): 16~39. 전북대학교 교육문제연구소.

루만, 니클라스. 2015.『사회이론 입문』. 이철 옮김. 이론출판사.

메이시, 조애너. 2004.『불교와 일반체계이론』. 이중표 옮김. 불교시대사.

박치완. 2012. 「레비나스의 '얼굴', 윤리학적 해석이 가능한가?」.《범한철학》, 64(1): 163~197. 범한철학회.

설동훈. 1999.『외국인노동자와 한국사회』. 서울대학교 출판부.

_____. 2005.「한국의 이주노동자운동」. 윤수종 엮음.『우리시대의 소수자 운동』. 이학사.

엄한진. 2011.『다문화사회론』. 소화.

여성가족부.「eNEWS」. 2016년 3월 15일.

유승무. 2010.『불교사회학』. 박종철출판사.

유승무·이태정. 2006. 「한국인의 인정척도와 외국인에 대한 이중적 태도」.《담론201》, 9권 2호 한국사회역사학회.

유승무·박수호·신종화. 2013. 「마음의 사회학적 재발견과 합심의 소통행위론적 이해: 조선왕조실록의 용례분석에 근거하여」.《사회사상과 문화》, 28: 1~47. 동양사회사상학회.

이덕무. 2013.『사소절』. 전통문화연구회.

이동수. 2006. 「공존과 배려: 타자와의 관계에 관한 동·서양 정치사상 비교」.《정치사상연구》, 12(1): 57~80. 한국정치사상학회.

이상진. 2011. 「배려윤리와 자비윤리의 비교를 통한 도덕교육적 의의 고찰」.《윤리철학교육》, 16: 171~205. 윤리철학교육학회.

이선열. 2012. 「타자 대우의 두 원칙: 관용과 서(恕)」.《율곡학연구》, 24: 73~108.(사) 율곡연구원.

이철우. 2008. 「주권의 탈영토화와 재영토화: 이중국적의 논리」. 《한국사회학》, 42(1): 27~61. 한국사회학회.

이태정. 2004. 「외국인 이주노동자에 대한 사회적 배제 연구」. 한양대학교 사회학과 석사학위논문.

_____. 2012. 「한국 이주노동자의 이주과정과 변형 아이덴티티」. 한양대학교 사회학과 박사학위논문.

조성민. 2012. 「나딩스 배려윤리의 도덕교육적 의의와 한계」. 《윤리철학교육》, 17: 1~26. 윤리철학교육학회.

조현규. 2007. 「인(仁)'과 '배려(care)'윤리의 현대 도덕교육에의 시사」. 《교육철학》, 31: 135~153. 한국교육철학회.

조형숙. 2015. 『다문화 톨레랑스』. 나노미디어.

주형일. 2014. 「이방인과 나의 장소: 공감애를 통한 이해의 모색」, 《사회과학논집》, 45(2): 1~20. 연세대학교 사회과학연구소.

최종렬. 2013. 『지구화의 이방인들』. 마음의거울.

최 현. 2008. 「탈근대적 시민권제도와 초국민적 정치공동체의 모색」. 《경제와사회》, 79: 38~61. 비판사회학회.

한국종교인평화협의회. 「종교와 평화」. 2015년 10월 20일.

한평수. 2006. 「배려(Care)의 윤리와 인(仁)의 윤리」. 《철학사상》, 23: 243~271. 서울대학교 철학사상연구소.

그립 - 하겔슈탕에, 헬가. 2013. 『니클라스 루만 — 인식론적 입문서』. 이철 옮김. 타임비.

Anderson, Benedict. 1991. *Imagined Communities*. Revised Edition. London: Verso.

Calhoun, Craig. 1997. *Nationalism*. University of Minnesota Press.

Hobsbawm, Eric. 1992. *Nations and Nationalism since 1780: Program, Myth, Reality*. Cambridge University Press.

Luhmann, Niklas. 2002. *Theories of Distinction*. Stanford University Press.

Moeller, Hans-Georg. 2006. *Luhmann Explained*. Open Court.

Smith, Anthony. 1998. *Nationalism and Modernism*. London & New York: Routledge.

Tilly, Charles. 1990. *Coercion, Capital and European States, AD 990~1990*. Cambridge: Blackwell.

찾아보기

지은이

유승무 한양대학교 사회학과를 졸업하고 한국학중앙연구원(구 한국정신문화연구원)에서 석사학위를, 한양대학교 대학원 사회학과에서 박사학위를 취득하였다. 중앙승가대학교 불교사회학부 교수로 재직하고 있으며, 한국사회체계이론학회(루만학회) 이사, 동양사회사상학회 부회장, 법무부 난민위원회 자문위원 등으로 활동하고 있다.

연구 관심은 사회이론, 사회사상 및 동양사회사상, 마음사회학, 불교사회학 등이며, 최근에는 루만과 불교의 비교연구에 집중하고 있다. 연구 업적으로는 『불교사회학』, 『사회학적 관심의 동양사상적 지평』(공저), 『오늘의 사회이론가들』(공저), 『현대사회와 베버 패러다임』(공저), 『내가 만난 루만』(공저)을 비롯하여 다수의 공저를 펴냈고, 약 90여 편의 논문을 여러 학술지에 게재하였다.

박수호 고려대학교 사회학과에서 사회학 공부를 시작하고 박사학위까지 마쳤다. 성균관대학교 및 덕성여대 연구교수를 역임하였고, 현재 중앙승가대학교 불교사회학부 교수로 재직하고 있다. 동양사회사상학회, 한국이론사회학회, 불교학연구회, 한국교수불자연합회, 한국문화경제학회, 지역사회학회 등에서 이사 및 편집위원 등으로 활동하고 있다.

불교와 관련된 사회학적 연구 주제를 발굴함으로써 불교사회학의 지평을 확장하는 데 관심을 가지고 있고, 최근에는 포스트휴먼 사회와 불교, 불교의 사회적 책임 등으로 연구 관심을 넓히고 있다. 『한국의 종교와 사회운동』(공저), 『사찰경영론』(공저), 『민주주의, 종교성, 그리고 공화적 공존』(공저) 등의 저서와 「행복요인으로서의 사회적 인정」(공저), 「종교정책을 통해 본 국가-종교 간 관계: 한국 불교를 중심으로」, 「노동과 여가의 통합적 이해: 불교적 관점과 '좋은 노동」 등 70여 편의 논문을 발표하였다.

신종화 고려대학교 사회학과를 졸업하고 영국 워릭대학교 사회학과에서 석박사학위를 취득하였다. 고려대학교 연구교수, 전남대학교 5·18연구소 전임연구원, 서울과학종합대학원대학교에서 조교수를 역임하였으며, 현재 서울시교육청에 재직 중이다. 서울신용보증재단 비상임이사, 대통령직속 국가균형발전위원회, 정책기획위원회 자문위원 등으로 활동하고 있다.

연구 관심은 역사사회학, 현대성이론, 동양사회사상 등이며, 최근에는 개념사, 소상공인연구에 집중하고 있다. 연구 업적으로는 『동양사상과 탈현대의 여가』(공저), 『한국사회의 반기업문화』(공저), 『현대사회의 위기와 동양사회사상』(공저), 『사회이론의 역사』(공역) 등이 있으며, 약 40여 편의 논문을 여러 학술지에 게재하였다.

한울아카데미 2326

마음사회학

마음과 사회의 동행

ⓒ 유승무·박수호·신종화, 2021

지은이 ㅣ 유승무·박수호·신종화
펴낸이 ㅣ 김종수
펴낸곳 ㅣ 한울엠플러스(주)
편집책임 ㅣ 최진희

초판 1쇄 인쇄 ㅣ 2021년 10월 15일
초판 1쇄 발행 ㅣ 2021년 10월 29일

주소 ㅣ 10881 경기도 파주시 광인사길 153 한울시소빌딩 3층
전화 ㅣ 031-955-0655
팩스 ㅣ 031-955-0656
홈페이지 ㅣ www.hanulmplus.kr
등록번호 ㅣ 제406-2015-000143호

Printed in Korea.
ISBN   978-89-460-7326-5 93330 (양장)
          978-89-460-8119-2 93330 (무선)

* 무선 제본 책을 교재로 사용하시려면 본사로 연락해 주시기 바랍니다.
* 책값은 겉표지에 표시되어 있습니다.